미래 유망기술 도출과

신사업 추진전략

호이테북스 today

국가와 기업의 미래를 결정할 기술과 사업, 어떻게 만들고 추진할 것인가?

미래 유망기술 도출과 **신사업 추진전략**

차원용 · 이동기 · 허재관 · 김들풀 지음

기술의 진화와 발전 속도가 급속히 빨라지고 있다. 심지어 지난 100년의 변화보다 앞으로의 10년의 변화가 더욱 클 것이라고 미래학자들은 예측하고 있다. 이렇듯 불확실성과 불연속성이 커진 현실에서 우리는 미래의 유망기술을 어떻게 찾아내고 새로운 사업으로 이끌어내야 할 것인가? 국가와 기업의 미래와 생존을 쥔 그 답을 찾아보자.

저자 서문

미래기술(future technology), 장래성이 있는 기술(promising technology), 신흥 기술(emerging technology), 신기술(new technology), 돌파 기술(breakthrough technology), 핵심 기술(key technology) 등으로 불리는 미래유망기술은 국가 기술 전략은 물론이고 기업에 있어서 매우 중요하다.

이러한 미래유망기술은 전 세계 산업지형을 새롭게 만들어 냈다. 예로 들면 1990년에는 세계 10대 IT 기업 중 8개가 일본 기업이었다. 10년이 흐른 2000년에는 소니(SONY)만이 남았다. 그 뒤로부터 10년 뒤인 2010년에는 일본 기업들은 10위권에서 자취를 감추고 말았다. 또한 세계 최고의 휴대폰 제조업 맹주였던 노키아가 사라지고 애플, 삼성전자, 샤오미, 화웨이 등이 그 자리를 차지하고 있다.

IT기술은 애플, 구글, 아마존, 페이스북, 알리바바, 텐센트, 삼성전자 등 시가총액 상위권을 중심으로 급격히 변화하고 있으며, 경쟁은 점점 더 치열해지고 있다. 더불어 기술 혁신은 불연속적인 모습을 보이고 있다. 즉, 이전에는 기술의 진입 장벽이 낮아 팔로워(Follower)가 가능했지만, 이제는 한번 구축한 기술 혁신의 진입 장벽이 너무 높아 퍼스트 무버(first mover)만이 시장 주도권을 가질 수 있다.

이러한 상황에서 미래유망기술 도출 및 사업화 전략은 그 어느 때보다 중요해지고 있다. 불확실성 시대에 글로벌 기업들의 과학기술 융·복합화는 기존 기술의 틀을 깨는 혁신적 기술로 세계 경제를 이끌어가고 있다. 이는 과학기술의 weak signal을 탐지해 strong signal로 또는 Wild Card로 확장했다는 의미다.

이에 본 책에서는 국내 최고 미래유망기술을 발굴하고 사업화 및 전략 전문가들이 힘을 모아 15개 미래유망기술을 발굴·선정하고 및 신사업 기획과 관리, 기술사업화 전략과 기술 마케팅 실무를 세세히 다뤘다.

특히 미래유망기술 선정은 정량적 정성적 지표를 통해 미래유망기술을 한눈에 파악할 수 있도록 로드맵을 도출했다, 또한 새로 진입된 미래유망기술에 대해서는 바로 현장에 적용할 수 있도록 다각적인 접근과 방법을 제시해 국가정책 및 기업들이 작용할 수 있도록 구성하였다.

국내에서는 미래유망기술에 대한 구체적인 정보를 얻는 것이 쉽지 않다. 특히 중소기업들은 각 분야에서 실무를 담당한 전문가들의 실용서를 만나기란 여간 어려운 일이 아니었다.

앞으로 이 책이 중소기업은 물론 학·연·관에서 의미 있게 활용되기를 바라면서 이 책이 발간되기까지 힘든 작업을 하신 집필진들께 진심으로 감사의 말씀을 전한다.

실리콘벨리 IT기업, 상상 현실이 되다

인지과학(Cognitive Science)은 인간의 뇌와 마음과 인공지능시스템(Artificial Intelligent Systems)이 본질적으로 정보처리가 어떻게 일어나는가를 연구하는 학문이다. 즉 인간의 뇌 작동과 행동과정 등을 컴퓨터 인공지능 시스템에서 정보 표현과 그 작동 과정을 연구하는 종합적이고, 여러 학문이 융합하는 과학이다. 따라서 인지과학은 심리학, 철학, 언어학, 신경과학, 인류학, 컴퓨터공학, 학습과학, 교육학, 사회학, 생물학, 로보틱스 등의 여러 학문과 관련되어 있다. 이러한 시도는 2000년대에부터 기업들이 기술에 적극적으로 적용하면서 학문의 영역이 더욱 넓어지고 있다.

현재 구글, 애플, 아마존, 페이스북, IBM 등 IT 공룡들이 인공지능(AI)을 둘러싼 치열한 전쟁 한 가운데 잘 살펴보면, 인지과학이 그 핵심으로 자리 잡고 있다. 기업에서 최초로 사용자 경험(User Experience, UX)을 도입한 애플, 인간의 소비 행위에 인지과학 연구 결과물인 다니엘 캐너만의 행동경제학, 특히 인간의 학습이나 추론을 모방한 기계학습(머신 러닝, Machine Learning) 등 세상을 흔들고 있는 이 모든 혁신적인 결과의 바탕에는 인지과학 연구가 깔려 있다.

최근 인지 영역 중 인간의 뇌과 눈, 감각 등에 해당하는 기술과 서비스를 출시한 구글을 눈여겨봐야 한다. 2017년 5월 17일부터 19일까지 개최된 '구글 I/O 2017'에서 순다 피차이 구글 CEO는 인공지능 기술을 결합하는 이른바 'AI 퍼스트 (AI First)'를 선언했다. 특히 이번 구글 I/O에서 머신 러닝 기술 기반 인공지능 비서인 구글 어시스턴트가 탑재된 구글렌즈가 가장 많은 주목을 받았다.

구글렌즈는 스마트폰 카메라로 꽃을 찍으면 꽃을 식별하는 데 그치지 않고 꽃의 종류까지 파악하며, 거리의 식당의 사진을 찍으면 해당 식당의 리뷰와 지도 팝업 등 각종 정보를 알려주고 더 나아가 예약까지 돕는다. 또 공유기 뒷면의 제품정보를 촬영하면 와이파이(WiFi)가 자동으로 연결된다. 이는 센서기술의 미래를 엿볼 수 있는 계기를 만들었다. 기존에는 꽃의 정보를 담은 센서, 코드 리더기, 소매점 식별 도구 등이 필요했으나, 이제는 구글렌즈가 바로 소프트웨어 기반의 인공지능 가상센서들로 구성된 슈퍼센서로 식별할 수 있다. 즉, 인공지능으로 인해 간단한 센서 하나만 사용해도 소프트웨어로 수백만 개의 다양한 센서를 만들 수 있기 때문이다.

앞으로 수조 개의 센서가 우리 주위에 놓일 '트릴리온(Trillion, 조 단위) 센서 시대'가 성큼 다가오고 있다. 모든 사물이 자신의 정보를 알려주는 각종 전용센서가 곳곳에 장착되는 것이 아니라 범용 센서만 있어도 클라우드 인공지능으로 모두 연결된다는 얘기다.

실제로 카네기멜론대 (Carnegie Mellon University, CMU) 연구원들은 2017년 5월 6일 콜로라도 덴버에서 열린 미국 컴퓨터협회(ACM)가 주최하는 '컴퓨터-인간 상호작용 학회(CHI 2017)'에서 '합성센서 (synthetic sensor)'로도 불리는 '슈퍼센서'를 공개했는데, 작업환경에서 주로 사용되는 작은 센서들이 들어있는 상자 형태의 보드를 개발했다. 이 보드는 소리와 진동, 빛, 전자기 활동, 온도 등을 감지해 패턴을 식별하는 데이터가 만들어지고 머신러닝 알고리즘이 이를 처리해 '합성센서'를 만들었다.

욕실에서 종이타월을 뽑아 쓰는 기계가 내는 소리를 분석해 사용한 종이타월 수를 계속 파악하며, 욕실의 물 사용량도 소리로 모니터링 할 수 있다. 즉, 저렴한 범용 센서들을 한 번만 장착하고 연결하면, 이후에는 소프트웨어로 어떤 다양한 합성센서라도 만들 수 있다는 얘기다.

구글은 2014년 7월 29일에 영상 속 사물인식 특허와 클라우드 비디오 인텔리전스 API를 공개했다. 이 특허는 영화나 드라마를 보다가 맘에 드는 옷이나 소품을 발견하면, 영상에서 사물에 대한 정보를 받아볼 수 있는 기술이다. 2017년 3월에는 영상에 등장하는 사물까지 인식한 뒤 검색 결과로 보여주는 새로운 클라우드 비디오 인텔리전스 API(Google Cloud Video Intelligence API-now in Private Beta)를 공개하고 데모버전을 시연했다.

이제까지는 사진이나 그림 등 정지된 자료의 물체만을 구분하던 인공지능이 이제는 동영상까지 이해하기 시작한 것이다. 구글 특허를 보면 텍스트▷이미지▷음성▷동영상으로 진화하고 있다. 앞으로는 촉감과 향기, 냄새, 맛▷인간의 감정▷인간의 생각과 마음으로 진화할 것이다.

기술이란 인간을 끊임없이 게으르게 만들고 있다. 현재 실리콘벨리에는 마치 SF영화와 같은 신세계에나 나올만한 인공지능 기술들이 개발되고 있다. 즉 상상을 현실화 시키는 기업들이 즐비하다. 실리콘밸리의 IT 기업들 역시 암호화폐와 비슷한 기술과 서비스를 개발하고 있다.

2011년 마이크로소프트가 유튜브에 공개한 'Productivity Future Vision 2011(생산성의 미래 2011)'라는 동영상에서 구글렌즈의 개념이 나온다. 스마트 기기를 사용하는 한 남자가 지하철역 벽면에 설치된 스마트 광고 디스플레이(Display)에 등장하는 한 인물을 카메라로 찍자 해당 인물에 대한 정보를 클라우드를 통해 사용자 스마트기기에 제공한다.

하지만 마이크로소프트는 가장 먼저 구글렌즈와 같은 미래 기술을 상상했지만 아직까지 기술을 개발했거나 시장에 내놓지 못하고 있다. 비단 이뿐만이 아니다. 지금의 태블릿PC 개념(Concept)을 마이크로소프트가 가장 먼저 내놓았지만, 기술과 시장환경이 뒷받침 해주지 않아 실패했다.

애플도 이미 2012년에 구글렌즈와 같은 맥락의 특허를 받았다. 애플의 특허 <Integrated Image Detection and Contextual Commands(20120083294, 5 Apr 2012)>는 사용자에게 언제 어디서나 자기가 구매, 인물정보, 책 정보, 영화정보 등을 손쉽게 얻을 수 있도록 해주는 것으로, CA란 사용자와 주변의 환경을 인식하고 지식을 도출해 정보를 제공한다.

특허 내용을 살펴보면, 차세대 아이사이트 카메라(iSight Camera)에 텍스트 인식 기술인 OCR(optical character recognition)과 바코드 리더/스캐너, 기타 텍스트의 패턴과 얼굴을 감지하는 기술(pattern detection technologies)까지 융합된다. 따라서 벽이나 전시장에 붙어 있는 각종 전시물, 광고홍보물, 영화 포스터, 또는 영상 등을 아이사이트(iSight) 카메라로 촬영하면, 동시에 홍보물에 붙어 있던 QR 코드나 바코드도 함께 찍힌다. 그 다음 iOS 카메라에 내장된 스캐너가 사진을 스캔하고, 사진에 있는 텍스트나 얼굴 등 정보들을 OCR 모듈과 얼굴인식 모듈(FR Module)을 통해 분석해, 최종적으로 문맥의 패턴과 얼굴이 누구인지를 찾아낸다.

애플 역시 2012년 특허 등록 이후로 아직까지 관련 기술이 세상에 나오고 있지 않다. 그러나 애플은 워낙 비밀 프로젝트를 진행하기로 유명하기에 어쩌면 구글렌즈를 뛰어넘는 준비를 하고 있는지도 모른다. 최근 애플은 구글 인공지능 기반 프로세서 칩 '텐서 프로세싱 유닛(TPU)'와 엔비디아 인공지능 칩과 같은 독자적인 인공지능 전용 칩을 개발 중이다.

'애플 뉴럴 엔진'으로 불리는 이 칩은 이미 아이폰 버전을 테스트한 것으로 알려졌다. 그동안 애플 제품에서 인공지능 처리는 메인 프로세서 칩과 그래픽 칩 두 가지를 사용해 처리했지만, 새로 설계된 전용칩 '뉴럴 엔진' 하나로 작업을 처리할 수 있다. '애플은 뉴럴 엔진'을 얼굴인식, 음성인식, 자율주행차 소프트웨어, 증강현실, 시리, 아이 클라우드 등에 적용해 인공지능 분야에서 한발 앞서 가고 있다고 평가받는 구글과 아마존을 단숨에 뛰어 넘겠다는 전략이다.

위에서 살펴본 구글, 애플, 마이크로소프트와 미국대학들의 이 같은 프로젝트는 어디서부터 출발해서 상상을 현실화 시키고 있는 것일까? '눈으로 보고 귀로 들으면 알 수 있는데 왜 항상 만져봐야, 그것도 자세히 알려주고 만져봐야 알지?'라는 질문에서 시작된 인간에 대한 깊은 이해와 상상을 통해 통찰을 얻은 것은 아닐는지. 기술에 철학을 담는다는 것이야말로 바로 경쟁력이며 생산성이라고 할 수 있지 않을까.

앞으로 인공지능 시장 경쟁이 더욱 치열해질 것으로 전망되는 가운데, 이번 구글렌즈 공개는 단순히 새로운 서비스 발표 이상의 의미를 가지고 있다. 그동안 구글이 추진하고 있는 방향을 그대로 드러낸 것으로 분석된다. 글로벌 IT기업들은 인간이 상상할 수 있는 모든 것들을 기술을 통해 하나하나 현실화 시키고 있다.

스마트폰을 대체하려는 기술

2007년 피처폰(Feature Phone, 일반 휴대전화)을 한 방에 누르고 혜성처럼 등장한 스마트폰이 올해로 10년째를 맞았다. 스마트폰 시작을 알린 애플의 아이폰이 2017년 9월에 인공지능(AI) 칩이 탑재된 아이폰8과 아이폰X(10을 출시해 아이폰 탄생 10주년을 기념했다.

그런데 10년 동안 전 세계를 지배한 스마트폰을 대체하려는 기술적 움직임이 실리콘벨리에서 모락모락 피어오르고 있다. 그 기술의 중심에는 증강현실(AR)이 자리 잡고 있는데 이미 수년 전부터 구글과 애플, 마이크로소프트, 페이스북 등은 관련 기술에 대규모 투자를 하고 있다.

애플의 CEO 팀 쿡은 기회가 있을 때마다 AR이 자사 핵심기술이 될 것이라 밝힌 바 있다. 그 후 2017년 6월 5일, 캘리포니아 주 산호세에서 열린 '애플 개발자 회의(WWDC 2017)'를 통해 팀 쿡은 작심한 듯 'AR 개발자 툴(AR Kit)'을 공개했다.

애플 'AR 개발자 툴(AR Kit)'은 모든 iOS 기기에서 사용할 수 있다. 카메라 모션센서로 거리 깊이를 재고 테이블의 x축 y축 각도를 카메라가 파악해 가상아이템을 만들어 물체를 정확하게 테이블에 얹어놓을 수 있다. 그다음에는 카메라를 빙빙 돌려도 그 물체가 실제 찍히는 물건처럼 각도를 스스로 맞춰준다. 심지어 다른 물체를 계속 추가해서 놓을 수 있고, 그 옆에 있는 가상 물체를 환경요소로 인식한다. 이를테면 본인이 직접 설계한 3D모델을 집 구조 인테리어에 맞는지 가상으로 먼저 확인해볼 수 있다.

애플의 AR Kit은 향후 포켓몬과 같은 AR 게임을 비롯해, 쇼핑, 교육 컨텐츠, 산업 디자인 등에서 많이 사용될 것으로 예상된다. 또한 기존 아이폰과 아이패드 등에 적용된 모션인식 센서로 기존 제품에서도 AR Kit 활용이 가능하다. 따라서 누구나 AR Kit를 활용해 AR 컨텐츠를 구축할 수 있을 것이다.

애플의 AR에 대한 투자는 2013년 이스라엘 기업 프라임센스(PrimeSense)를 3억 4,500만 달러에 인수하면서부터다. 프라임센스는 3D 센싱(Sensing) 기업이며 3D 환경, 즉 3차원 AR과 가상현실(3D AR/VR)을 구축하는 원천기술을 확보한 기업으로, 3D 동작을 감지하는 칩(Chip)이 주특기인 회사이다. 마이크로소프트(MS)의 동작인식 기술인 키넥트(Kinect)와 유사하다.

최근 애플의 움직임에서 주목할 대목은 독일 렌즈 제조사 칼 자이스(Carl Zeiss AG)와 공동으로 AR(AR) 스마트글라스 개발을 진행 중이라는 것이다. 특히 구글의 스마트글라스가 독립적으로 이루어진 것과는 달리 애플은 아이폰과 무선 연동을 통해 자신만의 생태계를 구축할 것으로 분석된다.

▲애플 증강현실 킷(Apple ARKit)_사진출처: Techook

구글도 최근 안드로이드용 AR 개발자툴 ARCore를 발표하며 애플에 맞불을 놨다. ARCore는 안드로이드7.0 누가 이상이 설치된 구글 픽셀과 삼성 갤럭시S8 등에서 작동한다. 구글은 연말까지 약 1억대의 안드로이드 기기에서 AR을 지원할 계획으로, 2018년 이후에는 모든 안드로이드 스마트폰에 적용하겠다는 의미다.

구글의 AR 기술은 2014년 '프로젝트 탱고(Project Tango)' 공개 이후부터다. 구글 내 첨단 기술 프로젝트 그룹(ATAP, Advanced Technology And Projects group)이 주도하는 탱고 프로젝트는 스마트폰이나 태블릿을 이용해 3D를 촬영, 각종 3D Game, 3D Indoor Map, 3D Distance Learning, 3D Telemedicine 등 소위 말하는 3D AR/VR 환경을 구축하자는 것이다. 즉, 구글은 프로젝트 탱고를 이용해 스마트폰으로 세상을 스캔한다는 야심찬 계획이다. 이후 2016년 6월 레노버가 구글 탱고 기술을 탑재한 '레노버 팹2 프로(Lenovo Phab 2 Pro)'를 발표했다.

특히 주목할 대목은 지난 7월, 많은 사람들이 실패했다고 생각한 구글 글라스(Google Glass)가 '구글 글라스 엔터프라이즈 에디션(Enterprise Edition)'이라는 이름으로 최근 2년간 GE를 비롯해 보잉, DHL, 폭스바겐, 농기계 제조업체 AGCO 등 33개의 회사 직원 수백 명이 이미 비밀리에 사용하는 것으로 밝혀졌다는 데 있다.

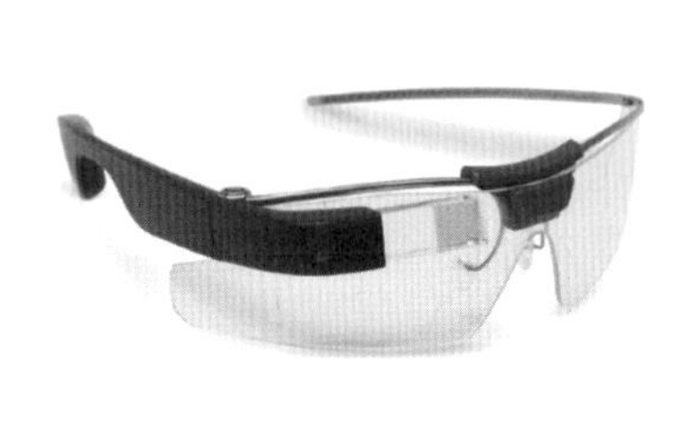

▲구글 글래스 엔터프라이즈 에디션(Enterprise Edition)_사진출처: 구글 X

페이스북도 AR에 집중하고 있다. 마크 저커버그 페이스북 CEO는 2016년 4월 F8(연례 개발자회의)에서 "AR 플랫폼이 페이스북의 미래 핵심사업이 될 것"이라는 계획을 공개한 바 있다. 이날 오큘러스 VR 선임 연구원 마이클 어브래쉬(Michael Abrash)도 사용자의 시각과 청각을 증강하는 '완전 AR (full AR)' 비전을 발표했다.

2017년 8월에는 페이스북이 차세대 AR기술 관련 특허 출원을 요청했다. 이 특허는 지난 8월 페이스북 자회사인 오큘러스(Oculus)가 '2D 스캐너를 탑재한 디스플레이' 관련 특허로 AR, VR, MR의 안경형 장치에서 사용하기 위한 도광판(Light Guide Plate) 디스플레이에 관한 것이다. 출원 내용을 살펴보면, 페이스북이 구현하고자 하는 미래형 스마트글라스의 주요 핵심 기술이 쓰여 있다.

마이크로소프트도 여기에 가세했다. AR의 끝판왕으로 불리는 마이크로소프트의 홀로렌즈(HoloLens)는 가상현실(VR)이나 실제 화면에 덧씌우는 AR과 달리 현실 화면에 실제 개체의 스캔된 3D 이미지를 출력하고 이를 자유롭게 조작할 수 있는 혼합현실(MR, Mixed Reality)로 2015년 1월에 공개됐다. 마이크로소프트는 홀로렌즈(Hololens)를 나사(NASA)와 손잡고 화성의 가상 입체 탐험과 관련된 소프트웨어 온사이트(OnSight)를 개발하고 있다.

최근 마이크로소프트는 홀로렌즈 차기 버전에 딥러닝 인공지능 전용 칩을 탑재할 것이라고 밝혔다. 이 칩은 딥 심층신경망(DNN, Deep Neural Networks)으로 머신러닝 기반의 알고리즘인 것으로 알려졌다. 차기 모델 홀로렌즈2에는 인공지능 센서, 디스플레이, 배터리를 위한 기술을 추가해 홀로그래픽을 더 강력하게 구현해 낼 것이라고 밝혔다. 특히 눈여겨 볼 대목은 마이크로소프트가 데이터 전송을 클라우드 서버에 보내 처리하지 않고, 기기 안에서 직접 AI 기술을 저전력으로 구현한다는 점이다.

그 밖에 AR 스마트글라스로는 인텔 AR/VR 헤드셋 '프로젝트 얼로이(Project Alloy)'와 소니의 '프로젝트 모피어스'와 '스마트아이글라스(Smart Eye Glass)', 앱손(EPSON) 스마트글라스 모베리오(Moverio), 리퀴드 이미지(Liquid Image)의 OPS 고글(Goggle), NTT도코모(docomo)의 인텔리전트 글라스(Intelligent Glass), 오스터하우드의 R7 등이 있다. 또한 스타트업으로는 스냅(Snap), Vuzix, ODG(Osterhout Design Group), Vue 등이 개발에 뛰어들었다.

하지만 이제 막 시작되고 있는 AR기술은 헤드업 디스플레이(HUD) 방식에서 스마트글라스로 넘어가고 있다. 따라서 AR의 끝판왕이라는 마이크로소프트의 홀로렌즈도 헤드업 디스플레이를 뛰어넘어야 할 숙제를 안고 있다.

한편, 페이스북도 애플과 구글처럼 AR기술이 기존의 PC와 스마트폰을 대체시키는 차기 플랫폼으로 급부상하게 될 것으로 결론을 짓고 스마트글라스를 준비하고 있다. 특히 페이스북은 제품개발 연구팀인 '빌딩 8(Building 8)'이 현재 개발 중인 BCI(뇌-컴퓨터 인터페이스, Bran-Computer Interface) 기술을 스마트글라스와

▲마크 저커버그 페이스북 CEO가 F8(연례 개발자회의)에서
AR 스마트글라스를 소개하는 장면 사진출처: 페이스북 라이브 화면 갈무리

▲페이스북 '빌딩 8'의 레지나 두간(Regina Dugan) 최고책임자가
뇌-컴퓨터 인터페이스 (Bran-Computer Interface, BCI) 기술을 설명하는 장면
사진출처: 페이스북 라이브 화면 갈무리

융합시킬 것으로 예측된다. 궁극적으로 스크린이나 콘트롤러 대신 마음(생각)으로 AR을 제어하는 BCI기술을 목표로 하고 있으며, 더 나아가 모든 웨어러블 기기로 확장한다는 계획이다. 어린이, 노약자, 장애인 등 누구나 디지털 디바이스를 제어하고 로봇-공장의 자동화 기계를 제어해 다 함께 일할 수 있고, 전 세계 어디서나 협업할 수 있는 시대를 연다는 장대한 계획이다.

BCI기술 개발은 구글, 애플, 마이크로소프트 페이스북, 테슬라 등 기업뿐만 아니라 미국, 유럽, 일본 등이 국가전략으로 모두 집중하고 있다. 하지만 상용화까지는 물리적 시간이 필요하다. 기술의 진보가 지금처럼 이루어진다면, 적어도 5년, 10년이 될 수도 있다. BCI도 제 막 시작이다. 우리나라도 BCI 또는 BMI(brain machine interface)/BBI(Brain-Brain Interface)기술에 더욱 집중해 다가오는 미래를 준비해야 한다.

〈참고자료〉

* Youtube, Productivity Future Vision (2011)
* 차원용, 애플의 'Powerful Pattern Detection & Facial Recognition of Image Coming to iOS Cameras'
* IT NEWS(차원용 글 '구글, 영상 속 사물인식 특허와 클라우드 비디오 인텔리전스 API 공개')
* Computerworld, Mike Elgan 'Google, A.I. and the rise of the super-sensor'
* ACM Digital Library, 'Synthetic Sensors: Towards General-Purpose Sensing'

차 례

저자 서문 5
Intro 7

1부. 대한민국 제4차 산업혁명 15개 국가 R&D 프로젝트

I. 도출배경 및 도출방법 22
1. 도출배경 22
2. 도출방법 26

II. 대한민국 제4차 산업혁명 국가 R&D 프로젝트 도출 29
1. 15개 국가 R&D 프로젝트 도출/전략/목표 29
2. 15개 국가 R&D 프로젝트 융합기술 분야/주제/단중장기 로드맵 30
3. 15개 국가 R&D 프로젝트 기대효과 및 성과활용 31
4. 15개 국가 R&D 프로젝트 추진정책/추진체계 34

III. 대한민국 제4차 산업혁명 15개 국가 R&D 프로젝트 세부 내용 37
1. 지능정보사회 37
2. 복잡계 사회문제 → 슈퍼컴퓨팅 M&S로 해결 50
3. 고령 · 건강한 사회 → 두뇌인터넷으로 능력향상 53
4. 100세 건강사회 → 생체인터넷과 생체에너지로 실현 57
5. 유전병 없는 사회 → 유전자 가위로 돌연변이 유전자 제거 64
6. 자율주행자동차 시대 →
(1) 자율차 개조+도로주행+데이터 공유 지원 68
7. 자율주행자동차 시대 →
(2) 가상 인공버추얼랩에서 자율주행테스트에 도전 74

차 례

8. 자율주행자동차 시대 →
(3) 멀티-센서융합시스템의 소형화/상용화에 도전 77
9. 자율주행자동차 시대 →
(4) 충돌내구성의 경량소재에 도전 79
10. 로봇 사회 → 인간과 협업하는 협동/협업로봇(Co-Bots) 81
11. 드론 사회 →
대면적을 관리/감시하는 수백 대의 동조화 군집비행 드론기술 85
12. 산업의 융합화 → AVs+Co-Bots+Drones+ α =물류전용 Hyperloop 89
13. 솔로경제/1인 가구 시대 →
요리법+3DP/Co-Bots의 스마트 키친 플랫폼 96
14. 스마트 팩토리/자연에너지 →
스마트 염전 & 태양광발전 동시 구축 126
15. 탈원전/청정석탄을 위한 대체에너지 →
한국의 원천기술 OG SYSTEM(유기물 가스화/수소화 에너지) 129

2부. 신사업 기획과 관리

I. 패러다임(Paradigm) 변화와 기업의 전략 134
1. 기술경영의 발전과 변화 134
2. 전략의 연계와 혁신의 방향 139
3. 전략과 경영목표 141

II. 패러다임(Paradigm) 변화와 기업의 전략 145
1. 신사업과 포트폴리오(Portfolio) 관리 145
2. 신사업 · 신제품의 필요성과 유형, 기업 추진형태 148

3. 신사업 · 신제품의 개발과 성공요인(KSF) 152
4. 신사업 · 신제품의 추진과 핵심기술 155
5. 신사업 · 신제품 발굴형태와 프로세스(Process) 158
6. 핵심역량 기반의 신사업 · 신제품 전략 162
7. 환경변화에 유연한 전략 168
8. 혁신적 신사업 · 신제품 개발과 성공동인 170
9. 신사업 · 신제품 개발의 유의점 173

Ⅲ. 신사업과 창업 178

1. 창업과 사업의 유형 178
2. 창업과 CEO의 역할 183
3. 창업활동의 고려사항 186

Ⅳ. 하이테크 기업과 R&D 혁신 189

1. 하이테크 기업의 신사업 성공요인(KSF) 189
2. 대기업 vs. 중소기업의 기술혁신 193
3. 신사업과 의사결정 스피드(Speed) 195
4. 혁신의 장애요인 198
5. P&G의 R&D 혁신 202

Ⅴ. R&D 전략과 과제 관리 205

1. 연구개발 전략 205
2. 프로젝트 포트폴리오와 평가 208
3. 초기 연구개발 활동의 중요성 209
4. 프로젝트 관리의 역사와 개념 212

5. 나선형(Spiral) 연구개발 체계 215
6. R&D 스피드와 혁신 관리 219
7. 전후방 파트너와의 협력 강화 222
8. 리스크 관리의 개념과 활용 225

3부. R&D 기술이전 및 기술마케팅 실무

I. 기술이전 및 기술사업화 비즈니스모델 234
1. 기술(지식재산) 창출과 활용의 2원화 시대 도래 234
2. 수익 창출 및 돈벌이 수단으로서의 라이선스(License) 235
3. 지식재산의 의미와 특성 -236
4. 라이선스 비즈니스 모델(BM)의 이해 238
5. 지식재산 출구전략으로서의 라이선스 비즈니스 239
6. 라이선스 비즈니스 기회 판단을 위한 간이진단 모형 241
7. 특허 풀 참여에 의한 라이선스 마케팅 전략 242
8. 미국 특허 라이선스 회사들의 비즈니스 모델 244
9. 라이선스 협상전략의 수립과 협상 실행(Licensor 입장에서) 247
10. 대학기술의 패키징에 의한 라이선스 전략 251
11. 제안형 라이선스 비즈니스 모델 252

II. 기술라이선스 마케팅 255
1. 라이선스 마케팅이 필요한 시대의 도래 255
2. 라이선스 마케팅의 기본 개념과 사례 예시 257
3. 기술마케팅에 대한 특성의 이해 및 활용 261

4. 기술 라이선스마케팅의 2대 조류와 활용방안 266
5. 기술이전 라이선스마케팅의 절차 268
6. 라이선스 아웃(License out)할 대상기술의 발굴 및 선정 272
7. 라이선스 대상 기술의 패키징 및 묶음 274
8. 기술 라이선스 마케팅 자료의 작성 및 준비 277
9. 잠재적 Licensee의 발굴 전략 및 방법 279
10. 기술 자료의 객관화 및 자료화 280
11. 라이선스 조건의 개발, 설정 및 제시 282
12. 라이선스 조건의 협상 및 라이선스계약 체결 284
13. 라이선스에서의 기술보증문제 해결 방안 287
14. 라이선스 마케팅의 4대 성공 요소 288
15. 특허침해 경고장 발송에 의한 라이선스 기회의 발굴 290

III. 기술료의 산출과 결정 293

1. 기술료의 종류 및 특성 293
2. 기술료 산출방식 및 사례 293
3. 기술료 협상 295
4. 기술료와 세금 문제 296

제 1 부

대한민국 제4차 산업혁명 15개 국가 R&D 프로젝트

대한민국 제4차 산업혁명 15개 국가 R&D 프로젝트

I. 도출배경 및 도출방법

1. 도출배경

세계경제포럼(WEF)은 '17년도의 국가별 국가경쟁력(The Global Competitiveness Report 2016–2017)을 평가하여 결과를 발표했다('17.09.27). 그 결과 세계 137개국 중 韓국가경쟁력은 26위로 '4년째 쳇바퀴'를 돌고 있고, 잃어버린 10년 사이에 성장 동력을 다 잃어, 제4차 산업혁명을 맞아 새로운 성장 동력을 나름대로 찾아야 한다. 구체적으로 보면 한국은 11('07)→26위('17) 추락했는데, 2014년 26위로 떨어진 후 2017년까지 4년째 제자리에 머물고 있다. 반면, 중국은 35('07)→27위('17) 추격, 중국은 한국의 턱밑까지 쫓아왔다. 한국의 순위는 싱가포르(3위), 홍콩(6위), 일본(9위), 대만(15위), 아랍에미리트(17위), 말레이시아(23위), 카타르(25위)에 이어 아시아 8위로, 이대로 '잃어버린 10년'에서 헤어나지 못하다가는 금세기 들어 최저점을 찍었던 2004년 29위까지 벗어날 우려도 있다. 올해는 스위스가 여전히 톱 자리를 지킨 가운데 미국과 싱가포르가 2, 3위로 자리바꿈했다.

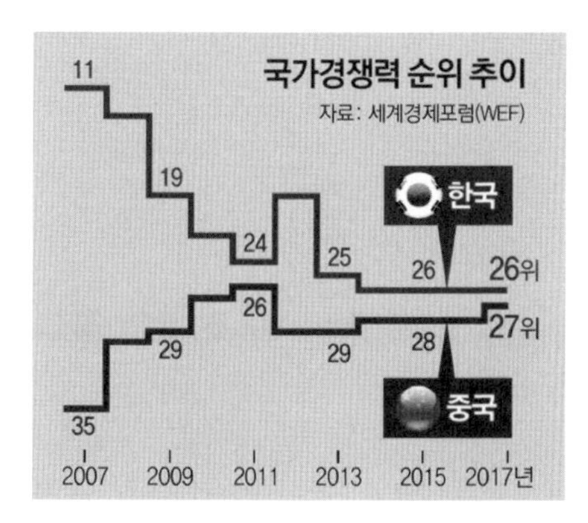

<그림> WEF('17.09.27) via 동아일보('17.09.28)

현대경제연구원은 한국은 제4차 산업혁명 기반산업 관련 기술과 특허, 투자, 연구인력 모두 선진국보다 부족하고 일부는 중국에도 뒤 진다는 '4차 산업혁명 기반산업의 R&D 현황 국제비교'라는 보고서를 발표했다('17.09.18). 보고서에 따르면 4차 산업혁명의 기반산업을 정보기술(IT) 서비스와 통신 서비스, 전자, 기계장비, 바이오・의료 등 5개 부문으로 규정하고, 이들 산업 기술 수준을 미국(99.8)이나 일본(90.9), 유럽연합(EU)(92.3) 등 선진국과 비교해 매우 뒤처져 있다고(77.4) 지적했다.

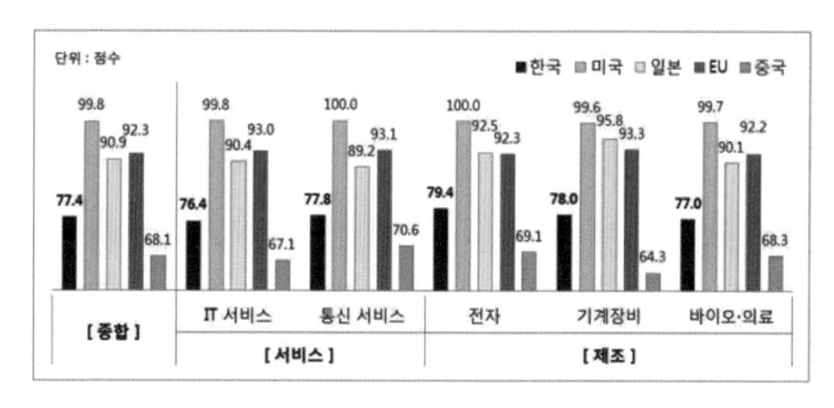

<그림> '4차 산업혁명 기반산업의 R&D 현황 국제비교' 보고서의
'국가별 4차 산업혁명 기반산업 기술수준 평가'(현대경제연구원, '17.09.18)

또한 현대경제연구원의 보고서에 따르면 차 산업혁명 기반산업 관련 특허 수도 미국과 일본, 유럽 특허청에 동시 등록된 삼극특허를 기준으로 미국과 일본은 5천 건이 넘었고, 독일도 1천 건 이상이었으나, 한국의 특허등록 건수는 750건으로 미국, 일본의 7분의 1 수준에 불과하며, 특히 IT 서비스 부문에서는 중국에게도 추월당한 것으로 나타났다. 따라서 우리나라가 잘할 수 있는 새로운 성장 동력인 촉진자(Enabler)를 찾아야 한다.

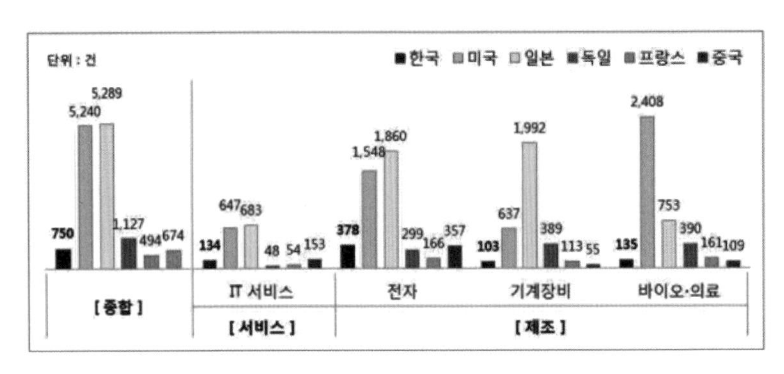

<그림> '4차 산업혁명 기반산업의 R&D 현황 국제비교' 보고서의
'국가별 4차 산업혁명 기반산업 삼극특허 등록 현황'(현대경제연구원, '17.09.18)

2017년 6월에 정보통신기술진흥센터(IITP)가 발표한 '4차 산업혁명과 SW R&D 정책' 보고서에 따르면 국내 소프트웨어(SW)의 2016년 기술 수준은 미국 대비 79.2%에 그치고, AI, 클라우드 등 격차 점점 벌어지고 있으며, 기초기술 R&D 투자도 미미하고, 활용도도 낮은 것으로 나타났다. 미국의 기술 수준을 100으로 봤을 때 2016년 우리나라 SW 수준은 79.2점이라는 뜻이다. 지난 2014년 76.2%, 2015년 78%로 축소되고 있지만 여전히 SW 기술력은 취약한 상황이다. 특히 4차 산업혁명을 이끌 핵심 기술의 격차는 벌어지고 있다. AI의 경우 2013년 1.98년에서 2016년 2.2년, 임베디드 SW는 2013년 1.34년에서 2016년 1.9년, 클라우딩 컴퓨팅은 2013년 1.52년에서 2016년 1.6년으로 나타났다.

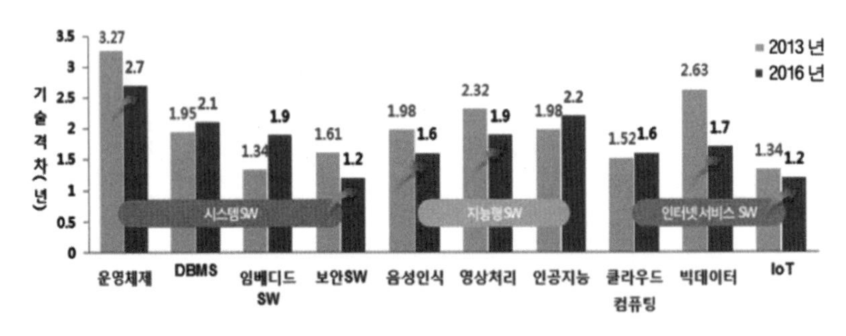

<그림>'4차 산업혁명과 SW R&D 정책' 보고서의
'10대 SW 기술별 기술격차(2013년 vs 2016년) 비교'(정보통신기술진흥센터, '17.06.14).

4차 산업혁명은 빅데이터, AI, 클라우드 컴퓨팅, 사물인터넷(IoT) 등 기초 SW 기술이 전 산업계에 적용되면서 다양한 산업군이 융합되는 것으로 개념이 정리되고 있다. 이에 기초기술 축적이 매우 중요하지만 국내서는 유행을 좇는 기술개발에만 치중되고 있다는 지적으로 이를 탈피해야 한다. 또한 기존 2세대인 알파고를 비롯한 인공지능 2.0의 음성/얼굴/사진/사물/감정 인식률이 90~95%에 이르고, 이들은 아직 왜 그렇게 추론하고 판단했는지 그 과정을 설명해주지 못함으로, 우리나라는 설명 가능한(Explainable, X) 인공지능에 생물지능(BI, Biology Intelligence)과 자연지능(NI, Natural Intelligence)이 융합된 인식률 99.5% 이상의 우리만의 X-ABNI를 개발할 필요가 있다.

정부R&D 사업화 성공률 英 71% · 美 69%인 반면 한국은 20%에 그치고 있다고 조선일보가 산업통상자원부의 보고서를 인용해 보도했다(조선일보, '16.07.25). 보여주기에 매달리는 정부 R&D 정책을 꼬집은 것이다. 사라지는 특허가 절반이고, 정부 출원 특허가 2010년後 3만 건인데, 이중 외면당해 포기한 특허가 1만 5400건이다. 갈수록 안 팔리는 정부 개발 기술은 많고, 기술료 수입은 6년 새 크게 줄어, 건당 평균 4천만 원→1천8백만 원으로 줄었다는 것이다. 따라서 우리만의 사회문제를 해결하는 솔루션/서비스 접근으로 사업화 성공률을 높여야함을 시사하는 것이다.

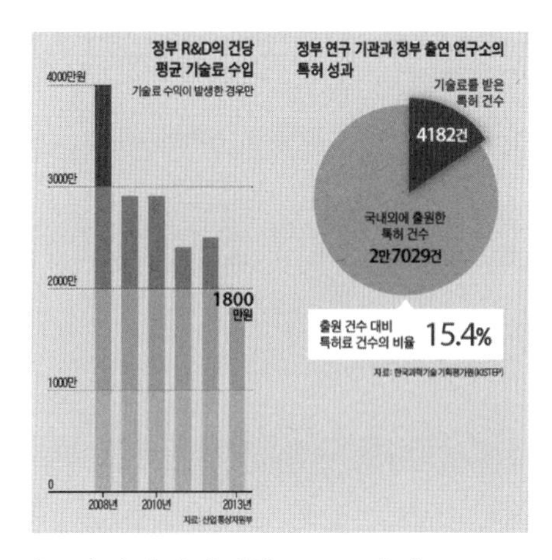

<그림> 산업통상자원부 via 조선일보('16.07.25)

미국의 보브스(Forbes)는 'AI 인재전쟁이 다시 시작되고 있다(The Great AI Recruitment War, '17.04.18)'고 보도하면서, 세계는 AI인재 쟁탈전이 가속화되고 보도했다. 아마존이 年2600억 원 AI에 투자해 1위이고 구글은 연간 1500억 원을 투자해 2위이다. 중앙일보는 아마존에는 AI 전문가가 4000명이고, 한국은 이통3사(KT/LG유플러스/SKT) 합쳐 고작 500명이라고 보도했다(중앙일보, '17.05.30). ZDNet Korea는 中 바이두가 "중국과 미국이 '인공지능' 쌍두마차"라고 선언했다며, 바이두는 2000여 명 인력이 AI 전담에 투입해 검색 패러다임도 '변화'하고 있다고 보도했다(ZDNet Korea '17.10.03), 이데일리는 알리바바가 AI 시장에 3년간

17조원의 통큰 베팅을 하면서 인력 2만5000명을 투입예정이라고 보도했다(이데일리, 13 Oct 2017). 조선일보는 "24시간 인공지능과"함께하는 MS가 개발진 8000명을 투입하고 있다고 보도했다(조선일보. '17.10.16). 따라서 우리나라는 차별화되고 점핑해서 우리만의 인공지능 3.0(X-ABNI+α) 개발에 집중하면서 인력양성도 필요할 것으로 보인다. 문제는 재정 확보방안이다.

마지막으로 융합의 저해 요인인 정부의 칸막이가 심각하다. 예를 들어 자율차+코봇(협력로봇)+드론이 융합하는데, 우리 정부는 담당과가 각각 따로 있어 새롭게 등장하는 물류・수송・재고라는 하이퍼루프(Hyperloop) 서비스 신사업을 보지 못하고 있다. 또한 인공지능은 빅 데이터에서 표준화되고 정제된 스마트 데이터를 바탕으로 발전해야 하는데, 우리 정부는 담당과가 각각 따로 있어, 이 둘을 별도로 나누어 추진하는 형편이다. 따라서 새로운 융합적/서비스적 사고를 가져야 한다.

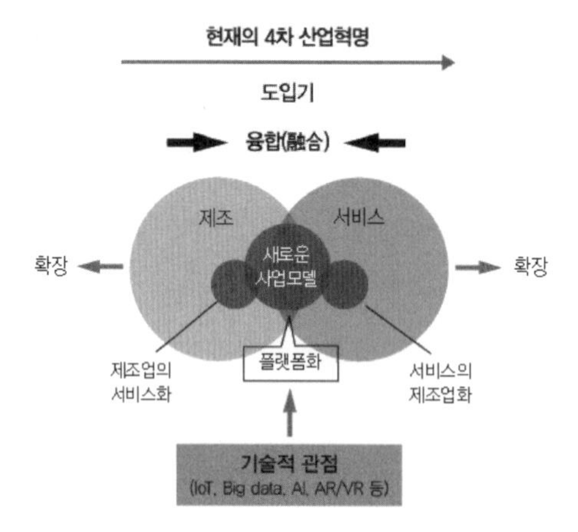

<그림> 한국산업기술평가관리원, PD ISSUE REPORT SEPTEMBER 2017 VOL 17-9, p. 22.
※산업연구원 "4차 산업혁명이 한국 제조업에 미치는 영향과 시사점" 참조 재구성.

2. 도출방법

현재의 진단을 통해 다음과 같은 접근 방법으로 우리나라가 잘할 수 있고 떼돈을 벌 수 있는 분야를 모색하였다.

1) 빠른 추격자(Fast Follower)를 탈피, 첫째 선도자(First Mover) 혹은 제4차 산업혁명을 촉진시킬 촉진자(Enabler)를 모색하였다. 따라서 트렌드분석과 특허분석

을 동시에 진행해 첫째 선도자 혹은 미래의 촉진자를 찾아냈다.

2) 구글/아마존 등의 선진기업들의 잘 나가는 제품/서비스를 철저히 분석하여 단점을 찾아 보완하고 차세대 제품/서비스를 선도할 수 있는 점핑(Jumping) 전략으로 탐색하여 도출하였다.

3) 고령 · 1인가구 · 100세 · 에너지 등 우리나라가 안고 있는 사회/경제문제를 해결하는 솔루션을 모색하여 도출하였다.

4) 기존 개발한 기술을 융합하고 산학연정 · 온 국민이 모두 참여하여 우리가 잘 할 수 있는 분야를 모색하여 도출하였다.

〈참고문헌〉

* 동아일보, "한국 11→26위 추락, 중국 35→27위 추격…국가경쟁력 10년간 극명히 엇갈린 희비", '17.09.28.
* 이데일리 - 알리바바, AI 시장에 17조원 통큰 베팅...인력 2만5000명 투입(13 Oct 2017) http://www.edaily.co.kr/news/NewsRead.edy?SCD=JH41&newsid=02558406616092264&DCD=A00804
* 조선일보 - "24시간 인공지능과"... MS 개발진 8000명 투입(16 Oct 2017) http://biz.chosun.com/site/data/html_dir/2017/10/15/2017101502076.html
* 조선일보, "정부R&D 사업화 성공률 英 71% · 美 69%... 한국은 20% 그쳐", '16.07.25.
* 정보통신기술진흥센터(IITP), "4차 산업혁명과 SW R&D 정책", '17.06.14.
* 중앙일보 - 아마존, AI 전문가 4000명 … 한국은 이통3사 합쳐 500명(30 May 2017) http://news.joins.com/article/21619420
* 한국산업기술평가관리원, "PD ISSUE REPORT SEPTEMBER 2017 VOL 17-9," p. 22.
* 현대경제연구원, "4차 산업혁명 기반산업의 R&D 현황 국제비교", '17.09.18.
* Forbes, "The Great AI Recruitment War", '17.04.18.
* World Economic Forum, "The Global Competitiveness Report 2016–2017", '17.09.27.
* ZDNet Korea - 中 바이두 "중국과 미국이 '인공지능' 쌍두마차"(03 Oct 2017) http://www.zdnet.co.kr/news/news_view.asp?artice_id=20171003070105

* 중앙일보 - 아마존, AI 전문가 4000명 … 한국은 이통3사 합쳐 500명(30 May 2017) http://news.joins.com/article/21619420
* 한국산업기술평가관리원, "PD ISSUE REPORT SEPTEMBER 2017 VOL 17-9," p. 22.
* 현대경제연구원, "4차 산업혁명 기반산업의 R&D 현황 국제비교", '17.09.18.
* Forbes, "The Great AI Recruitment War", '17.04.18.
* World Economic Forum, "The Global Competitiveness Report 2016–2017", '17.09.27.
* ZDNet Korea - 中 바이두 "중국과 미국이 '인공지능' 쌍두마차"(03 Oct 2017) http://www.zdnet.co.kr/news/news_view.asp?artice_id=20171003070105

II. 대한민국 제4차 산업혁명 국가 R&D 프로젝트 도출

1. 15개 국가 R&D 프로젝트 도출/전략/목표

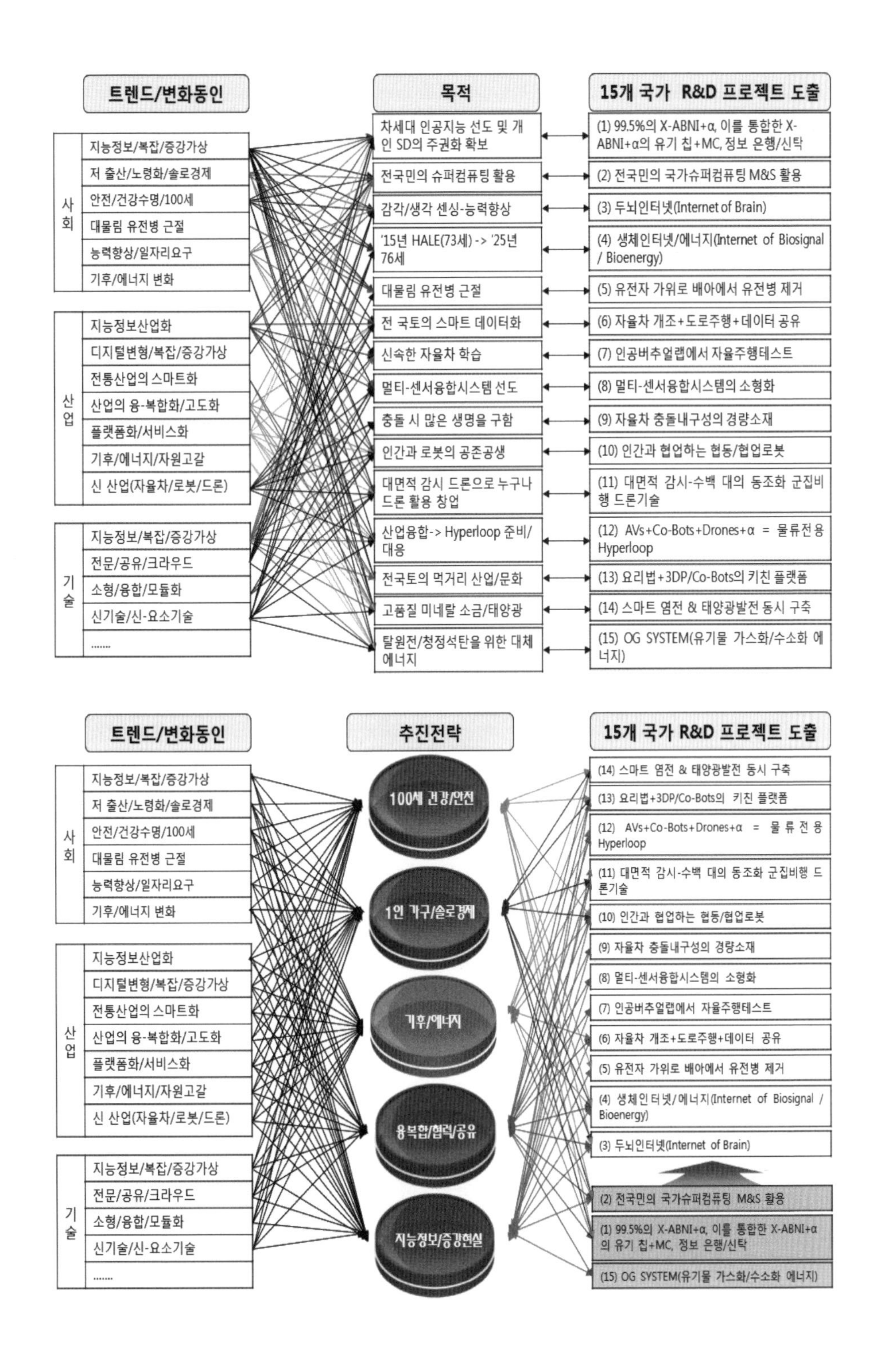

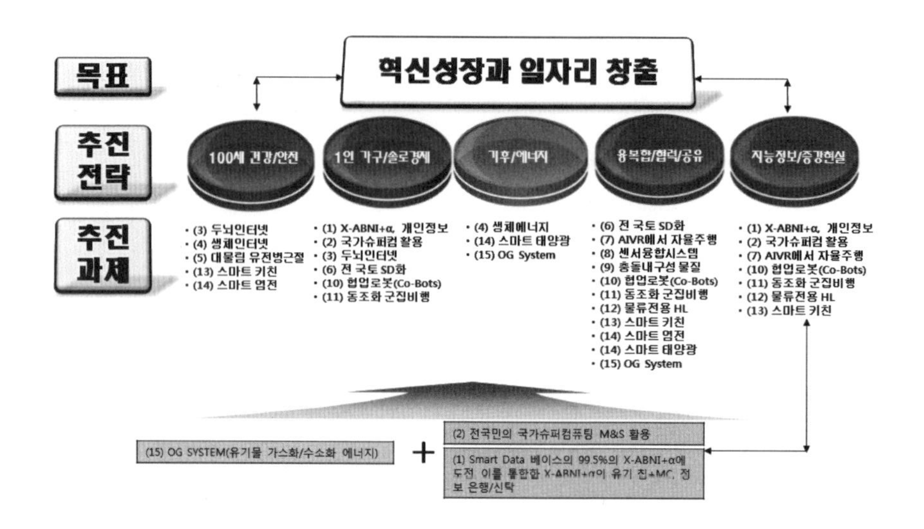

2. 15개 국가 R&D 프로젝트 융합기술 분야/주제/단중장기 로드맵

키워드 및 융합기술 분야	15개 R&D 프로젝트 주제	시기
지능 정보 사회 (FT)	99.5%의 X–ABNI+α, 이를 통합한 X–ABNI+α 의 유기 칩+MC, 개인정보 활용 개방 시스템	장기
복잡계 사회문제 (IT)	슈퍼컴퓨팅 M&S(Modeling & Simulation)	단기
고령 · 건강사회 (BT)	두뇌 인터넷	장기
	생체 인터넷/생체에너지	
	유전자 가위	
자율 주행 자동차 사회 (IT,NT,FT)	자율차 개조+도로 주행+데이터 공유 지원	단기
	가상 인공 버추얼랩에서 자율 주행 테스트	중기
	센서 융합 시스템의 소형화/상용화	중기
	충돌 내구성의 경량 소재	중기
로봇 · 드론 사회 (FT)	인간과 협동/협업 로봇 (Co–Bots)	단기
	대면적 관리/감시용 수백대 동조화 군집 비행 기술	단기
산업의 융합화 (FT)	AVs+Co–Bots+Drones+α = 물류전용 Hyperloop ※ AVs : Autonomous Vehicles	장기
솔로경제/1인 가구시대 (FT)	요리법+3DP/Co–Bots의 스마트 키친 플랫폼 ※ 3DP: 3D Printing	단기
스마트팩토리/자연에너지 (IT, FT)	스마트 염전 & 태양광 발전	단기
탈원전/청정석탄의 신재생에너지 (ET)	OG System (한국형 IGCC 기화기) ※ OG: Organic materials Gasification	단기

※ 단기: 3년, 중기: 5년, 장기 10년

※ FT=Fusion Technology, ET=Energy Technology, IT=Information Technology, BT=Bio Technology, NT=Nano Technology

3. 15개 국가 R&D 프로젝트 기대효과 및 성과활용

키워드 및 융합기술 분야	15개 R&D 프로젝트 기대효과 및 성과활용
지능 정보 사회 (FT)	99.5%의 X-ABNI+α , X-ABNI+α 의 유기 칩+MC, 개인정보 활용 개방 시스템
	– 지능정보 신 서비스가 일자리 창출 과제(안)로 창출되는 연구 산업으로 육성 – 기본 스마트 데이터와 인공지능 인프라로 전 산업에 활용하고 선순환 사이클 유지로 품질 좋은 X-ABNI+α 베이스의 스마트 데이터 유지 – 우리나라가 (1) 99.5%의 X-ABNI+α 를 선도, (2) 이를 통합한 X-ABNI+α 의 유기 칩+마이크로 컴퓨터 개발, (3) 개인정보 은행/신탁제도로 개인의 스마트 데이터 주권화 및 활용촉진
복잡계 사회문제 (IT)	슈퍼컴퓨팅 M&S(Modeling & Simulation)
	– X-ABNI+α 와 Super Real M&S Platform의 연계로 시너지 효과 – 대중소벤처스타트기업의 차세대 제품제조 · 운영 기술에 대한 솔루션, 복잡계 사회문제를 산학연정 · 국민 참여 국가적 전략으로 추진하여 과학기술과 정보통신기술 한 차원 상승, 전국민의 과학적 마인드/시스템 사고 전환(초중고/대학생들도 활용, 예: 에디슨 사업)
고령 · 건강사회 (BT)	두뇌 인터넷
	– 2020년까지 오감, 2025년까지 감수성과 감정표현, 2030년에 생각 센싱 지원으로 고령자들도 누구나 일할 수 있고, 일반인들은 자신의 능력을 향상. 고령자 근로 복지/건강비용을 줄일 수 있음. – 개발한 센싱과 알고리즘 기술을 X-ABNI+α 에 융합시 인공지능이 탑재된 모든 인공지능기계를 제어/조절 가능
	생체 인터넷/생체에너지
	– 착용형에서 건너뛰어 의류일체형 → 신체부착형/현장진단형 → 생체이식형 도전 시 생체인터넷 선도 가능. 우리나라는 옷과 반도체가 강하고, 이미 생체인터넷 구현 역량과 생체에너지 구현 역량이 많이 확보되어 있어 관련 개발 제품과 서비스를 융합하면 플랫폼 구축도 가능함. – '15년 현재 건강수명이 73세인 것을 '25년에 76세로 늘려, 각종 건강보험/복지비용을 줄이고 시공간의 비용을 줄일 수 있음. – 특히 우리가 갖고 있는 생체에너지에 도전하면 노벨과학상도 가능하며, 신체친화적/생체호환적인 스마트 나노스필까지 개발할 수 있음.
	유전자 가위
	– 대물림의 유전자병을 치료, 정상 아이들의 새로운 세상 구현 – 우리나라를 유전자병을 치료하는 나라로 인식, 전 세계 사람들이 우리나라로 오게 함으로써 의료강국 실현하여 국민소득 4만 달러 돌파 – 향후 연구 성과를 활용하여 차세대 식량인 인공고기/클린미트/차세대 농작물에 도전

키워드 및 융합기술 분야	15개 R&D 프로젝트 기대효과 및 성과활용
자율 주행 자동차 사회 (IT,NT,FT)	자율차 개조+도로 주행+데이터 공유 지원
	– 대한민국 전 국토를 데이터/지도로 기록하고 공유 – 자율차 개조를 지원 받은 산학연이 획득한 데이터를 공유 시 자율차 시대가 도래 하면 가장 강력한 지적재산권 확보 가능 – 해외 진출 – 상기 노하우를 바탕으로 해외 진출 시 큰 수익 창출 가능 – 드론(무인기)도 상기와 같은 전략으로 접근
	가상 인공 버추얼랩에서 자율 주행 테스트
	– 도로주행테스트 시 획득한 데이터와 지도를 바탕으로 가상 인공버추얼랩 구축하여, 빠른 시간 내에 수많은 자율차가 실제 도로가 없어도 실제 상황과 같이 학습 가능 – 가상 인공버추얼랩에서 자율주행모드 해제의 이유를 집중분석하고 최적의 답을 찾아 소프트웨어를 업데이트하고 전 자율차의 자율주행컴퓨터시스템에 리얼타임으로 업데이트 가능. 이를 통한 최적의 답을 새로운 특허로 출원하여 IPs를 확보 할 수 있음.
	센서 융합 시스템의 소형화/상용화
	– 반자율차이든 자율차이든 가장 중요한 것이 우리의 눈과 귀와 손과 발에 대응하는 센서임. 만약 개발과 상용화에 성공한다면 자율차 센서 분야에서 세계 1위가 될 수 있으며, 대한민국을 10년간 먹여 살릴 수 있음. – 대기업, 중소기업간 경쟁 유발시키면 매우 효과적인 기대가 예측됨. – 향후 드론/무인기, 로봇, 농촌의 트렉터, CCTV, 트럭, 소방차, 응급차, 철도, 선박 등 다양하게 성과를 적용할 수 있고 활용할 수 있음
	충돌 내구성의 경량 소재
	– 충돌내구성 물질을 개발해 확보한다면, 충돌 시 많은 생명을 구할 수 있어 자율차 차체분야에서 세계 1위가 될 수 있으며, 대한민국을 10년간 먹여 살릴 수 있음. – 대기업, 중소기업간 경쟁 유발 시 매우 효과적인 기대가 예측됨 – 부가 기대효과로 이산화탄소 절감 – 향후 드론/무인기, 로봇, 농촌의 트렉터, CCTV, 트럭, 소방차, 응급차, 철도, 선박 등 다양하게 성과를 적용할 수 있고 활용할 수 있음
로봇 · 드론 사회 (FT)	인간과 협동/협업 로봇 (Co–Bots)
	– 인간이 잘하는 분야는 인간이, 로봇이 잘하는 분야는 로봇이 역할 담당함으로써 로봇의 일자리 차지 불안감 해소 및 인간과 로봇과의 공존공생 – 대기업, 중소기업간 경쟁 유발 시 매우 효과적인 기대가 예측됨 – 향후 제조용 작업장, 물류창고 작업장, 스마트홈의 스마트키친에 적용할 수 있고, 원천융합기술을 드론/무인기에 활용 가능

키워드 및 융합기술 분야	15개 R&D 프로젝트 기대효과 및 성과활용
로봇 · 드론 사회 (FT)	대면적 관리/감시용 수백대 동조화 군집 이행 기술
	– 한 사람/여러 명이 조를 이루어 수백 대의 동조화 군집비행 가능 드론 기술 개발 시 대면적 관리/감시/모니터링 가능 – 대기업, 중소기업간 경쟁 유발 시 매우 효과적인 기대 예측됨 – 응용분야는 대면적의 산림/산불/해안선/국가핵심시설/인프라시설 감지와 모니터링, 비상 긴급 상황 · 수색과 구조 활동, 엔터테인먼트용/이벤트용/스포츠용 에어쇼 등 무궁무진함. – 동조화 비행기술의 원천융합기술은 타산업의 로봇, 농촌의 트렉터, 트럭, 소방차, 응급차, 철도, 선박 등 다양하게 적용 및 활용 가능
산업의 융합화 (FT)	AVs+Co–Bots+Drones+α = 물류전용 Hyperloop ※ AVs : Autonomous Vehicles
	– 장기적으로 AVs+Co–Bots+Drones+α 융합으로 물류전용 Hyperloop가 등장할 것이므로 정부는 모든 이해관계자들과 장기적인 비전과 철저한 준비로 대응해야 함. – 우리나라가 자율차와 코봇과 드론의 융합산업 진흥시킬 좋은 기회 – 일본+한국+중국+러시아를 잇는 Hyperloop도 제안 가능
솔로경제/1인 가구시대 (FT)	요리법+3DP/Co–Bots의 스마트 키친 플랫폼 ※ 3DP: 3D Printing
	– 스마트한 부엌 하나로 1인 가구/솔로경제의 건강과 행복과 더불어 우리나라 전 지역을 먹거리 산업과 문화로 육성할 수 있는 절호의 기회 – 산업의 융합화(Co–Bots+3DP+요리법+의료+농업+α)를 구현 고수익 창출 – 농림축산식품부 추진 지역별 클러스트 스마트 팜(Farm) 및 농촌관광과 직거래 프로그램, 향후 추진될 맞춤식 인간형농업 융합 가능. 여기에 한의학연구원의 사상체질 분석 시스템과 향후 등장할 의사들의 약 처방 이외에 식단 처방 등을 융합한 에코시스템의 플랫폼을 구축하고, 앱과 웹으로 서비스한다면, 10년 내에 고수익 창출 차세대 먹거리 창출
스마트팩토리/ 자연에너지 (IT,FT)	스마트 염전 & 태양광 발전
	– 고유의 염전 → 위생적인 「스마트 염전 자동화시설 (가칭)」로 대변혁. – 국민의 오랜 숙원사항 해결 → 환경호르몬 없는 맑고 깨끗한 '고품질 미네랄 천일염' 생산. 고수익 창출 – 자연 신재생에너지 '태양광 전기' 생산. → 재생 에너지 정책 공조 – 한의학 연계 '천연바이오기능성천일염' 생산 → 고부가가치 창출. – 생명공학 + 토목공학 + 한의학 + 식품가공학 + 전자 전기공학 + 기계공학 → 하나된 융복합의 '고품질 기능성 천일염' 생산기술 확보. – 천일염 수출전문단지 조성, 경제 활성화, 새로운 대단위 일자리창출 – '천연바이오기능성천일염' 연구단지 확보 → 양산체제시스템 구축 – 천일염 관광 체험 및 염전 발전 변천 테마 활용 관광 자원 극대화.

키워드 및 융합기술 분야	15개 R&D 프로젝트 기대효과 및 성과활용
탈원전/ 청정석탄의 신재생에너지 (ET)	OG System (한국형 IGCC 기화기) ※ OG: Organic materials Gasification
	- 국내 가연성폐기물을 이용한 전력 생산 추정(원자력 신고리 5,6호기 발전용량보다 4.5배) - 가연성 폐기물(유기물 쓰레기, 하수 슬러지, 축산분뇨 슬러지 등) (※ 익산지역 축산분뇨 슬러지 등) - 청정 석탄을 활용한 발전(향후 석탄화력의 청정발전이 가능한 원천기술) - 효율성 있는 수소 발생 장치 (연료전지 연계 활용 등) - 이산회탄소의 메탄올 제조를 통한 발생량 조절 가능

※ FT=Fusion Technology, ET=Energy Technology, IT=Information Technology, BT=Bio Technology, NT=Nano Technology

4. 15개 국가 R&D 프로젝트 추진정책/추진체계

4-1. 추진정책

1) 법・제도 개선 - R&D 촉진과 사업화의 성공을 위해 기술확산점(Tipping Point, 16%)에 이를 때까지는 법제도 고려 안하는 네거티브 제도 도입이 필요하다. 예들 들어 미국의 전기차 가이드라인('16.07), 미국의 드론정책 가이드('6.08), 미국의 자율차 정책 가이드라인('16.09) 등이 이에 해당된다. 또한 제4차 산업혁명을 주도할 '15개 국가 R&D 프로젝트'는 인재양성과 일자리 창출이 매우 중요함으로, 매년 평가하여 보상하는 보상 제도를 마련해야 한다.

2) 재정확보 - 기존 계속사업의 R&D 과제들 중 트렌드를 벗어난(Out of Trend) 과제들을 평가하여 과감히 일몰시켜 재정을 확보하고 미래 지향적으로 추진한다.

3) 투자방안 - 확보된 재정으로 '15개 국가 R&D 프로젝트'의 단-중장기 로드맵에 따라 집중 투자하고 오픈 플랫폼으로 구축하여 국민에게 공유/참여를 유도한다. '15개 국가 R&D 프로젝트'를 매년 평가 점검하여 트렌드를 벗어난 분야는 일몰시키고 다른 최신 트렌드로 신속하게 전환한다. 단기: 3년, 중기: 5년, 장기 10년으로 투자하되, 단기는 2년 차에, 중기는 3년 차에, 장기는 6년 차부터 실증/적용하여 혁신성장을 통한 고용창출을 유도한다.

4-2. 추진체계

15개 국가 R&D 프로젝트에 산학연, 대기업, 중소벤처기업 중심으로 참여를 시켜 상호 경쟁을 유발시키면 매우 효과적인 기대가 예측된다. 산학연은 R&D 분야에 콘소시엄(C)으로 참여시키고, 단기: 3년, 중기: 5년, 장기 10년. 단기는 2년 차에, 중기는 3년 차에, 장기는 6년 차부터 실증/적용하여 혁신성장을 통한 고용창출을 유도한다.

키워드 및 융합기술 분야	15개 R&D 프로젝트 내용	시기	추진기관	실증/적용
지능 정보 사회 (FT)	99.5%의 X-ABNI+α 에 도전	장기	산학연(C)	X-ABNI+α 가 필요한 산학연 모집
	이를 통합한 X-ABNI+α 의 유기 칩+마이크로 컴퓨터	장기	산학연(C)	X-ABNI+α 의 유기 칩이 필요한 산학연 모집
	개인정보 활용 개방 시스템	장기	정부	산학연/공공기관/국민
복잡계 사회문제 (IT)	슈퍼컴퓨팅 M&S (Modeling & Simulation)	단기	KISTI	산학연정/ 공공기관/국민
고령 · 건강사회 (BT)	두뇌 인터넷	장기	산학연(C)	고령자가 가장 많이 고용된 지역을 순차적으로 지정 확대
	생체 인터넷/생체에너지	장기	대-중소기업	건강수명이 제일 낮은 지역을 순차적으로 지정 확대
	유전자 가위	장기	유전자가위 연구단(C)	(1) 한국인 → (2) 외국인 대상
자율 주행 자동차 (IT,NT,FT)	자율차 개조+도로 주행+데이터 공유 지원	단기	산학연	데이터를 바탕으로 서비스+α 를 하려고 하는 산학연 모집
	가상 인공 버추얼랩에서 자율 주행 테스트	중기	산학연(C)	인공버추얼랩을 원하는 산학연 모집
	멀티-센서융합시스템의 소형화/상용화	중기	대-중소기업	자율차/로봇/드론 등 산학연 모집
	충돌 내구성의 경량 소재	중기	대-중소기업	자율차/로봇/드론 등 산학연 모집
로봇 · 드론 사회 (FT)	인간과 협동/협업 로봇 (Co-Bots)	단기	기계연 중심 중소기업(C)	Co-Bots를 활용할 산학연 모집
	대면적 관리/감시용 수백대 동조화 군집 비행 기술	단기	대-중소기업	드론 관련 산학연 모집

키워드 및 융합기술 분야	15개 R&D 프로젝트 내용	시기	추진기관	실증/적용
산업의 융합화 (FT)	AVs+Co-Bots+Drones+α = 물류전용 Hyperloop ※ AVs : Autonomous Vehicles	장기	산학연(C)	인천-평택, 평택-목포, 목표-부산, 부산-속초 등
솔로경제/1인 가구시대 (FT)	요리법+3DP/Co-Bots의 스마트 키친 플랫폼 ※ 3DP: 3D Printing	단기	스마트홈 산업협회(C)	1인 가구가 가장 많은 지역을 순차적으로 지정 확대
스마트팩토리/ 자연에너지 (IT, FT)	스마트 염전 & 태양광 발전	단기	지역 중소벤처(C)	서해안/남해안 염전 지역을 평가 선정
탈원전/ 청정석탄의 신재생에너지 (ET)	OG System (한국형 IGCC 기화기). ※ OG: Organic materials Gasification	단기	연구재단중심 산학(C)	OG System을 수용할 지자체 평가 선정

※ 단기: 3년, 중기: 5년, 장기 10년
※ FT=Fusion Technology, ET=Energy Technology, IT=Information Technology, BT=Bio Technology, NT=Nano Technology, (C)=콘소시엄

III. 대한민국 제4차 산업혁명 15개 국가 R&D 프로젝트 세부 내용

1. 지능정보사회

(1) 99.5%의 X-ABNI+α에 도전, (2) 이를 통합한 X-ABNI+α 베이스의 유기 반도체+마이크로컴퓨터(MC), (3) 개인정보 은행/신탁

1-1. 국내외 기술/서비스 현황분석/진단

현재 국내외 인공지능 2.0 세대의 음성/얼굴/사진/사물/감정 등 인식률은 90~95%의 수준으로 고객 맞춤식 서비스를 못하는 실정이며, 만약 에러 5%가 실수를 했을 경우 고객이나 기업 입장에서 리스크(Risk)가 크므로 다양한 분야로의 대중화에 어려움이 있는 것으로 분석되고 있다.

1-1-1. 음성 인식률 – 95%가 한계

'17년 미국 CES와 독일 IFA에서 대단히 인기를 끌었던 Amazon의 알렉사(Alexa)가 탑재된 스마트 스피커인 에코(Echo)를 분석한 결과 단점은 다음과 같다. (1) 음성인식률 95%가 한계이다. (2) 고객이 누구인지 신원(이름)을 인식하지 못한다. 따라서 일반적으로 누구나 대화가 가능해, TV에서 나오는 광고의 소리를 듣고 주문하기도 한다. 애플의 시리도 마찬가지이다. (3) 인간처럼 멀티 사용자와 멀티-대화가 불가능하다. (4) 인간은 오감으로 사람의 음성을 인식하지만, 오로지 일반 음성모델로 인식한다. (5) 인간처럼 멀티태스킹이 불가능 하다. (6) 항상 켜져 있어야 함으로 보안/해킹에 취약하다.

<그림> 아마존의 에코와 구글의 홈. Image: Amazon & Google

KT의 기가지니(GiGA Genie), SKT의 누구(NuGu), 네이버의 웨이브(Wave), 카카오의 카카오미니(KaKaOmini), 삼성전자의 빅스비(Bixby)도 마찬가지 실정이며 스마트 데이터가 부족해 인식률이 에코(Echo)보다 낮다.

Google은 '17년 4월에 6명의 신원(이름)을 인식하는 구글 홈을 선보였으나 단 두 번의 음성으로 학습시키고, 그 대신 스마트기기의 모든 데이터(예, 일정/전화번호 등)를 오픈해야 한다. 따라서 음성 인식률에 데이터를 추적하여 초기의 고객 맞춤식 서비스를 하고 있으나, (1) 6명의 멀티 사용자들(multiple users)과 동시에 대화할 수 없고, (2) 아마존의 에코와 같은 단점들이 그대로 남아 있다.

1-1-2. 사진의 사물/얼굴 인식률 – 95%가 한계

Google은 '15년 5월 28일에 사진의 사물과 얼굴들을 자동으로 분류하여 서비스하는 구글 포토(Google Photos)를 선보였으나, 한 달 만에 잭키 앨신(Jacky Alcine)의 여자 친구를 고릴라(Gorillas)로 분류하는 실수를 했다. 이에 대해 잭키 앨신은 '15년 6월 28일에 "Google Photos, y'all fucked up. My friend's not a gorilla'이라는 트윗을 했다. 이에 대해 구글 플러스의 수석 설계자인 조너선 정거(Jonathan Junger)는 피부색이 짙은 얼굴에 대한 자동 인식 알고리즘과 태깅 시스템을 개선하겠다고 밝히고 "머신 러닝은 힘든 일"이라고 말했다(연합뉴스/조선일보, 2 Jul 2015). 이는 페이스북도 마찬가지로 검은색(사람과 원숭이 구별)과 노랑색(빵과 고양이 구별) 등 특정 색의 구별에 2.0 세대의 인공지능으로는 어려운 실정으로 판단된다. 반면 인간은 오감으로 색을 구별한다.

<그림> 잭키 앨신의 트위('15년 6월 28일). Image: 연합뉴스/조선일보(2 Jul 2015)

1-1-3. 사진에 찍힌 사람의 감정 인식률 – 90%가 한계

마이크로소프트사는 '15년 11월에 사진에 담긴 사람의 8가지 감정을 수치로 나타내는 서비스를 개발했다. 분노, 경멸, 불쾌, 공포, 행복, 무관심, 슬픔, 놀라움 등 8가지 감정이 수치화돼 표시되나 아직은 8가지를 다 인식하지 못한다. 특정 감정 인식률은 90% 정도이다. 구글은 '15년 12월에 클라우드 비전 API를 공개했으나 감정을 정확하게 인식하지 못한다. 사람은 눈을 보고 기쁨과 놀라움을 금방 인식하지만 2.0 세대의 의 인공지능은 아직 인간을 따라오지 못하고 있다.

<그림> MS의 옥스포드 프로젝트. Image: projectoxford.ai

1-1-4. 동영상 속의 사물 인식률 – 90%가 한계

구글은 '14년에 자동영상 사물인식(Automatic Large Scale Video Object Recognition, 8,792,732, 29 Jul 2014)이라는 특허를 미국 특허청에 등록하고, '17년 3월에 이를 바탕으로 클라우드 비디오 지능(Cloud Video Intelligence)이라는 서비스를 출시했다. 이는 비디오의 문맥인식/라벨인식(Labels)과 사진 이미지(Shots)를 인식하는 인공지능 서비스로, 실제 분석한 결과 라벨인식(Zoo)은 91%, 샷 인식은(Tiger) 90%로 수준이 낮다. 이는 특허와 현실사이에 괴리가 있다는 것을 시사하는 것이다.

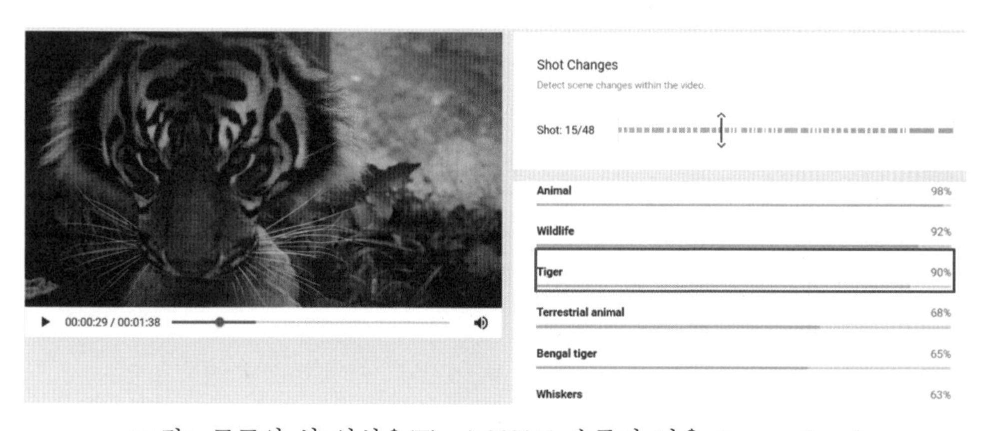

<그림> 구글의 샷 인식은(Tiger) 90%로 수준이 낮음. Image: Google

1-1-5. 알파고의 한계 – 멀티태스킹 불가, 설명 불가, 1MW의 슈퍼컴퓨터

구글은 '16년 3월에 알파고 리(Alphago Lee)를 선보이며 이세돌 9단을 4:1로 승리했다. 하지만 단점은 인공지능 2.0 세대라 바둑밖에 두지 못하는 실정이다. 다시 말해 모노태스킹만 하지 인간처럼 멀티태스킹(바둑, 커피, 담배, 감정표현 등)을 아직은 하지 못한다.

또 다른 구글 알파고의 한계는 왜 그렇게 추론하고 판단했는지, 왜 이겼는지 설명을 안 해준다는 것이다. 지금 2.0 세대의 인공지능들은 모두 왜 그러한 추론·판단으로 인식했는지, 어떠한 논거를 바탕으로 이겼는지 논리적으로 설명하지 못해 활용 범위가 제약되는 한계가 있다. 인공지능과 인간과 협력하는 방향에서 이는 커다란 난제이다. 인간이 인공지능의 추론과 판단을 이해하고, 인공지능은 인간을 이해해야 공존공생의 협력이 가능하다. 따라서 현재의 인공지능 2.0 세대에 설명 가능한 모델을 넣어야 하고 프로그램 언어와 사용자의 언어가 상호 인터페이스 되어야 하며 사용자의 심리학적 수준에 맞추어 맞춤식 설명을 해주어야 한다. 예를 들어 미국 국방과학연구소(DARPA)는 2016년에 설명 가능한 인공지능(Explainable Artificial Intelligence, XAI)을 개발하자고 제안하고(David Gunning, 11 Aug 2016), 2017년 7월부터 7,000만 달러(약 840억 원)를 XAI 에 개발에 투자하고 있다.

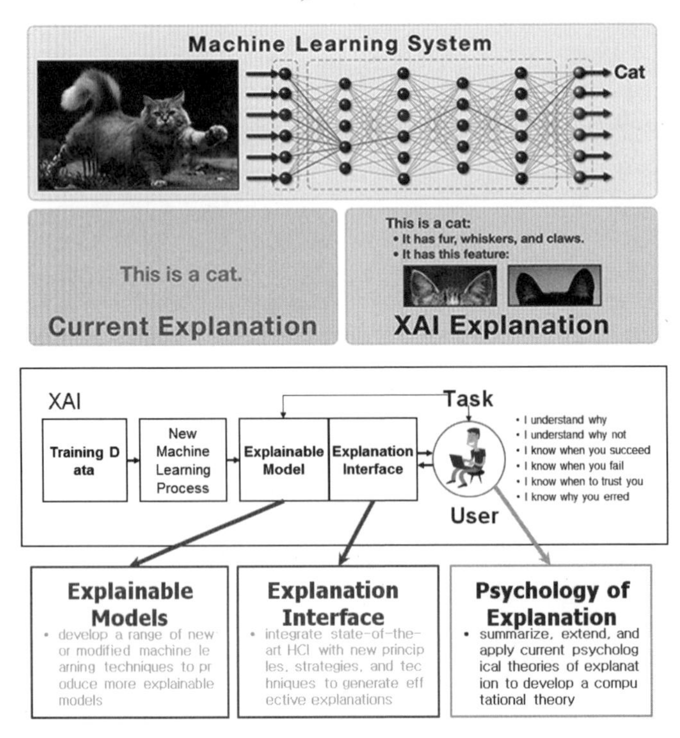

<그림> 미국 국방과학연구소(DARPA)가 2017년 7월부터 추진하고 있는 설명 가능한(Explainable, X) XAI(Explainable Artificial Intelligence) 프로젝트 (7,000만 달러=약 790억 원 투입). Image: DARPA

또 다른 구글 알파고의 한계는 에너지 소비인데, 이세돌과 격돌한 알파고 리(AlphaGo Lee)의 전력소모는 슈퍼컴퓨터와 맘먹는 1MW를 소비했다. Alphago Lee에는 1,202대의 CPUs, 176대의 GPUs가 연결된 클라우드 컴퓨터(48 TPUs)로 오퍼레이팅하는데 무려 1MW의 전력을 소비하는 슈퍼컴퓨터이다. 따라서 일반인들에게 상용화할 수 없는 실정이다. '17년 5월에 중국에서 선보인 Alphago Master는 4 TPUs(11.5Pflops)로 Alphago Lee의 1/10인 0.1MW를 소비했는데, 이는 아직도 전력을 많이 소비한 것이다. 반면, 정확히 비교할 수 없지만, 한국의 이세돌과 중국의 커제는 20W만 소비했다Business Insider, '16.03.09; Jacques Mattheij, '16.03.17). 따라서 알파고가 저-전력의 인간의 두뇌를 따라오기란 쉽지 않음을 알 수 있다.

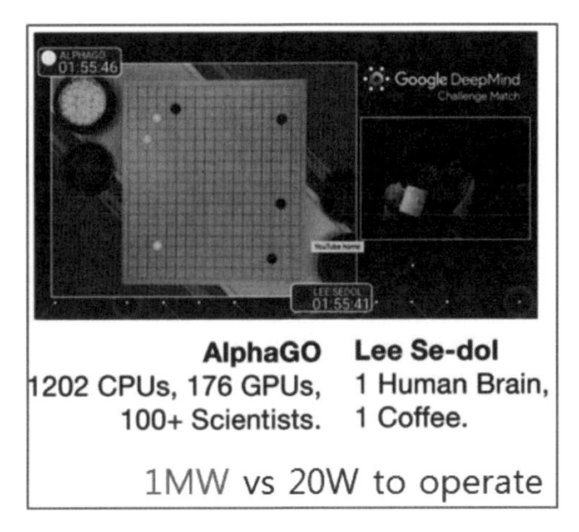

<그림> '16년 3월 9일 이세돌과 알파고 리의 대국 장면 재구성.
Image & 와트비교: Business Insider('16.03.09) & Jacques Mattheij('16.03.17)

1-1-6. IBM Watson & 뉴로모픽칩의 한계 – 고체칩을 유기체 칩으로 전환해야

IBM이 '12년에 선보인 Watson은 의료 분야 스마트 데이터를 바탕으로 '15년에는 유방암 진단 정확도를 91~100%까지 끌어올렸다(asco.org, '15). 현재 가천의대 길병원을 비롯해 6개 병원이 도입해 운영 중이다. 하지만 (1) 데이터가 전부 미국인의 데이터라는 점이어서, 한국인의 데이터를 추가로 구축해야 한다는 단점이 있으며, (2) Watson에 사용하는 인공지능 칩이 고체칩이어서, 두뇌가 가지고 있는 뉴런과 시냅스 등과 생체호환이 안 된다는 단점을 갖고 있다.

현재 개발되고 있는 뉴로모픽칩도 한계가 있다. 인간 두뇌의 뉴런과 시냅스를 모방하는 뉴로모픽 컴퓨팅(Neuromorphic Computing)에 사용되는 뉴로모픽칩에 IBM과 Intel 등이 도전하고 있다. IBM은 '08년부터 개발하기 시작하여, '14년에 트루노스(TrueNotrh)라는 뉴로모픽칩을 개발하고, '15년에는 인간 두뇌의 1,000

억 개로 추정되는 뉴런 중 4,800만개의 고체로 만들어진 뉴런칩을 집적시켰고(0.000048% 모방), 1,000조개로 추정되는 시냅스 중 130억 개의 고체로 만들어진 시냅스칩을 집적시켰다(0.000012% 모방). 인텔은 '17년 9월 25일에 인공지능 테스트칩인 로이히(Loihi)을 개발하고 있다고 발표했다. 13만개 뉴런과 1억3천만 개 시냅스로 구성되어 있다. 하지만 문제는 (1)고체칩이어서 인간의 유기체로 이루어진 뉴런과 시냅스들을 모방한 것이라 볼 수 없다. 세포나 뉴런과 시냅스와 호환되고 동시에 저-전력의 유기체 칩에 도전해야 한다. 또 하나의 문제는 (2) 인간의 두뇌에는 뉴런과 시냅스의 신경세포가 30%이고 나머지는 성상세포(별세포, glia or astrocytes) 등의 비신경세포가 70%라는 점이어서(Schummers & Sur et al., 2008), 아직 갈 길이 멀다.

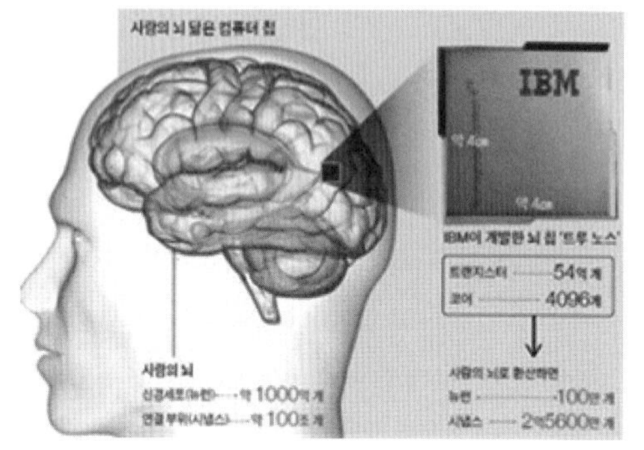

<그림> IBM과 인텔이 각각 개발하고 있는 고체칩의 뉴로모픽칩. Image: IBM & Intel

현재 유기체-칩에 도전하고 있는 스탠포드대는 '17년 2월에 "뉴로모픽 컴퓨팅을 위한 저-전압 인공 시냅스의 비-휘발성 유기 전기화학 디바이스" 라는 논문을 발표하기도 했다(van de Burgt et al., Nature Materials, 20 Feb 2017).

1-1-7. 2017 AI지수(AI Index) 보고서– 아직 5살 어린이 지능에도 못 미친다

MIT, 스탠포드대, 오픈AI 등 미국 대학·연구소 연구진이 소속된 AI지수(AI Index – https://aiindex.org/)가 2017년 11월 30일 공개한 '2017 AI지수(AI Index) 보고서'는 "AI는 아주 좁은 분야에선 인간보다 뛰어난 면모를 보이지만 일반 지능(general intelligence)의 관점에선 아직 한계가 뚜렷하다"며 이같이 밝혔다. 다시 말해 Mono는 잘 하는데 Multi-Tasking은 아직 5살 어린이 지능에도 못 미친다는 것이다.(중앙일보, 04 Dec 2017; Stanford, 30 Nov 2017; AI Index. 30 Nov 2017). 결론적으로 지금의 인공지능은 이제 5살 수준으로 한참 가야한다는 것으로, 다음에 제안하는 X-ABNI+α에 우리나라가 도전한다면 10년 내에 인공지능을 넘어 생물지능 · 감성지능 · 자연지능의 강국이 될 수 있다.

<그림> 2017 AI지수(AI Index). Image: https://aiindex.org/

1-2. (1) 99.5%의 X-ABNI+α, (2) 이를 통합한 X-ABNI+α베이스의 유기 반도체 칩+마이크로컴퓨터(MC), (3) 개인정보 은행/신탁에 도전

1-2-1. 99.5%의 X-ABNI+α에 도전

지금까지 살펴본 '국내외 기술/서비스 현황분석/진단'을 종합해보면, 지금의 인공지능 2.0 세대의 한계는 인식률이 95%인데, 이를 99.95% 수준 이상으로 높여야 하는 방법과 알고리즘과 모델을 찾아야 하고, 왜 그렇게 추론하고 판단했는지 설명을 해주어야 인간이 활용할 수 있다. 그것이 바로 우리나라가 도전해야 하는 3.0 세대의 '99.5%의 설명 가능한(Explainable) X-AI+BI(생물지능)+NI(자연지능)+α(추가연구)'이다. 이를 통해 3.0 세대를 구현한다면 구글/페이스북/IBM 등을 능가해 10년 이내에 인공지능을 뛰어넘는 강국이 될 수 있다. 다음은 이를 위해 우리나라가 도전해 융합해야하는 과제들이다.

(1) 한글 자연어 처리 및 데이터 표준화+α - 우선해야 할 것이 한글의 표준화 및 정제를 통해 무수히 많은 말뭉치(Corpus)의 스마트 데이터를 구축해야한다.

(2) 한글운율을 리듬/박자로 코딩+α - 모든 전 세계 7,000의 언어에는 운율(리듬/박자)이 있다. 충남대 정원수 교수에 따르면 그 중 한글에 가장 아름다운 운율이 있다고 한다(월간조선, '17년 11월호). 운율을 음표(콩나물 대가리)로 나타내면 전 세계 언어를 번역할 수 있어 스마트 데이터를 한 손에 다 장학할 수 있다. 그리고 이를 인공지능 3.0 세대에 활용할 수 있다.

(3) SNN & JNN & GAN+α - 인간의 뇌는 지금의 컴퓨팅처럼 선형/순차(Linear/Serial)나 병렬방식(Parallel)이 아닌 다층적인(Multi-layered) 가소성(Plasticity)이 있어, 어떤 때는 뉴런에 불을 붙일 때 고장 난 100개를 우회하거나 점핑할 수도 있고, 과거에는 고장 났지만 현재 기억을 회상할 때에는 다시 살아나 불을 붙일 수 있다. 이러한 신경망을 JNN(Jumping Neural Network) 혹은 SNN(Spiking Neural

Network)라고 한다. 따라서 다층적인 가소성의 메커니즘과 JNN or SNN의 메커니즘을 연구하여 3.0 세대에 융합해야 한다. 또한 사람이 직접 인공지능을 지도학습(Supervised Learning) 해 줄 필요가 없이, 서로 다른 인공지능(AI)이 상호 경쟁을 통해 상호 성능을 개선하는 방법인 생성적 적대 신경망(Generative Adversarial Networks•GAN)도 연구하고 다른 +α도 지속적으로 찾아야 한다.

(4) Low Powered X-AI+BI+NI+α embedded in One Organic Chip - 지금 인공지능 2.0 세대의 최대 걸림돌은 아날로그적인 하드웨어이다. 왜냐하면 칩이 모두 고체칩이기 때문이다. 아무리 알고리즘이 좋다한들 고체칩에서 돌아가기 때문에 전력이 많이 소비되고 비효율적이다. 따라서 뉴런과 시냅스와 호환되는 저-전력 베이스의, X-AI+BI+NI+α가 내장된 유기체칩을 개발해야 한다. 그리고 왜 그렇게 추론하고 판단했는지 설명이 가능해야(Explainable=X) 인간이 활용할 수 있다.

(5) 생물지능(BI, Biology Intelligence)의 융합+α - 30%의 뉴런과 시냅스로 이루어진 신경세포 이외에 성상세포 등으로 이루어진 70%의 비신경세포로 이루어진 인간의 두뇌를 따라오기란 그리 쉽지 않다. 따라서 비신경세포의 메커니즘을 밝혀 인공지능 3.0에 융합해야 하고, 이들 안에 들어 있는 유전자, 유전자가 생산하는 단백질, 히스톤(Histone) 변형 등의 후성유전(Epigenome), 신진대사, 환경 등에 따라 항상성(Homeostasis)과 의사결정이 바뀌는 메커니즘도 밝혀 융합해야 한다. 인간의 뇌는 이러한 여러 변수들에 따라 물리적인 구조를 자유롭게 바꿔가며(정신물리학적 모델과 생물물리학적 모델 등) 정보를 입력하기 때문에, 지금의 신경망 알고리즘에 한 차원 높은 다른 알고리즘들이 융합되어야 한다. 이외에 인간의 오감 작동 메커니즘, 감성표현 메커니즘, 언어유전자인 FOXP2의 메커니즘도 연구하여 융합시켜야 한다.

(6) 자연지능(NI, Natural Intelligence)의 융합+α - 기타 생물/식물/동물/어류 등이 갖고 있는 자연지능도 밝혀 3.0에 융합해야 함. 이를 생체모방기술(Biomimetics or Biomimicry)라고 한다.

(7) 시공간에 99.5%의 X-AI+BI+NI+α의 매핑 - 제4차 산업혁명을 주도하고 있는 기술들을 시간-공간-인간의 매트릭스로 표시해보자. 우선 시간-공간-인간이 융합되는 가운데에는 빅 데이터(BD)에서 표준화되고 정제된 스마트데이터(SD) 베이스의 인공지능(AI), 우리 인간의 몸과 두뇌의 생체지능(BI), 자연이 갖고 있는 자연지능(NI), 여기에 +α의 무엇이 융합되는 지능이 매핑된다.

아무리 좋은 인공지능도 소프트웨어도 스마트데이터가 없으면 무용지물이다.

그래서 나머지 매핑된 제4차 산업혁명을 주도하고 있는 기술들인 O2O-AR/VR-IoT-자율차-로봇-드론-생체인터넷(웨어러블)-두뇌인터넷-게놈-정밀의료-크리스퍼/카스9도 스마트데이터를 획득하고자 난리인 것이다. 그리고 획득한 스마트데이터와 각종 지능이 도출한 지식의 패턴/추론/예측을 시간의 클라우드와 스토리지에 저장해서, 관련 고객들과 각종 기기들에 푸시 다운(Push down) 할 수 있도록 해야 한다. 그리고 이 과정은 리얼타임으로 반복하면서 선-순환되어야 더욱 가치 있는 부를 창출하는 것이다.

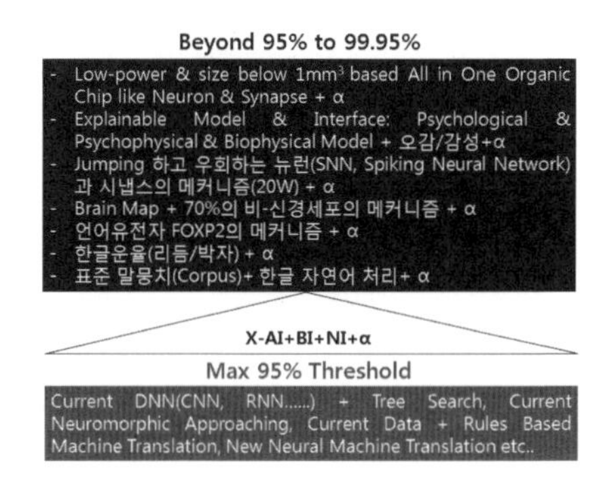

<그림> 차원용/국제미래학회, '99.5%의 X-AI+BI+NI+α에 도전하는 방안'

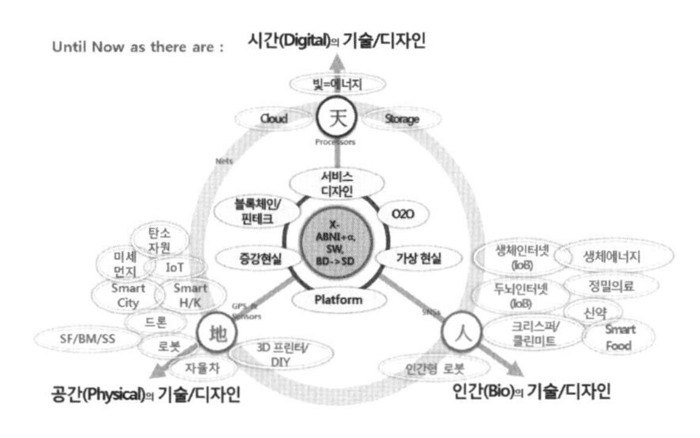

<그림> 차원용/국제미래학회, '시간-공간-인간의 매트릭스에 SD베이스의 X-ABNI+α의 매핑. Image: 창조경제연구회/차원용

1-2-2. 이를 통합한 X-ABNI+α베이스의 유기 반도체 칩+마이크로컴퓨터(MC)에 도전 →차세대 IoT/IoB 플랫폼 시장을 주도

이를 위해 CPU, GPU, NPU, TPU, BPU, 센서, 통신칩셋, 메모리, 배터리+α 등으로 구성된 AP에 개발한 3.0세대의 X-ABNI+α을 통합해서 유기체칩을 개발해야 한다. Qualcomm이 2013년 10월부터 개발하기 시작한 인간의 Spiking Neural Networks(SNN)를 모방한 제로스(Zeroth) 불리는 Neural Processing Unit(NPU)가 탑재된 Snapdragon 820을 '17년 7월에 일반에게 공개한 것을(The Verge, 25 Jul

2017) 벤치마킹하여, 우리나라는 퀄컴보다 더욱 강력한 X-ABNI+α를 통합한다면, X-ABNI+α가 탑재된 강력한 유기체 반도체 칩을 확보하게 될 것이다.

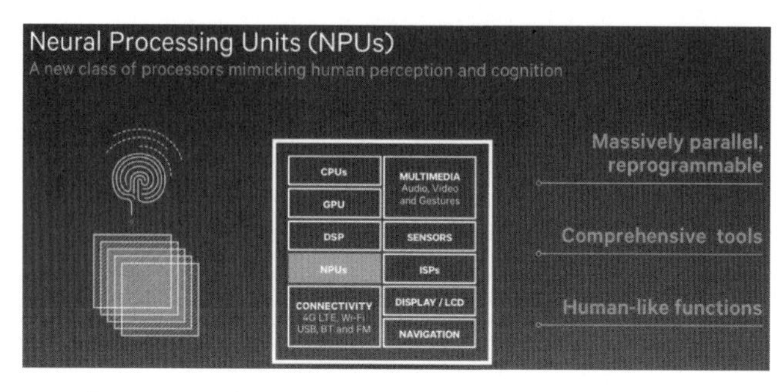

<그림> Qualcomm Zeroth NPU. Image source: Qualcomm

그다음 차세대 IoT/IoB 플랫폼 시장을 위한 가로-세로-높이 1mm^{3}의 자율적으로 판단하고 설명할 수 있는 초소형 마이크로 컴퓨터(Micro Computer)와 플랫폼에 도전해야 한다. 2015년에 미시건대학교가 10년 동안 개발한 쌀 한 톨 크기의, 부피 1mm^3 규모의 세계에서 가장 작은 초소형 컴퓨터인 Michigan Micro Mote(M^3)를 개발했다(University of Michigan 17 Mar 2015). M^{3}는 5센트 동전 테두리에 세울 수 있을 정도로 작지만 동작/모션 감지, 혈액감지, 혈관 막힘 감지, 당뇨수준감지, 생체이미징, 먹는 내시경, 사진기, 온도계, 혈압측정기, 압력, 기후, 에너지관리, 공기 및 물 관리, 교통, 동물관리, 안전, 기계작동, 스마트홈, 스마트카, 스마트학교 등 다양한 IoT/IoB 역할을 할 수 있다. M^{3}는 몇 개 층의 칩으로 이루어져 있는데, 앞 층은 센서들이고, 그 다음 층은 라디오 칩이고 가운데 층은 마이크로프로세서와 메모리이며, 뒤 층은 태양전지 배터리로 이루어져 있다. 우리나라는 이보다 더 초소형에 X-ABNI+α를 융합한 유기체 반도체를 개발해 Micro Computer에 융합한다면 글로벌 IoT/IoB 시장을 주도할 수 있다.

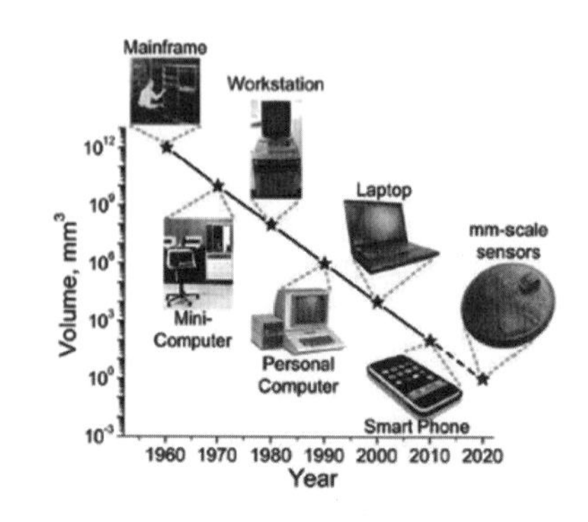

<그림> 미시건대학이 개발한 1mm^{3}의 마이크로컴퓨터.
Image: University of Michigan(17 Mar 2015)

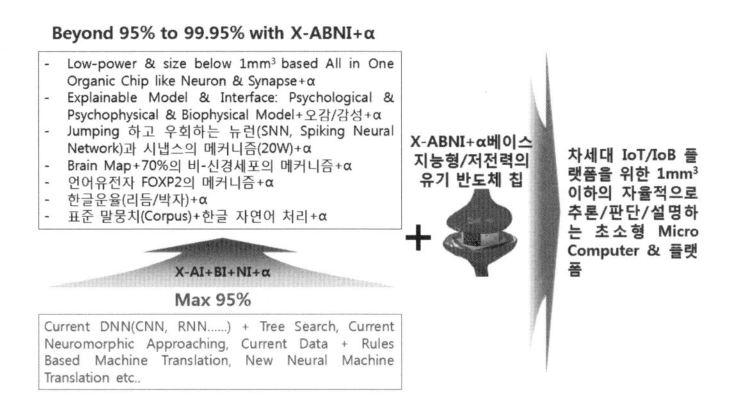

<그림> X-ABNI+α베이스 지능형 유기 반도체 산업의 향후 10년의 융합 프레임워크.
Image: 차원용

따라서 X-ABNI+α베이스의 유기 반도체와 마이크로 컴퓨터(MC) 발전 로드맵을 보면 다음과 같다. 2020년까지 X-ABI, 2024년까지 X-ABNI+α가 탑재된 유기 반도체로 발전할 것으로 보이며, 2027년까지 이 모든 것들이 융합된 가로-세로-높이 $1mm^3$ 이하의 자율적으로 판단하고 설명하는 초소형 Micro Computer로 발전할 것으로 보인다.

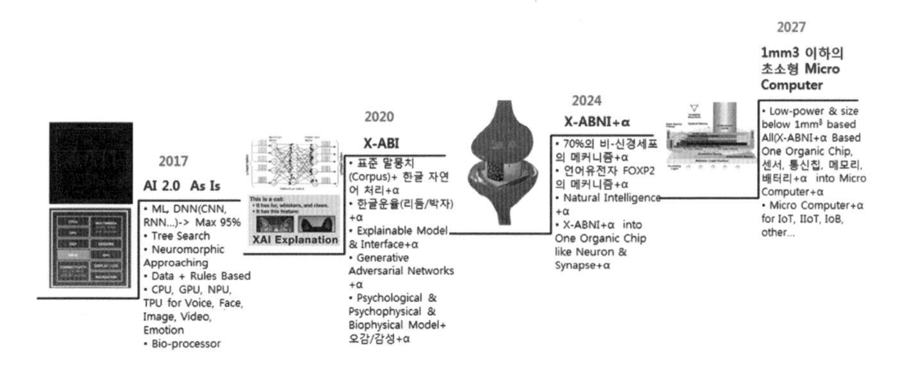

<그림> X-ABNI+α베이스 지능형 유기 반도체+마이크로 컴퓨터(MC) 발전 로드맵.
Image: 차원용

1-2-3. 개인정보의 주권화 및 활용촉진을 위한 개인정보 은행/신탁에 도전

일본 총무성이 개인정보를 관리 · 운용할 회사에 대한 인증제도를 2020년부터 도입한다고 보도했다(매일경제, '17.08.28). 중개할 회사는 '정보은행'과 '정보신탁' 두 가지 형태로 추진된다. 정보은행은 개인이 지정한 기업 혹은 업종에만 정보가 제공된다. 정보신탁은 정보은행과는 달리 개인정보 제공 여부에 대한 판단을 정보신탁 업체가 진행한다. 개인들은 선택권을 전적으로 부여하고 신탁사가 자산을 운용하듯 개인정보를 운용하는 것이다. 니혼게이자이신문은 "제도가 시행되면 의료, 관광, 금융 등에서 기업들 수요에 맞춘 정보 제공이 가능해질 것"이라고 전망했다. 기업은 사업에 적극 활용하고 제공자는 포인트로 수수료 받아, 정보 악용 불안감도 덜어준다. 데이터 공개 꽉 막힌 한국은 법적문제 등 장애물이 여전하다. 우리나라도 일본을 벤치마킹해 보다 좋은 시스템을 구축, 개인정보의 주권화 및 활용촉진을 할 필요가 있다.

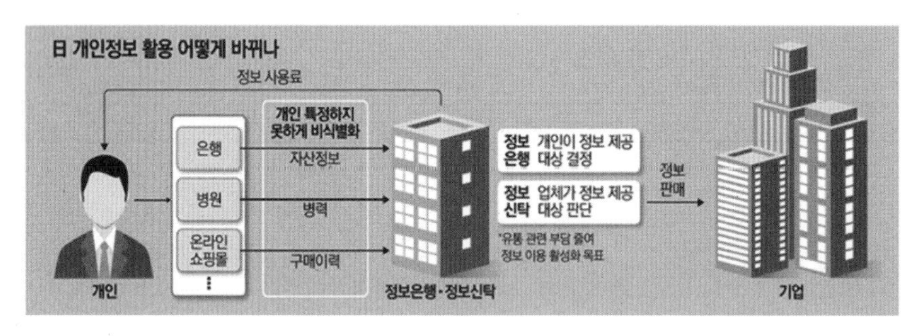

<그림> 매일경제 - 日의 파격…기업`4차 산업혁명 도우려 개인정보 '잠금 해제' (28 Aug 2017).

1-3. 기대효과 및 성과활용

1) 지능정보 신 서비스가 일자리 창출 과제(안)로 새롭게 창출되는 연구 산업으로 육성할 수 있다.

2) 기본 스마트데이터와 인공지능 인프라로 전 산업에 순차적으로 활용할 수 있고, 선순환 사이클 유지하면 품질 좋은 X-ABNI+α베이스의 가치 있는 데이터를 제공할 수 있다.

3) 우리나라가 3.0 세대의 X-ABNI+α 시장과 지능형 유기칩 시장을 선도할 수 있고, Micro Computer를 융합한다면 글로벌 IoT/IoB 시장을 주도할 수 있다.

〈참고문헌〉

* 매일경제 - 日의 파격…기업 4차산업혁명 도우려 개인정보 `잠금 해제' (2017.08.28.)
* 월간조선 - "한글운율의 세계화를 연구하는 정원수 교수", 2017년 11월호.
* 연합뉴스 - AI의 현 주소_구글 사진(Google Photos) 얼굴 자동인식 오류…흑인 친구를 '고릴라'로 표시(02 Jul 2015) http://www.yonhapnews.co.kr/bulletin/2015/0

7/02/0200000000AKR20150702004500091.HTML
* 중앙일보 - 세계 첫 'AI지수' 보고서 "AI, 인간 따라잡고 있다"(04 Dec 2017) http://news.joins.com/article/22171895
* 조선일보- AI의 현 주소_구글 사진(Google Photos) 또 인종차별 오류…흑인 사진 '고릴라'로 인식(02 Jul 2015). http://review.chosun.com/site/data/html_dir/2015/07/02/2015070201068.html
* AI Index - Read the 2017 AI Index Report(101 Pages) https://aiindex.org/2017-report.pdf
* Business Insider - Here's how much computing power Google DeepMind needed to beat Lee Sedol at Go(9 Mar 2016)
* David Gunning/DARPA, "Explainable Artificial Intelligence (XAI)", 11 Aug 2016.
* Popsci - FACEBOOK OPEN-SOURCES THE COMPUTERS BEHIND ITS ARTIFICIAL INTELLIGENCE(11 Dec 2015)
* Jacques Mattheij - Another Way Of Looking At Lee Sedol vs AlphaGo(17 Mar 2016)
* IBM - IBM’s unveils the brain-inspired TrueNorth cognitive computer(August 19, 2015)
* IBM - IBM's TrueNorth Rat Brain(30 September 2015)
* IBM Research (7 Aug 2014) - http://www.research.ibm.com/articles/brain-chip.shtml
* Intel- Intel’s New Self-Learning Chip Promises to Accelerate Artificial Intelligence(25 Sep 2017)
* Schummers & Sur et al., "Tuned Responses of Astrocytes and Their Influence on Hemodynamic Signals in the Visual Cortex", Science, Vol. 320, No. 5883, pp. 1638-1643, 20 June 2008.
* Stanford - Stanford-led artificial intelligence index tracks emerging field(30 Nov 2017)
* The Verge - Qualcomm opens up its AI optimization software, says dedicated mobile chips are coming(25 Jul 2017).
* University of Michigan - Michigan Micro Mote (M3) Makes History(17 Mar 2015)
* van de Burgt et al., “A non-volatile organic electrochemical device as a low-voltage artificial synapse for neuromorphic computing”, Nature Materials, 20 Feb 2017.

2. 복잡계 사회문제 → 슈퍼컴퓨팅 M&S로 해결

2-1. 배경

현재는 복잡계 사회이다. 복잡계 사회는 다양한 문제들(고령・저출산・100세 건강・신약개발・안전・기후변화・에너지・신제품・신정책・시간/비용 절감 등)이 있다. 문제들에 대한 최적의 솔루션을 어떻게 찾아 제공할 것인가?

2-1-1. GE의 디지털 변형을 위한 디지털 쌍둥이(증강・가상화)

인공지능툴 및 슈퍼컴퓨팅의 모델링 및 시뮬레이션(Modeling & Simulation)을 활용해 문제해결 역량을 증강시키고, CPS기반의 디지털과 피지컬(자산)을 센서와 소프트웨어로 연결/융합해 AI베이스의 증강-가상환경을 구축해, 실시간으로 관리/유지/지원되는 생각하는 플랫폼(Brilliant platform) 등장하고 있다. 바로 GE가 추진하고 있는 디지털변형을 위한 디지털쌍둥이(Digital Twin for Digital Transformation)가 그것이다. GE는 '15년부터 이를 추진하고 있는데, 이는 슈퍼컴퓨팅을 이용한 CPS기반의 현실세계의 물리적 사물이나 시스템을 다양한 센서를 통해 수집한 정보들로 동적 소프트웨어 모델링으로 구성, 실제 시스템 대신 소프트웨어로 가상화한 디지털 트윈에 대한 시뮬레이션 분석을 통해 실제 특성에 대한 정확한 정보를 획득하여 문제를 해결하고 시간과 비용을 절감하는 것이다.

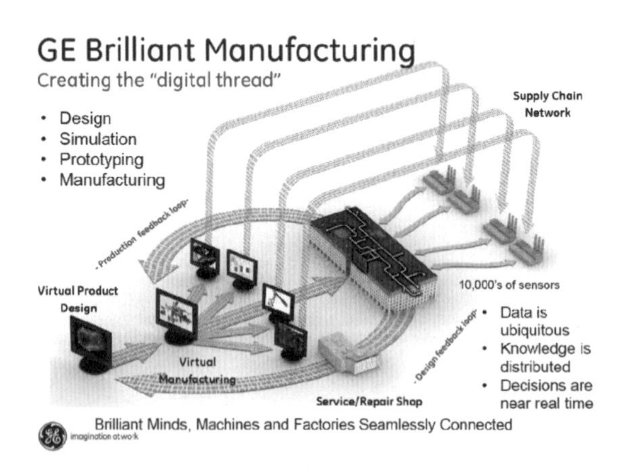

자료: Joseph J. Salvo, Ph.D., GE Global Research, "The Next Industrial Revolution", 2015 Connected World.

이를 실제로 현장에 투입하는 전략이 바로 생각하는 공장이다(Brilliant Manufacturing)('15). GE의 생각하는 공장에는 GE의 혁신 작업장(Advanced

Manufacturing Works•AMW)이 있는데, AI Robots(Co-Bots)+엔지니어+AI 3D 프린팅이 한조를 이루어 증강현실과 가상현실에서 같이 작업한다. 80% 설계가 끝나면 바로 AI 3D 프린팅이 찍어 프로토타이프를 제작 테스트하여 비용과 시간을 절감하고 있다('16.04). 지금은 3개 공장에만 도입하고 있는데, 향후 `20년까지 400개 글로벌 공장 중 50개에 도입 예정이다.

2-1-2. IBM의 Watson을 이용한 Smarter Planet

IBM은 2008년부터 슈퍼컴퓨터인 Watson을 이용해 모델링 및 시뮬레이션을 통해 기후변화, 물 자원, 헬스케어, 교통난, 신제품개발, 리스크관리, 재정관리, 금융위기, 정책개발 등의 솔루션을 찾아 똑똑한 지구를 만드는 프로젝트를 추진하고 있다.

2-2. 복잡계 사회문제 → 슈퍼컴퓨팅 M&S로 해결 방안

한국과학기술정보연구원(KISTI)에는 국가 슈퍼컴퓨팅센터가 있다. 지금까지 슈퍼컴 1호기에서 슈퍼컴 4호기(운영 중)가 있으며, '18년 6월에는 슈퍼컴 5호기가 도입되는데, 성능은 25.7Pflops('18년에 아마도 세계 10위로 부상할 것으로 예상)로 우리나라 복잡계 사회의 다양한 문제들을 모델링과 시뮬레이션으로 최적의 솔루션을 찾을 수 있다. 방법은 다음과 같다.

2-2-1. 99.5%의 X-AI+BI+NI+α를 슈퍼컴 5호기에 융합

3.0 세대 인공지능 방안으로 도출한 '99.5%의 X-AI+BI+NI+α'를, 개발이 완료되기 전에 슈퍼컴 5호기로 모델링 및 시뮬레이션을 통해 다양한 모델을 디자인하고 동시에 개발 기간을 단축하며, 완료되는 대로 순차적으로 슈퍼컴 5호기 적용하여 기타 복잡계 사회문제를 해결하는데 활용한다.

2-2-2. Super Real M&S Platform 구축 서비스

지금은 중소기업 지원의 Super Real DT(Digital Transformation) 플랫폼을 구축했으나(현실세계의 제품형상, 기능, 운전조건/상황 등을 실제와 완전히 동일한 디지털 모델로 구현하고 지능형 통합시뮬레이션을 통해, 제품의 거동, 결함, 수명 등의 복잡한 미래 특성을 정밀하게 예측・분석하기 위한 차세대 제품제조・운영기술), 향후 이를 'Super Real M&S Platform'으로 확대 구축하여 산학연정・온 국민이 모두 참여하여 복잡계 사회문제들을 해결하는데 총력을 기울인다.

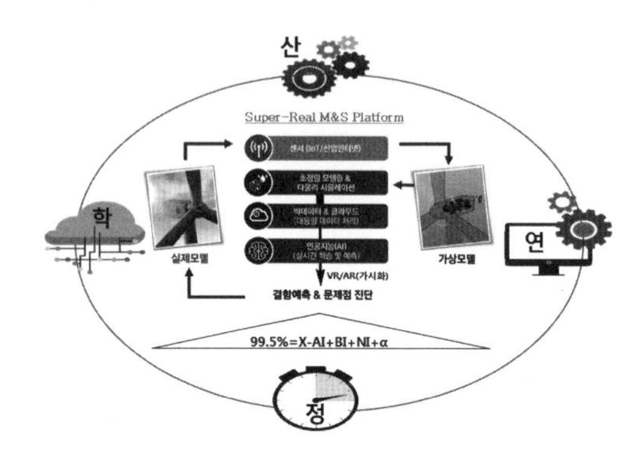

<그림> 김재성 박사/KISTI, “Supercomputing Modeling & Simulation”(2017.09.21)을 내용에 맞게 재구성함.

2-3. 기대효과 및 성과활용

1) X-ABNI+α와 Super Real M&S Platform의 연계로 시너지 효과를 창출할 수 있다.

2) KISTI를 중심으로 대중소벤처스타트기업의 차세대 제품제조・운영 기술에 대한 솔루션뿐만 아니라 복잡계 사회문제들을 산학연정・온 국민이 모두 참여하는 국가적 전략으로 추진한다면 대한민국의 과학기술과 정보통신기술을 한 차원 끌어 올리는 상승효과와, 전 국민의 과학적 마인드 및 시스템 사고로 전환할 수 있다(초중고/대학생들도 활용, 예: 에디슨 사업)

3) KISTI가 ‘18년 6월에 도입하는 슈퍼컴 5호기의 활용도 증가 및 성능 증가가 기대된다.

〈참고문헌〉

* 김재성 박사/KISTI, “Supercomputing Modeling & Simulation”, 2017.09.21.

* Joseph J. Salvo, Ph.D., GE Global Research, "The Next Industrial Revolution", 2015 Connected World.

3. 고령·건강한 사회 → 두뇌인터넷으로 능력향상(고령자도 일하는 세상)

3-1. 배경

3-1-1. 한국은 '17년에 이미 고령사회(14%) 진입

'17년 8월말 기준으로 65세 이상 고령자가 14%로 고령사회 진입했다(행정안전부, '17.09). 고령자들은 감각/감정/생각이 떨어져 각종 위험에 처하고 일을 할 수가 없는 실정이다.

한국 65세 이상 주민등록 인구는 전체 5,175만 중 725만 명, 이미 고령화 사회(7%, Aging society)를 넘어 고령 사회(14%, Aged society)로 진입했다. 지역별로 보면 전남 고흥(38.1%), 경북 의성(37.7%)/군위(36.6%), 경남 합천(36.4%) 등 93곳은 초고령사회(20%, Post-aged society) 진입했다. 이제 저출산 노령화의 영향으로 생산가능 인구(15~64세)가 급격히 줄고 있는 것이 문제로, 2030년이면 고령자들이 일터로 돌아와야 함을 시사하는 것이다. 그런데 고령자들은 여러 가지 노화의 원인으로 감각이 떨어진다. 귀가 어두워 잘 들을 수 없고, 눈이 어두워 읽을 없으며, 팔 다리가 부자연스러워 거동과 짐을 나를 수 없다. 교통사고의 원인이 감각이 떨어진 고령자가 운전하는 택시임은 보도에서 확인하고 있다. 그러니 그 다음 단계인 감수성이 낮아 감정 표현이 어렵고 생각을 제대로 전달 수 없다. 따라서 일을 제대로 할 수 없다. 따라서 고령자가 일을 할 수 있도록 솔루션을 제공해야 한다.

3-1-2. 인간의 수행능력을 향상시키는 미국과 EU의 두뇌전략 추진

두뇌인터넷(Internet of Brain)에 도전하는 국가와 기업들이 있다. 감각/감정/생각을 센서로 센싱해서 인간의 수행능력을 향상 시키는데(Improve Human Performance) 도전하는 나라와 기업들이 있다는 것이다.

미국의 과학재단(NSF)은 '인간수행능력의 향상을 위한 NBIC 융합기술(Converging Technologies for Improving Human Performance : NBIC)'(Roco & Bainbridge(Eds.), 2002)에 이어 2013년부터는 두뇌전략(Brain Initiative, 2013.04)을 국가전략기술로 정하여 10년간 추진하고 있고, EU도 휴먼 브레인 프로젝트(Human Brain Project)를 2013년부터 10년간 추진 중이다. 이 프로젝트들은 신약개발 및 신경과학 등 광범

위한 두뇌 관련 프로젝트들이지만 그 목적 중의 하나가 바로 인간수행능력의 향상에 있다.

3-1-3. 감각이 떨어진 고령자를 위한 IBM의 오감지원 컴퓨터

인간의 오감을 지원하는 오감 컴퓨팅에 가장 발 빠르게 움직이는 기업이 IBM이다. IBM은 2012년에 센서 및 소프트웨어 프로그램의 발달로 5년 안에 오감 컴퓨팅이 인간의 오감감지능력과 같거나 인간의 오감감지능력을 월등히 뛰어넘는 고도의 오감감지능력을 갖게 될 것이라 예측 제안하고(IBM 5 in 5, 2012) 오감 컴퓨팅을 개발하고 있다. 이 때 오감이란 시각(빛 자극), 청각(소리 자극), 촉각(기계적 자극, 열 자극), 후각(기화성 화학물질), 미각(가용성 화학물질)을 통해 자극을 감지함으로써 주변 환경 정보를 취득함을 말한다. 이는 결국 인간이 감지할 수 없는 오감을 감지해 오감을 지원함으로써 오감 감각이 떨어진 인간을 지원하는 것이다. 단, 아래 <표>는 IBM이 발표한 '5 in 5'를 참고하여 필자가 알기 쉽게 내용을 추가한 것이다.

<표> IBM이 전망한 5년 후의 우리의 생활을 바꿀 오감 컴퓨터

오감	컴퓨터의 능력	컴퓨터의 진화 및 인간 지원 활동
시각(87%)	인간의 시각 감지 능력을 넘음	인간의 눈은 가시광선(Visible Light)만 감지, 향후 컴퓨터는 라디오(Radio), 극초단파(Microwave), 적외선(IR), 극자외선(UV), X-선, 알파선, 감마선, 베타선까지 감지하여, 인간이 감지할 수 없는 시각정보(이미지), 예술(artwork) 정보, X-선 이미지, MRI 이미지를 분석하여 인간에게 제공
청각(7%)	인간의 청각 감지 능력을 넘음	인간의 귀는 16Hz~20kHz의 소리만 감지, 향후 컴퓨터는 20,000Hz 이상의 초음파를 모두 감지하여, 인간이 감지할 수 없는 소리나 진동을 감지, 어린아이의 우는 소리를 인식 분석하여 건강상태나 분위기를 파악하여 치료법 제공, 미세한 소리까지 감지하여 산사태(avalanches)나 다리의 붕괴를 예측하여 인간에게 제공
촉각(3%)	인간의 촉각 감지 능력을 넘음	인간의 손/피부는 사물의 표면만을 감지하고 미묘한 촉감을 감지할 수 없으나, 향후 컴퓨터는 인간이 감지할 수 없는 사물의 표면과 속의 촉감을 감지하여 스마트 화면에서 물체의 질감을 느낄 수 있도록 해줌. 스마트폰의 진동 장치를 이용해 원거리에 있는 사물의 고유한 진동패턴(빠르고 짧은 진동, 길고 강한 진동)을 재현하여 촉감도 인간에게 전달

오감	컴퓨터의 능력	컴퓨터의 진화 및 인간 지원 활동
후각(2%)	인간의 후각 감지 능력을 넘음	인간의 코는 10,000개의 냄새분자(화학분자)만 감지, 향후 컴퓨터는 개의 100,000개 냄새분자를 감지할 수 있는 능력을 가져, 인간이 감지할 수 없는 냄새를 감지하여 인간에게 위험 정도를 제공, 인간의 호흡(날숨, respiration)으로 건강 상태를 분석하고, 실내의 병원균이나 바이러스를 감지하여 인간에게 제공. 호흡에 아세톤 분자(가스)가 2배 이상 포함되면 당뇨병, 톨루엔은 폐암, 일산화질소는 천식, 암모니아는 신장병으로 판단
미각(1%)	인간의 미각 감지 능력을 넘음	인간이 감지할 수 없는 미각을 감지하여 개인의 건강상태와 미각 선호도를 고려해 식단을 구성해줌. 인간의 맛을 결정하는 것은 시각이 87%임, 보는 것으로 이미 침이 나오고 먹고 싶다는 생각이 나게 하는 것임

3-1-4. 페이스북의 BCI(Brain Computer Interface) 개발

미국의 페이스북(FB)은 2020년에 생각하는 대로 200자를 컴퓨터에 입력하게 될 것이라고 선언했다. '17년 4월에 페이스북의 마크 주커버그는 개발자대회인 F8 2017(18~19 Apr 2017, https://www.fbf8.com)을 통해 2020년까지 생각하는 뇌파를 잡아내 컴퓨터와 인터페이스시켜 입력하는 BCI(Brain Computer Interface)를 개발한다고 선언했다(So what if you could type directly from your brain?).

3-2. 두뇌인터넷으로 능력향상(고령자도 일하는 세상)에 도전

감각/감정/생각을 센서로 센싱하고 번역해서 BCI 기술이 탑재된 디바이스를 통해 고령자를 지원한다면, 고령자들이 떨어진 감각/감정/생각을 보완하여 수행능력을 향상 시킬 수 있으며, 그 결과 일을 할 수 있어 복지/건강보험을 획기적으로 줄일 수 있다.

2020년까지 오감을 센싱하여 지원하고 2025년까지 이를 통해 감수성과 감정표현을 지원하며, 2030년에 생각을 센싱하여 생각하는 대로 공장의 자동화기계 혹은 인공지능이 탑재된 모든 인공지능기계를 제어/조절할 수 있다. 우리나라는 두뇌인터넷(Internet of Brain) 센서를 개발할 충분한 역량을 확보하고 있다(삼성전자 반도체, 하이닉스, 전자부품연구원 등). 이를 통해 향후 병원/의료와 연계하여 각종 노인 질환병과 연계하면 고부가가치를 창출할 수 있다.

3-3. 기대효과 및 성과활용

1) 2020년까지 오감, 2025년까지 감수성과 감정표현, 2030년에 생각을 센싱하여 지원하면 고령자들은 누구나 일할 수 있고, 일반인들은 인간의 능력을 향상(Improve Human Performance) 시킬 수 있으며, 고령자들이 일할 수 있으므로 복지/건강비용을 획기적으로 줄일 수 있다.

2) 개발한 센싱과 알고리즘 기술을 X-ABNI+α에 융합하면, 누구나 맞춤식으로 3.0세대 인공지능이 탑재된 모든 인공지능기계를 제어/조절 할 수 있다.

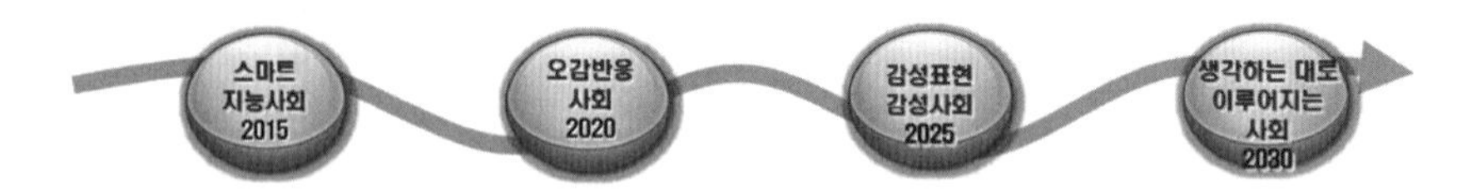

<그림> 한국전자통신연구원(ETRI), “Emotion & Brain Ware를 중심으로 한 신기술 분석”, 06 Nov 2013, p. 16. 수행책임자: 차원용/아스팩미래기술경영연구소㈜

〈참고문헌〉

* 한국전자통신연구원(ETRI), “Emotion & Brain Ware를 중심으로 한 신기술 분석”, 06 Nov 2013, p. 16. 수행책임자: 차원용/아스팩미래기술경영연구소㈜
* 행정안전부, "'17년 8월말 주민등록 인구수 5,175만 명", '17.09.03
* IBM - The 5 in 5 - Innovations that will change our lives in the next five years(17 Dec 2012).
* Roco, M. C. & William Sims Bainbridge(Eds.), “Converging Technologies for Improving Human Performance: Nanotechnology, Biotechnology, Information Technology and Cognitive Science”, NSF Report, June, 2002, pp. 1-482.

4. 100세 건강사회 → 생체인터넷과 생체에너지로 실현

4-1. 배경

4-1-1. 기대 수명 100세(The Age of 100 Life Expectancy) 시대

지금 50세들의 기대 수명(Life Expectancy)인 80세에서 2030~2050년경이면 누구나 100~120세로 증가될 전망이다. 기대수명은 얼마나 오래 사는 가를 나타내고, 건강수명(Healthy Life Expectancy, HALE)은 얼마나 건강하게 사는 가를 나타내서, 기대수명에서 건강수명을 빼면, 그게 우리가 병들거나 부상을 입어 고생하는 장애연수(Years Lived with Disability, YLDs)를 의미한다. 장애보정손실년수(DALYs, Disability Adjusted Life Years)는 질병이나 장애 피해자의 인원수에 장애연수를 곱한 손실이다.

수백 명의 공동저자들이, 전 세계 188개국의 주요 306개의 질병과 장애들을, 글로벌/지역별/국가별의 장애보정손실년수로 분석하고, 1990년에서 2013년까지의 기대수명과 건강수명의 변화추이를 글로벌/지역별/국가별로 분석하여 그 연구결과를 발표했다(Murray et al., The Lancet, 26 Aug 2015). 그 결과 글로벌 기대수명은 1990년의 65.3세에서 2013년의 71.5세로 무려 6.2년 증가한 반면, 건강수명은 1990년의 56.9세에서 2013년의 62.3세로 증가하여, 병원 신세를 지는 장애연수는 8.4년에서 9.2년으로 늘어나, 9.2년 동안 시름시름 앓다가 죽는 것이다. 이것은 무엇을 의미하는 가하면 아무리 의학이 발전한다 해도 병원신세를 지는 장애연수가 해마다 늘고 있어, 더 많은 비용과 시간이 들어감을 의미한다. 따라서 건강수명을 늘려야 건강하게 살뿐만 아니라 일을 할 수 있고 국민건강보험 등의 비용을 줄일 수 있다.

우리나라의 경우, 보건복지부의 '보건산업 종합발전전략'('16.09)에 따르면 '15년 현재 건강수명이 73세이고 '25년 목표가 76세인데, 제약, 의료기기, 화장품 분야 이외에 건강수명을 늘리는 구체적인 방법이 없다. 그 구체적인 솔루션이 바로 우리 몸이 갖고 있는 움직임/운동, 체온, 70%의 물의 이온 등의 생체에너지(Internet of Bioenergy)를 이용한 생체인터넷(Internet of Biosignal)이다.

4-1-2. 생체인터넷(Internet of Biosignal)과 생체에너지(Internet of Bioenergy)란?

사물인터넷(IoT)이란 모든 사물에 컴퓨팅 능력과 학습능력이 주어져 사물 스스로 학습하고 판단하여 패턴 추천→큐레이션(Curation)→작업→의사결정→예측 등의 가치를 인간에게 제공하는 것이다. 반면, 초기단계의 생체인터넷(Internet of Biosignal or Biometrics or Biometry)이란 몸에 착용(웨어러블) 가능한 다양한 기기의 센서들(Sensors)로 하여금, 착용자의 생체정보(생체신호)들인 혈당(blood sugar), 심박동(heart rate, heartbeat), 심전도(EKG/ECG), 혈압(Blood pressure), 호흡수(Respiratory rate), 온도, 몸무게, 키, 걸음 수, 칼로리 소비량(Calorics burned) 등의 데이터들을 실시간으로 감지하고 분석하여, 착용자들에게 그 결과를 제공하여 건강(헬스)을 유지하게 하는 것이다. 또한 생체정보들의 분석결과에 따라 착용자의 운동, 수면, 영양섭취 등의 활동에 따른 생체정보들의 변화를 제공하는 것이다. 더 나아가서는 위험상황을 사전에 감지하여 본인의 생명을 살릴 수도 있으며, 비상카드인 의료 아이디(Medial ID)의 장기기증 상태로 타인의 생명까지 살릴 수 있다.

그러다가 현행의료법의 규제가 풀리는 원격의료(Telemedicine)의 시대가 도래하여 분석(A)/진단(D)/처방(T)/예방(P)하는 '치료'가 가능해지면, 각종 센서들이 융합된 마이크로 크기의 칩(SOC, System on a chip) 또는 마이크로유체칩(Microfluidics Chip) 또는 랩-온어-칩(Lab on a Chip)에 의해 현장에서 검사/분석하고 진단하고 치료할 수 있는 신체부착형이나 현장진단형(Point-of-care, POC)으로 발전할 것으로 보이며, 이러한 마이크로 기기를 통해 의사와 쌍방향으로 실시간 치료가 가능할 것으로 보인다. 이때 분석/진단하는 생체정보들은 주로 타액(침, 唾液, Saliva), 땀(Sweat), 소변(Urine, Urea), 호흡(Respiration), 눈물(Tear Fluid) 등을 분석할 것인데, 배출되는 이러한 생체정보들에는 각종 병을 일으키는 항원(Antigen) 또는 바이오 마커(Bio Marker)가 포함되어 있기 때문이다. 신체부착형이나 현장진단형은 마이크로 크기의 '생체이식형'과 '먹는 컴퓨터형'으로 발전할 것으로 보인다.

또한 이러한 생체인터넷 기기에 전력을 공급하는 기술도 매우 중요한데, 따라서 휘어지는 배터리, 유연한 태양광 충전 아니면 자기공명 방식이나 중거리무선 전송 방식에 도전할 필요가 있고, 우리 몸이 갖고 있는 움직임/운동, 체온, 70%의 물의 이온 등의 생체에너지(Internet of Bioenergy)에 도전할 필요가 있다.

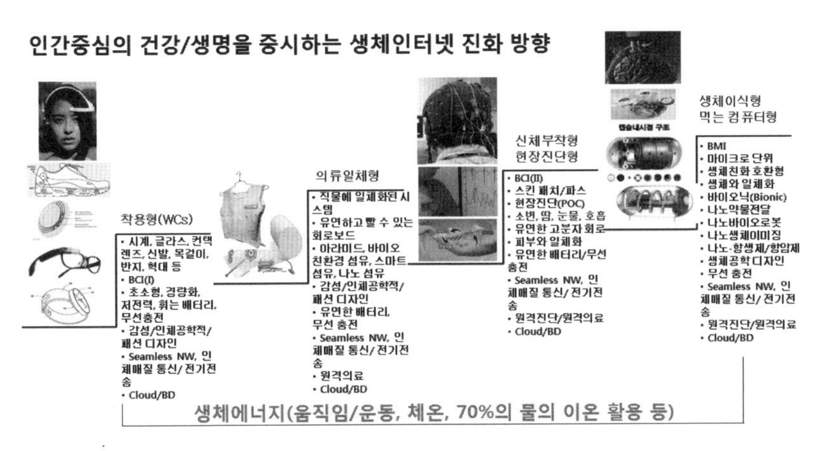

<그림> 차원용, "사물인터넷(IoT)에 앞서 건강과 생명의 생체인터넷(IoB)이 더 중요" DigiEco, 13 Jun 2014.

4-1-3. 착용형 시장분석 – 착용형에서 이미 치열한 경쟁을 벌이는 글로벌 기업들

삼성전자의 심박센서가 탑재된 기어(Gear, '14년 출시), LG전자의 G-Watch('14년 출시), 애플의 iWatch('14년 출시) 등 착용형인 시계형태는 이미 시장에서 치열한 경쟁을 하고 있다. 구글은 눈물(Tear Fluid)에서 혈당을 진단하는 스마트 컨택렌즈(Smart Contact Lens)를 개발하고 있으나('14) 아직 이렇다 할 성과는 못 내고 있다. 구글은 '12년부터 글라스를 개발했으나 사생활 문제로 B2C에서는 실패하였고, 지금은 B2B 산업용을 개발하고 있다.

한국 정부(미래부→과기정통부)도 1세대(단독형 컴퓨터 장치), 2세대(착용형 소형기기), 3세대(부착형/직물일체형), 4세대(생체이식형)의 로드맵을 '15년에 수립하고, '16년부터 투자하고 있는데, 분야를 보면 2세대에 집중하고 있다. 개발 분야를 보면 착용형 스마트기기의 핵심부품소재 기술개발, 제품·서비스 플랫폼 개발 및 상용화·성과확산으로 구체적인 과제를 보면 1) 인체활동 통합관리지원을 위한 다중 웨어러블 SW융합모듈 및 SW응용플랫폼 기술개발, 2) 효과적인 개인운동을 위한 멀티 웨어러블 센서 연동형 스마트 디바이스 및 서비스 플랫폼 개발, 3) LPWA기반 전시/관광 서비스 제공을 위한 웨어러블 디바이스 및 서비스 플랫폼 개발 등이다. 이미 글로벌 기업들이 착용형에서 치열한 경쟁을 하고 있는 상황에서 센서 연동형 부품소재에 집중하는 정부의 판단을 어떻게 볼 것인가?

4-2. 우리만이 할 수 있는 생체인터넷/생체에너지에 도전

결론적으로 착용형에서 점핑하여 의류일체형→신체부착형/현장진단형→생체이식형에 도전해야 우리만의 제4차 산업혁명을 주도할 수 있다. 한국의 전통역량은 옷(섬유)을 잘 만든다는 것이다. 게다가 반도체가 강하다는 것이다. 이 둘이 융합되면 센서와 SW가 부착된 의류일체형을 만들 수 있고, 더 나아가 현장진단형 및 몸속으로 들어오는 먹는 스마트 필과 생체이식형을 만들어 플랫폼과 연결하면 100세 건강사회를 구현할 수 있다.

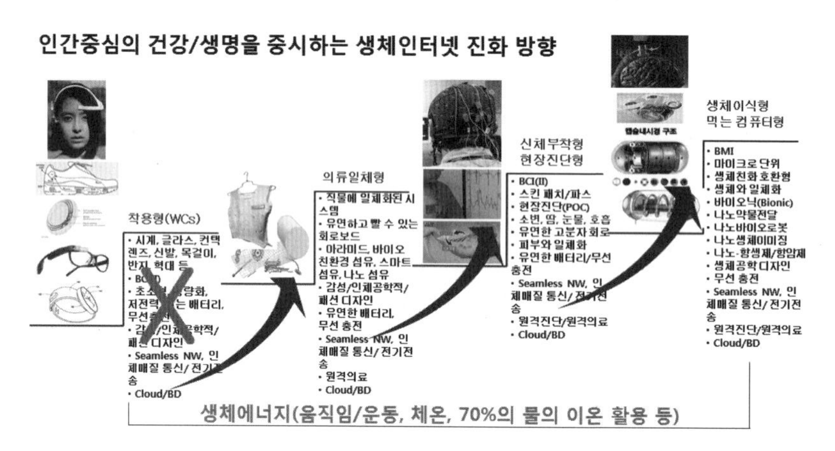

<그림> 차원용, “사물인터넷(IoT)에 앞서 건강과 생명의 생체인터넷(IoB)이 더 중요” DigiEco, 13 Jun 2014.

4-2-1. 한국이 강한 의류일체형/신체부착형/현장진단용 분야에 도전

대한민국의 생체인터넷 구현 역량이 상당하다는 것이다. 이미 국내 과학자들이 많은 제품을 개발하고 있어 이를 융합하면 플랫폼 구축도 가능하다.

(1) 의류일체형 - 한국생산기술연구원은 독일 아헨공대 섬유기술연구소(ITA)와 '드림투랩투팹(Dream2Lab2Fab)'이라는 국제 공동 연구를 이미 시작했다(동아일보, 27 Nov 2015). 프로젝트 책임자인 임대영 한국생산기술연구원 휴먼문화융합그룹장은 “우리가 강점을 가진 제품 공정기술과 전자기술에, 독일이 강세를 보이는 장비기술을 합쳐 ‘스마트 텍스트로닉스(Smart Textronics)’ 시장을 선점할 계획”이라며 “여기서 개발한 기술을 일차적으로 국내 중소, 중견기업에 이전해 상용화까지 지원하는 게 목표”라고 말했다. 텍스트로닉스는 섬유(textile)와 전자(electronics)의 합성어로 스마트 텍스트로닉스는 입는 컴퓨터 등 전자기기가 탑재

돼 한층 똑똑해진 차세대 섬유를 말한다. ITA는 리모컨이 붙어 있는 쿠션, 안전등이 켜지는 아웃도어 재킷, 세탁기에 빨 수 있는 전자섬유 등 스마트 섬유를 개발했다. 바이트 부소장은 “산업체에 필요한 기술을 개발한다는 측면에서 ITA와 한국생산기술연구원의 지향점이 비슷하다”며 “최종 목표는 전 세계 스마트 섬유 시장을 선점하는 것”이라고 밝혔다.

(2) 신체부착형 - 서울대 김대형 교수팀은 반창고처럼 피부에 붙이면 파킨슨병, 수전증 등 운동장애 상태를 실시간으로 모니터링하고, 징후를 분석·진단해 치료까지 하는 신체부착형 전자 파스(패치)를 개발했다(Son & Kim et al., Nature Nanotechnology, 30 Mar 2014). 이 장치 안에는 나노박막 센서, 저항 메모리 소자, 치료용 약물, 히터 등 다양한 전자소자가 들어 있다. 센서가 운동장애의 패턴을 상시 측정하면, 메모리 소자에 측정 결과가 저장되고, 히터는 이 정보를 바탕으로 내려진 진단 결과에 따라 피부에 투여하는 약물의 양을 온도로 조절한다.

<그림> 진단과 진료가 가능한 붙이는 전자 패치.
Image Credit : YTN 보도(31 Mar 2014) 동영상 캡처.

(3) 현장진단용 - 부산 소재 부경대의 장병용 교수 연구팀이 본인이 소변 검사로 혈당, 적혈구, 백혈구, 비타민, 혈청 등 12가지 검사 결과를 곧바로 알려주는 스마트폰 앱을 개발했다(Hong & Chang, Lab on a Chip, 21 May 2014). 이는 현장에서 색상을 분석하는 센서베이스로 검사 결과를 즉시 알려주는 현장진단의 아주 실용적인 앱이다. 리트머스 시험지를 소변에 담그면 시험지의 색상이 변한다. 그 다음 스마트폰으로 시험지의 색상 변화를 찍으면 각각의 색상 센서들이 자동으로 색상을 인식하고 분석해 정상, 위험 1~3 등 4가지 결과를 구체적인 수치와 함께 표시하고 데이터를 저장하기 때문에 이용자는 건강상태의 변화추이를 알 수 있다. 소변검사용 시험지는 개당 몇 백 원에 불과해 검사비용을 상당히 아낄 수 있으며, 조만간 현장 진단 시대를 열 것으로 기대하고 있다.

4-2-2. 한국이 강한 생체에너지 분야에 도전

대한민국의 생체에너지 구현 역량이 상당하다는 것이다. 이미 국내 과학자들이 생체에너지를 활용하는 제품을 개발하고 있어 이를 융합하면 생체에너지 플랫폼 구축도 가능하다.

(1) 입을 수 있는 전원발생 유연 열전소자 제작 기술 개발 - KAIST(조병진 교수)는 입을 수 있는 전원발생 유연 열전소자 제작 기술 개발했다(Kim & We & Cho, Energy Environ. Sci., 14 Mar 2014). 이번에 개발된 열전소자를 팔에 두를 수 있는 가로・세로 각 10cm의 밴드형태로 제작한다면, 외부 기온이 20도일 때(체온과 약 17도 차이가 있는 경우) 약 40밀리와트(mW)의 전력을 생산, 이는 웬만한 반도체 칩들을 다 구동할 수 있는 전력이다. 만일 상의 전체에 해당하는 면적(50x100cm)으로 제작해 입는다면, 약 2W의 전력이 생산돼 휴대폰 사용도 가능하다.

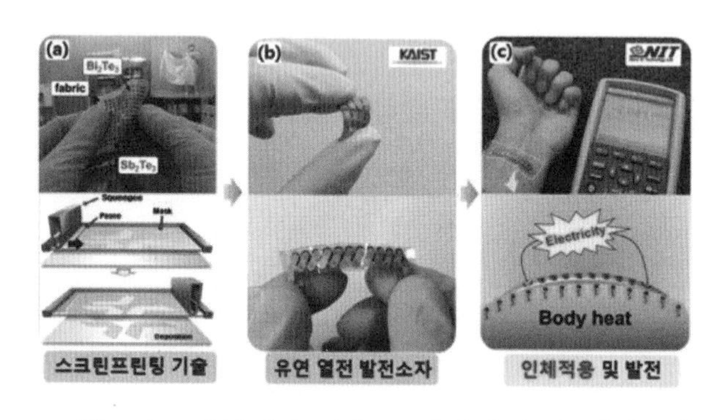

<그림> 스크린프린팅 기술로 제작된 유연 열전소자.
(a) 유리섬유상에 스크린프린팅 공정기법을 이용하여 열전후막을 형성.
(b) 금속전극 전사기술을 이용하여 초경량 고출력 유연 열전소자 제작.
(c) 밴드 타입으로 제작된 유리섬유 기반 열전소자를 인체에 적용하여 전기에너지 발생 검증/자료. Image Credit : KAIST

(2) 이식할 수 있는 스스로 충전하는 심장 박동기 - KAIST의 이건재 교수 연구팀과 연세대 세브란스 병원 심장과의 정보영 교수 연구팀이, 부정맥(arrhythmia) 등으로 고통을 받는 환자의 심장에 이식된 인공심장 박동기(artificial cardiac pacemaker)에 반영구적으로 전력을 공급할 수 있는, 어깨에 부착할 수 있는, 플렉스(휘는)한 압전효과의 나노 발전기를 개발해, 세계에서 최초로 데모했다(Hwang & Lee et al., Advanced Materials. 17 Apr 2014). 이건재 교수는 몸에 부착할 수 있는 배터리와 휘고 접고 마는 배터

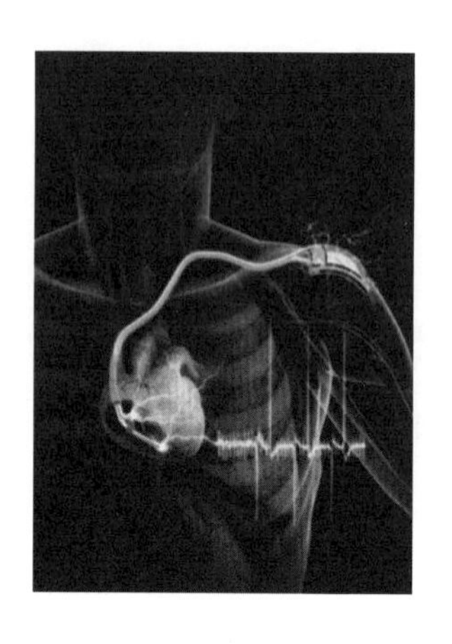

리 분야의 최고 전문가이다. 이번 나노발전기는 압전효과에 따라 몸의 움직임만으로 전력을 공급하는 것이다. 연구팀은 싱글-크리스털 초박막 필름을 이용해 고성능의 플렉스한 나노발전기를 조립했다. 이를 통해 수확된 에너지는 8.2V에서 0.22mA에 이르는데, 이 정도면 쥐에 이식된 심장 박동기를 충분히 작동시킬 수 있다.

4-3. 기대효과 및 성과활용

1) 착용형에서 점핑하여 의류일체형→신체부착형/현장진단형→생체이식형에 도전하면 생체인터넷을 선도할 수 있다. 우리나라는 옷과 반도체가 강하고, 이미 대한민국의 생체인터넷 구현 역량과 생체에너지 구현 역량이 많이 확보되어 있으므로 이들의 개발한 제품과 서비스를 융합하면 플랫폼 구축도 가능하다.

2) '15년 현재 건강수명이 73세인 것을 '25년에 76세로 늘려, 각종 건강보험/복지비용을 줄이고 시간과 공간의 비용을 줄일 수 있다.

3) 특히 우리가 갖고 있는 생체에너지에 도전하면 노벨과학상도 받을 수 있고, 신체친화적/생체호환적인 스마트 나노스필까지 개발할 수 있다.

〈참고문헌〉

* 동아일보 - 獨 ITA-韓 생기원 손잡고 '스마트 텍스트로닉스' 새 시장 연다(27 Nov 2015)
* 차원용, "사물인터넷(IoT)에 앞서 건강과 생명의 생체인터넷(IoB)이 더 중요" DigiEco, 13 Jun 2014.
* Hong, Jong Il. and Byoung-Yong Chang, "Development of the smartphone-based colorimetry for multi-analyte sensing arrays", Lab on a Chip, Vol. 14, Iss. 10, 21 May 2014.
* Hwang & Lee et al., "Self-Powered Cardiac Pacemaker Enabled by Flexible Single Crystalline PMN-PT Piezoelectric Energy Harvester", Advanced Materials, 17 Apr 2014.
* Murray et al., "Global, regional, and national disability-adjusted life years (DALYs) for 306 diseases and injuries and healthy life expectancy (HALE) for 188 countries, 1990–2013: quantifying the epidemiological transition", The Lancet, 26 Aug 2015.
* Son, Hyeon & Kim et al., "Multifunctional wearable devices for diagnosis and

therapy of movement disorders", Nature Nanotechnology, 30 March 2014.
* YTN - 피부에 붙여 질병 치료...전자 패치 개발(31 Mar 2014)

5. 유전병 없는 사회 → 유전자 가위로 돌연변이 유전자 제거

5-1. 배경

5-1-1. 유전자 가위(CRISPR/Cas)의 등장

생명과학자들은 최근 유전자 가위(크리스퍼/카스, CRISPR/Cas)를 개발했다. 인간세포와 동식물세포의 유전자를 마음대로 교정 또는 편집하는데(Editing) 사용한다. 표적 DNA를 자른 후 세포 내 복구 시스템에 의해 다시 연결되는 과정에서 유전자 교정과 원하는 변이가 일어난다. 이 방식을 활용해 암과 AIDS 등뿐만 아니라 더 나아가 희귀난치병 치료나 작물・가축개량・미래식량(Clean meat) 분야에서 유전자 가위 혁명이 빠르게 확산되고 있다. 특정 유전자 부위를 정확하게 잘라 내 그 기능을 알아내는 데에도 사용되고, 쥐를 대상으로 특정 유전자를 제거/억제하거나(Knock-out) 특정 유전자를 삽입하여(Knock-in) 희귀 병을 가진 쥐를 만들기도 하는데, 종전에는 수개월~수년이 걸렸지만 유전자 가위를 이용하면 시간과 비용을 획기적으로 줄일 수 있기 때문이다. 이렇듯 인류는 세포 안에 있는 특정 유전자나 염기를 골라서 제거하거나 정상으로 바꿀 수 있는 1세대~4세대의 유전자 가위 기술을 보유했다.

유전자 가위의 진화를 보면 다음과 같다. 1세대 유전자 가위(2003)는 징크 핑거(Zinc Finger)이고, 2세대 유전자 가위(2011)는 탈렌(TALEN), 3세대 유전자 가위(2012)는 CRIPR-Cas9이다. 3.5세대 유전자 가위(2015)는 CRISPR-Cpf1이고, 4세대 유전자 가위는 염기교정(Base Eitor) 유전자가위(2016)이다.

5-1-2. 한국의 김진수 교수팀 – 수정 전 배아에서 돌연변이 유전자 교정

김진수 교수를 비롯한 한・미 과학자들이, 대대로 유전되어 내려와 젊을 때(20-30대) 비대성 심근증(돌연사)을 일으키는, 4개의 염기 쌍이 망가져 결실된(deleted) 돌연변이 유전자인 MYBPC3를 가진 정자와, (2) 이 변이된 유전자를 자르는 3세대 유전자 가위(Cas9+crRNA)를, 동시에 모계의 정상적인 난모세포(oocyte)에 마이크로주입(co-microinjection)하여 수정 전에 대물림의 돌연변이를 교정했다(Ma et al., Nature, 02 August 2017).

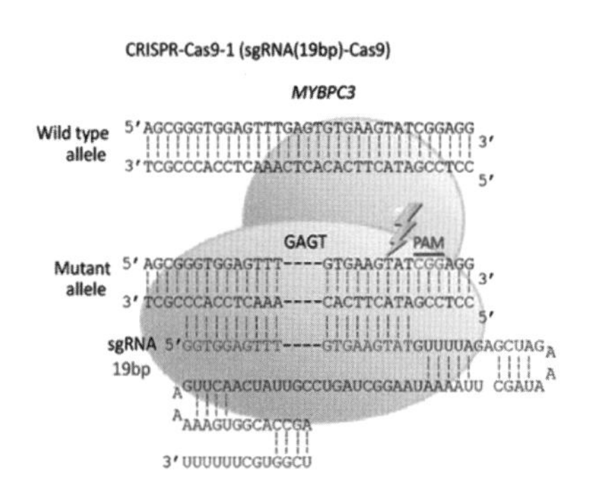

<그림> 3세대 유전자 가위인 CRISPR-Cas9-1으로 결실된 ΔGAGT 염기를 절단하여 인간 배아에서의 병을 일으키는 돌연변이 유전자 교정(Ma et al., Nature, 02 August 2017).

그 결과 유전자 가위가 주입되지 않은 대조군(47.4 %, 9/19)보다 유전자 가위가 주입된 배아 58개 중 42개(72.4%)가 정상임을 확인했다. 이것은 무엇을 말하는가 하면, 유전자 가위를 주입하지 않은 대조군에서의 정상 아이가 나올 확률이 대략 47.4%인데, 유전자 가위를 주입하면 22.4%가 늘어나 72.4%로 높아지므로(반대로 비대성 심근증에 걸릴 확률을 27.6%로 낮춤), 이처럼 배아연구를 통해 대물림을 막자는 것을 제안하는 것이다.

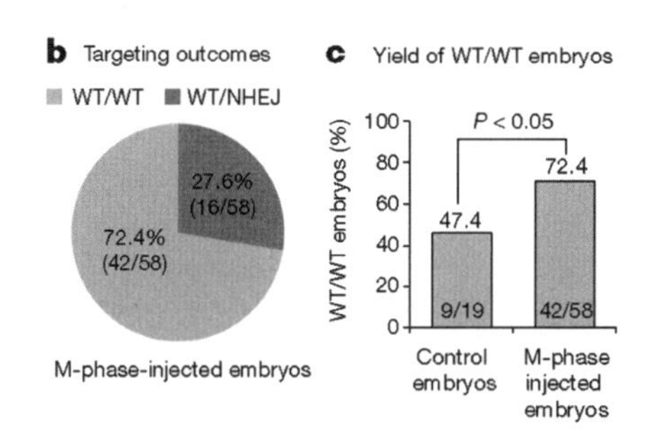

<그림> 유전자 가위를 주입하면 대물림 유전자를 제거하여 정상 아이가 나올 확률을 47.4%에서 72.4%로 높일 수 있음((Ma et al., Nature, 02 August 2017).

5-1-3. 문제는 한국의 생명윤리법

안타까운 것은 국내에서는 인간 배아 유전자를 교정하는 연구가 불법이기 때문에, 한국의 유전자 가위 기술을 미국의 오레건보건과학대(OHSU)에 보내 미국에서 교정 실험이 이루어졌으며, 실험 후의 데이터 분석은 한국에서 이루어졌고,

그 결과를 미국에 보내 종합해서 논문을 발표했다는 것이다. 또한 대부분의 외신은 기술과 데이터 분석을 제공한 김진수 교수 팀보다는 슈크라트 미탈리포프 교수 팀의 성과로 보도했다는 점으로, 우리나라 관점에서 반성하고 앞으로 나아갈 방향에 시사하는 바가 크다.

5-1-4. 유도만능줄기세포(iPSCs)로 떼돈을 버는 일본

일본의 야마나카 신야(Shinya Yamanaka) 박사는 4~5개의 마스터유전자를 인간 피부세포에 주입하여 재프로그래밍(reprogramming)을 통해 2007년에 유도만능줄기세포(iPSCs, induced pluripotent stem cells)를 만들어(Takahashi & Yamanaka et al., Cell, 30 Nov 2007), 이 공로로 2012년 노벨생리의학상을 수상했다. 그 이후 일본 정부는 iPSCs에 대한 생명윤리법을 완화하고 집중 투자하여 지금은 전 세계의 사람들이 일본으로 몰려가 수천만 원 이상을 주면서 본인의 줄기세포로 임상시험에 나서고 있다는 것이다.

5-2. 유전자 가위로 돌연변이 유전자 제거에 도전

5-2-1. 한국의 생명윤리법 개정이 반드시 필요

미국은 대학·병원 등 연구자가 속한 기관윤리심사위원회(IRB, Institutional review board) 승인만 받으면 사람의 난자·정자가 수정돼 만들어지는 배아에 유전자가위 기술 등을 이용해 희귀난치병의 치료법을 연구할 수 있다. 연방정부의 지원만 막고 있을 뿐 주정부·민간재단·사적(私的) 기부자에게서 연구비를 지원받을 경우 연구가 가능하다. 그래서 미국·중국에선 유전자가위를 이용한 혈우병·면역항암제 등 임상시험이 활발하다. 영국·스웨덴·일본 연구자들도 정부의 승인을 받긴 하지만 배아를 이용해 불임 관련 유전자 기능 연구 등을 폭넓게 수행하고 있다.

한국의 생명윤리법은 다음과 같은데 전문가들은 제6장 47조의 **①항과 ②항은 없애고,** ③항도 '개체로 분화시킬 목적 혹은 임신이 아니라면 허용 된다'라는 규정으로 개정해야 한다고 한다.

생명윤리 및 안전에 관한 법률(약칭: 생명윤리법) [시행 2017.7.26.][법률 제14839호, 2017.7.26.]

제6장 유전자치료 및 검사 등

제47조(유전자치료)

① 인체 내에서 유전적 변이를 일으키는 일련의 행위에 해당하는 유전자 치료에 관한 연구는 다음 각 호의 모두에 해당하는 경우에만 할 수 있다. <개정 2015.12.29.>

1. 유전질환, 암, 후천성면역결핍증, 그 밖에 생명을 위협하거나 심각한 장애를 불러일으키는 질병의 치료를 위한 연구

2. 현재 이용 가능한 치료법이 없거나 유전자치료의 효과가 다른 치료법과 비교하여 현저히 우수할 것으로 예측되는 치료를 위한 연구

② 유전물질 또는 유전물질이 도입된 세포를 인체로 전달하는 일련의 행위에 해당하는 유전자치료에 관한 연구는 제1항제1호 또는 제2호 중 어느 하나에 해당하는 경우에만 할 수 있다. <신설 2015.12.29.>

③ 유전자치료는 배아, 난자, 정자 및 태아에 대하여 시행하여서는 아니 된다. <개정 2015.12.29.>

5-2-2. 국가전략으로 선택하여 똘똘 뭉쳐 추진

이참에 우리나라도 배아교정연구에 대한 규제완화를 하여, 김수진 교수 팀의 이번 연구논문결과를 바탕으로 세계의 사람들이 우리나라에 오도록 하면 어떨까? 기술/IP 지원 전문가, 사업전개전략 전문가, 글로벌마케팅 전문가, 임상 전문가, 기타 이해관계자들이 똘똘 뭉치고, 여기에 국가가 지원한다면 이게 우리나라가 돈을 벌게 만드는 제4차 산업혁명을 이끄는 원동력이 아닐까? 우선 생명윤리법 규제를 완화해서 1) 암, 에이즈, 노인성황반변성증 등 성인대상 치료를 먼저 추진하고, 나중에 2) 배아연구 교정으로 대물림의 유전병을 치료하면 가능할 것이다.

5-3. 기대효과 및 성과활용

1) 대물림의 유전자병을 치료, 정상 아이들의 새로운 세상을 구현할 수 있다.

2) 우리나라를 유전자병을 치료하는 나라로 인식, 전 세계 사람들이 우리나라로 오게 함으로써 의료강국 실현하여 국민소득 4만 달러를 돌파할 수 있다.

3) 향후 연구 성과를 활용하여 차세대 식량인 인공고기/클린미트/차세대 농작물에 도전할 수 있다.

〈참고문헌〉

* 한국 - 생명윤리 및 안전에 관한 법률(약칭: 생명윤리법) [시행 2017.7.26.][법률 제14839호, 2017.7.26.]
* Takahashi et al., "Induction of Pluripotent Stem Cells from Adult Human Fibroblasts by Defined Factors", Cell, Vol. 131, No. 5, pp. 861-872, 30 Nov 2007.
* Ma et al.," Correction of a pathogenic gene mutation in human embryos", Nature, doi:10.1038/nature23305, Published online 02 August 2017.

6. 자율주행자동차 시대 → (1) 자율차 개조+ 도로주행+데이터 공유 지원

6-1. 배경

6-1-1. 미국 캘리포니아 자동차국에 제출한 자율모드해제 보고서들의 의미

2017년 3월 29일자로, 미국 캘리포니아주의 자동자국에서 자율주행테스트를 허가 받은 기업들은 구글-웨이모(G-Waymo), 테슬라(Tesla), 포드(Ford), BMW 등 총 29개 기업들인데(우버는 2017년 3월 8일에, 애플은 2017년 4월 14일 면허와 허가를 취득), 이들은 매년 12월 1일에서 그 다음해 11월 30일까지 테스트한 결과를 그 다음해 1월 1일까지 자동차국에 보고해야 하는 마감 시간에 맞추어, 2016년에 테스트한 Google 등 총 11개 기업들이 제출한 '자율주행 운행 중 자율모드해제 보고서(Self-Driving Car Testing Report on Disengagements of Autonomous Mode)'를 자동차국이 받아 이를 2017년 2월 1일에 공개했다. 이중 혼다(Honda)는 일반 공공도로가 아닌 폐쇄회로(Closed circuit)에서 도로주행테스트를 해서 데이터가 아예 없고, 폭스바겐(VW)은 2015년도에는 도로주행테스트를 했으나 2016년에는 아예 하지를 않아 데이터가 없으며, 웨이모는 2015년도의 32페이지의 보고서에 이어 2016년도에도 34페이지의 상세 수정 보고서를 제출해, 보고서를 제출한 9개 기업들 중 웨이모의 보고서와 데이터가 최고이다. 이들이 제출한 보고서를 분석하고, 아울러 캘리포니아에서 도로주행테스트 허가를 받지는 않았지만, 우버(Uber)가 다른 주에서 그간 도로주행테스트한 2016년~2017년의 주행데이터를 삽입하여 비교분석 하였다(차원용, Automotive Magazine, 2017년 5월호).

차원용의 보고서에 의하면, 자율차 개조(레이더, 라이다 센서 등 부착) 모델 총 146대 중 G-Waymo는 24대의 반자율차(Semi-autonomous) 개조모델인 렉서스 RX450h SUVs와 36대의 새로운 프로토타이프(new prototype Vs) 반자율차 등 총 60대로, 이는 전체의 58%이고 2015년의 57대 보다 3대 늘어난 대수로, 구글 본사가 있는 캘리포니아 주의 마운틴 뷰(Mountain View)의 고속도로를 비롯해 도시의 일반 공공도로들에서 자율주행테스트를 진행했다.

<표> 차원용, "미국 내 자율주행차 개발 기업들의 기술수준 비교",
Automotive Magazine, 2017.05

	기업	자율차 대수		자율모드주행거리(마일)		%	자율모드해제 건수		주행거리/해제건수=마일		1000마일당 해제건수	
순위		2015	2016	2015	2,016		2015	2,016	2015	2016	2015	2016
1	G-Waymo	57	60	424,331	635,868	0.9397	341	124	1244	**5128**	0.80	**0.20**
2	BMW	N/A	1	N/A	638	0.0009	N/A	1	N/A	638	N/A	**1.57**
3	Ford	N/A	2	N/A	590	0.0009	N/A	3	N/A	197	N/A	**5.08**
4	Nissan	4	5	1,485	4,099	0.0061	106	28	14.0	146	71.43	**6.85**
5	GMCruise	N/A	25	N/A	9,776	0.0144	N/A	181	N/A	54	N/A	**18.52**
6	Delphi	1	2	16,662	3,125	0.0046	405	178	41.1	17.6	24.33	**56.82**
7	Tesla	N/A	4	N/A	550	0.0008	N/A	182	N/A	3	N/A	**333.33**
8	Mercedes	5	1	2,239	673	0.0010	1031	336	2.17	2	460.83	**500.00**
9	Bosch	2	3	935	983	0.0015	625	1,442	1.5	0.68	666.67	**1,470.59**
	Uber		**43**		**20,354**	**0.0301**		**25,443**		**0.80**		**1,250.00**
N/A	VW/Audi	2	N/A	14,945	N/A		260	N/A	57.5	N/A	17.39	N/A
N/A	Honda	N/A	N/A	N/A	N/A		N/A	N/A	N/A	N/A	N/A	N/A
	Total	71	146	460,597	676,656		2768	27,918	N/A	N/A	1241	**3,643**
	Mean	7	15	46,060	67,666		277	2,792	136	619	124	**239**

9개 기업들이 2016년에 총 자율모드로 주행한 거리는 656,302마일(106만km)이고, 평균으로 보면 72,922마일(11.7만km)이며, 이중 웨이모가 자율모드로 주행한 거리가 635,868마일(103만km)로 거의 97%를 차지해, 웨이모가 혼자 주행한 것이나 마찬가지이다. 구글-웨이모는 자율주행거리 5,128마일(8,250km) 마다 해제해서 기술력으로 보나 안전성으로 보나 최고인 반면, 보쉬(Bosch)의 경우 0.68마일(1.09km) 마다 해제해서, 구글-웨이모의 수준을 100%라 가정해 놓고 경쟁사들의 수준을 비교 분석하면, 보쉬의 수준은 0.68/5,128 인 0.013% 수준이다. 우버의 자율차 대수를 구들-웨이모와 비교해보면 43/60=72% 수준이고, 자율모드 주행거리는 20,354/635,868=32% 수준이며, 자율모드 해제건수는 무려 웨이모의 205배이다. 제일 중요한 해제건수당 자율모드 주행거리는 무려 0.8/5,128 수준으로 웨이모의 0.015% 수준으로, 아예 가디언은 "우버의 기술력이 웨이모의 5000분의 1 수준"이라고 보도했다(The Gurdian, 17.04.04).

6-1-2. 도로주행테스트를 하는 이유 – 스마트데이터 확보와 인공지능학습

(1) 선행 상세지도, 차량 데이터, 모델링, 실시간 센싱 데이터 확보 - 자율차에 탑재된 카메라, 레이더, 라이다, 초음파, 오디오 등의 센서들을 이용하여 운전자가 직접 운전하는 매뉴얼모드로 주행테스트 하면서, 센서들로 하여금 주행하는 도로가 고속도로인지, 국도인지, 지방도로인지 등과 도로의 종류와 차선 넓이, 차선 형태(점선/실선 등), 갓길, 거리/사인 표지판, 난간, 나무, 장애물, 교차로의 종류와 교통신호등의 형태, 교차로 차선이 일 방향인지 쌍방향인지 등을 스캔한 후, 이 데이터 포인트들을 바탕으로 정밀하고 상세한 지도를 새롭게 만들기 위함이다. 이 지도가 차후에 자율모드 주행 시 떠 주지 않으면 내비를 할 수 없어 자율주행이 불가능하다. 지금 사용하는 네이버나 구글의 지도로는 불가능하다. 이러한 정밀하고 상세한 지도를 선행 상세지도(Detailed Prior Map)라고 한다. 이 선행 상세지도는 자율주행컴퓨터시스템(Autonomous Driving Computer System)의 데이터베이스에 저장된다. 그래야 차후에 자율모드로 주행 시 이를 불러내어 센서의 실시간 센싱 지도(Detailed Real-Time Map)와 비교 분석하여 매칭되면 자율주행을 하는 것이다. 또한 주행하는 도로의 차량들이 트럭인지, 일반차량인지, 소방차/경찰차/특수차량 등의 차량의 종류와 모델과 크기 등이 사전에 정의되고 표준화된 차량 데이터가 자율주행컴퓨터시스템에 저장되어야, 차후에 자율모드 주행 시 이를 불러내어 실시간 센싱 데이터와 비교분석해야 그것들이 무엇인지를 판단할 수 있는 것이다. 다시 말해 사전에 이러한 스마트 데이터(Smart Data)를 구축해야 하는 것이다. 왜 구글이 2009~2016년까지 593만km를 실제 주행테스트를 한 이유가 바로 여기에 있다.

(2) 상세 모델(링)과 한계 값 설정 데이터 - 그 다음 매뉴얼모드로 주행하면서 선행 상세지도와 실시간 센싱 데이터를 바탕으로 트래픽 패턴 모델인 고도의 상세 모델(highly detailed model)을 만들기 위함이다. 선행 상세지도의 위치에 따라 자율차의 속도 혹은 기대 속도의 분포도(distribution of typical or expected speeds), 차선에 따른 경로들(trajectories), 어디에서 가속 혹은 비-가속(속도 조절) 했는지 등과 다른 차량의 속성들 혹은 움직이는 물체들의 속성들이 모델에 포함되어야 한다. 예를 들어 다른 차량들, 보행자들, 자전거들, 기타 움직이는 것들을 관찰하면서 동시에 생성되어 자율차의 메모리에 저장된 모델들이다. 이 모델이 사전에 정의되고 떠주지 않으면 자율주행이 불가능하다. 왜냐하면 학습을 해야 하기 때문이다. 끊임없이 테스트하여 이러한 다른 차량들의 주행 패턴을 감지하고 모델

링해야 그 다음의 한계 값(Threshold Values)을 사전에 정할 수 있고, 이 한계 값을 벗어나는 차량들을 감지하면 운전자에게 운전대를 잡으라고 경고할 수 있기 때문이다. 다시 말해 자율모드에서 매뉴얼모드로 전환하는 것이다. 만약 이 한계 값에 따라 다른 차량들이 정상으로 주행한다면 자율차는 스스로 알아서 자율모드로 주행하는 것이다.

(3) 인공지능(AI)과 기계학습(ML)과 딥러닝(DL) - 셀프 드라이빙을 가능하게 하는 것은 인공지능 베이스의 자율주행컴퓨터시스템(Autonomous Driving Computer System)이다. 이는 우리의 두뇌에 해당하는 것으로 감지한 스마트 데이터를 프로세싱해서 선행의 데이터와 비교 분석하고 판단하고 학습하고 명령하여 자율차를 자율주행하게 하는 것이다. 또한 다른 자율차들에게 통신하고 학습한 것을 업데이트시키기 위함이다. 다시 말해 인공지능(AI)-기계학습(ML)-딥러닝(DL)이 중요한 것이다. 또한 이것은 모든 비행 상황을 간직한 비행기의 블랙박스와 같은 것이다. 이는 향후 자율주행 시대가 도래 했을 때 자율차 사고가 났을 경우 시시비비를 따지는 중요한 단서가 될 것이다.

6-1-3. 도로주행 시 데이터 기록과 공유

미국 연방 자율차 정책 가이드라인(Federal Automated Vehicles Policy Guideline, '16.09.20)의 자율차 성능 가이드를 위한 프레임워크(Framework for Vehicle Performance Guidance)의 15개 중 첫 번째가 데이터 기록과 공유(Data Recording and Sharing)이다. 미국 50개 주에서 면허와 허가를 받은 기업들은 그들이 확보한 스마트 데이터를 반드시 기록하고 주정부-기업들이 공유하자는 것이다. 미국의 전략은, 16%의 기술수용확산점 혹은 기술확산점(Tipping Point)까지만 공유하고, 그 이후는 오픈 경쟁하자는 것으로, 이는 기술마케팅(Everett Rogers, 1967)에서 중요한 전략이다. 소비자의 16%가 자율차를 수용하는 점을 기술수용확산점 혹은 기술확산점이라 한다. 16%를 넘으면 시장이 수용한 것으로 판단되어 그 다음부터는 토네이도처럼(Tornado) 확산되고, 16%를 넘지 않으면 캐즘(Chasm) 혹은 죽음의 계곡(Death Valley)에 빠지게 된다. 따라서 미국은 2020년까지 미국인의 16%가 자율차를 수용하는 시점까지 데이터를 공유하고, 그 이후는 오픈 경쟁하는 전략으로 추진하는 것으로 판단된다.

물론 이 데이터 공유 방침에 대해, 이미 확보한 데이터는 향후 자율차 시대가 도래 하면 귀중한 지적재산이 되므로, 선발주자들인 구글-웨이모, 우버, 포드, 볼로, 리프트 등은 반대를 하고 있고, 신생주자인 애플은 찬성을 하지만, 미국이라는 나라를 감안한다면, 어떤 방식으로든 혜택을 나누는 쪽으로 협력하여 데이터는 16%의 기술확산점에 이를 때까지는 공유할 것으로 보인다.

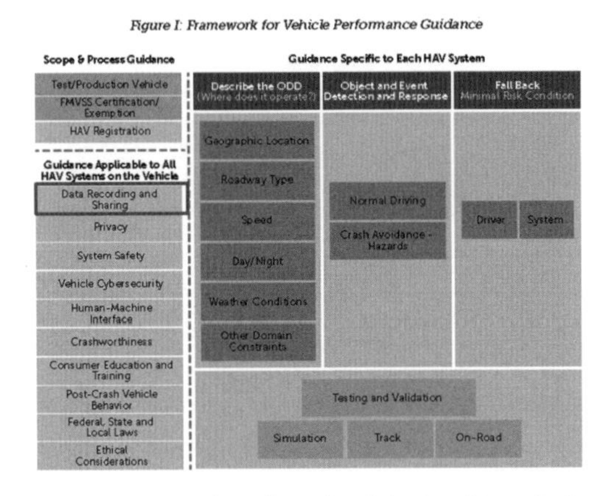

<그림> 미국 연방 자율차 정책 가이드라인의 자율차 성능 가이드를 위한 프레임워크 (Framework for Vehicle Performance Guidance), 페이지 14, 2016.09.20.

6-2. 자율차 개조+도로주행+데이터 공유 지원에 도전

'16년 2월 12일 국토부가 자율차 임시운행 제도를 시행한 후 11월 말까지 6개 기관, 즉 현대차 3대, 기아차 2대, 서울대 1대, 한양대 2대, 현대모비스 1대, 교통안전공단 2대 등 총 11대가 자율주행을 하고 있다. '17년에는 네이버, 삼성전자, SKT, KT와 LG전자도 가세하지만, 미국 캘리포니아주에서 '16년 자율주행테스트하는 총 103대(우버 제외)와 비교하면 턱없이 초라한 숫자이다. 자율차로 개조하려면 기존의 모델에 레이더, 라이다 등의 센서를 부착해야 하는데, 이들 센서 가격이 하도 하이엔드라 1대를 개조하려면, Level 2~4까지 천차만별이지만, 대략 1억3천만 원~1억8천만 원 정도이다. 이를 지원하기 위해 국가 R&D 자금을 도로주행테스를 하고 있는 기업과 대학에 지원하면 10대를 개조해 자율주행테스트에 투입할 수 있다.

서울대가 스누버 1대로 '17년 8월부터 여의도에 도로주행테스트를 하고 있는데, 이처럼 밖으로 나와 주행을 하면서 데이터를 확보하고 공유해야 한다. 스누버 1대가 아니라 10대가 뛰도록 국가 R&D 자금을 투입해야 한다. 이를 전국 지역으로 확대하여 전국 도로의 데이터를 확보하고 공유해야 한다.

<그림> 서울대 스누버 - 여의도 주행 현황. 이처럼 밖으로 나와 주행을 하면서 데이터를 확보하고 공유해야 함. YTN via Yoputube - "초보운전이에요"...자율주행차, 국내 일반도로 첫 주행(22 Jun 2017), 동영상 캡쳐.

6-3. 기대효과 및 성과활용

1) 대한민국 전 국토를 데이터/지도로 기록하고 공유할 수 있다. 자율차 개조와 도로주행을 지원받은 산학연이 획득한 데이터를 공유하는 방법을 모색하면 자율차 시대가 도래 했을 때 가장 강력한 지적재산권을 확보할 수 있다.

2) 앞서 도출한 X-ABNI+α를 자율차 도로주행에 융합하면, 빠른 시간 내에 최고의 데이터를 확보하고 학습시킬 수 있음.

3) 그 다음 노하우를 바탕으로 해외로 진출하여 글로벌 시장을 공략할 수 있다.

4) 드론(무인기)도 자율차와 같은 전략으로 대응하면 시너지효과를 기대할 수 있다.

〈참고문헌〉

* 미국연방정부 - 미국 연방 자율차 정책 가이드라인(Federal Automated Vehicles Policy Guideline)('16.09.20)
* 차원용, "미국 내 자율주행차 개발 기업들의 기술수준 비교", Automotive Magazine, 2017년 5월호
* DMV/California - Autonomous Vehicle Disengagement Reports 2016(01 Feb 2017)
* Everett Rogers, "Diffusion of Innovation", 1967.
* The Gurdian - Uber is '5,000 times worse than Google's Waymo at self-driving cars'(4 Apr 2017)

* YTN via Yoputube - "초보운전이에요"...자율주행차, 국내 일반도로 첫 주행(22 Jun 2017)

7. 자율주행자동차 시대 → (2) 가상 인공버추얼랩에서 자율주행테스트에 도전

7-1. 배경

7-1-1. 가상 자율주행테스트를 위한 가상 인공버추얼랩 혹은 시뮬레이션

(1) 미국 연방정부의 가상 인공버추얼랩 혹은 시뮬레이션 - 미국 연방 자율차 정책 가이드라인(Federal Automated Vehicles Policy Guideline, '16.09.20)의 자율차 성능 가이드를 위한 프레임워크(Framework for Vehicle Performance Guidance)의 15개 중 마지막이 테스팅 및 인증(Testing and Validation)으로, 시뮬레이션, 즉 도로주행테스트를 통해 획득한 데이터를 이용하여 가상도로를 구축해 가상 자율주행테스트를 하고 동시에 자율차를 학습시키라는 것이다. 그 구체적 내용을 보면 (1) 가상도로 인공버추얼랩(Simulation)을 구축하고 여기에서 가상 자율주행테스트를 하고 동시에 자율차를 학습시킨다. (2) 어느 정도 신뢰도를 획득하면 실제 트랙(Track)에서 테스트한다. 그리고 (3) 실제 상황인 도로(On-Road)로 나와 테스트한다. 이는 (1) → (2) → (3)번으로 진행하라는 순서가 아니라 빠른 시간 내에 16%의 기술확산점(Tipping Point)에 다다르기 위해 (1) ↔ (2) ↔ (3)으로 병렬적으로 진행하라는 것이다. 이것이 미국의 자율차 전략이다.

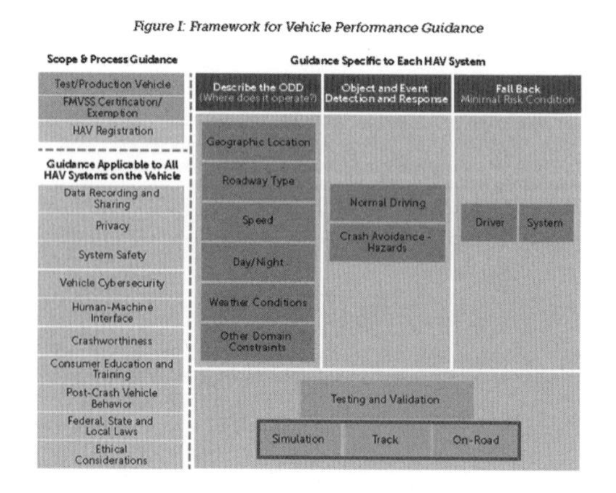

<그림> 미국 연방 자율차 정책 가이드라인의 자율차 성능 가이드를 위한 프레임워크 (Framework for Vehicle Performance Guidance), 페이지 14, 2016.09.20.

7-1-2. 구글-웨이모의 버추얼 주행테스트와 기계학습 알고리즘

많은 분들이 구글의 실제 도로 주행테스트 거리만 알고 있다. 공공도로에서 테스트하는 것은 새로운 환경과 경험을 접하기 때문에 소프트웨어(기계학습 알고리즘)의 개발이 매우 중요하다. 그러나 자율차가 차고를 나가기 전에도 자율차가 학습할 수 있는 매우 강력한 시뮬레이터(simulator)가 있다면 차고에서도 학습할 수 있다. 바로 구글은 자율차가 도로로 나가기 전에 기계학습 알고리즘(Machine learning algorithm)인 인공지능 베이스의 버추얼 환경을 구축한 랩에서 드라이빙 훈련을 시키고 있다. 도로주행에 나선 자율차들이 센싱한 스마트 데이터들을, 아직 도로주행에 나서지 않은 자율차에 탑재된 자율주행컴퓨터시스템(Autonomous Driving Computer System)의 메모리에 입력해 드라이빙을 추론하고 상기시키는 것이다. 컴퓨터 시뮬레이터는 드라이빙 패턴의 수천 가지 변형 모델을 만들어 낸다. 그러면 버추얼로 수백만 마일을 곡예 주행할 수 있다. 이러한 방식으로 구글의 자율차들은 하루에 300만 마일(480만km)의 버추얼 도로를 주행하면서 학습하는 것이다(Cnet, 16 Feb 2016). 그리고 기계학습 알고리즘의 소프트웨어를 업데이트시키는 것이다. 예를 들어 교차로에서 좌회전하는 경우 탑승한 승객의 안전과 편안함을 위해 소프트웨어를 수정해 자율차가 주행하는 각도를 수정하는 것이다. 이와 같은 수정 변화의 새로운 패턴에 따라 인공지능 버추얼 랩에서 300만 마일 이상을 버추얼 도로에서 주행하는 것이다. 이러한 시뮬레이션을 통해 자율차의 능력을 향상시킬 뿐만 아니라 승객에게도 보다 나은 경험을 주는 것이다. 또한 버추얼 랩에서 자율주행모드해제(Disengagements of Autonomous Mode)의 이유를 집중분석하고 최적의 답을 찾아 소프트웨어를 업데이트하고 전 자율주행자동차의 자율주행컴퓨터시스템(Autonomous Driving Computer System)에 업데이트시키는 것이다임. 그리고 최적의 답을 새로운 특허로 출원하는 것이다.

7-2. 가상 인공버추얼랩 구축하고 가상 주행테스트에 도전

국토교통부(장관 김현미)는 '17년 8월 30일 오후 2시 30분 경기도 화성시에 위치한 교통안전공단 자동차안전연구원에서 자율주행자동차(이하 자율주행차) 시험장(Test Bed, 이하 테스트 베드) '케이-시티(K-City, 이하 K-City)' 착공식을 개최했다. 그러나 다음 도면을 보면 가상 인공버추얼랩은 보이지 않는다. 기업들이 자체적으로 구축해서 가상 테스트를 할 수도 있지만, 정부가 나서 지원해야 할 것으로 판단된다.

<그림> '18년 완공목표로 화성에 건설 중인 1만평 규모의 K-City의 조감도
(국토교통부, '17.08)

7-3. 기대효과 및 성과활용

1) 도로주행테스트를 하면서 획득한 데이터와 지도를 바탕으로 가상 인공버추얼랩을 구축하면, 빠른 시간 내에 수많은 자율차가 실제 도로로 안 나와도 실제 상황과 같이 학습할 수 있다.

2) 가상 인공버추얼랩에서 자율주행모드해제의 이유를 집중분석하고 최적의 답을 찾아 소프트웨어를 업데이트하고 전 자율차의 자율주행컴퓨터시스템에 리얼타임으로 업데이트시킬 수 있다. 그리고 최적의 답을 새로운 특허로 출원하여 IPs를 확보 할 수 있다.

3) 앞서 도출한 X-ABNI+α를 버추얼랩에 융합하면, 빠른 시간 내에 최고의 학습과 데이터를 확보할 수 있다.

〈참고문헌〉

* 미국연방정부 - 미국 연방 자율차 정책 가이드라인(Federal Automated Vehicles Policy Guideline)('16.09.20)

* Cnet - Computer simulation creates "thousands of variations" of driving patterns, enabling Google's engineers to quickly test tweaks across millions of virtual miles(16 Feb 2016).

8. 자율주행자동차 시대 → (3) 멀티-센서융합시스템의 소형화/상용화에 도전

8-1. 배경

8-1-1. 멀티-센서융합시스템(Sensor Fusion System)

구글은 2015년 12월에 '자율주행자동차(이하 자율차)가 주행하는 도로 환경을 다양한 센서들이 감지한 데이터들을 하나로 융합하는 방법과 기계학습으로 분류하고 패턴을 분석하는 방법(Combining multiple estimates of an environment into a consolidated estimate for an autonomous vehicle, 9,224,053, 29 Dec 2015)'에 관한 특허를 미국특허청에 등록했다. Fig.1은 자율차 100의 기능들을 기술하는 블록 그림(diagram)으로 센서 시스템(Sensor System, 104), 센서 시스템에서 감지한 데이터들을 입력하여 분류하고 패턴을 찾아내는 기계학습(ML)의 일종인 센서 융합 알고리즘(Sensor Fusion Algorithm, 138)과 컴퓨터 비전 시스템(Computer Vision System, 140) 및 자율주행컴퓨터시스템(Autonomous Driving Computer System, 112)으로 구성하고 있다. 이중 가장 중요한 것이 우리의 눈과 귀와 손과 발에 대응하는 센서들이다.

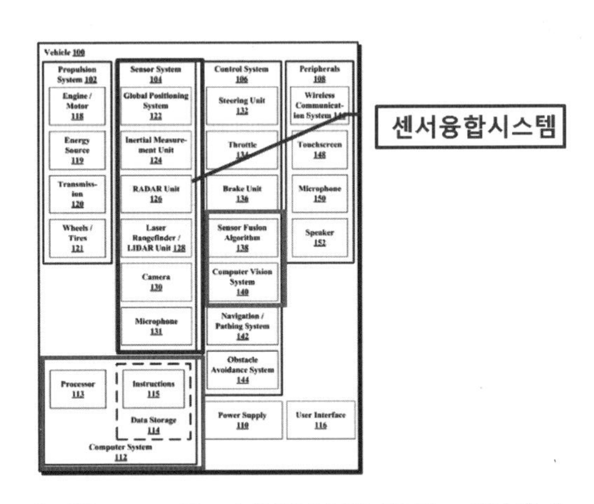

<그림> Google-Waymo - Fig. 1(9,224,053, 29 Dec 2015). Image: USPTO

현재 라이다 칩은 오슬람옵토(Osram Opto, 독일)와 맥심(Maxim Integrated, 미국)과 트라이루미나(TriLumina, 미국), 모듈은 벨로다인(미국), 이베오(Ibeo, 독일)와 덴소(Denso, 일본), 시스템은 콘티넨탈(Continental, 독일), 덴소(Denso, 일본), 발레오(Valeo, 프랑스) 등 소수 업체 정도가 라이다 관련 기술을 개발 중이며, 라이다의 가장 큰 문제는 가격으로, 부품 통합과 광원 최소화 등으로 가격대를 현실

화하는 것이 상용화 관건이다.

8-2. 멀티-센서융합시스템의 소형화/상용화에 도전

우리나라의 장점은 융합과 소형화의 제조이므로 센서융합시스템(Sensor Fusion System)에 도전해야 한다. 상기 구글 특허 상에 나오는 센서 융합 알고리즘(Sensor Fusion Algorithm, 138)과 컴퓨터 비전 시스템(Computer Vision System, 140) 및 자율주행컴퓨터시스템(Autonomous Driving Computer System, 112)은 모두가 인공지능 알고리즘과 S/W분야로 지금 당장은 개발하기 벅차므로, 첫 번째 제인한 '99.5%의 X-ABNI+α에 도전'에서 성공한다면 향후 고려하기로 하고, 우리의 장점인 융합과 소형화의 제조로 접근하여 센서융합시스템(Sensor Fusion System)에 도전한다면 성공 가능성이 높은 것으로 판단된다.

<그림> 점점 소형화되어가는 벨로다인(Velodyne)의 3세대 라이다 센서.
Credit: IT World(8 Jan 2016)

그러므로 카메라+레이더+라이다(LIDAR)+초음파+마이크로폰 등을 융합한 소형화의 센서융합시스템에 도전해야 한다. 현재 콘티넨탈이 개발한 고감도 카메라-라이다(MFL)의 대당 가격은 7만 달러(약 8600만원)로, 우리는 5개 이상의 센서들을 융합하고 소형화+융합화를 통해 5,000만 원대로 낮춘다면 상용화에 승산이 있다. 국내에서도 전자부품연구원과 엠씨넥스가 이 분야에 뛰어들어 선진 업체와 겨돌을 준비하고 있으나 국가차원에서 지원할 필요가 있다.

8-3. 기대효과 및 성과활용

1) 반자율차이든 자율차이든 가장 중요한 것이 우리의 눈과 귀와 손과 발에 대

응하는 센서들이다. 만약 개발과 상용화에 성공한다면 자율차 멀티-센서융합시스템 분야에서 세계 1위가 될 수 있으며, 대한민국을 10년간 먹여 살릴 수 있다.

2) 대기업 중심과 중소기업 중심으로 경쟁을 유발시키면 매우 효과적인 기대가 예측된다.

3) 향후 드론/무인기, 로봇, 농촌의 트렉터, CCTV, 트럭, 소방차, 응급차, 철도, 선박 등 다양하게 성과를 적용할 수 있고 활용할 수 있다.

〈참고문헌〉

* Google's Patent - Combining multiple estimates of an environment into a consolidated estimate for an autonomous vehicle, 9,224,053(29 Dec 2015)
* IT World - CES 2016 미래 지향적인 자동차 기술 발표 총정리(8 Jan 2016)

9. 자율주행자동차 시대 → (4) 충돌내구성의 경량소재에 도전

9-1. 배경

전 세계적으로 매년 교통사고로 사망하는 사람들이 120만 명을 넘어서고 있다. 미국에서만 교통사고의 94%가 운전자의 부주의로 인한 것이며, 대부분 충돌해서 자체가 찌그러져 귀중한 생명을 잃고 있다(Google - https://www.google.com/selfdrivingcar/). 만약 찌그러진 자체가 5%~ 이상 펴진다면 많은 생명을 구할 수 있다.

미국 연방 자율차 정책 가이드라인(Federal Automated Vehicles Policy Guideline, '16.09.20)의 자율차 성능 가이드를 위한 프레임워크(Framework for Vehicle Performance Guidance)의 15개 중 여섯 번째가 충돌 시 생명을 구할 수 있는 충돌내구성(Crashworthiness)의 확보이다.

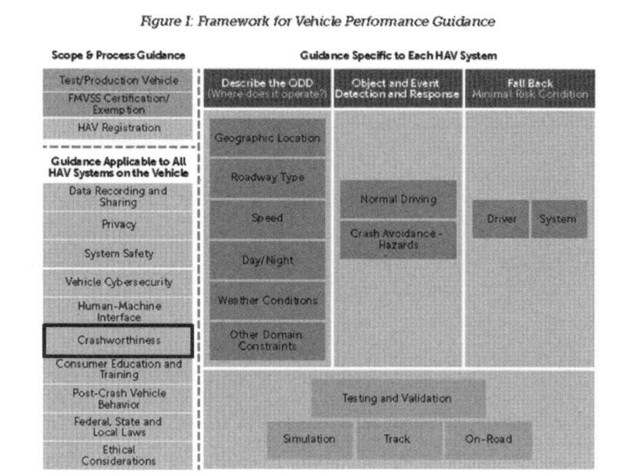

<그림> 미국 연방 자율차 정책 기이드라인의 자율차 성능 기이드를 위한 프레임워크 (Framework for Vehicle Performance Guidance), 페이지 14, 2016.09.20.

9-2. 충돌내구성의 초경량소재에 도전

따라서 우리나라가 충돌내구성의 초경량소재를 선택해 5~10년간 집중 연구개발한다면 성공할 가능성이 매우 높다. 소재로는 차세대 EPP(Expanded Polypropylene), 기능성 나노물질(Nano Materials), 마술을 부리는 메타물질(Bizarre Feats Metamaterials), 터미네이터에 나오는 액체금속(Liquid Metals), 그리고 2016년에 노벨물리학상을 수상한 1차원-2차원-3차원에서도 고체-액체-기체로 변화하는 위상변이 물질(Topological Phase Transitions and Topological Phases of Matter)이다. 여기에 상상력의 +α를 더한다면 성공 가능성이 있다.

9-3. 기대효과 및 성과활용

1) 충돌내구성 물질을 개발해 확보한다면, 충돌 시 많은 생명을 구할 수 있어 자율차 차체분야에서 세계 1위가 될 수 있으며, 대한민국을 10년간 먹여 살릴 수 있다.

2) 대기업 중심과 중소벤처기업 중심으로 이원화하여 경쟁을 유발시키면 매우 효과적인 기대가 예측된다.

3) 부가 기대효과로 이산화탄소를 절감할 수 있다

4) 향후 드론/무인기, 로봇, 농촌의 트렉터, CCTV, 트럭, 소방차, 응급차, 철도, 선박 등 다양하게 성과를 적용할 수 있고 활용할 수 있다.

〈참고문헌〉

* 미국연방정부 - 미국 연방 자율차 정책 가이드라인(Federal Automated Vehicles Policy Guideline)('16.09.20)

10. 로봇 사회 → 인간과 협업하는 협동/협업로봇(Co-Bots)

10-1. 배경

10-1-1. 인간과 협업하는 제조형 협동/협업로봇(Co-Bots)의 등장

미국의 '제조용 로봇에 영향을 미치는 주요 요소기술 및 기술 로드맵('09.05.21)'에 따르면 미국은 인간과 협업하는 로봇(HRI)인 Collaboration Robots(일명, Co-Bots)을 개발하고 있는데, 2020년에 40시간 연속수행, 2025년 80시간 연속수행 할 수 있는 Co-Bots을 개발 중이다.

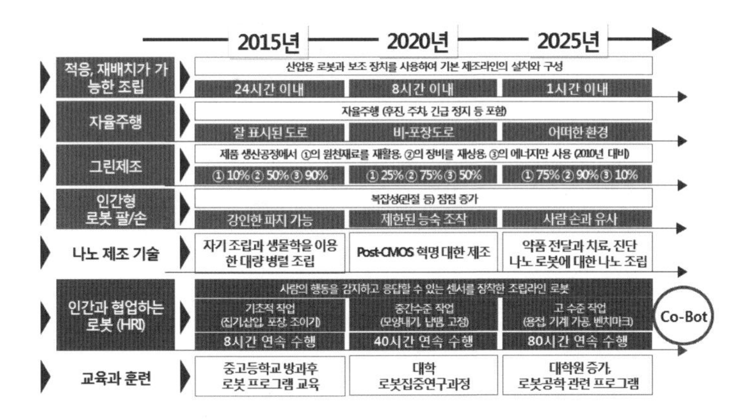

<그림> 미국의 '제조용 로봇에 영향을 미치는 주요 요소기술 및 기술 로드맵'('09.05.21)

10-1-2. 아마존의 재고 · 물류 · 창고관리에 투입한 인간과 협업하는 키바(Kiva) 로봇

아마존은 2015년 7월에 물류나 창고에 투입할 '이동주행장치(Mobile Drive Unit, MDU)가 달린 지상 무인기에게 작업지시와 위치와 경로를 결정하는 방법과 시스템(System and method for positioning a mobile drive unit, 9,087,314, 21 Jul 2015)'이라는 특허를 등록했는데, 이게 바로 Kiva 로봇이다. Kiva들은 관리모듈의 명령에 따라 재고용기 혹은 박스들(Inventory Holders or Boxes)을 작업장 안에서 각각 지정한 포인트들(Points) 사이로 실어 나른다.

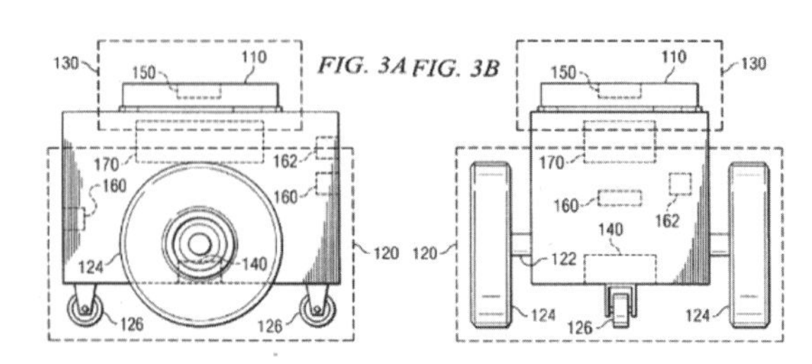

<그림> 아마존 특허상의(Fig.3A~3B, 9,087,314) 코봇인 Kiva. Image: USPTO

아마존이 지난 2012년에 7억7,500만 달러의 거액에 인수했딘, 사림과 협업하는 코봇(Co-Bots)인, 물류자동화 키바(Kiva) 로봇이 실제 비용절감 효과를 내고 있는 것으로 나타났다고 비즈니스 인사이더가 보도했다(Business Insider, '16.06.15). 시애틀타임즈는 보다 업데이트된 내용을 전하고 있는데, 아마존의 사람과 함께 협업하는 코봇인 키바 로봇 직원이, 전 세계 120여 곳의 물류센터 가운데 20곳에 4만5000대가 투입되었으며, 45,000명의 직원과 1:1로 작업하고 있다고 보도했다(Seattle Times, '16.12.29, Updated on '16.12.30). 사람은 감성/디자인/패키징을담당하고, Kiva는 단순한 운송 역할을 맡는다.

<그림> 실제로 물류센터나 창고에서 배송용기(박스)를 실어 나르는Kiva 로봇.
Image Credit: Amazon via Youtube(2 Dec 2014)

10-1-3. GE - 코봇인 소이어(Sawyer)와 3DP 투입

GE의 혁신 작업장(Advanced Manufacturing Works·AMW)에는 AI Robots(Co-Bots) + 엔지니어 + AI 3D 프린팅이 한조를 이루어 작업을 하여, 80% 설계가 끝나면 바로 AI 3DP가 찍어 프로토타이프 제작 테스트하여 시간과 비용을 절감하고 있다('16.04). 향후 `20년까지 400개 글로벌 공장 중 50개에 도입할 예정이다.

<그림> GE의 작업장에 투입된 코봇인 Sawyer.
Image Credit: GE Oil & Gas via Youtube(10 Jun 2016)

10-1-4. 日정부도 '협동 로봇' 도입 기업에 최대 3억 원 지원

일 뺏지 않고 도와주는 '협동 로봇'이 일본에서 확산하고 있다. 설거지 · 금속가공 · 나사조립 등 단순 노동은 로봇에게 맡기고, 사람은 수준 높은 서비스에 집중하고 있다(조선일보, '17.07.06)

<그림> 인간 · 로봇 콤비가 그릇 정리 - 일본의 덮밥 체인점 '요시노야(吉野家)' 주방에서 협동로봇 '코로'(한가운데)가 직원들과 일하고 있음. 코로는 식기세척기가 헹군 그릇을 카메라로 식별한 뒤 팔로 집어 올려 종류별로 정리함.
코로가 정리를 마친 그릇은 직원이 가지고 나감.
Image: 라이프로보틱스 via 조선일보('17.07.06)

10-2. 인간과 협업하는 제조용 협동/협업로봇(Co-Bots)에 도전

1) 우리나라도 미국과 같이 코봇 기술 로드맵을 수립하고, 인간과 협업하는 산업에 특화된 제조용 협동/협업로봇(Co-Bots)을 연구개발하고 세계적인 브랜드로 키울 수 있는 전략을 수립해 추진해야 한다.

2) 일본 정부와 같이 '협동 로봇' 도입 기업에 자금을 지원해야 한다.

3) 우리나라도 2017년도 9월에 '로보월드'를 경기도 일산 킨텍스에서 개최했다. 4차 산업 혁명의 핵심으로 자리 잡고 있는 로봇이 날이 갈수록 정교해지고 똑똑

해지면서 사람들의 생활 속에 더욱 깊숙히 다가오고 있는데, 그게 바로 사람 곁에서 협업하는 로봇이다(YTN, '17.09.15)

<그림> 사람 곁에서 협업하는 로봇을 주제로 개최된 2017 로보월드.
Image: YTN('17.09.15).

10-3. 기대효과 및 성과활용

1) 인간이 잘하는 분야는 인간이, 로봇이 잘하는 분야는 로봇이 역할 담당함으로써 로봇의 일자리 뺐는 불안감 해소 및 인간과 로봇과의 공존공생을 추진할 수 있다.

2) 한국기계연구원을 중심으로 중소벤처기업과 콘소시엄을 구성하여 추진하고 성공하면 Co-Bots을 활용한 산학연을 모집하여 질증/적용하면 성공할 가능성이 매우 높고 효과적인 기대가 예측된다.

3) 향후 제조용 작업장, 물류창고 작업장, 스마트홈의 스마트키친에 적용할 수 있고, 원천융합기술을 기타 드론/무인기에 활용할 수 있다.

〈참고문헌〉

* 미국 - '제조용 로봇에 영향을 미치는 주요 요소기술 및 기술 로드맵'('09.05.21)
* 조선일보 - 우리 회사 로봇은 일자리 도둑 아닙니다(06 Jul 2017)
* Amazon's Patent - System and method for positioning a mobile drive unit, 9,087,314(21 Jul 2015)
* Amazoon viua Youtube - Amazon warehouse robots(2 Dec 2014)
* Business Insider - Amazon's $775 million deal for robotics company Kiva is starting to look really smart(15 Jun 2016).

* GE Oil & Gas via Youtube - Using Collaborative Robots in the Subsea Industry(10 Jun 2016)
* Seattle Times - Amazon deploys many more orange robots at warehouses(29 Dec 2016, Updated on 30 Dec 2016).
* YTN – 사람 곁에서 협업하는 로봇...더 가까워졌다(15 Sep 2017)

11. 드론 사회 → 대면적을 관리/감시하는 수백 대의 동조화 군집비행 드론기술

11-1. 배경

11-1-1. 미국의 드론 통합 · 수용 촉진 전략 발표('16.08.02) → 규제완화

2016년 8월 2일, 미국 백악관의 과학기술정책실(OSTP)은 무인항공시스템(UAS, 드론)을 차세대 국가전략기술(National Initiative)로 추진하는 이른바 '무인항공시스템 기술의 잠재성을 신성장 동력기술'로 정하고, 이에 대한 구체적인 '정책 설명서: 무인항공시스템의 안전한 통합과 수용을 촉진시키기 위한 연방 · 주 · 공공 · 학계 · 산업 · 민간의 새로운 약속'을 발표했다(The White House, '16.08.02). 현행 미연방항공청(FAA)의 드론 규정인 (1) '시야확보(VLOS or LOS)'에서 '시야를 넘어(BVLOS or BLOS)'로 완화하고, (2) '한 명의 조종사가 한대의 드론 운영'에서 '수백 대의 드론 운영'으로 확대하며, (3) '사람 위를 날지 말 것'에서 '사람 위를 날아도 됨'으로, 따라서 프라이버시 보호(Privacy safeguard)가 중요하며, (4) 현행 고도 122미터를 전 공역으로 대폭 확대하는 드론의 공역을 국가공역시스템으로 통합하는 것이다. 앞으로 5년 동안인 2020년까지 지속적으로 추진하여 미국인들의 16%가 드론을 사용하도록 하자는 것인데, 드론의 기술수용확산점 혹은 기술확산점(Tipping Point)을 2020년으로 보고 추진하는 것이다. 미국 국제무인기협회(AUVSI, http://www.auvsi.org/)에 따르면 다음 10년 안에 싹트는 상업용 드론은 2025년까지 미국경제에 820억 달러(약 92조원)를 경제를 창출하고 약 10만개의 일자리를 창출할 것으로 예상하고 있다.

2016년 8월 2일 백악관 워크샵에서, 인텔의 CEO인 브라이언 크라자니치(Bryan

Krzanich)는 이색적인 드론의 사례를 들고 나왔는데, 100대의 드론들이 떼(함대, swarms, fleets)를 이루어 동조화 모드(Synchronized Flight Mode)로 군집비행을 시연했는데, 호주 시드니의 오페라하우스와 하버 상공을 동조화 비행하면서(충돌방지), 지상의 연주와 협업하여 오케스트라를 하는 사례를 소개해서 눈길을 끌었다.

<그림> Intel via Youtube - Drone 100 at Vivid Sydney(9 Jun 2016)

이날 규제완화와 워크샵을 통해 도출한 드론의 도전과 기회를 보면 다음과 같다. 핵심은 시야를 넘어 수백 대를 띄워야 가능한 분야들이다.

- 산불과의 전쟁에 도움을 준다(Fight wildfires)
- 비상 긴급 상황 · 수색과 구조 활동에 빠르게 대응 · 지원하는데 도움을 준다(Speed and Assist emergency response and search and rescue operations)
- 국가 핵심시설과 인프라 시설을 모니터링하고 고칠 수 있다(Monitor and fix critical infrastructure)
- 위험에 처한 생물 종과 민감한 에코시스템을 보호 할 수 있다(Protect endangered species and sensitive ecosystems)
- 멀리 떨어져 있는 지역과 서비스 안 되는 커뮤니티에 의약품 · 의료장비를 수송 · 배송할 수 있다(Transport medical supplies to remote locations and underserved communities)

11-1-2. 미국의 디즈니 – 군집비행 드론 활용 에어 쇼

미국 디즈니사는 '14~'16년에 동조화 군집비행 관련 특허를 7개 받았다. 이들은 40대~100여 대의 드론들을 활용하는 엔터테인먼트용・공간디자인용・예술용으로, 에어 쇼(Air Show)・에어 디스플레이(Air Display)와, 이를 실현시키기 위한 무인기 떼(Flock)의 동조화 제어 특허기술들이다. 본 특허들은 디즈니답게 여러 무인기들(떼)을 동일속도와 방향으로 움직이는 동조화(synchronized) 혹은 안무화(choreographed) 비행 매너(flight manner)를 통해 엔터테인먼트의 예술적인 공연을 에어 쇼(air show)나 에어 디스플레이(art aerial display)로 구현하자는 것이다. 테마파크(theme parks), 외부 컨서트, 스포츠 스타디움(스포츠 경기장, sports stadium), 다른 야외 장소 등에서 이와 같은 동조화된 무인기들이 안무적인 쇼나 혹은 디스플레이를 펼친다면 관중들을 매료시키고 놀라게 할 것이다.

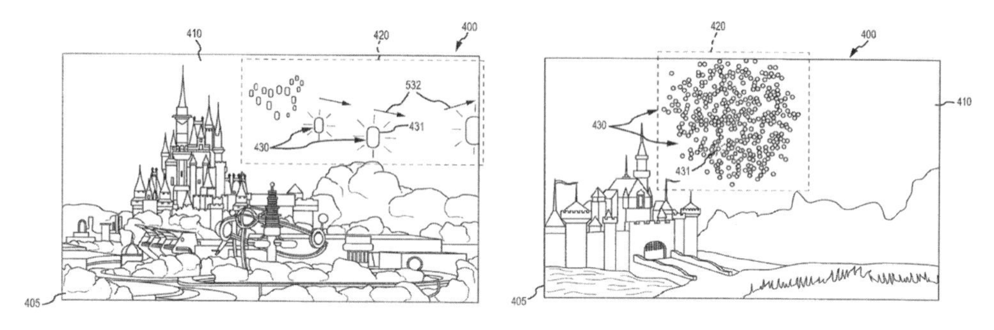

<그림> 디즈니 특허상(Fig.4 & 5, 9,169,030)의 동조화 군집비행으로
에어쇼를 펼치는 모습. Image: USPTO

11-2. 대면적을 관리/감시하는 수백 대의 군집비행 드론기술에 도전

1) 동조화 군집비행 드론기술을 개발하고 실현하려면 특히 '클라우드에서 온프레미스로 이동한다(the shift is moving back from the cloud to on premise)'는 관점으로, A16Z.com은 '클라우드 컴퓨팅의 종말(The End of Cloud Computing)'(16 Dec 2016)이란 프리젠테이션에서, "하늘에 있는 클라우드는 종말이 오고, 바퀴와 날개를 가진 자율차나 드론 자체가 데이터 센터가 된다(where self-driving cars and drones are really data centers with wheels or wings)"것으로, 이들을 엣지(Edge) 혹은 온프레미스 장치들이라 한다. 실시간으로 의사결정을 내려야하기 때문에, 하늘의 클라우드와 이들 장치들을 연결하는 'Edge to Cloud↔Cloud to Edge 혹은 On premise to Cloud↔Cloud to on Premise'를 연구하여 추진할 필요가 있다. 예를 들어 GE가 클라우드(Digital)와 장비들(Physical)을 실시간으로 연결하는 플랫폼(Predix) 베이스의 Edge to Cloud를 구축했다('16.04).

2) 이를 위해 우리나라도 미국처럼 드론규제를 완화하고 그 대신 네거티브와 세이프가드를 제시할 필요 있다.

3) 동조화 군집비행 기술과 Cloud to Edge & Edge to Cloud에 실시간 제어하고 백업하는 기술을 개발해야 대면적의 산림/산불/해안선/국가핵심시설/인프라시설 감지와 모니터링, 비상 긴급 상황 · 수색과 구조 활동에 빠르게 대응 · 지원할 수 있다.

11-3. 기대효과 및 성과활용

1) 한 사람 혹은 여러 명이 조를 이루어 수백 대의 동조화 군집비행을 할 수 있는 드론기술을 개발하면 대면적을 관리/감시/모니터링 할 수 있다.

2) 대기업 중심과 중소벤처기업 중심으로 이원화하여 경쟁을 유발시키면 매우 효과적인 기대가 예측된다.

3) 그 응용분야는 대면적의 산림/산불/해안선/국가핵심시설/인프라시설 감지와 모니터링, 비상 긴급 상황 · 수색과 구조 활동, 엔터테인먼트용/이벤트용/스포츠용 에어쇼 등 무궁무진하다.

4) 동조화 비행기술의 원천융합기술은 타산업의 로봇, 농촌의 트렉터, 트럭, 소방차, 응급차, 철도, 선박 등 다양하게 적용할 수 있고 활용할 수 있다.

〈참고문헌〉

* a16z - The End of Cloud Computing(16 Dec 2016)
http://a16z.com/2016/12/16/the-end-of-cloud-computing/

* DISNEY's Patent - Aerial display system with floating pixels, 9,169,030(27 Oct 2015)

* Intel via Youtube - Drone 100 at Vivid Sydney(9 Jun 2016)

* The White House - FACT SHEET: New Commitments to Accelerate the Safe Integration of Unmanned Aircraft Systems(2 Aug 2016)

12. 산업의 융합화 → AVs+Co-Bots+Drones+α
= 물류전용 Hyperloop

12-1. 배경

12-1-1. 자율차+코봇+드론 산업의 융합

(1) 아마존의 자율트럭 전용을 위한 가변차선 배정 특허분석 - 아마존은 2017년 1월 17일에 '자율차를 위한 차선 배정(Lane Assignments for Autonomous Vehicles, 9,547,986, 17 Jan 2017)'이라는 특허를 미국 특허청에 등록했다. 이는 도로에서 자율트럭들이 서로 협동하여 차선을 조정(Coordination)하는 방법에 관한 것으로, 예를 들어 도로관리시스템(Roadway management system)이 자율트럭의 도로를 위해 차선 구성(Lane configuration)을 생성해주고 방향을 결정하여 자율트럭들로 하여금 특정 차선으로 진입하도록 도와주는 것이다. 자율트럭들은 효율적인 교통이나 수송의 네트워크를 구성해 교통흐름을 수월하게 할 수 있다. 교통이 혼잡할 때 교통 혼잡이 적은 도로의 차선들을 줄여주고 교통 혼잡이 많은 도로의 차선들을 늘려주는 가변차선들(Reversible lane or Reconfigurable lane)은 도로 네트워크에서 효율적인 교통흐름을 유지해 줄 수 있다.

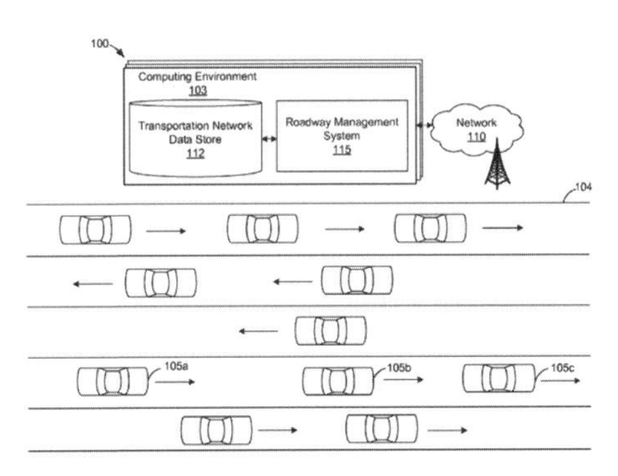

<그림> 아마존 특허상(Fig.1A, 9,547,986)의 자율트럭 전용을 위한 가변차선 배정.
Image: USPTO

아마존 특허 Fig.1C의 108차선과 109차선을 보면 융통성 있는 차선폭(flexible width)을 가졌음을 알 수 있다. 이와 같이 도로관리시스템은 차량유형에 따라 차선폭을 자유자재로 변경할 수 있다. 예를 들어 108차선은 오토바이나 자전거 등의 용이고 109의 차선은 폭이 넓은 커다란 화물 자율트럭들의 전용도로로 배정하는 것이다. 그것도 하루에 수십 번씩 변경하여 교통량이나 요구량에 따라 차선들의 가용성을 높이는 것이다. 이것은 어디까지나 자율차 전용도로(HOV, High-

Occupancy Vehicle)의 시대가 도래 했을 때 가능한 시나리오이다.

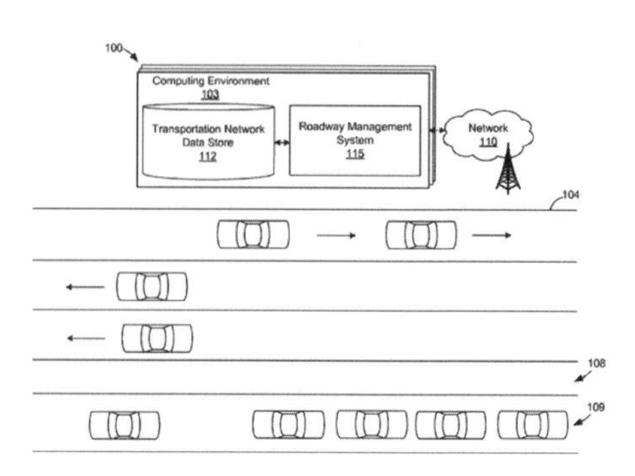

<그림> 아마존의 특허상(Fig.2, 9,216,857)에 나타난 물류에 투입된 코봇과 드론.
Image: USPTO

(2) 아마존의 물류센터와 배송에 투입된 인간과 협업하는 키바(Kiva) 로봇과 드론 - 아마존은 2015년 12월에 '지상·공중 무인기를 활용한 재고관리의 입고·출하 효율화(Automated inventory management system, 9,216,857, 22 Dec 2015)'라는 특허를 등록했다. 아마존의 경우 지상의 코봇(키바, Kiva)과 공중의 무인기(드론)를 택배와 재고관리의 입고·출하에 집중 특화하고 있다. 특허 그림 Fig.2의 210(M)은 지상의 코봇인 키바 로봇이다. 키바 로봇이 화물을 가져오면, 206은 화물을 들어 올리는 픽업 로봇이고, 224(1)은 화물에 바코드를 찍는 로봇이다. 화물이 컨베이어를 타고 204(2)에 도착하면, 202(1)-202(3)-202(N)은 화물을 선적 또는 하역하는 무인기들(드론들)이다. 지금은 드론 규정 때문에 아마존의 120개 물류센터 중 20곳에 45,000대의 로봇들만 투입하고 있지만, '16년에 드론규제가 완화되어 조만간 투입할 것으로 예측된다.

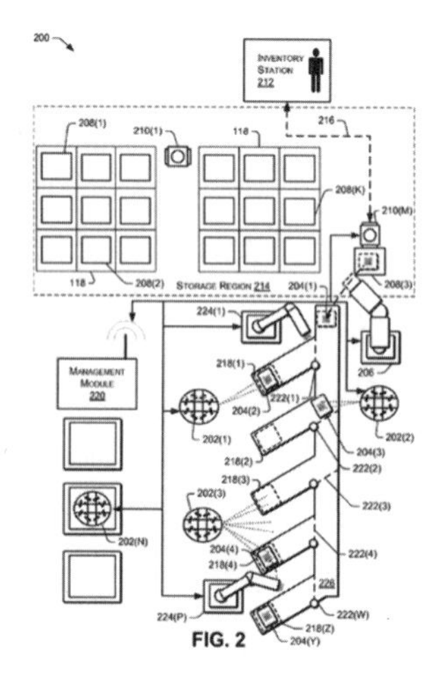

<그림> 아마존의 특허상(Fig.2, 9,216,857)에 나타난 물류에 투입된 코봇과 드론.
Image: USPTO

(3) 중국 DJI의 자동차/자율차와 드론의 융합 특허분석 - 중국의 SZ DJI TECHNOLOGY CO., LTD는 2016년 1월에 '주인 차량 주위 환경을 모니터링하기 위해 차량 위에서 이착륙이 가능한 무인기 도킹시스템과 방법(SYSTEMS AND METHODS FOR UAV DOCKING, 20160023762, 28 Jan 2016)'이라는 특허출원서를 공개했다. 차량 주위 환경의 정보를 수집하고 모니터링하기 위해 차량은 무인기와 커뮤니케이션 할 수 있다. 그러기 위해서는 드론이 차량 지붕 위에서 이착륙이 가능한 개선된 드론 도킹시스템이 필요한데, 본 특허는 바로 드론 도킹시스템을 구성하는 방법과 충전시스템을 기술하고 있다. 드론의 핵심은 배터리 수명인데, 현재는 30분밖에 날 수가 없다. 우리가 차량 위에 자전거나 보트 등을 싣고 다니는 것과 같은 것인데, 단 이것이 이착륙이 가능하고 차량의 속도와 같이 나는 드론이라는 것만 다른 것이다. 바야흐로 자율차/자동차와 드론의 융합시대가 오고 있는 것이다.

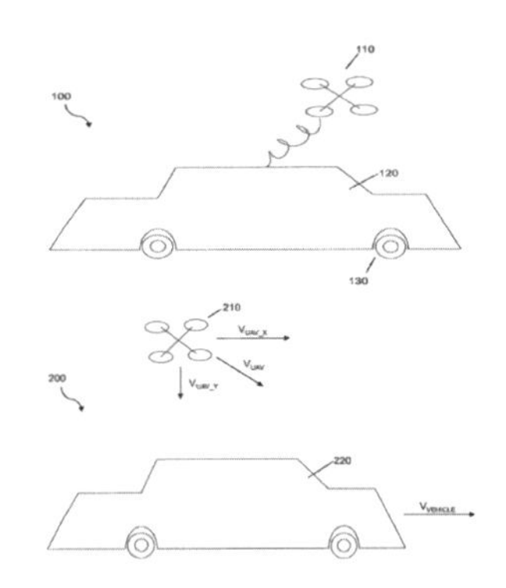

<그림> 중국 DJI 특허출원서(Fig.1 & 2, 20160023762) 상의
자동차/자율차와 드론의 융합. Image: USPTO

(4) UPS, 하늘엔 드론, 땅엔 트럭의 환상 배송콤비 - 무인 항공기 드론이 하늘을 날면서 배송 트럭에게 길 안내를 해주면 어떨까? 영화 속 장면 같은 이런 장면이 현실 공간에서 재현될 전망이다. 미국 주요 외신들은 배송 전문업체 UPS가 하이브리드 전기자율차 트럭과 드론을 연동해 화물을 운반하는 테스트를 실시했다고 보도했다(CNBC, CNBC via Youtube, 21 Feb 2017). 인구 밀도가 낮은 플로리다 주 템파에서 진행한 이번 테스트는 먼 거리를 비행하기 어려운 드론의 특성을 반영해 배송 트럭과 드론을 연동하는 방식으로 진행되었다.

자율트럭에 화물과 함께 드론을 적재해 배송 지역을 돌아다니면서 드론이 주소에 맞춰 배송한다. 배송을 마친 드론은 자율 트럭으로 복귀해 전원을 충전한다.

드론이 주소를 확인하고 배달하는 작업은 모두 자동으로 진행된다. UPS는 드론을 활용한 배송이 더욱 빠르고 저렴한 운송 서비스를 제공할 수 있을 것이라고 설명했다. 또한 무인항공기를 이용하면 차가 정차할 이유가 줄어들기 때문에 기름과 시간을 절약할 수 있을 것이라고 전했다. UPS는 배달원 당 하루 1.6km 가량 이동거리를 줄인다면 일 년에 최대 5천만 달러까지 절약할 수 있을 것이라고 밝혔다.

<그림> Image Credit: CNBC via Youtube(21 Feb 2017)

12-1-2. 미국의 새로운 자율차정책가이드라인, 삽입된 L4란?

'16년 9월 20일, 미국 오바마 행정부의 운수부(UoT)와 고속도로교통안전국(NHTSA)은 '연방 자율차 정책 가이드라인(Federal Automated Vehicles Policy Guideline)'을 발표했다. 이 가이드라인을 보면 국제 SAE(sae.org)가 2014년 1월에 정한 자율차 레벨(Level)인 L0~L5의 J3016이란 표준을 채택했다는 점이다. 그간 미국은 고속도로교통안전국이 2013년 5월 30일에 정한 L0~L4를 근간으로 자율차 정책을 자동차 산업들과 조율해왔는데, 이제 새로운 J3016 표준에 따라 기존의 L4->L5가 되고, 새로운 L4가 삽입되었다는 점이다. 이 L4는 어떤 특정 환경과 특정 조건하에서만 자율주행 시스템이 주행할 수 있다는 것으로, 이런 환경과 조건에서는 운전자나 승객들은 운전대를 잡을, 즉 개입할 필요가 없다는 것인데, 이것은 자율차 혹은 자율트럭이 다니는 전용도로를 말하는 것이다.

<표> 국제 SAE가 2014년 1월에 정한 현재까지(AS-IS)의 자율주행차 표준 수준 요약표(J3016)

SAE Level	Name	서술적 정의 (Narrative Definition)	조향과 가속/비가속 수행 주체	주행환경 모니터링 주체	고장 대처 방안의 주체	시스템 능력 (주행 모드)
인간 운전자가 주행환경 모니터링						
0	자율주행 없음(No Automation)	인간 운전자가 모든 주행 작업 수행	Human driver	Human driver	Human driver	n/a

SAE Level	Name	서술적 정의 (Narrative Definition)	조향과 가속/비가속 수행 주체	주행환경 모니터링 주체	고장 대처 방안의 주체	시스템 능력 (주행 모드)
1	운전자 보조 (Driver Assistance)	하나의 운전자 보조 시스템(ADAS))	Human driver and system	Human driver	Human driver	Some driving modes
2	부분적 자율 주행(Partial Automation)	하나 이상의 운전자 보조 시스템들(ADASs)	System	Human driver	Human driver	Some driving modes
자율주행 시스템이 주행환경 모니터링(여기부터 HAV(Highly Automated Vehicle)						
3	조건부 자율주행 (Conditional Automation)	하나의 자율주행 시스템과 인간 운전자 사이의 자율모드 ↔ 매뉴얼 모드 교환	System	System	Human driver	Some driving modes
4	고수준 자율주행 (High Automation)	하나의 자율주행 시스템이 자율모드로 주행하다가 자율모드 해제 시 인간 운전자에게 알려도 매뉴얼 모드로 주행할 필요가 없음 (제어 불필요)	System	System	System	Some driving modes
5	완전 자율주행 (Full Automation)	완전 통합된 시스템이 100% 자율주행	System	System	System	All driving modes

Copyright © 2014 SAE International.

12-1-3. 자율차/자율트럭의 전용도로

특정 환경과 조건이 무엇인지를 이해할 수 있는 실마리가 2016년 9월 19일에 보도되었다. 바로 시애틀 소재 마드로나(Madrona) 벤처 그룹은 시애틀(Seattle)에서 캐나다 밴쿠버(Vancouver)까지의 주간 고속도로(I-5)의 1차선 도로를 자율차나 자율트럭의 전용도로(HOV, High-Occupancy Vehicle)로 만들자고 제안했다(Madrona, 19 Sep 2016). 무려 241km나 되는 거리이다. 바야흐로 인간(카풀)·물류수송전용도로의 하이퍼루프(Hyperloof) 시대가 오고 있음을 짐작하게 하는 상상력의 제안이다. 이러한 제안의 배경은 2015년 구글 자율차(L3)의 11번 사고인데, 예를 들어, 다른 인간 운전자의 잘못으로 접촉 사고가 나고, 테슬라 자율차(L2)의 경우 카메라가 트럭을 인지하지 못해 교차로에서 충돌하여 운전자가 사망에 이르는 사고가 2016년 5월에 플로리다에서 일어남에 따라, 자율차 도로와 인간이 운전하는 도로를 분리하자는 것이다. 아무리 인공지능이라 해도 인간의 행동을 예측할 수 없다는 것이다. 갑자기 끼어든다든지 깜빡이를 켜지 않고 차선을 변경한다든지 무단횡단 등 사람의 행동을 예측할 수 없다는 것이다.

<그림> 마드로나 벤처 그룹이 2016년 9월 19일에 제안한 'I-5를 위한 자율주행전용도로. 이미지: 마드로나 벤처 그룹(19 Sep 2016)

12-2. AVs+Co-Bots+Drones+α = 물류전용 Hyperloop에 도전

1) 구글의 자율차(AVs) 도로주행 테스트 데이터를 보았을 때, 카풀에 의한 인간수송은 아직 안전성 확보 미달과 인공지능 자율차의 자율모드(Autonomous Mode) 주행 수준이 아직 61%~83%에 달하기 때문에 당장 실현되기란 쉽지 않을 것이다. 그러나 물류수송 전용도로는 생각 외로 빨리 실현될 가능성이 높다.

2) 자율화물차 혹은 자율트럭이 자율화물차 전용도로와 만난다고 가정했을 때의 최대 장점은 타임-투-타임(Time-to-Time) 베이스의 포인트-투-포인트(Point-to-Point)의 배송이 가능하다는 점이다. 그만큼 시간과 공간의 제약 없이 물류배송이 이루어지므로, 첫 번째 물류혁명은 물류전용도로의 하이퍼루프(Hyperloof)이다. 물류를 배송하기 때문에 속도의 한계가 거의 없어 시속 500km 이상으로 달릴 수 있어 새로운 하이퍼루프가 등장할 것이다. 두 번째 혁명은 신선물류인 콜드체인(저온배송)이다. 농산물이나 수산물이나 전자상거래 맞춤형이나 바로 산지 혹은 공장에서 30분 내로 배송하여 신선도를 유지할 것이다. 진정한 6차 농수산혁명이 일어나는 것이다. 세 번째 혁명은 이러한 것이 가능하도록 스마트데이터(SD)-인공지능(AI)-하늘의 클라우드 혹은 땅과 하늘의 자율차/드론베이스의 물류기반 시설 및 플랫폼이다. 이 플랫폼을 누가 장악하느냐에 따라 미래 자율차 물류산업의 판도가 달라질 것이다. 이것이 진정한 제4차 혹은 제5차 산업혁명이다.

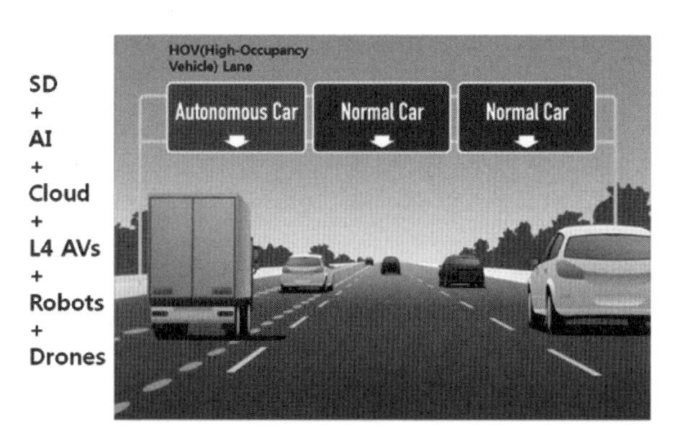

<그림> SD+AI+Cloud+L4 AVs+Robots+Drones의
융합 비즈니스 모델 = 물류수송 전용도로의 하이퍼루프.
Image: 마드로나 벤처 그룹의 이미지 수정. 차원용, "자율트럭+로봇+드론의
물류전용 하이퍼루프의 등장" 12 May 2017.

아마존의 특허(9,216,857)로 상상해보면 여기에는 자율화물차(카고트럭)뿐만 아니라 로봇, 드론 등이 가세할 것이다. 자율화물차가 장거리 운송역할을, 로봇이 선적과 하역 역할을, 그리고 드론이 최종 배송역할을 담당할 것으로 상상된다. 그것도 한두 대의 로봇과 드론이 아니라 수십 대~수백 대가 협력하게 될 것이다. UPS의 사례처럼 아예 자율화물차에 이러한 로봇들과 드론들을 싣고 다니면서 로컬라이제이션(지역화, localization)이라는 물류단지를 구성할 수도 있을 것이다. 이러한 자율화물차+로봇+드론들은 스마트 데이터베이스의 인공지능 클라우드 혹은 집단 자체 디바이스들에서 제어 관리될 것이다(Edge to Cloud, Cloud to Edge, On premise to Cloud, Cloud to on Premise). 인천에서 평택, 평택에서 목포와 여수, 여수에서 부산, 부산에서 속초까지 시범사업을 시작하여 플랫폼을 구축하고 이를 중국이나 일본까지 수출할 수 있을 것이다.

12-3. 기대효과 및 성과활용

1) 좀 먼 이야기 갔지만 AVs+Co-Bots+Drones+α가 융합되어 물류전용 Hyperloop가 등장할 것이므로 정부는 모든 이해관계자들과 장기적인 비전과 철저한 준비로 대응해야 한다.

2) 우리나라가 자율차와 코봇과 드론을 융합해 산업융합을 진흥시킬 좋은 기회이다.

3) 일본+한국+중국+러시아를 잇는 Hyperloop도 제안할 수 있을 것이다.

〈참고문헌〉

* 미국연방정부 - 미국 연방 자율차 정책 가이드라인(Federal Automated Vehicles Policy Guideline)('16.09.20)
* 차원용, "자율트럭+로봇+드론의 물류전용 하이퍼루프의 등장" 12 May 2017.
* Amazon's Patent - Lane Assignments for Autonomous Vehicles, 9,547,986(17 Jan 2017)
* Amazon's Patent - Automated inventory management system, 9,216,857(22 Dec 2015)
* CNBC via Youtube - UPS Successfully Tests Residential Delivery With Drones(21 Feb 2017)
* CNBC - UPS tests drone deliveries in Florida, with eye to cost cuts(21 Feb 2017)
* Madrona Venture Group, "Autonomous Vehicle Plan for the I-5 Seattle/Vancouver B.C. Corridor", 19 Sep 2016.
* SZ DJI TECHNOLOGY CO., LTD - SYSTEMS AND METHODS FOR UAV DOCKING, 20160023762(28 Jan 2016)

13. 솔로경제/1인 가구 시대 → 요리법+3DP/Co-Bots의 스마트 키친 플랫폼

13-1. 해외 배경

13-1-1. 해외 배경과 사례(1) – 모두 실패

1) MIT의 부엌의 지능화(Counter Intelligence) 프로젝트

2004년에 MIT 미디어랩(MIT Media Lab - https://www.media.mit.edu/ci/)은 야심차게 부엌의 지능화(Counter Intelligence) 프로젝트를 시작했다. 방첩활동(Counter intelligence)하면 우리는 줄곧 MI5나 미국의 CIA, 아니면 첩보요원 제임스 본드(James Bond)를 연상한다. 그러나 이 Counter Intelligence(주방 지능화)라는 이름은 우리 부엌(kitchen) 생활을 위한 새로운 기기(gadgets and gizmos)에 도전하

고 있는 미국 MIT 공대 Media Lab의 한 부서에 붙여진 이름이었다(MIT-Counter Intelligence). 맨하튼(Manhattn) 아파트의 한 부엌의 실물크기(Mock-up)에서 연구원들은 신기술을 이용하여 부엌의 크고 작은 모든 기기들과 사물들로(objects) 하여금 컴팩하고 기능적인 디지털 기기가 되도록 비지땀을 흘리며 연구하고 있었다. 미래의 부엌(Kitchen of the future)을 건설하고 있는 것이었다.

<그림> MIT 공대가 야심차게 추진했지만 실패한 미래의 부엌.
Image: MIT Media Lab - Counter Intelligence(2004)

CI라는 프로젝트의 탄생 배경은 원래 미래의 부엌 카운터(kitchen counter of the future)를 스케치 해보자는 프로젝트에서 비롯되었다. 부엌의 요리 기기들로 하여금 사용자들에게 요리법(recipe)을 알려주고, 필요한 요리 요소(ingredients)는 무엇이며 얼마의 양(quantities)을 넣어야 하는지를 알려주는 것이었다. 그러므로 CI는 RFID-태그들을 모든 병(jars)에 부착하여 언제 어떤 양념들을 넣어야 하는지를 파악하여 알려주는 것이었다. 예를 들어 4컵의 초콜릿 칩을 부어야 하는 경우 "한 컵, 두 컵, 3컵 째입니다. 조금만 더 부어주세요. OK 되었습니다. 그만 부으세요" 라고 말해주는 프로젝트였다.

<그림> 양념 요소가 아닌 병들에 부착된 RFID-태그.
Image: MIT Media Lab-CI의 Joseph Kaye

보통 부엌에 존재하는 하나의 플라스틱 용기(a plastic container)에는 주로 하나의 아이템이 들어 있다. 이 용기의 뚜껑(lid)에 센서(sensor)를 부착시키면 그 안에 무엇이 들어 있는지를 금방 알 수 있다. 온도를 예를 들면 용기 안의 양념요소나 음식들이 언제 상하는지(goes bad) 온도를 추적하여 상하기까지 얼마의 시간이 남아 있는지, 몇 일이 남아 있는지를 알려주는 것이었다. **문제는 이력 관리를 할 수 있으나 여러 재료가 섞인 양념 요소들을 추적할 수 없다는데 있었다. 왜냐하면 센서들은 주로 용기 밖에 붙어 있기 때문이었다.**

따라서 이들이 개발하고 있는 대부분의 디지털 실험 용기들은 아직 둔한 느낌을 주는 형태로 선(wires)들이 튀어 나오고(jutting out) 아직 반 정도의 공정률을 보이고 있었다. 아마도 이들 아이디어들 중 몇몇은 현실화 될 것이고 나머지들은 실패할 것이다.

MIT 공대의 미래의 부엌은 분명 디지털 혁명이다. 이러한 디지털 혁명적 기술이나 기기들이 개발된다면 방의 마루나 부엌의 기기들은 다양한 디자인으로 변형될 수 있을 것이다. 또한 기존의 자연적인 재료들인 나무, 화강암재, 대리석, 스테인리스 철을 사용하는 부엌 구축비용보다 훨씬 값싸게 구축할 수 있을 것이다. 그러나 자연적인 나무의 결이나 색깔에 의해 디자인된 부엌보다 얼마나 더 큰 상상력이나 편안함을 줄 수 있을지? 이게 문제인 것이다. 더욱이 부엌의 주인은 대부분 동양에서는 여성들이다. 여성들의 감성을 무시한 디지털 혁명적 부엌이 과연 성공할 수 있을 런지? 또한 요리란 경험에서 나오는 것이고 촉각인 손의 정확한 움직임, 섬세한 손가락에서 느끼는 맛에 따른 지혜, 손으로 한번 찍어 혀로 갔다 대면서 하는 요리 경험에서 나오는 것인데, 과연 "더 넣어라 말라" 라고 하는 디지털 스푼이나 용기들에서 얼마나 멋진 맛을 창출 할 수 있을까?

결국 MIT의 CI 프로젝트는 개념상의 프로토타이프로 끝나 실패했다(2006). 실패한 이유는 그릇이나 주전자에는 태그나 센서를 붙일 수 있으나 파, 고추, 배추와 양념 등에는 붙일 수가 없었기 때문이다. **그러나 지금은 3D 프린팅으로 순서에 따라 노즐에서 뿜어 나오는 재료와 양념으로 그냥 찍으면 되는 시대이다.** 그 당시엔 3D 프린팅이 탄생하지 않아 3D 프린팅의 위력을 알 수가 없었다.

<그림> MIT 공대가 야심차게 추진했지만 2006년에 실패한 미래의 부엌.
서랍을 열라는 LED 센서의 조명이 표시되고 있으나 재료와 양념에는 붙일 수 없어 실패.
Image: MIT Media Lab - Counter Intelligence(2004~2006)

<그림> 2006년도부터 더 이상 활동하지 않는 IT 미디어랩
(MIT Media Lab – https://www.media.mit.edu/ci/)의 부엌의 지능화(Counter Intelligence) 프로젝트.
Image: MIT Media Lab - Counter Intelligence(2004~2006)

2) 인텔(Intel)과 워싱턴대(University of Washington)가 공동으로 추진했던 디지털 키친(Digital Kitchen) 프로젝트

2008년부터 인텔(Intel)과 워싱턴대(University of Washington)가 공동으로 추진한 디지털 키친(Digital Kitchen) 프로젝트가 2010년, 캘리포니아 주 마운틴뷰에 있는 컴퓨터역사박물관에서 개최된 Intel의 제9차 리서치 데이(Intel Research Day)에 오아시스(Oasis)란 이름으로 데모되었다. 특징은 심도(깊이)-센서 카메라와 팜탑 프로젝터(palm-top projector)가 주방의 일상들을 작업 표면 테이블(work surface table)에 쌍방향으로 터치하고 소통할 수 있도록 UI/UX를 제공하는 것이었다(Technology Review, 2 Jul 2010).

예를 들어 가지 과에 속하고 미국이 원산으로 고추의 일종이며 채소용으로 쓰이는 피망(a bell pepper)을 부엌의 테이블(작업대/조리대) 표면에 놓으면 표면에는 요리법들이 UI/UX로 표시가 된다. 사용자는 UI/UX를 손가락으로 터치하여 어떤 양념들이 피망과 함께 사용할 수 있는지를 알 수 있다.

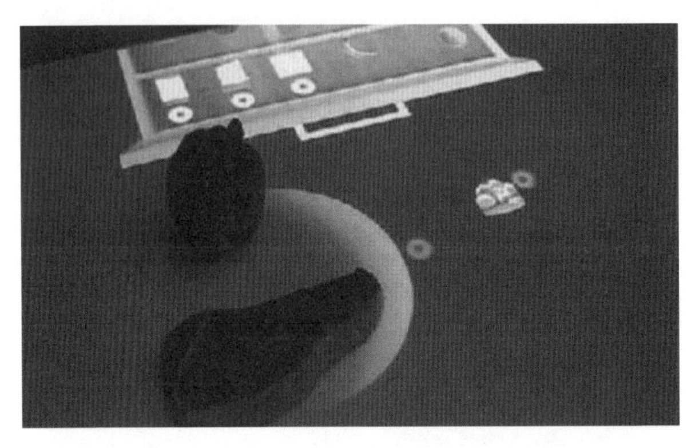

<그림> 인텔(Intel)과 워싱턴대(University of Washington)가 구축하고 있는 쌍방향 버추얼 부엌 찬장(Interactive Virtual Kitchen Tabletop). 테이블 표면에 사용자를 위해 요리법이 떠주고 사용자는 터치하여 추가정보를 받을 수 있다.
Image: Technology Review, 2 Jul 2010

만약 테이블 위에 스테이크를 올려 놓으면 카메라가 스테이크를 인식하고 프로젝션이 어떻게 요리하라는 요리법과 영양정보를 투영해준다. 카메라는 동시에 사용자의 손의 움직임을 추적하여 표면에 투영된 정보들을 터치하는지 인식하여 터치한 정보들을 보여주는 것이다. 정보들에는 텍스트, 타이머, 이미지, 비디오 등이다. 만약 두 가지의 양념 요소들을 올려 놓으면 오아시스는 두 가지를 어떻게 믹스하는지를 알려준다. 테이블 스크린에 나타난 정보들을 손으로 쓸어버리면 정보들은 사라진다.

<그림> 스마트한 테이블/작업대/조리대(Smart countertop).
조리대 표면에 놓은 사물들을 카메라가 인식하여 특징을 잡아내면,
그 다음 프로젝터가 사물들 주변에 쌍방향의 정보들을 표시하여 준다.
Image: Technology Review, 2 Jul 2010

프로젝터는 마이크로비전(Microvision)에서 만든 팜-사이즈의 피코 프로젝터(pico-projector)로 이미지들을 테이블 표면 위에 투영해준다. 카메라는 애플(Apple)이 2013년 11월 17일에 3억4천500만 달러에 인수한 이스라엘 기업인 프라임센스(PrimeSense)가 만든 심도를 인식하는 카메라이다. 프라임센스는 이를 마이크로소프트사의 동작/제스쳐인식 베이스의 키넥트 엑스박스(Kinect Xbox) 콘트롤러에도 공급하고 있다.

분명 오아시스 프로젝트는 MIT의 부엌 지능화 프로젝트보다 한발 더 나아가 그릇이나 주전자뿐만 아니라 사물(스테이크,피망 등) 등을 카메라 센서가 인식하는 보다 혁신적이라 할 수 있으나, 복잡한 요소의 양념 등은 인식할 수 없다는 한계가 있다. 따라서 그 이후 어떻게 진행되었는지 인터넷 검색을 해보니, 2015년 4월에 인텔이 홍보한 '가전에서 요리 지원까지의 스마트 키친 기술(Smart Kitchen Technology: From Appliances to Recipe Assistance)'(Intel, 29 Apr 2015)이란 기사를 찾았다.

내용을 본즉 이 당시부터 가전사들이 앱을 개발하고 앱과 가전을 연결시킨 컨넥티드 홈(Connected Home)이라는 개념이었다. 예를 들어 요리를 지원하는 것으로 무엇을 요리할 것인지를 리스트에 골라 그것을 요리하는 과정을 안내해주는 수준이었다. 냉장고에 채워야 할 것을 알려주는 앱, 청소기보고 청소를 시작하라고 음성으로 명령하는 스마트폰/워치 앱, 세탁기를 돌리라고 명령하는 앱과 같은 수준이었다.

<그림> 인텔의 홍보 사이트에 올라온, 빵 요리 과정을 안내해서 요리를 할 수 있는 가전 제품. Image: Intel('15.04.29).

<그림> 인텔의 홍보 사이트에 올라온, 터치스크린 패널과 모바일 앱으로 제어되는 밀레 48-인치 듀얼 연료 레인지(Miele 48-inch Dual Fuel Range)는 100가지의 요리 프로그램과 레시피를 제공 해줌. 이후 밀레는 IBM과 공동으로 연구해 요리사 왓슨(Chef Watson)이라는 레시피 데이터베이스를 개발 중에 있음. 더 나아가 구글 레시피(Google Recipes)와 연결해 양념 요소베이스의 요리법을 제공하고 칼로리 데이터, 요리 시간, 온도 등을 제공. Image: Intel('15.04.29).

한 가지 특징적인 것은 3D 프린팅을 소개하고 있는데, 조만간 3D 프린팅이 부엌으로 진입한다고 기술하고 있다는 점이다. 예를 들어 XYZPrinting사의 3D 프린터는 쿠키(과자)를 원하는 크기로 찍을 수 있다는 것이다. 그러나 Intel이 직접 3D 프린터를 이용해 요리 하는 것은 아니고 개념만 소개하고 있다는 점이다.

<그림> 인텔의 홍보 사이트에 올라온 XYZPrinting사의 쿠키(과자)를 원하는 크기로 찍을 수 있는 3D 프린터. Image: Intel('15.04.29).

또 하나의 특징은 로봇을 소개하고 있는 것으로 로봇이 향후 부엌으로 진입해 요리를 해줄 수 있는 것이다. 예를 들어 Sereneti'사의 COOKI라는 로봇은 이론적으로 사용자를 도와 요리를 할 수 있도록 개발하고 있는데, 레시피를 위한 양념을

준비해주고 양념들을 믹스하며, 커피를 만들고, 빵을 썰도록 개발하고 있다는 것이다.

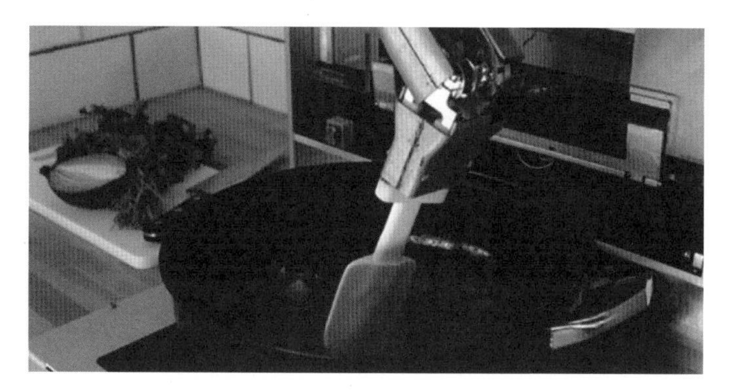

<그림> 인텔의 홍보 사이트에 올라온 Sereneti'사의
음식을 요리하는 로봇인 COOKI. Image: Intel('15.04.29).

가전사인 월풀(Whirlpool)은 2015년 초에 '미래의 부엌(kitchen of the future)'이라는 프로토타이프 2.0을 선보였다. 그릇을 테이블에 올려놓으면 터치스크린이 나타나고 테이블 앞에는 요리 과정이 투영되는 미래의 부엌을 개발하고 있는데, 월풀은 2020년에 시장에 런칭시킨다는 계획이다.

<그림> 인텔의 홍보 사이트에 올라온 월풀(Whirlpool)이 2015년 초에 개발한
'미래의 부엌(kitchen of the future)'이라는 프로토타이프 2.0. Image: Intel('15.04.29).

마지막으로 Intel의 CEO인 브라이언 크라자니치(Brian Krzanich)는 2015년 CES쇼에서 음식 네트워크와 협업하는 인텔의 리얼센스 기술(Intel RealSense technology with the Food Network)을 선보였다. 주방 가운데에 랩탑이 있고, 여기에서 요리하는 과정을 동영상으로 보여주면 순서에 따라 사용자가 닭 요리를 하는 장면을 데모하고 있는데, 양념으로 뒤범벅이 된 손으로 랩탑을 터치할 수 없어, 제스쳐나 동작을 하면 카메라가 인식하여 동영상을 플레이하고 정지시킬 수 있으며 화면을 넘기고 텍스트를 보는 UI/UX이다.

<그림> Intel의 CEO인 브라이언 크라재니치(Brian Krzanich)가
2015년 CES쇼에서 음식 네트워크와 협업하는 인텔의 리얼센스 기술(Intel RealSense technology with the Food Network)을 데모함.
Image: Intel('15.04.29) & Intel via Youtube - CES 2015 Intel Keynote: Food Network & Announcement of RealSense Devices(13 Jan 2015)

결론적으로 Intel의 디지털 키친 프로젝트는 MIT 보다 이론적으로나 기술적으로 터치 스크린 테이블 + 요리법 + 동영상 + 로봇 + 3D 프린팅이라는 혁신적인 컨셉으로 접근했으나, 실제로 융합하는데에는 실패하였고, 각각에 필요한 요소기술이나 센서에 의한 인지/감지기술만 개발했다는 점이다. 그러나 우리는 인텔의 컨셉을 벤치마킹하여 실제 테스트베드에 적용할 수 있고 규모화할 수 있는 능력이 있다.

3) 마이크로소프트사의 디지털 키친(Digital Kitchen)

마이크로소프트가 2011년에 만들어 유투브에 올린 동영상인 '2020년의 미래비전(Productivity Future Vision, 02 Nov 2011)'에는 미래의 부엌이 등장한다. 요리법에 따라 용기들의 위치가 다르고, 요리하는 방법을 동영상으로 볼 수 있다. 단, 3차원 프린터와 로봇은 등장하지 않는다. 이는 미래의 비전을 보여주기 위한 것으로 실제 추진하지는 않고 있지만 벤치마킹할 필요가 있다.

총 6분 17초짜리의 동영상 중 4분 20초부터 등장하는 것이 바로 미래의 부엌이다. 이 동영상에 나오는 시나리오의 스토리는 이렇다. 20~30대 부부와 딸이 등장하는데, 엄마가 해외 출장을 간다. 아빠와 딸이 집에 남아 식사를 준비한다. 딸은 클라우드에 접속하여 빵의 종류와 요리법을 검색하는데 무려 1,296가지의 요리법이 검색된다. 이에 딸은 해외에 있는 엄마에게 특별 요리법을 묻고, 전화로 통화를 하여, 적당한 요리법을 받아 요리를 한다. 요리 과정을 설명하는 동영상에는 엄마가 등장하여 설명한다. 요리법의 5가지 스텝의 첫 번째 스텝에 따라 우유, 버터, 달걀, 물 컵, 설탕, 젓는 수푼 등의 위치가 테이블에 나타나고, 그러면 위치대로 배치한 다음 주어진 양의 정보에 따라 붓고 믹스하면서 다음 단계로 넘어간다.

<그림> 마이크로소프트가 2011년에 만든 동영상인
'2020년의 미래비전(Productivity Future Vision)'에 등장하는 요리 검색.
Image: Microsoft via Youtube(02 Nov 2011).

<그림> 딸이 엄마에게 특별한 요리법을 부탁하는 글을 메모지에 적어 보냄.
Image: Microsoft via Youtube(02 Nov 2011).

<그림> 추천된 요리법에 따라 아빠가 냉장고를 터치하자 빵을 만드는 재료들인
우유와 달걀 등이 증강현실(AR) 이미지로 밝게 나타남.
문을 열지 않아도 안의 재료들이 다 보임. Image: Microsoft via Youtube(02 Nov 2011).

13-1-2. 해외 배경과 사례(2) – 실패한 제품을 낚아채 재창조하는 애플의 성공방정식

많은 분들이 애플 기업을 보고 창의적이고 창조적인 기업이라고 한다. 맞는 말이다. 하지만 지금까지의 제품혁신을 가만히 들여다보면 아주 간단한 애플만의 비즈니스 원칙, 즉 애플만의 성공방정식(Apple's success formula)을 발견할 수 있다. 2013년에 씨넷은 '애플 성공의 비결은 말로는 쉽지만, 실천은 어려운 공식, 즉 씻고(wash) 헹구고(rinse) 반복하고(repeat) 재창조하는(reinvent) 것이라며, 애플은 이 같은 기본 공식을 고집스레 따르고 있어, 분기가 이어져도 뛰어난 실적을 가져다주고 있다'고 보도했다(Cnet, 23 Oct 2013). 이를 필자의 비즈니스 분석 관점에서 재조명해보고 다음과 같은 인사이트를 제공하고자 한다.

상상의 혁신은 새로운 곳에서도 나올 수도 있지만, 기존의 실패한 제품들이 왜 실패했는지를 면밀히 분석하고 헹구고 혁신을 반복하여, 새로운 차원의 신제품을 재창조하는 애플의 전략에서 우리는 새로운 혁신의 방법을 배울 수 있다. 실패한 것들은 다 버리거나 혹은 새 수장이 바뀌면 새로운 것만 찾는 한국정부나 한국기업들은 이를 되 새겨볼 필요가 있다.

씨넷이 설명하는 '씻기'는 제품에 대한 존경심과 팬들의 기반을 유지하기 위해 기존 제품을 충분히 새롭게 하고, 애플의 우아함으로 업그레이드하는 과정이다. '헹구기'는 제품 주변으로 멋지고 탁월한 분위기(aura)를 만드는 과정이다. 결정적인 단계인 '반복'은 앞의 씻고 헹구는 사이클을 계속 반복하는 과정이다. 그리고 이를 통해 애플 제품의 지속적인 재창조가 이뤄진다는 것이다. 애플의 성공 방정식을 보면, 처음부터 획기적인 아이디어로 접근하는 것이 아니라는 점이다. 타사들이 먼저 출시했지만 실패한 제품들을 낚아채어, 씻고 헹구고 반복하여 재창조한다는 점이다.

우선 씻고는 왜 그 제품이 실패했는지를 분석하는 것이다. 타사의 제품들이 실패한 이유는 너무 시장에 빨리 출시되어, 시장에는 모바일 네트워크, GPS, 와이파이 등의 인프라도 충분히 구축되지 못했고, 고객을 지원하는 앱 등의 생태계 구축이 미비하였기 때문이다. 따라서 어떤 인프라가 부족했는지, 어떤 콘텐츠(앱)가 부족했는지, 어떤 핵심기술이 부족했는지를 분석하는 것이다. 그 다음 헹군다는 것은 부족한 인프라와 기술과 콘텐츠를 어떻게 보강할 것인지, 애플이 직접 개발할 것인지, 아니면 기술(특허)을 타사로부터 사올 것인지, 아니면 인수합병 또는 인수개발 할 것인지를 판단하는 것이다. 그 다음 반복한다는 것은 그 판단에 따라 기술혁신과 서비스 혁신을 반복하여 거의 완벽한 제품과 서비스를 준비한다는 것이다. 그 결과 멋진 디자인의 최고의 제품을 재창조하는 것이다.

우선 아이폰을 보자. 2000년 초기에 노키아, 모토로라와 삼성전자 등은 퓨처폰에 열을 올리면서 시장은 포화되어갔다. 고객들은 스마트한 폰을 만들어달라고 아우성인데, 이들은 퓨처폰에 OS와 앱을 융합하는데 실패했다. 이것을 애플이 낚아채어, 씻고 린스하고 반복하여, 음악 플랫폼인 아이튠즈를 2003년에 먼저 출시하고, 고객을 지원하기 위해 2006년에 캘리포니아의 뉴왁(Newark)에 데이터센터를 구축한 다음, iOS와 플레이-라이프-학습-일이라는 네 가지 카테고리의 각종 앱과 콘텐츠를 개발 구축한 후, 2007년에 아이폰을 출시해 대 박을 쳤다. 2008년에는 앱 스토어, 2011년에는 아이클라우드와 시리를 출시하며, 지금도 멋진 디자인의 아이폰을 재창조하고 있다. 또한 액체금속이라는 신 물질을 확보하고 3D 프린팅 특허를 확보하여 조만간 3D 프린팅의 아이폰이 등장할 것으로 보인다.

이번엔 시계(Watch)를 보자. 2001년에 미국 아이비엠(IBM) 연구소와 일본의 씨티즌(Citizen, http://www.citizen.co.jp/) 사는 공동으로 리눅스를 탑재한 손목 시계형 컴퓨터인 워치패드(WatchPad 1.5)를 개발했으나 실패했다. 실패의 원인은, 이 디바이스는 고속이며 전력소비가 적은 32비트 MPU를 베이스로 8MB의 저 소비전력 DRAM과 16MB의 Flash ROM을 탑재하였으나, 음성통신 대응의 Bluetooth 및 적외선 통신(IR)을 표준으로 장착하고 있었기 때문이었다. 2002년에 일본의 NTT와 세이코(Seiko)가 공동으로 개발한 Wrist Mount System이라는 워치도 통신 인프라의 부족이라는 같은 맥락으로 실패했다.

<그림> 2001년에 미국 아이비엠(IBM) 연구소와 일본의 씨티즌(Citizen)사는 공동으로 리눅스를 탑재한 손목 시계형 컴퓨터인 워치패드(WatchPad 1.5)를 개발했으나 실패했음. Image: Citizen.co.jp(2001)

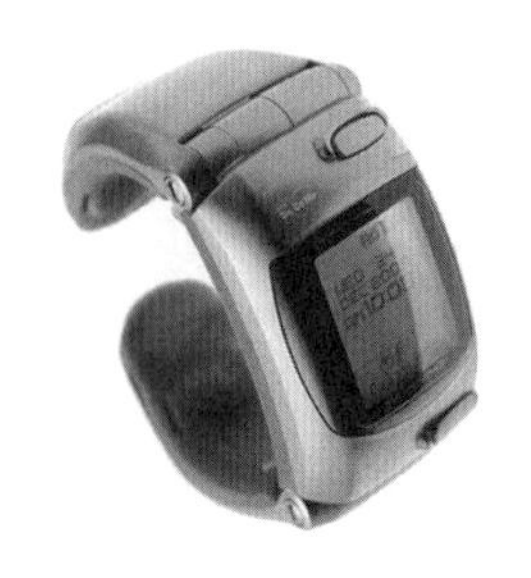

wristomo™

<그림> 2002년에 일본의 NTT와 세이코(Seiko)가 공동으로 개발한
Wrist Mount System이라는 워치도 통신 인프라의 부족이라는 같은
맥락으로 실패했음. Image: NTT+Seiko – Wrist Mount System(2002)

마이크로소프트도 2003년에 라스베가스 CES 쇼에서 빌 게이츠 회장이 새롭게 발표한 스마트개인객체기술(SPOT, Smart Personal Object Technology)을 탑재한 시계를 개발했으나 이에 참여한 파슬(Fossil), 썬토(SUUNTO 등의 제조사들은 다 실패했다. 이 SPOT은 AM이나 FM 주파수의 남는 주파수를 이용하여 이멜, 약속, 생일, 캘린더, 날씨, 주식, 스포츠 경기 결과, 게임, 교통정보, 영화관 찾기 등을 시계로 알려주는 것이었다. 이 당시에는 와이파이라는 통신 인프라가 없어 실패한 것이었다. 기타 삼성전자도 이 당시 시계를 출시했으나 다 실패했다. 애플은 이러한 실패한 기존 제품을 낚아채어, 왜 실패했는지를 잘 분석하여, 나름대로의 아이워치(iWatch)를 씻고 헹구고 혁신을 반복하여 재창조하고 있는 것이다. 그 결과 애플은 2014년에 사파이어 글라스와 와이파이를 탑재한 전자기기가 아닌 독창적인 시계를 시장에 출시하여 성공하고 있는 것이다.

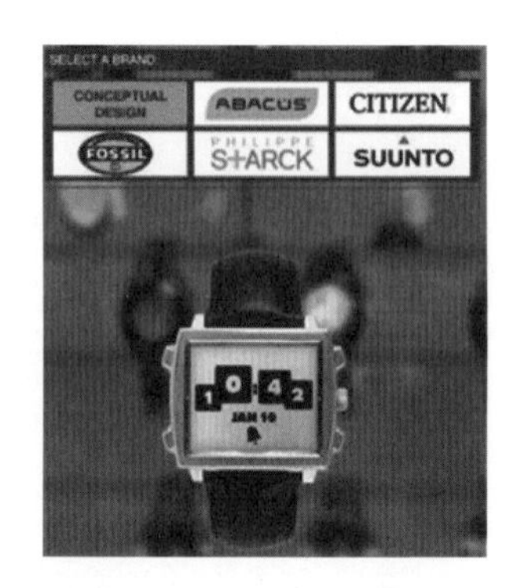

<그림> 2003년에 마이크로소프트의 스마트개인객체기술
(SPOT, Smart Personal Object Technology)을 탑재한 시계를 개발한 파슬(Fossil),
썬토(SUUNTO 등의 제조사들은 다 실패했음. Image: Microsoft(2003).

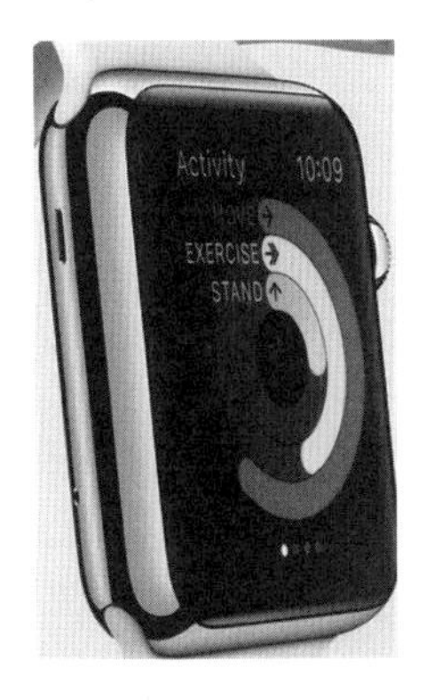

<그림> 애플은 실패한 기존 제품을 낚아채어, 왜 실패했는지를 잘 분석하고, 씻고 헹구고 혁신을 반복하여 2014년에 사파이어 글라스와 와이파이를 탑재한 전자기기가 아닌 독창적인 시계인 아이워치(iWatch)를 런칭하여 성공함.
Image: Apple(2014)

이번엔 아이패드(iPad)를 보자. 2001년에 휴대전화+음성녹음+카메라+MP3 등이 융합된 PDA 가 출시되었으나 모두 융합에 실패했다. 2002년에 아이비엠(IBM)은 씽크패드(Think Pad)의 메타패드(Meta Pad)를 개발했으나 실패했다. 2003년에 마이크로소프트는 갖고 이동할 수 있는(Portable) 미라(Mira)를 발표했는데, 여러 제조사들이 이를 탑재한 스마트 디스플레이(Smart Display)를 출시했으나 모두 실패했다. 애플은 이들 실패한 제품들을 다시 낚아채어 씻고 헹구고 혁신을 반복하고 재창조하여 2010년에 9.7인치의 아이패드라는 유명한 제품을 출시했으며 2013년에는 두께 7.5밀리의 5세대 제품인 iPad Air를 출시해 성공하였다.

<그림> 애플이 2013년에 출시한 두께 7.5밀리의 5세대 제품인 iPad Air.
Image: Apple(2014)

이번엔 아이카(iCar)를 보자. 2001년과 2002년에 트렌드는 텔레매틱스(Telematics)이었다. 당연히 모토로라(Motorola)가 주도하였다. 또한 제너럴 모토(General Motor)의 온스타(OnStar), 대우자동차와 케이티에프(KTF)의 텔레매틱스와 위치정보시스템(GPS) 솔루션인 드림넷(DreamNet), 포드(Ford) 자동차의 윙캐스트(WingCast), 토요타(Toyota) 자동차의 모넷(Monet) 등은, 그저 자동차와 기기와의 연결이 주된 전략(Connected Society)이었으며, 콘텐츠도 없었고 그 당시엔 앱도 없었으므로 모두 실패했다. 이젠 4G LTE, 와이파이 (WiFi), 블루투스 저 에너지(BLE)를 이용하는 아이비콘(iBeacon) 등 인프라가 구축되고, 여기에 지도(iMap), 로케이션베이스서비스(LBS), 음성인식기술인 시리(Siri) 등 충분한 콘텐츠와 서비스를 준비한 애플은, 실패한 자동차를 낚아채어, 2014년 'iOS in the Car'와 'Siri in the Car'라는 솔루션으로 아이카 디스플레이(iCar Display)를 성공적으로 출시하였다.

<그림> 애플이 2014년에 'iOS in the Car'와 'Siri in the Car'라는 솔루션으로 아이카 디스플레이(iCar Display)를 성공적으로 출시. Image: Apple(2014)

자 그렇다면 이번엔 스마트 부엌(Counter Intelligence) 혹은 아이키친(iKitchen)인데, 앞서 살펴보았듯이 MIT의 부엌의 지능화(Counter Intelligence) 프로젝트, 인텔(Intel)과 워싱턴대(University of Washington)가 공동으로 추진했던 디지털 키친(Digital Kitchen) 프로젝트와 마이크로소프트사의 디지털 키친(Digital Kitchen)은 다 실패했다. 따라서 Apple은 어떻게 준비하고 있는지 알아볼 차례이다.

13-1-3. 해외 배경과 사례(3) – 애플이 준비하는 iKitchen

1) 애플 – 미래의 부엌 관련 특허 인수

Apple은 중요하다고 생각하는 특허를 외부에서 매입해왔는데, 그 중 스마트 홈의 부엌 가전(kitchen appliances)과 자율차(autonomous vehicles)와 같은 디바이스들과 상호작용하는 멀티-터치 제스처를 제어하는 UI/UX를 집중 매입해왔다. 특히 캐나다 발명가이자 캘리포니아 거주자이며 많은 특허를 보유한 티모디 프라이어(Timothy Pryor)로부터 2010년 3월에 관련 3개의 특허들과 10개의 공개 특허출원서를 매입했는데, 티모디 프라이어가 1999년도부터 2010년에 출원한 특허들이다(Information Week, 29 Nov 2010; MacRumors, 01 Dec 2010)

이들 13개의 특허들과 공개 특허출원서들은 Apple이 2010년 3월 30일에 티모디 프라이어부터 매입했고 미국 특허상표청(USPTO)에 2010년 5월 3일자에 이전 등록한 것으로, 이는 상당히 빠른 프로세스로, Apple이 자동차의 텔리매틱스/커넥티드카/자율차와 스마트 홈/부엌 시장이 향후 얼마나 중요한지를 보여주고 있는 것이고 이 부문에 많은 투자와 노력을 하고 있다는 것을 엿볼 수 있는 대목이다.

그 중 부엌 관련하여 티모디 프라이어로부터 매입한 공개 특허출원서는 '가전, 부엌, 홈의 제어Control of Appliances, Kitchen and Home(20100231506, 16 Sep 2010 ← 19 May 2009, with 19 Claims & 32 Drawing Sheets in 54 Pages)'라는 것으로 2004년도부터 출원을 시작한 출원서로 무려 54페이지에 달한다. 터치-패널 제어와 비디오 객체 센싱 시스템으로 앞서 보았던 마이크로소프트의 미래의 부엌과 똑 같은 것이다. 특히 마이크로소프트의 게임 콘솔인 키넥트(Kinect)와 같은 것이다.

특허의 요약을 보면 다음과 같다. 이 발명은 집의 가전을 제어하는 영역, 오디오/비디오 시스템과 요리법이 연결된 영역에서 통합되고 융합되는 발명이다. 비디오 프로젝션 시스템, 하나 이상의 카메라와 TV가 연결된다. 또한 인터넷 소스와 SNS와 연결되어 부엌에서 일하는 사람에게 즐거움을 줄 뿐만 아니라 음식을 준비하는 시간을 줄여줄 수 있다. 따라서 이 발명은 부엌 가전들(kitchen appliances)과 상호작용하는 멀티-터치 제스처 들의 UI/UX를 제공하므로 1인 가구의 청소년들이나 노령자들에게 삶의 행복을 재공해 줄 수 있다. 또한 조리대 혹은 테이블이 서피스 컴퓨터 역할을 해주므로 많은 사람들과 요리법 등의 최신 정보를 공유해 건강한 삶을 유지할 수 있다.

Fig.1a는 조리대(작업대, 테이블)에 위치한 여러 요소들로, 100은 부엌 조리대, 101은 음식을 준비하는 독특한 기능의 부엌, 105는 카메라 혹은 광학전자 센서로 인식한 조리대의 물체들을 투영하는 프로젝터, 106은 이를 제어하는 컴퓨터, 102는 투영되는 스크린 표면(screen surface)이다. 102는 동시에 사용자의 손이나 손가락이나 조리대에 올려진 물체들, 음식물 등 인식한다. 110은 찬장 혹은 세척기 혹은 오븐으로 구성할 수도 있다. 120은 손잡이(knob)로 106의 컴퓨터와 연결되어 온도나 시간을 조절하는 기능을 한다. 121은 마이크로폰이고 122는 라우드-스피커(loud-speaker)로 사용자와 컴퓨터의 소통장치이다. 118은 사용자의 손가락 혹은 손 혹은 몸의 다른 부분으로 동작이나 제스쳐나 움직임이 105의 카메라에 인

식되어 106의 컴퓨터에 입력된다. 111은 보호 윈도우이다.

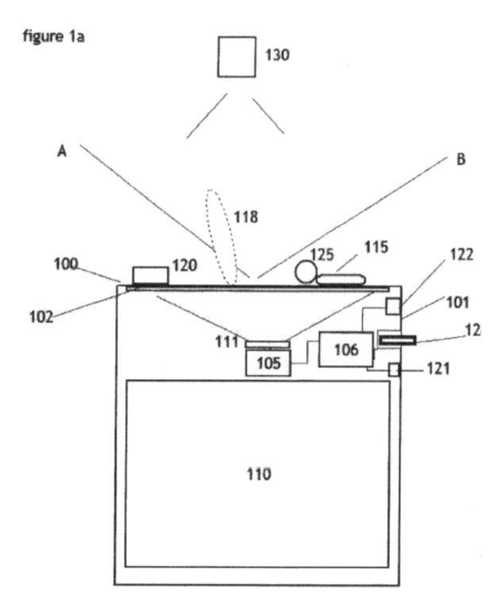

<그림> 애플이 티모디 프라이어로부터 매입한 특허출원서 공개서상 (20100231506, 16 Sep 2010)의 Figure 1a의 조리대의 구성. Image: USPTO

115는 피자를 만들기 위한 밀가루 등의 반죽을 하는 더미(dough pile)로 반죽하는 작업장인데 가로와 세로의 크기를 측정하고 106의 컴퓨터의 데이터베이스에서 요리법에 따라 크기를 어떻게 조정하라고 정보를 제시한다. 125는 피자 반죽을 미는 롤링 핀(rolling pin)으로 미는 길이와 반복 횟수를 알려준다. 130은 조명과 센서와 프로젝션과 무선이 융합된 것으로 전체 작업 과정을 녹화하고 스텝(step)을 인식하여 잘못되면 알려준다. 무선이 융합되었으므로 데이터 송수신과 무선충전도 가능하다. 126은 스마트 폰으로 106의 컴퓨터와 호환된다.

Fig.1b는 131의 주방(조리대, 작업대, 테이블)의 배경도로 132는 통합된 싱크대(an integrated sink), 133은 투영 레이저 빔을 사용해 측정 원(Measurement Circle, MC)에 놓아야 할 용기를 표시한 것이며, 134는 투영된 작업 표면으로, 이 표면은 전체가 스크린으로 터치베이스로 요리할 수 있다. 이를 위해 140은 투영 장치(projection unit)이다. 135의 작업 표면에는 투영된 버추얼 키보드가 나타나며, 136은 3개의 버너(burners) 크기를 가진 버튼으로 3개의 각각 다른 크기의 용기들을 올려놓을 장소이다. 올려놓은 용기들은 세라믹 글라스가 될 수도 있고, 파이렉스(Pyrex) 조리기구가 될 수도 있으며, 다른 내열재가 될 수도 있는데, 단 138의 카메라나 프로젝터에 영향을 주지 않는 그 무엇이 될 수도 있으며 각각의 버튼들은 온도가 표시되어 있다. 그리고 스크린에는 요리법, 단계별 과정, 시간 등의 정보가 디스플레이 된다.

143은 제어 손잡이(control knob)로 온도나 시간을 조절하는 기능을 하며, 142는 무선이나 유선 인터넷 AP이다. 왼쪽에는 세척기, 오른쪽에는 오븐 모듈이나, 이를 다른 찬장으로 구성할 수도 있다. 147은 전체 요리 과정을 녹화할 수 있는 웹캠(webcam)이고 148은 웹캠을 지지하는 폴(pole)이다.

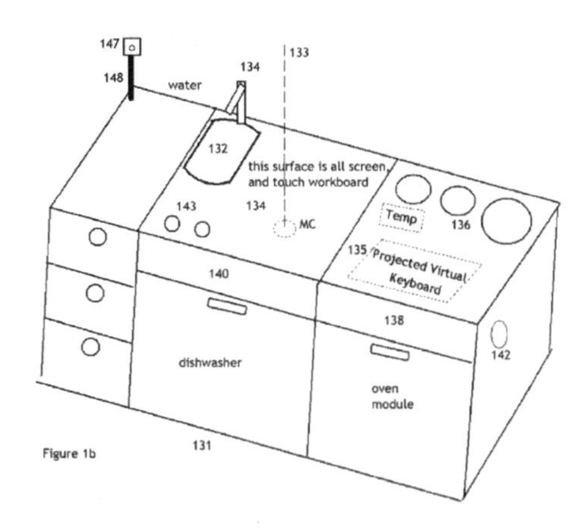

<그림> 애플이 티모디 프라이어로부터 매입한 특허출원서 공개서상 (20100231506, 16 Sep 2010)의 Figure 1b의 조리대의 위치와 스크린 및 버추얼 키보드 구성. Image: USPTO

Fig.1d는 야채, 고기, 파, 과일, 물고기, 반죽, 브로컬리, 혹은 다른 재료들을 자를 수 있는 도마(a cutting board)를 기술하는 그림이다. 이것은 실제 나무로 만들어진 도마가 아니고 디지털 도마로, 유리나 강한 플라스틱 등으로 만들어진 것으로 칼로 썰 때 깨지거나 금이 가지 않는 물질로 만드는 것이다. 175는 도마의 작업 표면으로 예를 들면 이 경우에는 고기를 써는 것이다. 180은 고기이고 a에서 b로 썰어 두 조각으로 써는 것을 기술한 것이다. 181은 컴퓨터의 정보에 따라 투영된 윤각(outline)이다. 이처럼 사전에 컴퓨터 데이터베이스에 저장된 고기의 데이터, 즉 측정된 길이, 넓이, 영역이 투영되고 그러면 원하는 사용자는 정보와 지시에 따라 부위를 자르는 것이다.

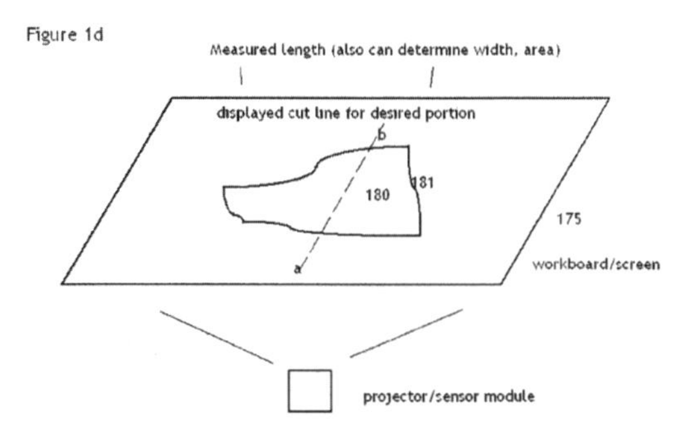

<그림> 애플이 티모디 프라이어로부터 매입한 특허출원서 공개서상(20100231506, 16 Sep 2010)의 Figure 1d의 도마(a cutting board) 작업대. Image: USPTO

마지막으로 Fig.14의 그림을 보자. 1401-1452-1403은 하나 이상의 카메라이고 1407과 1408은 스트레오 카메라이다. 이들은 가전 디바이스인 1415의 1410의 컴퓨터와 연결되어 있다. 1460은 주방의 꼭대기에 붙은 스토브이다. 그리고 이들은 **1420의 젓고 섞는 로봇을 제어할 수 있는데,** 드디어 주방에서 일하는 로봇이 등장한다. 1425는 젓고 섞는 용기이고, 1416은 서랍 찬장이며, 1417은 믹서인데, 로봇은 306도 방향으로 회전하면서 용기와 믹서의 작업을 할 수 있다. 1420은 로봇 팔이다.

여기서 중요한 것은 단순 반복 작업은 로봇이 해야 효율적이라는 것이다. 사용자는 색깔을 맞춘다던지, 디자인에 신경 쓴다던지, 맛을 본다던지 하는 등의 느낌과 감정과 생각을 음식에 불어 넣는 것이다.

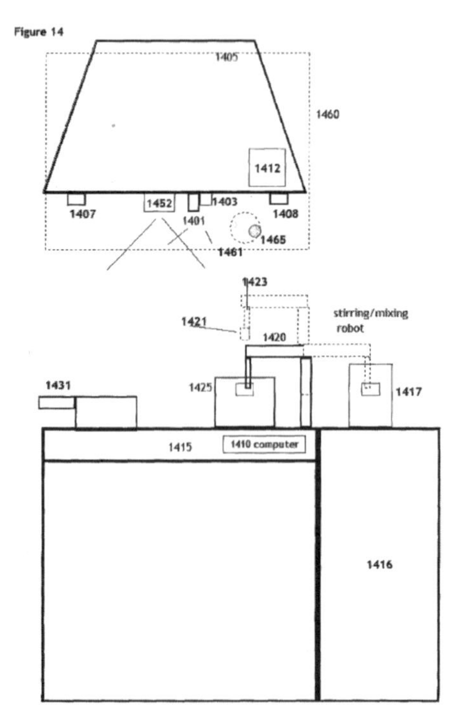

<그림> 애플이 티모디 프라이어로부터 매입한 특허출원서 공개서상(20100231506, 16 Sep 2010)의 Figure 14의 재료를 젓거나 섞는 로봇의 등장. Image: USPTO

2) 애플의 또 다른 키친 관련 특허

애플은 2014년 3월 18일에 "키친이나 다이닝룸에 센서들을 배치해서 시리를 이용해 지능적인 지원을 구축하는 방법과 장치(Method and apparatus for building an intelligent automated assistant(8,677,377, 18 Mar 2014, Filed on 8 Sep 2006)"라는 특허를 미국특허청에 등록했다.

이것은 고객들이 홈이나 사무실의 특정 장소, 즉 부엌이나 화장실에 있을 때, 그러한 특정 장소에 배치된 센서들을 배치 감지해서, 시리가 할 일을 상기 시켜 주는 것이다. 예를 들어 다이닝 룸에서 식사를 하기 전이나 식사 후에 '바로 위장약을 드세요', '약을 드세요', 냉장고 앞에 가면 '우유가 떨어졌습니다. 주문하시겠습니까?', 식사 후 화장실에 있을 때 '약을 드세요' 등 시리가 지원해주는 기술과 서비스에 관한 것이다. 이것은 2014년 3월 17일에 애플의 조니 아이브(Jonathan Ive/디자인 수석부사장)가 Time 지와의 인터뷰에서 "우리는 주목할 만한 시대의 시작점에 있습니다(We're at the Beginning of a Remarkable Time)"라고 말한 것 중의 하나이다(Time, 17 Mar 2014).

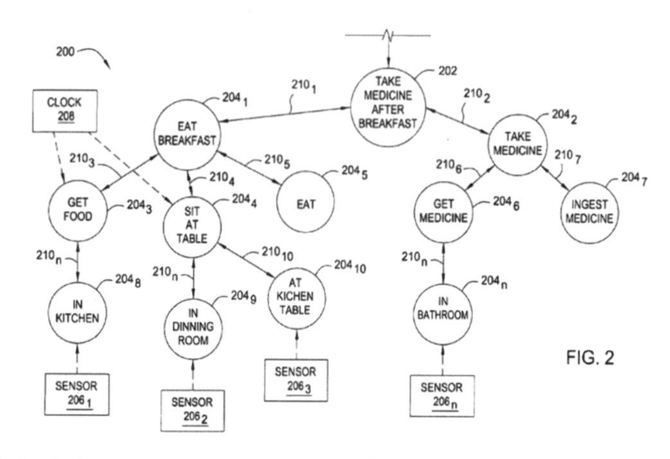

<그림> 애플의 특허(8,677,377, 18 Mar 2014)에 나타난 키친에 센서를 배치 감지하여 시리가 '약을 드세요'라고 지원해주는 Fig.2의 그림. Image: USPTO

3) 애플 – 중국에서의 키친 상표등록 → 키친 침공(Kitchen Invasion)

Apple이 키친을 침공한다(Apple's Kitchen Invasion). 애플이 2005년 4월 22일에 중국 특허상표청에 '부엌(The Kitchen)'이라는 상표를 신청하고 2005년 8월 1일자로 300275841라는 상표권을 등록했는데 만기일은 2014년 8월 26일이다(Patently Apple, 21 Jan 2010). **아직까지 iKitchen이라는 브랜드를 출시하지 않았지만 일련의 특허확보와 상표등록을 보아 조만간 출시 할 것으로 보인다.** 등록한 International Class는 041로 보다 광범위하다.

商標記錄
Trade Mark Records

[111] 商標編號: Trade Mark No.: 300275841

狀況: Status: Registered

[540] 商標: Mark: THE KITCHEN

THE KITCHEN

[550] 商標種類: Mark Type: Ordinary

[730] 擁有人 姓名/名稱、地址: Owner's Name, Address: APPLE INC. 1 INFINITE LOOP, CUPERTINO, CALIFORNIA 95014, UNITED STATES OF AMERICA.

[740/750] 擁有人的送達地址: Owner's Address for Service: BAKER & McKENZIE 14TH FLOOR, HUTCHISON HOUSE, 10 HARCOURT ROAD HONG KONG

代理人地址: Agent's Address: 14TH FLOOR, HUTCHISON HOUSE, 10 HARCOURT ROAD HONG KONG

[511] 類別編號: Class No.: 35, 37, 41, 42

[442] 公布獲接納註冊申請日期: (日-月-年) Date of Publication of Application of Acceptance for Registration: (D-M-Y) 22-04-2005

[151] 註冊日期: (日-月-年) Date of Registration: (D-M-Y) 27-08-2004

實際註冊日期: (日-月-年) Actual Date of Registration: (D-M-Y) 01-08-2005

[180] 註冊屆滿日期: (日-月-年) Expiry date: (D-M-Y) 26-08-2014

<그림> 애플이 중국 특허상표청에 등록한 '부엌(The Kitchen)'이라는 상표.
Image: atently Apple, 21 Jan 2010.

13-1-4. 해외 배경과 사례(4) – 키친에 투자하는 해외 벤처기업들

다음 보고서는 트랙슨(https://tracxn.com/user/dashboard)의 2017년 11월 보고서로 스마트홈을 공략하는 여러 카테고리의 글로벌 1,250+의 벤처기업들이 2017년 11월까지 누계로 총 24억9천8백만 달러를 투자받았다. 스마트홈은 크게 스마트 홈 전체의 가전기기를 공략하는 스마트 홈슈트(Smart Home Suite), 자동화를 공략하는 홈 자동화(Home Automation), 그리고 보안관련 홈 시큐리티(Home Security)로 나뉜다. 홈 자동화는 스마트폰앱, 허브, 온도제어, 에어콘 관리, 환경, 물 관리, 에너지 사용, 스마트 스위치, 스마트 조명, 정원, 창문관리, 그리고 스마트 키친 가전기기(Smart Kitchen Appliances)로 나뉘는데, 요리 가전기기와 요리(Cooking)는 스마트 키친 가전기기에 포함되어 있다. 우리나라는 키친에 관해 아무도 관심을 갖고 있지 않지만 많은 벤처기업들이 차세대 시장으로 보고 투자하고 뛰어 들고 있다. 따라서 차세대 미래 먹거리는 부엌시장임을 알 수 있는 대목이다.

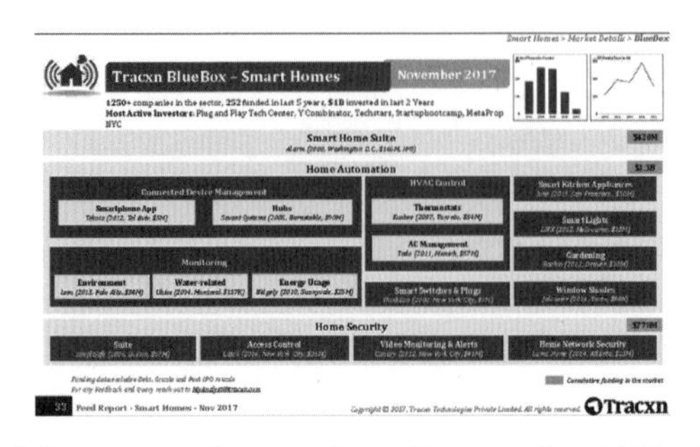

<그림> 트랙슨(Tracxn)의 2017년 11월 보고서 - 분류 카테고리 중
스마트 키친 가전기기(Smart Kitchen Appliances)에 요리 가전기기와 요리(Cooking)가
포함되어 있음. Image: Tracxn.com

다양한 요리 과정을 자동화하는 전자기기와 서비스를 개발하는 요리(Cooking) 카테고리를 보면 글로벌 57개의 벤처기업들이 19번의 투자펀딩을 받아 누계로 6,300만 달러를 기록하고 있는데, 이중 가장 많은 금액의 펀딩을 받은 벤처기업을 보면 2013년에 샌프란시스코에서 창업한 준(June, juneoven.com)으로, 2016년 3월 25일에 에클립스(Eclipse), 루미아 캐피털(Lumia Capital), 사운드 벤처스(Sound Ventures) 등으로부터 2.250만 달러를 투자받은 이래 지금까지 총 3,000만 달러의 펀딩을 받았다. 공동창업자이자 CEO인 매트 반 혼(Matt Van Horn, Co Founder & CEO, matt@juneoven.com, http://linkedin.com/in/mattvanhorn)이 창업한 준은 스마트컴퓨터베이스의 조리대(주방장)와 인공지능 알림, 비디오 모니터링, 요리법, 요리과정 등을 제공하는 스마트 오븐베이스의 요리를 개발하고 있는 벤처기업이다. 또한 디지털 지능 저울, 온도 센서, 카메라 비전 및 알고리즘으로 접시들과 재료를 인식하고, 이 모든 과정을 앱과 터치스크린베이스와 스마트폰으로 제어하는데, 2015년 6월에 출시한 이 세트의 스마트 오븐 가격은 1,495달러였다.

그 다음은 2008년에 창업한 싱가포르의 로티매틱(Rotimatic) 지금까지 누계 1,600만 달러를, 2007년에 창업한 미국 시카고의 토바라(Tovala)가 540만 달러를, 2012년에 창업한 스위스 주리의 플랫테브(Flatev)가 470만 달러를, 그리고 2012년에 창업한 독일 듀블린의 드랍(Drop)이 200만 달러의 펀딩을 받았다.

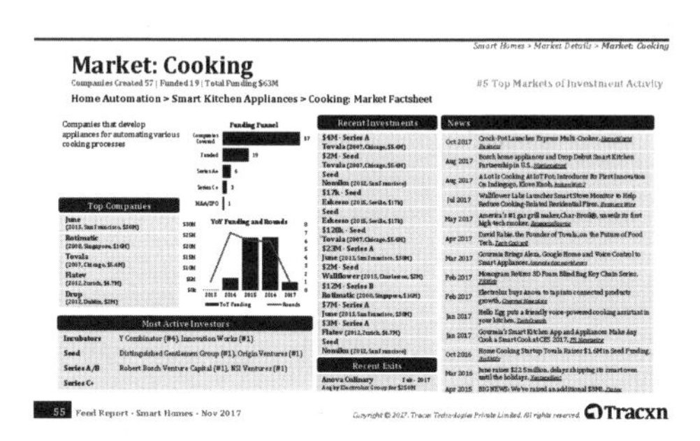

<그림> 트랙슨(Tracxn)의 2017년 11월 보고서 – 우리나라는 키친에 관해 아무도 관심을 갖고 있지 않지만 많은 벤처기업들이 차세대 시장으로 보고 투자하고 뛰어 들고 있음. 따라서 차세대 미래 먹거리는 부엌시장임을 알 수 있는 대목임. Image: Tracxn.com

13-2. 국내 배경

13-2-1. 내일 뭐 먹지를 고민하는 1인가구의 솔로경제(Solo Economy)의 도래

우리나라 1인 가구 비중이 '17년 556만 가구(28.5%)에서 2025년이면 670만 가구에 달해 전체 가구 수의 31%에 달하고, 2035년이면 763만 가구로 34%를 넘어설 것이라는 전망이 나왔다. '17년 9월 12일 한국건설산업연구원(건산연)은 통계청이 발표한 '2015~2045년 장래가구추계' 자료를 분석해 '건설동향 브리핑' 자료를 통해 이같이 전망했다. 건산연에 따르면 2045년이 되면 1~2인 가구 수는 전체의 71.3%(1589만8000가구)까지 증가하는 것으로, 1인 가구 36.3%(809만8000가구), 2인 가구 35.0%(780만 가구)에 달할 것으로 전망했다.

바야흐로 1인 가구 시대의 나 홀로 경제(Solo Economy)가 도래하는 것이다. 따라서 1인 가구의 비즈니스 메가트렌드는 맞춤형과 주문형과 조립형의 1인에 의한 청조 경제로 요약될 수 있다. 이에 따라 1인 방송, 조립식/이동식 가구, 가전제품의 소형화/미니화, 편의점 증가, 외식 시장 증가, 1인 식당/메뉴, 특히 내일 뭐 먹지와 건강을 고민하는 1인 가구를 대상으로 하여 레시피와 동영상을 제공하는 '삼시 세끼', '내일 뭐 먹지', '나 혼자 산다', '식사를 합시다' 등의 방송이 대세이며 인기 몰이를 하고 있다.

<그림> TVN - 삼시세끼(http://program.tving.com/tvn/3bobfisherman2)

이러한 니즈를 반영한 지능형 키친 플랫폼(Intelligent Kitchen Platform)을 개발 · 구축 · 서비스할 필요가 있음을 시사하는 것이다.

13-2-2. DIY의 3D 프린팅과 Co-Bots, 이를 적극 활용할 수 있는 곳이 바로 부엌

현재는 DIY 개념의 3D 프린팅이 메가트렌드로, 이를 반영한 곳이 바로 먹는 것(식자재/재료)과 각종 그릇(세라믹)과 플라스틱 기구들을 DIY와 3D 프린팅으로 찍어 해결할 수 있는 부엌(Counter)이다. 지금 현재 피자를 3차원 프린터로 찍는 마당에 2020년이면 설렁탕을 못 찍어낼 이유가 없다. 또한 협업로봇인 Co-Bots을 활용하면 누구든지 음식을 만들어 먹을 수 있다. 따라서 솔로 경제를 위한 지능형 키친 플랫폼(Intelligent Kitchen Platform)을 개발 · 구축 · 서비스할 필요가 있다.

2015년 9월에 KBS는 **'로봇이 썰고 프린터가 찍어내고…요리의 미래는?'**라는 방송을 다음 그림과 같이 보도했다(KBS, 9 Sep 2015)

<그림> KBS - 로봇이 썰고 프린터가 찍어내고…요리의 미래는?(9 Sep 2015). Image: KBS

2015년 9월에 MBC는 **'주방에 등장한 로봇 · 3D프린터, 미래를 만난 식품'** 이라는 방송을 다음과 그림과 같이 보도했다(MBC, 9 Sep 2015)

<그림> MBC - 주방에 등장한 로봇 · 3D프린터, 미래를 만난 식품(09 Sep 2015).
Image: MBC

2016년 9월에 SBS는 '재료만 넣어도 원하는 음식 '뚝딱'…요리하는 로봇'이라는 방송을 다음과 그림과 같이 보도했다(SBS, 4 Sep 2016)

<그림> SBS - 재료만 넣어도 원하는 음식 '뚝딱'…요리하는 로봇(04 Sep 2016). Image: SBS

13-2-3. Smart Data와 X-ABNI+α, 이를 적극 활용할 수 있는 곳이 바로 부엌

인공지능(AI)도 빅 데이더→SD가 없으면 무용지물이다. 빅 데이더→SD를 가장 쉽게 수집하고 구축할 수 있는 곳이 바로 지능형 부엌이다. 우리나라 전 지역의 농수산물·음식(한식)의 종류 등을 데이터화하고, 음식을 만드는 요리법(Recipe)을 3차원 영상으로 만들면 이게 바로 스마트데이터이다. 여기에 보건복지부의 '건강보험데이터(공공데이터)'와 산업부의 창의 산업 미래성장동력 사업인 'PHR(Personal Health Record) 기반 개인 맞춤형 건강관리 시스템 개발' 등을 연계하여 SD를 확장하고, 이를 바탕으로 X-ABNI+α의 알고리즘을 적용하면 개인 건강에 맞는 맞춤식 식단을 주별·월별로 서비스 할 수 있다. 또한 여기에 농림축산식품부가 추진하고 있는 지역별 클러스트 스마트 팜(Farm) 및 농촌관광과 직거래 프로그램, 그리고 한의학연구원의 사상체질 분석 시스템 등을 융합하면 이는 분명 10년 내에 대 박을 칠 차세대 먹거리임에 틀림이 없다.

스마트 홈이 추진되고 있으나 아직은 전 세계에서 성공사례가 없다. 스마트 홈은 너무 넓은 광의의 개념으로 이를 좁혀서 스마트 키친 시장을 공략해야 한다. 앞서 살펴보았듯이 선진기업들은 하나같이 실패했으며, Apple의 키친을 낚아채 런칭할 준비를 하고 있을 뿐이다. 우리나라도 플랜을 잘 짜고 전략과 전술을 잘 짜서 추진한다면 성공할 가능성이 매우 높다.

13-3. X-ABNI+α베이스 3DP+Co-Bots+요리법의 BM 및 스마트 키친 플랫폼에 도전

13-3-1. 2030 스마트 부엌의 서비스 및 기술 로드맵

전반적으로 기술을 구현하는데 큰 어려움이 없다. 기존의 기술을 활용·융합하여 클라우드 플랫폼을 구축하고, 플랫폼을 오픈해서 국민이 참여하는 Crowd Sourcing 전략을 활용할 수 있다. 내일 뭐 먹지와 건강을 고민하는 솔로경제(1인 가구의 젊은이·고령자)의 먹거리·건강을 해결할 3차원 요리법(Recipe)+식재료(물질)+DIY의 3D 프린팅/Co-Bots+3D 식탁+클라우드·빅데이터·X-ABNI+α 등이 융합된 지능형·개방형 키친 플랫폼(Intelligent·Open Kitchen Platform)을 개발·구축·서비스하여 우리나라 전 지역을 먹거리 산업(6차 산업)과 건강한 문화 강국으로 육성할 수 있다.

(1) 3차원 영상 요리법(Recipe) - 각종 포털과 채널을 통해 요리법의 콘텐츠를 집대성하고(Aggregation), 부족한 요리법은 추가로 개발할 수 있다. 향후 성공하면

양식의 요리법도 개발하여 플랫폼을 오픈해서 국민들이 직접 요리법을 개발하고 유・무료로 유통시키도록 할 수 있다.

(2) 식재료(물질) - 음식을 만드는 밀가루・양념 등과 그릇(용기)을 찍어내는 세라믹이나 플라스틱 물질로 손쉽게 공급망을 확보하여 에코시스템을 구축할 수 있다.

(3) DIY 개념의 3D 프린팅/Co-Bots - 이미 기술이 상당한 수준으로, 3D 프린팅/Co-Bots을 이용하여 식자재와 양념을 믹스하여 음식을 찍을 수 있으며, 게다가 그릇이나 반찬통은 세라믹이나 플라스틱 물질로 구성되어 있어 3차원 프린터로 찍어 해결할 수 있다.

(4) 3D 식탁(디스플레이)은 현재 마이크로소프트의 서피스 컴퓨터(Surface computer)를 이용하면 가능하지만, 이를 벤치마킹하여 다른 방법(특허기술 우회)으로 3D Surface를 개발할 수 있을 것으로 판단된다. 또한 물량이 확보되면 저렴한 가격으로 공급할 수 있다.

(5) 클라우드/빅데이터 → SD – 건강보험(건강보험심사평가원・건강보험공단) 등 공공데이터를 활용하고 현재 추진 중인 PHR 등 다양한 데이터를 집대성하고, 클라우드 베이스의 플랫폼을 오픈해서 국민들의 경험 데이터를 SD로 표준화하여 축적할 수 있다.

(6) 첫 번째 제안의 X-ABNI+α와 연계. 빅 데이터 → SD가 구축되면 민간 기업들이 자발적으로 참여할 것으로 예측된다.

상기내용을 '2030 스마트 부엌의 서비스 및 기술 로드맵'으로 작성해보면 <표 1>과 같을 것이다.

<표 1> 2030 스마트 부엌의 서비스 및 기술 로드맵

표적 공간	부엌(Kitchen)			
Main BM	X-ABNI+α –based Open Kitchen Platform(Smart→Sense & Respond→Emotional→Mind/Brain)			
고객 가치	Well-Being, Well-Aging, Well-Dying, Quality of Life, Health for Whole Family, Safe Food, Digital DNA Based Individualized Recipe			
연도	2018	2020	2025	2030
미래 사회	Smart 지능	오감반응	감성표현/창조	생각의 세상

고객 니즈	Touch Free(HMMI), Refrigerator–Kitchen Surface–Display(HMD..) →Unified Sync, Recipe Prediction by Category by Family member, My Daily Menu, My Nutrition Balance, Co–bots/3DP	X–ABI based 내게 맞는 요리 추천(Weather, Color, Smell, Taste)	X–ABNI+α –based 감정과 DNA/한방 베이스 내 요리 만들기, 3D Cooking Modeling, 내 요리법 판매하기	X–ABNI+α 가 융합된 초소형 MC 베이스 & DSS Based Recipe, Mind of Food, 120 Life Plan Based Recipe, 3D+AR Control, Molecular Recipe, 인공고기/음식
서비스	Prediction	Recommendation	Curation	Decision Support
서비스 시나리오	X–AI based & Co–bots/3DP based 주방 기기 제어 및 모니터링을 포함하여 부엌에서 요리하기 위한 맞춤형 콘텐츠 제공과 웹 또는 모바일을 통해 연결된 이웃과도 요리 콘텐츠 및 요리비법 공유, 오늘의 식단 메뉴 예측	X–ABI based 내게 맞는 요리 추천(Weather, Color, Smell, Taste)	X–ABNI+α –based 감정과 DNA/한방 베이스 내 요리 만들기, 3D Cooking Modeling, 내 요리법 판매하기	X–ABNI+α 가 융합된 초소형 MC 베이스 & DSS Based Recipe, Mind of Food, 120 Life Plan Based Recipe, 3D+AR Control, Molecular Recipe, 인공고기/음식
Cloud/ Edge	Cloud → Edge	Cloud ↔ Edge	Cloud ↔ Local Cloud ↔ Edge	Cloud ↔ Local Cloud ↔ Edge
Tech	Co–bots/3DP, Counter Intelligence System, Recipe, Food/Nutrition Material, Unified Sync Based Surface Table	Biosensor, Color & Smelling Sensor, 3D Multi Transparent or Multi–Holography Display	HTS Genome, DNS/사상체질 요리법, Emotional Based Cooking System, Emotional Metrics, 3D Cooking Modeling	X–ABNI+α 가 융합된 초소형 MC, DSS & Mind Control Based Kitchen System, Molecular Recipe, AR/VR
Tech	My Daily Menu, Recipe Search & Prediction, My Nutrition Balance, POI for Recipe	Recipe Recommend, AR for increasing Taste, Sense & Respond Recipe(Weather, Color, Smell, Taste)	My DNA/사상체질 Analysis, Emotion Check, POI for Cooking & Commerce, 3D Cooking Modeling	Mind of Food, AR/VR Food, 인공고기/음식

13-3-2. 2030 스마트 부엌의 비즈니스 모델 및 플랫폼

이를 바탕으로 X-ABNI+α-based Open Kitchen Platform의 Kitchen@Home Ecosystem의 비즈니스 모델(BM)을 그려보면 다음과 같다. 원래는 Contents-Platform-Network-Device를 기본으로 여기에 스마트 Data, Sensor, Scurity/PCS,

Standard 등을 추가하여 그리는 것이 원칙이지만 다음 그림과 같이 간단히 이해할 수 있도록 도출하기로 한다.

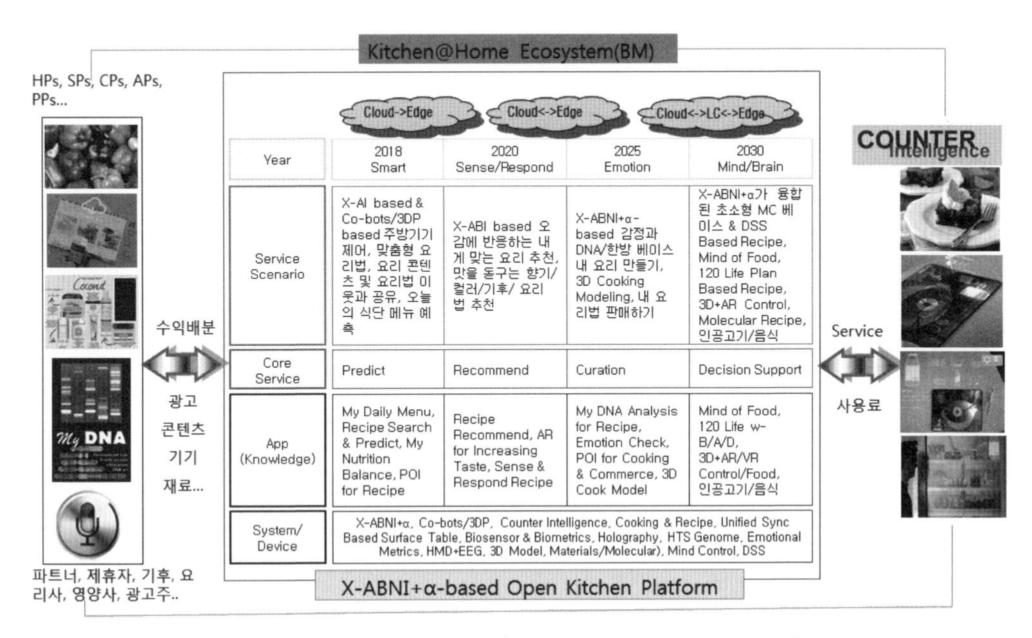

<그림> X-ABNI+α-based Open Kitchen Platform의 Kitchen@Home Ecosystem의 비즈니스 모델(BM)

13-4. 기대효과 및 성과활용

1) 스마트한 부엌 하나로 1인 가구/솔로경제의 건강과 행복과 더불어 우리나라 전 지역을 먹거리 산업과 문화로 육성할 수 있는 절호의 기회가 될 것이다.

2) 산업의 융합화(3DP+Co-Bots+요리법+의료+농업+α)를 실제적으로 구현할 수 있는 기회가 될 것이다.

3) 여기에 농림축산식품부가 추진하고 있는 지역별 클러스트 스마트 팜(Farm) 및 농촌관광과 직거래 프로그램, 그리고 향후 추진될 맞춤식 인간형농업을 융합할 수 있다. 게다가 한의학연구원의 사상체질 분석 시스템과 향후 등장할 의사들의 약 처방 이외에 식단 처방 등을 융합한 에코시스템의 플랫폼을 구축하고, 앱과 웹으로 서비스한다면, 이는 분명 10년 내에 대 박을 칠 차세대 먹거리임에 틀림이 없다.

〈참고문헌〉

* 한국건설산업연구원 - 건설동향 브리핑('17.09.12)
* Apple Assigned by Timothy R. Pryor(Assignor) - Control of Appliances, Kitchen and Home(20100231506, 16 Sep 2010 <- 19 May 2009, with 19 Claims & 32 Drawing Sheets in 54 Pages) http://appft1.uspto.gov/netacgi/nph-Parser?Sect1=PTO1&Sect2=HITOFF&d=PG01&p=1&u=%2Fnetahtml%2FPTO%2Fsrchnum.html&r=1&f=G&l=50&s1=%2220100231506%22.PGNR.&OS=DN/20100231506&RS=DN/20100231506
* Apple - Method and apparatus for building an intelligent automated assistant(8,677,377, March 18, 2014, Filed on 8 Sep 2006) http://patft.uspto.gov/netacgi/nph-Parser?Sect1=PTO1&Sect2=HITOFF&d=PALL&p=1&u=%2Fnetahtml%2FPTO%2Fsrchnum.htm&r=1&f=G&l=50&s1=8,677,377.PN.&OS=PN/8,677,377&RS=PN/8,677,377
* Apple Insider - Apple updates iOS Remote app with AirPlay control of iTunes(22 Dec 2010) http://www.appleinsider.com/articles/10/12/22/apple_updates_ios_remote_app_with_airplay_control_of_itunes.html
* Cnet - Apple's success formula: Wash, rinse, repeat, reinvent(23 Oct 2013) https://www.cnet.com/news/apples-success-formula-wash-rinse-repeat-reinvent/
* Information Week - Apple's 'Kinected' Kitchen(29 Nov 2010) https://www.informationweek.com/desktop/apples-kinected-kitchen/d/d-id/1094469
* Intel via Youtube - CES 2015 Intel Keynote: Food Network & Announcement of RealSense Devices(13 Jan 2015) https://www.youtube.com/watch?v=TvsmyDFx6Lc
* Intel - Smart Kitchen Technology: From Appliances to Recipe Assistance(29 Apr 2015) https://iq.intel.com/new-tech-making-kitchens-smarter/
* KBS - 로봇이 썰고 프린터가 찍어내고…요리의 미래는?(9 Sep 2015) http://news.kbs.co.kr/news/view.do?ncd=3145080
* KBS via Youtube - 로봇이 썰고 프린터가 찍어내고…요리의 미래는?(9 Sep 2015) https://www.youtube.com/watch?v=sqazhM7ELVM
* MacRumors - Apple Expresses Interest in 'Kinect-Like' Control of Appliances and Vehicles(01 Dec 2010) https://www.macrumors.com/2010/12/01/apple-expresses-interest-in-kinect-like-control-of-appliances-and-vehicles/

* MBC - 주방에 등장한 로봇 · 3D프린터, 미래를 만난 식품(09 Sep 2015) http://imnews.imbc.com/replay/2015/nwdesk/article/3768005_14775.htm
* Microsoft via Youtbe - Productivity Future Vision(02 Nov 2011) http://www.youtube.com/watch?v=a6cNdhOKwi0
* MIT Media Lab - Counter Intelligence(2004) - https://www.media.mit.edu/ci/
* Patently Apple - Apple: The Tablet Prophecies – Future Twists(21 Jan 2010) http://www.patentlyapple.com/patently-apple/2010/01/apple-the-tablet-prophecies-future-twists.html
* SBS - 재료만 넣어도 원하는 음식 '뚝딱'…요리하는 로봇(04 Sep 2016) http://news.sbs.co.kr/news/endPage.do?news_id=N1003767411
* SBS via Youtube - 재료만 넣어도 원하는 음식 '뚝딱'…요리하는 로봇(4 Sep 2016) https://www.youtube.com/watch?v=kY0_mdtbi5M
* Technology Review - A Kitchen Countertop with a Brain(02 Jul 2010) https://www.technologyreview.com/s/419639/a-kitchen-countertop-with-a-brain/
* Technology Review - Video - An Interactive Virtual Kitchen Tabletop(02 Jul 2010) https://www.technologyreview.com/s/419651/an-interactive-virtual-kitchen-tabletop/
* Time - Apple's design chief helped transform computing, phones and music. The company's secrecy and Ive's modesty mean he has never given an in-depth interview—until now(17 Mar 2014). http://time.com/jonathan-ive-apple-interview/
* Tracxn – https://tracxn.com/user/dashboard
* TVN - 삼시세끼 - http://program.tving.com/tvn/3bobfisherman2

14. 스마트 팩토리/자연에너지 → 스마트 염전 & 태양광발전 동시 구축

14-1. 배경

14-1-1. 해외 배경

PVC 화학제품에서 발생되는 환경호르몬(프탈레이트)는 내분비계 질환을 유발하는 물질로 추정되고 있어 유럽 대부분 국가와 미국·일본·케나다 등의 선진국은 프탈레이트가 함유된 재품 및 기구의 사용까지 엄격히 규제하고 있는 상황이다. 많은 미식가 및 재벌들은 프랑스 소금을 선호하고 특히 프랑스의 플뢰르 드셀(fleur de sel), 즉 소금 꽃이라고 불리는 소금은 미식가들의 밥상에 빠지지 않는 특급 소금으로서 100그램에 수십만 원을 호가한다. 소금하면 프랑스 겔랑드를 일컫는데 이는 스마트 팩토리 최첨단 시설을 활용하여 소금, 특히 미네랄의 고급화를 추구하고 있기 때문에 전 세계적으로 유명세를 떨치고 있는 것으로 분석된다.

14-1-2. 국내배경

※ 대파질시 심각한 환경호르몬 위해성 문제 원인제공 광경

(1) 우리나라 천일염의 최대 문제점 - 대부분의 염전은 PVC 화학 검정비닐장판을 깔아놓은 염판에서 생산한다. 따라서 염전바닥 대파질시 심각한 환경호르몬 위해성 문제가 노출된다. 이러한 위해성을 알고 있는 일부 계층에서는 천일염을 외면하여 그 결과 천일염 가격이 하락하고 있다. 또한 장판 밑의 염전 바닥이 햇빛과 통풍 차단으로 갯벌이 썩어가는 심각한 환경파괴 문제가 발생한다. 이러한 환경에서 생산된 천일염은 염장류나 절임류 등 여러 음식물을 통해 여과 없이 자연스럽게 우리 체내에 그대로 들어오게 된다는 점이다.

(2) 타일을 깔아놓은 염판에서 생산 - 타일과 타일사이, 타일과 염판 갓테두리 목재사이에서 불용분, 사분 등 각종 미세 불순물 유입으로 소금품질 저하를 초래하고 있다. 대파질시 타일면과 타일면의 날카로운 모서리 면이 서로 부딪치면서 발생되는 미세 유리조각 같은 이물질이 유입된다. 이러한 문제점을 해결 불가능

으로 판단하고 있는 생산자들은 또 다시 검정 비닐장판 사용으로 되돌아가고 있는 실정이다. 또한 연약한 지반으로 형성된 염전바닥을 고결시키기 위해 정체불명의 각종 화공약품 사용으로 천일염 품질저하를 초래하고 있으며, 함수를 저장하는 해주시설은 비위생적인 상태로 유지관리 되고 있는 실정이다. 이렇듯 염전시설에 대한 세부적인 시설 규정이 없는 관계로 많은 문제점이 야기되고 있어 정부 불신만 가중되고 있는 실정이다.

※ 소금품질 저하 원인 제공 광경.

■ 타일과 타일사이, 타일과 염판 갓테두리 목재사이에서, 불용분, 사분등 각종 미세립 불순물 유입광경.

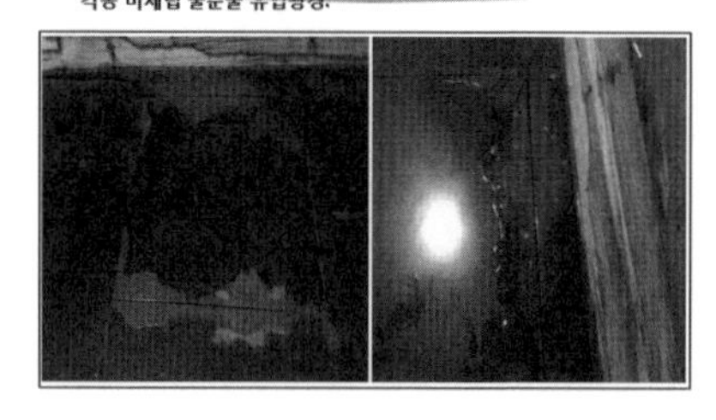

(3) 전라남도 신안군은 2010년부터 2016년까지 신안 천일염산업의 육성을 위해 바닥재 개선사업 등에 총 700억 원을 투자해 왔고, 2017년 바닥재 개선사업은 배정사업비의 약 2배에 가까운 87억 원을 투자했으나 모두 실패했다. 그 원인은 적합한 ICT/IoT 기술을 채택하지 않고 이벤트성의 창조경제혁신센터가 주관한 이유이다.

3) 이러한 문제를 해결하는 스마트염전의 필수 조건은 다음과 같다. (1) 식품으로서 발로 밟고 다니지 않고 생산되는 천일염이어야 한다. (2) 비닐장판을 뜯뜯 긁어 되는 대파질 없는 천일염을 생산해야 한다. 최소한 이 2가지 조건을 해결하는 것만이 초고품질 미네랄을 포함하는 천일염 생산의 '스마트 염전'이라고 할 수 있다.

14-2. 스마트 염전 & 태양광발전 동시 구축에 도전

지역 중소벤처기업을 중심으로 ICT/IoT를 활용한 기능성 고품질 천일염 및 태양광 전기 생산을 위한 스마트 염전 자동화 수출 전문단지를 조성해야 한다. 조성 방법은 다음과 같다.

1) ICT/IoT를 활용한 「스마트 염전 자동화 시설(가칭)」을 이용해 '최고급 고품질 미네랄을 포함한 기능성 천일염' 생산은 물론 신재생 에너지 '태양광 전기'까지 생산할 수 있다. 따라서 여러 가지 미네랄과 순도 높은 게르마늄까지 함유하고 있다는 서남해안 청정 해역 갯벌의 장점을 살린 맑고 깨끗한 '고품질 기능

성 천일염'을 생산할 수 있다.

2) 스마트염전 시설시 세계최초로 한의학과 연계하여 사상체질에 맞는 '최고급 기능성 천일염'을 생산할 수 있다.

3) 이를 통해 국내 최초로 맑고 깨끗한 '고품질 기능성 천일염'을 생산하고 향후 국가 대표브랜드로 육성하여 전 세계에 널리 알리면, 해외 체험 관광객 유치 등 대표적인 6차산업화의 롤모델을 추구할 수 있다.

4) 새로운 대단위 일자리 창출과 동시에 그동안 막혔던 천일염 해외 수출 길까지 트이게 되어 강건한 천일염 기술 문화 강국으로 발돋움할 수 있다.

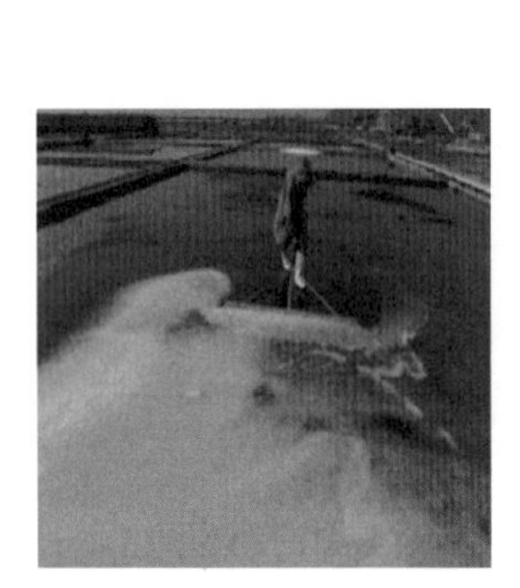

기존 염전

특허공법적용 개량형 염전
시공 후 소금 결정

<그림> 민경철 박사(발명자 및 제안자), "특허공법 적용 및 활용"
chmk1001@hanmail.net, 010-8293-6788

14-3. 기대효과 및 성과활용

1) 수십 년 동안 변화 없이 전래되어 내려오는 비위생적 염전을 위생적인 「스마트 염전 자동화시설 (가칭)」로 대변혁을 꾀할 수 있다.

2) 비닐장판에 의해 썩어가는 '갯벌환경 파괴' 문제를 '갯벌환경 복원화'로 전환시킬 수 있다.

3) 자연 신재생 에너지 '태양광 전기'를 생산하여 일석이조의 효과를 창출하고 정부의 재생 에너지 정책과 공조할 수 있다.

4) 한의학과 연계하여 '최고급 천연 바이오 기능성 천일염' 생산하여 고부가가

치 창출을 기대할 수 있다.

5) 생명공학 + 토목공학 + 한의학 + 식품가공학 + 전자 전기공학 + 기계공학 등이 하나 되는 융복합으로 '고품질 기능성 천일염' 생산 신기술을 확보하고 산업융합화를 기대할 수 있다.

6) 천일염 수출 전문단지 조성을 통해 경제를 활성화하고 새로운 대단위 일자리창출을 도모할 수 있다.

7) 수십 년 동안 해결하지 못했던 장판염의 오명에서 벗어나 '고품질 천일염' 수출국 진입과 동시에 특허공법기술을 해외에 수출할 수 있다.

15. 탈원전/청정석탄을 위한 대체에너지 → 한국의 원천기술 OG SYSTEM(유기물 가스화/수소화 에너지)

15-1. 배경

1) 우리나라가 개발한 OG SYSTEM을 이용한 가연성 폐기물 자원/청정석탄 발전

석탄액화 및 가스를 이용한 이론과 활용은 이미 오래된 역사를 가지고 있는데, 17세기 초에서 시작하여 19세기말부터 본격적으로 사용하고 있다. 폐기물과 석탄 등을 활용하는 OG(Organic Material Gasification, 폐기물/석탄 등) SYSTEM은 우리나라가 개발한 원천 석탄가스화복합발전(IGCC) 기술이다. 기존 석탄가스화복합발전 기술은 산화와 환원의 조절이 어려워 설비 용량이 커서 적정 운전 조건을 찾기가 쉽지 않았다. 그러나 우리나라의 원천 OG SYSTEM은 산화와 환원 조절을 정확하게 하여 설비 용량의 소형화가 가능하고 운전이 용이한 것이 특징이며 장점이다. 따라서 소각잔재나 다량의 공해물질 없이 생산되는 합성가스(Syngas)는 터빈을 돌려 발전을 할 수 있을 뿐만 아니라 2차 에너지원으로 활용되는데, Syngas는 수소와 일산화탄소의 혼합물로 메탄올 및 암모니아의 원료가 된다.

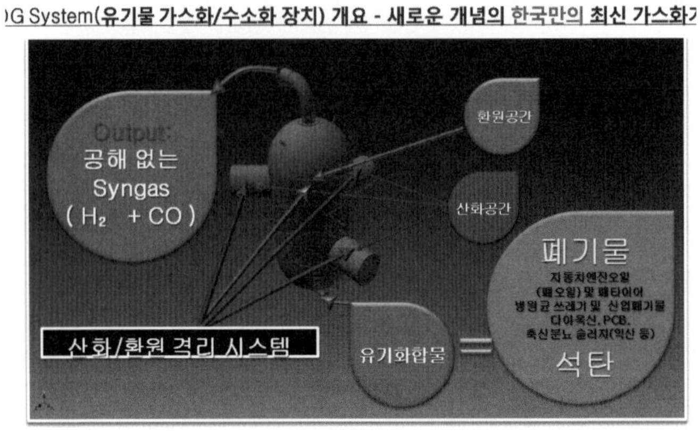

)G System(유기물 가스화/수소화 장치) 개요 - 새로운 개념의 한국만의 최신 가스화기

<그림> 장연 대표(발명자, WR SYSTEM, 041-415-2231) &
정현희 박사(제안자, 한국연구재단, 010-3412-2582),
"OG System(유기물 가스화/수소화 장치) 개요
- 새로운 개념의 한국만의 최신 가스화기"

2) 현재 진행 상황 - 기술 실용화를 위해 한국환경공단, 한국전력기술(화력발전소) 등과 협의·추진 중이다.

3) 실적 및 추진 현황 - 몽고 CEKTEX Group과 250톤 설치 계약을 완료 하였고(폐기물/석탄을 활용한 CNG 가스 충전 시스템), 말레이시아 KEEN STUDIO의 폐기물 처리 시스템(50톤/일, 5천만 불) 계약을 협의 중이며, 인도네시아 세마랑 지역 Off-grid 발전(갈탄 사용) 시설(60MWh 용량, 1억불), 사우디아라비아의 음식물 처리 시스템 등과 협의 중이다.

15-2. 한국의 원천기술 OG SYSTEM(유기물 가스화/수소화 에너지)에 도전

국가전략기술로 선택하고, 원천기술을 확보한 기업과 한국연구재단을 중심으로 에너지 관련 산학들이 콘소시엄을 구성하여 다음과 같은 연구를 수행한다. 관련 기초 및 원천기술 확보를 위한 연구, 대형 상용화를 위한 기초 자료 수집과 관련 인력 양성, 규모화(Scale Up)를 위한 화학적/열역학적 반응로의 전산수치 모델 등을 연구 수행한다.

15-3. 기대효과 및 성과활용

1) 국내 가연성폐기물을 이용한 전력 생산은 원자력 신고리 5,6호기 발전용량보다 4.5배로 추정된다.

2) 가연성 폐기물(유기물 쓰레기, 하수 슬러지, 축산분뇨 슬러지 등)을 활용할 수 있어 환경관리에도 이익이 된다(※ 익산지역 축산분뇨 슬러지 등)

3) 청정 석탄을 활용한 발전도 가능하여 향후 석탄화력의 청정발전이 가능한 원천기술을 확보할 수 있다.

4) 효율성 있는 수소 발생 장치로도 활용할 수 있어 연료전지 생산에도 활용할 수 있다.

5) 이산화탄소의 메탄올 제조를 통한 발생량 조절도 가능하다.

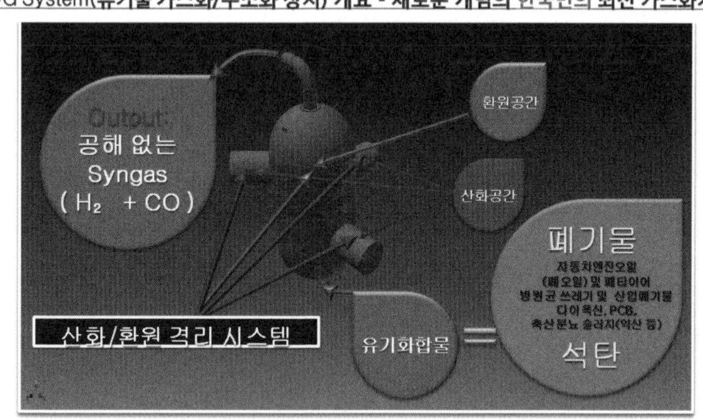

<그림> 장연 대표(발명자, WR SYSTEM, 041-415-2231) & 정현희 박사(제안자, 한국연구재단, 010-3412-2582), “원자력 신고리 5,6호기 발전용량보다 4.5배”

제 2 부

신사업 기획과 관리

신사업
기획과 관리

I. 패러다임(Paradigm) 변화와 기업의 전략

1. 기술경영의 발전과 변화

기업에서 경영활동은 경제상황, 사회의 변화·발전, 글로벌 시장과 그에 따른 기술 경쟁 등 환경적 요인들에 의하여 활발하게 전개되거나 혹은 위축되기도 하고, 다양한 형태와 체계로 진화하기도 한다. 또한 한편으로는 시대적 상황과 기업 내부의 체계와 여건에 따라서 새로운 경영 기법과 시스템의 개념들 또한 지속적으로 출현하고 있다. 이러한 기법이나 체계들은 기업의 조직 기능에서도 특히 연구개발 부문에서 가장 활발하게 나타나고 있는데, 그것은 연구개발이라는 것이 기업과 사회의 미래를 위한 투자라는 관점에서 성과가 현실화 되기 까지는 장기간 소요되는 것은 물론, 그 개발과정이 예측 불가능하고, 그에 따른 리스크(Risk)의 형태도 매우 광범위하게 산재해 있다는 점이 주요 원인이 될 수 있다. 그래서 그것을 관리하고 통제하기 위한 경영의 기법들 또한 다른 어떤 기능 부문에서보다 다양하고 더욱 복잡하기 때문에 그러할 것이다.

우리는 'R&D 세대' 혹은 'R&D 경영의 세대'라는 말을 자주 들어 오고 있는데, 이는 기업이 생존을 위해서 혹은 환경에 적응하기 위하여 그 시대적 상황에 적합한 경영형태로 스스로를 변화시키는 과정에서 다양한 자연발생적 요구들이 효율적 체계로의 전환을 위해 적절한 프로세스를 거쳐 탄생된 개념들이다.

한국산업기술진흥협회에서는, 지난 2006년 약 450여개 국내 기업을 대상으로 'R&D 세대중(1,2,3,4 세대) 어느 단계의 경영을 추진하고 있는가'에 대한 설문조사를 실시한 바 있다. 그 결과국내 기업들은 평균 2.6세대, 즉 2세대와 3세대의 중간쯤 해당되는 기술경영활동을 하고 있다고 스스로 평가를 하였다. 당시 이 설문조사에서는 글로벌 리더 기업인 GE, 화이자(Pfizer), 그리고 IBM 등을 비교기준으로 하였다. 이들 비교대상 기업들의 공통된 특징은, 명확한 전략 방향에 따라 사업의 구조를 고도화하는 활동은 물론이고, 소위 개방형 혁신(Open Innovation)을 통한 출시시점(Time-to-Market) 관리와, 신제품 개발에서는 초기의 연구 단계를 줄임으로써 성공 확률을 높이는 등, 소위 선진화된 연구개발 활동을 활발하게 추진하여 성과를 창출하는 기업들이었다.

기업은 그들의 전략적 방향에 따라서 추구하는 기획과 관리, 그리고 수행을 위하여 필요로 하는 경영기법이나 체계를 지속적으로 새롭게 요구하고, 또한 발전시키고 있다. 이런 개별 기업에서 '경영기법들의 변화'는 한 시대적 측면에서 보면 큰 흐름(유행) 혹은 패러다임으로 나타나게 되는데 이것을 우리는 흔히 '세대(Generation)'라 하여 구분 짓고 있다. 현재 글로벌 리더 기업의 경우, 4세대 혹은 그 다음의 세대(5세대)에 의한 경영을 하고 있다고 정의하는데, 이러한 R&D 세

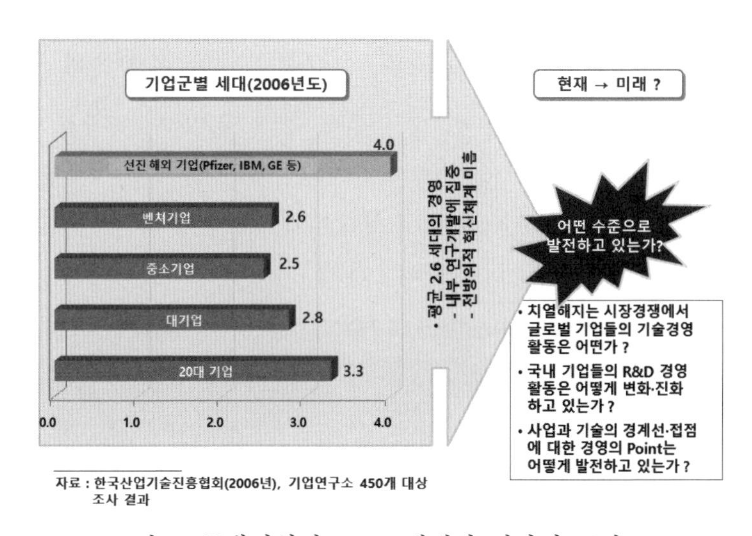

그림 1. 국내기업의 R&D 세대와 변화의 포인트

대들은 기업의 기술경영 활동들에 대하여 장기간에 걸쳐 모니터링 해 봄으로써, 어느 정도는 그 트렌드를 예측해 볼 수도 있다. 물론 각종 서적이나 논문들에서 R&D 세대(Generation)의 발전과 변화의 핵심에 대하여 다양하게 조사·분석하고 있는데, 여기에는 주로 세대별 주요 개념과 기업의 대응, 그리고 주요 활동이나 전략적 의미 등을 다루고 있어, 우리의 현황과 비교해 본다면, 향후 발전 방향이나 개선 포인트를 분석해 볼 수 있기 때문에 참고해 볼만 하다.

그럼, 이러한 R&D 세대간의 주요 키워드의 변화 방향을 확인해 보고, 이를 통하여 올해(2015년) 성공사례 기업들의 기술경영 활동에 대한 주요 개념과 그 의미를 정리해 보기로 하자.

먼저, 1세대의 R&D를 이야기 할 때, 흔히 1930년대 듀폰(DuPont)의 나일론 사례를 많이 거론한다. 이는, 합성고무를 개발하는 과정에서 우연하게 발견된 아이디어를 스타킹(stockings)으로 제품화하면서 공전의 히트를 기록하였고, 다시 2차 세계대전을 거치면서 군수물자용으로 대량 사용되면서 듀폰에 큰 사업적 성과를 안겨주게 되었던 것에서 비롯된 의미이다. 이렇듯 연구개발 과정에서의 '우연한 발견(Serendipity)'에 의한 부수적 효과를 기대하면서, 과학에 기반한 연구개발을 통하여 산업적 활용 방안을 찾는 연구활동 시기를 말한다. 그래서 이 시대의 기업들은 '연구개발활동을 추진하면, 그것이 향후 우리에게 사업적으로 큰 부(富)를 안겨줄 것'이라는 기대 하에서 기업 부설 연구소의 설립에 치중하게 하기도 하였던 세대이다.

두번째, 2세대 R&D은 1세대와는 달리, 실질적 연구개발 체계의 구축활동이 시작되는 단계를 말한다. 이는 2차 세계대전중 원자탄(맨하탄 프로젝트)을 연구하던 과정에서 구축된 과제관리 시스템(연구개발과제심의, Stage & Gate 관리)를 기반으로 연구개발을 사업의 테두리에서 생각하게 된 개념을 말하는데, 이것은 초기에 계획한 기술개발 목표에 대하여, 과제(Project)를 소위 '철의 삼각지(Iron triangle)'라는, 품질이나 성능(Quality), 자원과 소요비용(Cost), 그리고 일정과 결과물(Deliverables)-흔히 줄여서 'Q. C, D' 라 칭함-에 대한 각 활동들(Activity 혹은 Task)과 그 성과를 관리·심의하게 하는 것으로, 세계대전 이후 베이비 붐과 인구의 폭발적 증가로 인한 시장 점유율 경쟁에서, 연구개발이라는 것이 결국은 사업의 완성을 위한 중요한 초기 단계로 인식한 세대를 의미한다. 그리고 이것은 기업으로 하여금, 시장으로부터 확인된 요구사항들에 대한 대응과 이의 관리를 위한 내부고객의 만족에 초점을 두는 경영활동을 주요 목적으로 하였다.

세번째, 3세대 R&D의 주요 특징은, 2세대의 시기에서부터 촉발된 단기적 시장 경쟁이, 1980년대 이후부터는 중장기를 위한 기술경쟁으로 그 포인트가 옮겨가게 되면서, 그리고 한편으로는 CEO를 포함한 경영층에서는 이러한 경쟁의 타임프레임을 과거와 같이 '1~2년'의 단기간을 전략적 관리의 축으로 삼을 수 없게 되면서, 그 이상의 기간(e.g. 3~5년)과 목표를 성과 계획 대상으로 포함하여야 하였다. 그로 인하여 자연스럽게 각 사업단위(BU ; Business Unit)에서는 그 길어진 전략적 관리 기간에 대응하는 신제품 출시에 대한 불확실성이 증가하였고, 그에 따른 사업성과의 목표 달성 여부 또한 불확실성이 커지게 되었던 것이다. 이러한 불확실성에 대한 경영상의 보완책으로, 전략적 의사결정 방법인 포트폴리오(Risk-Return)의 개념과 활용이 강조되고, 또한 신제품 혹은 기존제품의 출시에 있어 핵심적 요인으로 자리잡은 기술개발에 대한 명확한 확인과 공유, 그리고 이해의 필요성이 증가하게 되었던 것이다. 이러한 상황들은 기존에 연구개발 부문이 기업경영에서 그 입지나 영향력이 크지 않았던 것에 비하면, 이후 연구개발의 개념과 인식은 사업의 추진과 성과의 창출에 있어 매우 중요하다는 합의가 형성되었고, 전사전략에서 중요한 기능의 하나로 포함되는 전기를 맞게 되었던 것이다. 이러한 전사전략과의 연계, 그리고 그 전략하에서 기술에 대한 이해와 그 계획에 대한 원활한 공유를 위하여 '로드맵(Roadmap)'의 활용이 일반화 되는 것을 주요한 내용으로 정리할 수 있다.

네번째, 4세대 R&D 개념의 주요 특징은, 1990년대 이후부터 기업간 시장·기술 경쟁의 양상은 이제 과거와는 또 다른 국면으로 진화하게 되는데, 그것은 기존의 '사업방식'을 따르기 보다는 새로운 플랫폼(Platform)과 아키텍쳐(Architecture)의 구축을 통한 사업이나, 태동기 혹은 그 이전 단계(Early Stage)의 기술 컨셉(Concept)과 아이디어에 대하여 선행적으로 연구개발을 진행하여, 경쟁의 우위를 가지려는 시도들이 나타나게 되었다. 이러한 접근은 장기적 관점에서의 기획과 자원투입, 그리고 고도의 통합력과 그에 대응하는 체계를 요구 받게 되며, 기술자체의 개발 가능성이나, 설령 그 기술이 개발된다 하더라도, 목표로 하는 미래시점에서 시장의 형성이나 성장 여부 등, 사업·기술적으로 성공의 가능성이 매우 불투명하다. 이러한 불확실성 때문에 그 대상이 신기술에 의한 사업이라 할지라도 더 이상 R&D 부문만이 감당해야 하는 범주를 넘어서게 된다는 점이다. 즉, 사업의 시장성에 대한 의견이나 정보는 마케팅과 기획 부서에서, 생산을 위해서 필요한 소재나 부품의 소싱(Sourcing) 여부는 구매나 생산 부서 등에서 필요한 정보가 생성되지 않으면, 그 기술이 사업적 개념으로 발전하는 것 자체가 어렵다는 것이다. 그래서 '조직의 전방위적 공조와 협력'이 전제되어야 하는 것은 물론, 이를 위한 각종 혁신적 체계들이 필요하게 된다는 것이며, 또한 전후방 산업 및 기술에 대한 종합적 연구와 이에 대응하기 위한 내부의 체계들 역시 통합화 되어야 한다는 것이 그 주요 개념이다.

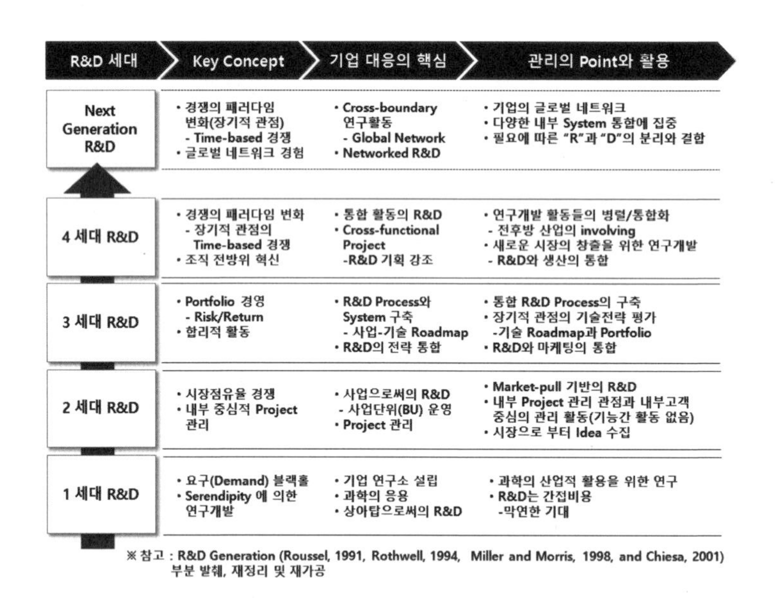

R&D 세대	Key Concept	기업 대응의 핵심	관리의 Point와 활용
Next Generation R&D	• 경쟁의 패러다임 변화(장기적 관점) - Time-based 경쟁 • 글로벌 네트워크 경험	• Cross-boundary 연구활동 - Global Network • Networked R&D	• 기업의 글로벌 네트워크 • 다양한 내부 System 통합에 집중 • 필요에 따른 "R"과 "D"의 분리와 결합
4 세대 R&D	• 경쟁의 패러다임 변화 - 장기적 관점의 Time-based 경쟁 • 조직 전방위 혁신	• 통합 활동의 R&D • Cross-functional Project -R&D 기획 강조	• 연구개발 활동들의 병렬/통합화 - 전후방 산업의 involving • 새로운 시장의 창출을 위한 연구개발 - R&D와 생산의 통합
3 세대 R&D	• Portfolio 경영 - Risk/Return • 합리적 활동	• R&D Process와 System 구축 - 사업-기술 Roadmap • R&D의 전략 통합	• 통합 R&D Process의 구축 • 장기적 관점의 기술전략 평가 -기술 Roadmap과 Portfolio • R&D와 마케팅의 통합
2 세대 R&D	• 시장점유율 경쟁 • 내부 중심적 Project 관리	• 사업으로써의 R&D - 사업단위(BU) 운영 • Project 관리	• Market-pull 기반의 R&D • 내부 Project 관리 관점과 내부고객 중심의 관리 활동(기능간 활동 없음) • 시장으로 부터 Idea 수집
1 세대 R&D	• 요구(Demand) 블랙홀 • Serendipity 에 의한 연구개발	• 기업 연구소 설립 • 과학의 응용 • 상아탑으로써의 R&D	• 과학의 산업적 활용을 위한 연구 • R&D는 간접비용 -막연한 기대

※ 참고 : R&D Generation (Roussel, 1991, Rothwell, 1994, Miller and Morris, 1998, and Chiesa, 2001) 부분 발췌, 재정리 및 재가공

그림 2. R&D 세대별 특징과 기업의 대응

그리고, 오늘은 또 한번 새로운 기술경영의 패러다임 변화, 즉 차세대 R&D의 개념(혹은 5세대 R&D)에 대한 움직임들이 나타나고 있다. 지금까지는 기업이 새로운 제품이나 사업을 추진하는데 있어, 한 지역내에서 먼저 사업을 전개한 후 점진적으로 그 물리적 영역을 넓혀 나가는 형태의 사업 추진방식을 취하여 왔는데, 이제는 이와 같은 시장 접근법으로 시장경쟁에서 우위를 점하는 것이 한계에 도달하고 있다는 것이다. 그래서 이러한 상황을 탈피하기 위해서는 신제품・신기술의 기획단계에서부터 글로벌 관점에서 시장과 제품 디자인의 타당성을 확보하고, 사전에 세계 시장의 대응에 대한 문제점을 보완한 후 출시하는 형태로의 전환이 필요하다는 것이다. 이같은 경영활동이 가능 하려면, 연구의 기획에서부터 개발활동의 각 과정에서 글로벌 네트워크와 전문가(기업)의 상시적 의사소통은 물론, 실제 개발에 대한 협력까지 실시간으로, 그리고 동시다발적으로 진행되어야

만 경쟁 우위를 확보할 수 있다는 것이다. 그래서 향후에는 기획단계에서부터 각 기업별, 사업별 목적에 따라서 'R(Research)'과 'D(Development)'의 개념과 그 경계가 모호해지고, 누가 주요역할을 수행해야 하는가에 대한 부분이 중요한 것이 아니라 서로의 정보를 통합하여 신속하게 사업모델과 디자인, 개발을 어떻게 조화롭게 수행하느냐는 것이 사업의 성패로 귀결된다는 것이다. 즉, 다음세대에서는 시간과 공간, 산업간, 그리고 기능 조직간 경계를 초월하여 소위 '크로스 번들링(Cross-bundling)' 연구개발체계로 변화하여야 생존할 수 있다는 것이다.

2. 전략의 연계와 혁신의 방향

기업이 수십년 혹은 수백년 경영을 영위하고 성장을 하는 근간에는, 명확한 비전과 전략이 있다. 그리고 기업 전략은 내부의 각 기능간의 전략에, 그것은 또 실행계획과 잘 연계되었을 때 더욱 훌륭한 성과를 이루었다는 것을 알고 있다.

많은 기업들은 이러한 전사적 전략에 따라서 그 하부의 각 기능별 전략들이 잘 연동될 수 있도록 하기 위하여 각종 제도적 장치들과 다양한 시스템들을 갖추고자 노력하고 있는 것이다.

이는 사업을 이제 막 시작하는 스타트업(Start-up) 회사나 벤처기업들의 경우에는, 대부분 CEO나 초기 경영층의 멤버들에 의하여 치밀하게 관리되고 있기도 하고, 상하간의 의사소통에서 아무런 장벽이 없기 때문에 특별한 이슈가 되지 않을 수 있다. 하지만, 어느 정도의 매출규모와 조직이 갖추어 지고, 본격적인 성장기에 위치한 중소기업이나 중견기업들에 있어서는 외형의 성장과 더불어 조직내에서의 기능 및 역할이 세분화되어 있기 때문에, 각종 제도나 시스템의 구축 등 별

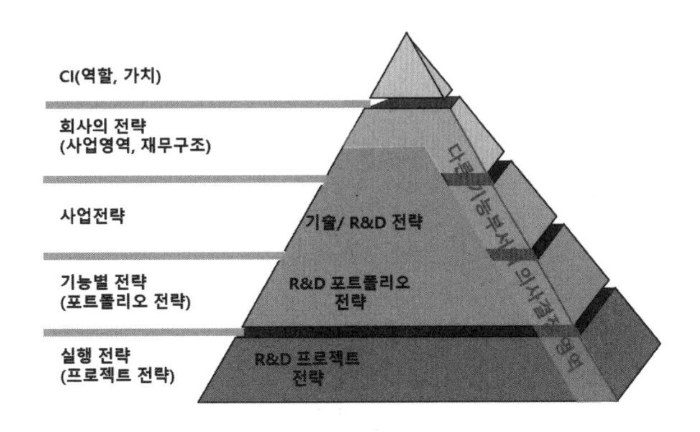

그림 3. 전략의 체계와 역할
(참고: The Smart Organization. David Matheson & Jim Matheson, Harvard Business School Press)

도의 활동들이 필요하다고 할 수 있다. 즉, 이들 기업에서는 비롯 내부 조직 혹은 구성원들이 공통된 지향점(Vision)을 공유하고 있다고 하더라도 자칫 그것이 세부 계획과 활동에 까지 일관된 행동을 유도하는 것이 어려워 질 수 있다는 것이다.

기술을 경영하고, R&D의 경영을 세대별로 나누어 이야기 한다는 것이 실무에 큰 의미를 부여하는 것은 아니지만, 가령 R&D의 위상을 단순히 제품의 개선이나 개량에 초점을 맞춘다거나, 생산을 위한 사전 단계 활동쯤으로 이해 한다든가 혹은 잘 수립된 전략임에도 불구하고 그것이 사업의 성과로 잘 이어지지 않는다고 한다면, R&D의 각 세대가 의미하는 바를 잘 되새겨 볼 필요가 있다. 흔히 3세대 R&D에서 이야기 하는 전략통합형 R&D에 대하여 말이다. 이를 위하여 많은 기업들은 중장기 사업전략 수립에 기술 · R&D부문 책임자들의 참여를 강화 혹은 확대시키거나, 사업 · 제품 전략에서 핵심기술의 중요성을 재인식하여, 각종 경영 전략에 기술전략을 연계시키기 위한 체제를 마련 하기도 한다. 또는 몇몇 기업에서처럼 CTO(Chief Technology Officer) 제도를 도입하여 그 역할을 강화하고자 하고 있는 것이 모두 이러한 맥락에서 추진되는 활동들이라 하겠다.

이렇듯 조직 · 기능간 전략적 연계성과 협력의 강화를 유도하는 근본 원인에 대한 내용을, 먼저 4세대 R&D의 개념에서 우리는 잘 확인할 수 있다. 즉 오늘날 성장 사업들에 나타나는 공통된 특징들을 보면, 과거의 발전형태와는 다르게 표출되는 몇몇 중요한키워드들이 있는데, 그것은 급진적(Radical)이거나, 혹은 파괴적(Disruptive)이고, 불연속적(Discontinuous)인 기술혁신을 요구하고 있다는 점이다.

이러한 시대적 요구들은 과거와 같은 업무의 패러다임 - 현안 문제에 국한하여 대응하는 방식 혹은 Top-Down에 의한 접근 방식- 으로는 급격하게 변화하는 환경에 즉시적 대응이 불가능한 구조를 가지고 있기 때문에 더욱 그렇다.

그래서 사업환경의 변화에 대응하기 위한 가장 기본적인 방안으로는 어느 한 기능부서에 국한되지 않고 조직 전반에 걸쳐서, 그리고 기업 전체 관점에서의 일관된 전략 방향하에서, 치밀한 협력, 그리고 전조직을 관통(Cross-bundling)하는 혁신체계를 강화해야 하는 것이다.

그리고 두번째는 오늘날의 사업들에서는 대부분이 기술의 중요성이 크게 부각되고 있다는 점을 들 수 있다. 이는 다른 많은 역량들 중에서도 기술영역이 차지하는 가중치가 훨씬 높아 지고 있기 때문이다. 즉 핵심기술력이 시장의 선점과

제품의 부가가치를 결정짓고, 궁극에는 사업의 승패와 경쟁의 우위 여부를 결정짓는 중요한 요인이 되고 있기 때문이다.

그래서 각 기업내에서 여태까지 생산과 영업의 중요성에 무게 중심을 두어 온 것에 대하여 R&D에서부터 생산, 마케팅, 영업, A/S에 이르기까지의 일관된 전략과 컨센서스를 이루기 위하여 노력하고 있는 것이다.

현재의 사업은 아이디어 단계에서부터 경쟁하면서 발전하고 있기 때문에, 불확실성이 완전히 배제된 시점에서 새로운 사업이나 기술개발을 준비하는 것은 이미 경쟁에서 뒤쳐지게 된다. 그래서 태동기의 사업이나 새로운 사업은 다양한 불확실성이 상존해 있는 단계에서 추진을 결정해야 하는 것이다. 이러한 불확실성에 대한 관리를 위해서는 추진 여부에 대한 의사결정의 단계에서부터 기업내 전 기능이 함께 고민해야 하는 체계가 필요한 것이다.

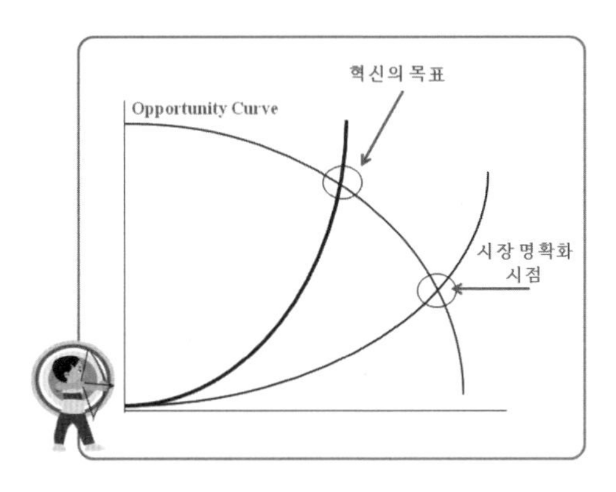

그림 4. 신사업을 위한 활동의 시점(참고 : 4세대 혁신, 밀러, 모리스, 모색, 2001)

3. 전략과 경영목표

오늘날 사업 · 기술환경의 변화를 이끄는 인자(Drivers & Forces)들은 글로벌 정치, 경제, 사회 등의 상황에 따라 그 속도와 방향을 달리하고 있다. 그래서 이에 대응하여 전략을 수립해야 하는 기업들에게는 환경의 적응에 대한 민첩함과 집요함을 요구 하고 있다.

전략은 불확실한 미래 경영환경의 방향과 조직의 일사불란한 활동을 유도하는 '방향타'와 같은 것이기 때문에 그 중요성을 가벼이 할 수 없다.

이 기업 전략의 구조를 간략하게 분류해 보면, 10~20년 이상의 장기 전략에 해당되는 비전(Vision)이 있고, 이 지향점에 기반하여 집중하게 될 사업영역(Domain)이 정해진다. 그리고 이에 따른 구체적 제품이나 서비스에 대한 내용과 또한 그것에 얼라인(Align)된 기술전략과 그 하부의 R&D 전략으로 구성 된다.

이러한 전략에 소위 '생명력(Vitality)'를 부여하는 동인이 바로 '사업이나 경영성과에 따른 목표'라 할 수 있다. 잘 알다시피 목표는 기업이 중장기적으로 경영활동을 추진하여 그에 따른 성과인 매출과 수익을 창출한 결과 등을 말한다. 그러나 대부분 기업들은 이 중장기적 경영목표의 달성에 많은 어려움을 겪고 있으며, 더욱이 2000년대 중반의 한 조사에 따르면 기업이 중장기 매출과 수익 목표를 달성한 비중이 채 20% 에도 미치지 못하고 있다고 한다.

그럼, 이와 같이 기업의 목표 달성을 저해하거나 어렵게 하는 요인은 무엇일까? 그 것들을 다음의 몇가지로 정리해 보기로 하자.

먼저, 기업이 새로운 사업을 추진하거나 혹은 신생기업의 경우 창업 아이템의 본격적 전개 활동이 실패하는 경우를 들 수 있다. 기업이 기존의 사업으로 성장하기 위해서는 명확하고 강력한 시장 지배력을 가지지 못하면, 짧은 시간내에 치열한 경쟁상황에 놓이게 되고 이로 인하여 매출과 수익성 악화로 성장이 둔화되게 된다. 대개는 이를 타파하기 위한 보완책으로 새로운 사업을 통하여 성장을 이루려 하기 때문에 이의 실패는 목표 달성에 매우 큰 영향을 미칠 수 있다.

두번째는 현재 전략사업의 성장이 둔화되고 있다면, 제품의 적용 범위를 확대하기 위한 새로운 용도의 개발이나, 물리적 시장 영역을 확대하기 위하여 새로운 애플리케이션(Application) 개발 등의 전략을 추진하게 된다. 그러나 이러한 전략활동이 여의치 않는 경우 또한 목표 달성이 어렵게 된다. 이는 통상 사업 초기에서 확보한 역량을 기반으로 시장을 확대하고 안정적 성장을 이루고자 하는 전략을 말하는데, 이것이 새로운 시장을 위한 지역 특성별 마케팅이나 영업적 이슈를 극복할 수 있는 역량이 부족하거나, 용도나 특성을 다양화 할 수 있는 기술력이 없는 경우가 해당 된다.

세번째, 현재 주력사업으로 전개하고 있는 제품 · 서비스를 중심으로 이와 연관된 주변 사업들, 즉, 소모품, 추가 기능품 혹은 교체품(Retrofit)의 판매, 그리고 이와 관련된 새로운 사업의 진출 등이 부진할 경우를 들 수 있다. 이러한 상황은 주력사업의 경기가 부진하거나, 주변 여건의 어려움으로 기본 기능에 만족하거나 유지 · 보수에 대하여 시장이 소극적으로 대응하면서 발생될 수 있다.

네번째는, 무엇보다 가장 심각한 요인으로, 주력(핵심)사업 혹은 전략 사업 자체의 성장이 저조한 경우를 들 수 있다. 기업내 다른 사업분야의 목표를 아무리 보수적으로 수립하더라도 이 주력 사업 자체가 부진하면 매출이나 수익성은 수준에 도달하기 어렵다. 여기에는 새로운 경쟁자가 시장에 진입하였거나, 제품의 기본 컨셉(Concept), 플랫폼(Platform)이 변화되었는데, 그에 신속하게 대응할 수 없는 상황 또는 대체재가 개발된 경우에도 발생될 수 있다. 이런 상황에서는 어떠한 보완적 전략과 활동도 효과를 발휘하기 어렵고, 오로지 사전적, 선행적 연구개발 활동이 최우선이라 할 수 있다.

마지막은, 사업 환경이나 여건이 아무리 좋다고 하더라도, 내부의 인프라, 즉 생산이나 영업력, 그리고 지원 인력과 시스템이 이에 적절히 대응하지 못한다면, 이 또한 사업을 어렵게 할 가능성이 높다. 여기에 전후방(Up & Downstream) 산업에 연계된 협력기업들, 즉 부품이나 시스템 기업들에 대한 일상적 관리와 공동 기술개발 등 대응 여부가 목표달성에 걸림돌로 작용할 수 있다.

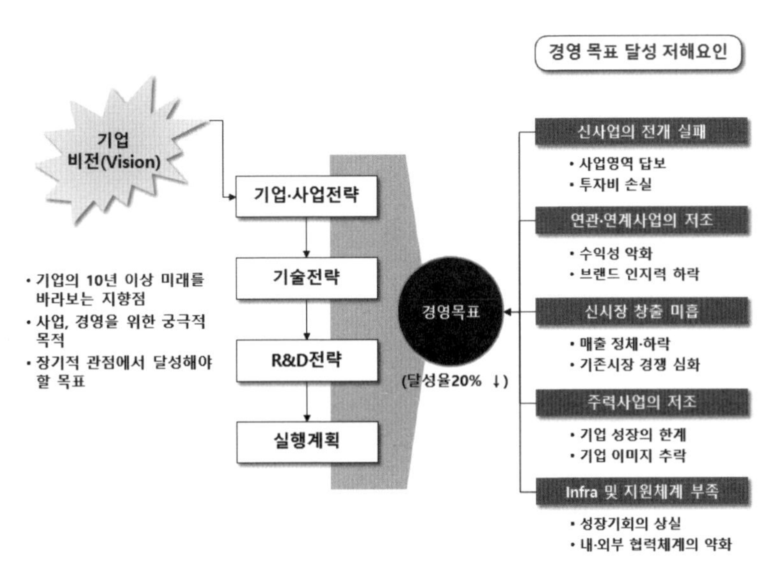

그림 5. 전략의 구성 요소와 경영 목표 달성의 저해 요인

이러한 목표달성을 저해하는 다양한 내외부의 환경 리스크(Risk)에 대응하여 경영자들은 나름의 정보와 시장지식, 그리고 통찰력으로 해당 사업의 전략을 수립하고 있지만, 그 변화의 의미는 시각에 따라서 이해와 대응 방법을 모두 달리하기 때문에 수많은 전략활동의 모범사례(Best Practice)들도 직접적으로 도움은 되지 못한다. 외부환경은 산업이나 사업의 종류, 유형, 사업모델(Biz Model) 등에 대하여 서로 다른 모습으로 영향을 미치기 때문에 전략과 실행방안 또한 차별화를 요구하고 있는 것이다.

전략은 수립을 한다고 해서 반드시 성공과 성과를 보장하지도 않지만, 하지 않을 경우에는 반드시 실패한다는 것이 정설이기 때문에 기업들은 전략 수립을 어려워 하면서도 자원과 시간을 투입하여 수립하고 실행계획을 구체화 하기를 원하고 있는 것이다.

그럼, 기업들이 주로 집중하고 있는 전략의 유형에 따른 기술경영활동과 그 특징들을 발전형태별로 두가지 카테고리로 분리하여 생각해 보자.

첫번째 단계의 전략은, 벤처기업이나 신생기업(Startups)을 포함하여 신규사업을 추진하는 경우인데, 주로 해당 사업이나 기술에 대한 기본 정의와 이를 중심으로 사업모델(Biz Model)을 구체화 하고, 시장을 세분화하는 등 생존을 위한 전략을 수립하게 된다. 그래서 이 단계에서는 개발과 영업, 생산체계를 갖추기 위한 활동들이 우선적이며, 제품의 판로 확보, 얼리 어뎁터(Early Adapter)의 수용 이후 범용화로 이어질 수 있도록 하는 시장 개척, 다양한 애플리케이션과 용도의 개발, 사업 네트워크 구축 등 흔히 말하는 '다윈의 바다(Darwinian Sea)'와 캐즘(Chasm)의 극복 방안들에 대한 전략이 중요하다.
이러한 태동기를 거치면서, 시장 다변화와 그에 따른 생산이나 판매 인프라를 확대되는 등 사업 기반이 강화되게 된다.

두번째 단계는, 사업이 정상적인 궤도에서 경영이 되고, 외형이 커지게 되면, 성장에 따른 매출 증대 이외에 추가적 성과와 도약을 요구 받게 된다.
이 경우에는 초기 사업을 시작하는 과정에서 구축했던 다양한 경영체계와 기법, 시스템들은 사업의 다양화와 다각화에 대응하기 위한 새로운 패러다임의 경영과 운영체계들을 필요로 하게 된다. 이러한 내부 환경의 혁신을 위하여, 정체기에 접어든 사업이나 도입기·성장기에 있는 사업에 대하여는 현재 제품이나 기술의 활용영역을 넓히는 핵심기반기술(Core Technology Platform)의 구축을 강화하는 활동을 하게 된다. 즉, 다양한 아이디어의 발굴을 통하여 초기 R&D를 추진할 수 있도록 조직체계를 갖추면서, 한편으로는 이들 기술에 대한 시장·기술적 성공 여부에 대하여 좀 더 깊은 심의·검토·평가를 위한 체계를 갖추어 조기에 그 가능성을 평가하고자 하는 내부 시스템의 정교화를 추구하게 된다. 이 과정에서 새로운 아이디어 창출에 대한 한계와 그 내용의 진부함을 극복하기 위하여, 인텔리젼스(Intelligence) 활동과 기타 대외적인 네트워크 구축활동을 추진하기도 된다.

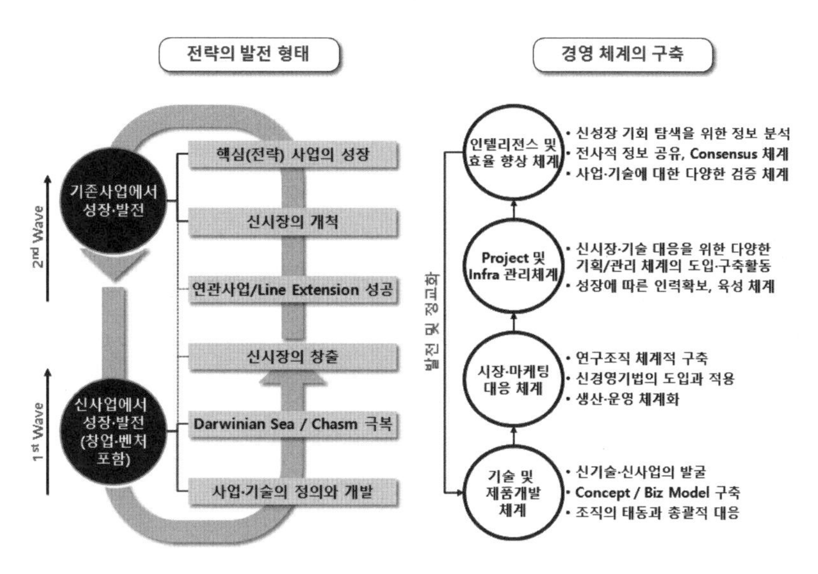

그림 6. 전략의 발전단계와 주요 경영활동 구축 내용

Ⅱ. 패러다임(Paradigm) 변화와 기업의 전략

1. 신사업과 포트폴리오(Portfolio) 관리

오늘날 기업경영에 있어서 가장 중요한 화두로 부각되고 있는 키워드중의 하나는 누가 뭐래도 바로 '신사업 · 신기술 개발'과 이를 통한 '기업의 미래를 위한 지속 가능한 성장'이다.

기존 산업에서는 시장의 경쟁구도가 꽉 짜여져 있어 전후방 산업에 연계된 접점에서 새로운 협상력을 갖기도 어렵고, 치열한 원가 전쟁에 쉽게 내몰리고 있는 것이 다반사이기 때문에 사업 추진에 있어, 이와 관련된 이슈(Issue)들이 상시적 리스크(Risk)로 자리잡고 있다.

이러한 사업과 경영의 어려움에서 탈피하고자 하는 대표적 방안이 바로 '사업을 다양화' 하고, '시장을 다변화' 하여 산업내에서 혹은 산업간 경기의 변동에 능동적으로 대처하는 활동들이라 하겠다.

기업에서 이렇게 사업 구조를 혁신하고 고도화 하여, 단기적 산업의 부침이나 치열한 경쟁을 해야 하는 상황에서 중장기적인 잠재 수익성과 매출의 확대를 위한 가장 기본적인 전략 활동이 바로 '포트폴리오 관리(Portfolio Management)'라

할 수 있다.

포트폴리오라는 말은 주식시장에서 자산을 분산투자 하여 리스크를 최소화 하고 수익을 극대화하는 이론적 의미를 담고 있다. 즉, 주식 투자를 하면서, 자신이 가진 투자금의 전부를 어느 한 종목에 투자 하지않고서로 다른 복수의 종목에 분산 투자함으로써,만일의 경우 자신이 투자한 종목의 주가가 폭락을 하면서 겪게 될 자산 가치의 폭락을 방지하기 위하여 다수의 종목에 고르게 분산 투자하여, 그 리스크를 줄이자는 개념을 말한다.

원래 포트폴리오라는 말은 종이를 담는 봉투에서 그 의미가 시작되었다고 한다. 즉, 종이를 색깔별로 나누어서 담는 봉투에서 유래하였는데, 현대에 와서 이 봉투에 일반 종이를 담는 것이 아니라 주식을 넣어 보관을 하기 시작하였던 것이다. 즉 각 주식을 종목별로 다른 봉투에 넣어서 관리를 하면서 오늘날의 개념이 탄생되게 된 것이다. 그러나, 이렇게 뭔가를 넣어 둔다는 의미에서 매우 다양한 의미로 사용되고 있기도 하다. 그것은 자신의 실력을 보여줄 수 있는 작품이나 관련 내용 등을 모아서 정리한 자료 수집철 혹은 작품집이라는 개념으로, 서류가방, 자료 앨범, 자료의 묶음 등을 의미하기도 한다.

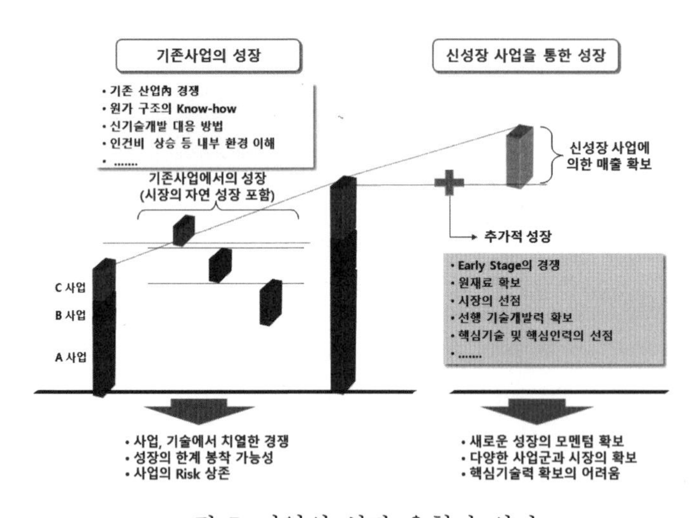

그림 7. 기업의 성장 유형과 의미

기업이나 연구소에서는 이를 통하여 사업의 구조를 혁신하거나 혹은 고도화하기 위한 전략수립이나 기존 전략의 수정, 그리고 R&D에서는 연구개발 과제의 관리, 연구분야별 과제의 구조, 연구단계별 과제수 등의 분석을 통하여 향후 제품개발의 파이프라인 연속성을 확인하는 등 기획활동에 흔하게 활용하고 있는 방법이다.

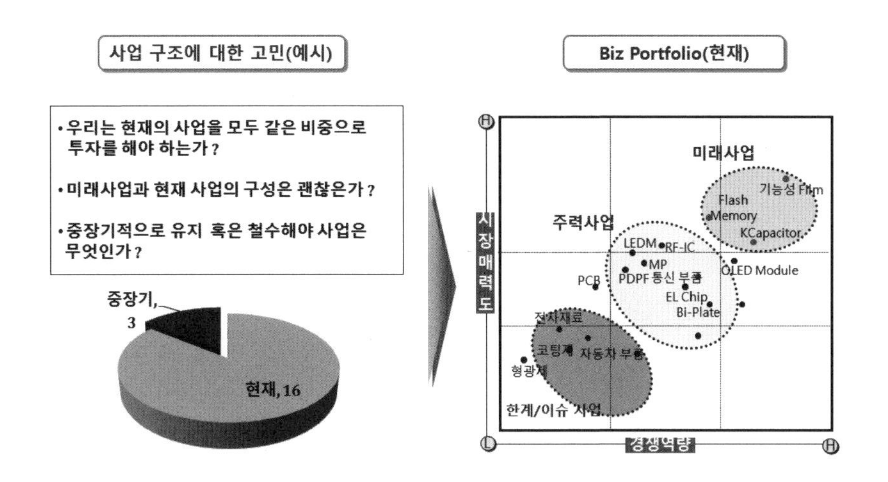

그림 8. 사업구조 분석과 포트폴리오 고민(사례)

이러한 다양한 활용분야 중에서도 무엇보다 중요하게 다루어 지는 부분이 바로 기업의 장기적 관점에서의 건전성을 평가하기 위한 활동에서이다. 즉 '현재 우리가 계획하고 있는 사업간의 투자 비중, 미래 사업과 현재 사업의 구성, 혹은 중장기적 관점에서 유지·발전 시켜야 할 사업과 철수해야 할 사업, 이와 연계된 연구개발 과제에 대한 수와 자원의 조정 등'에 대한 전략적 의사결정을 위한 분석을 위해서이다.

이러한 활동을 통하여 전략적 사업 전개방향이 정해 지고 난 이후 그에 따른 중장기 제품 로드맵(Roadmap)이 재 정의되기도 하고, 다시 이에 대한 기술개발의 우선순위와 기술로드맵 등 하부의 연계 전략들을 구축하는 것이 비교적 수월하게 된다. 무엇보다 이러한 분석활동을 추진해 나가는 과정에서 조직의 혁신과 위기 상황 등에 대한 인식을 자연스럽게 공유할 수 있다는 점에서 그 가치를 이해할 필요가 있다.

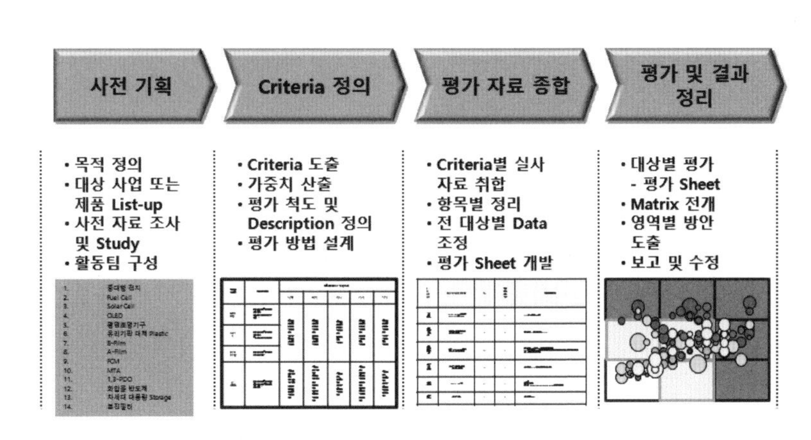

그림 9. 포트폴리오 분석의 단계별 활동내용

2. 신사업 · 신제품의 필요성과 유형, 기업 추진형태

기업이 경영활동을 하면서 추구하는 목표의 달성을 위한 가장 기본적인 전략활동은 지속적 사업구조의 고도화와 그에 따른 규모에 대한 성장이다. 그리고 다음으로 중요시하게 생각하는 것이 질적인 성장, 즉 수익성을 확보하는 일이다.

여기서 양적인 성장(Top-line Growth)과 더불어 이익규모를 동시에 확대해 가기 위한 핵심 동력은 신제품이나 신사업(New to the World형, 시장 창출형 사업)이다.

이와 관련하여서, 2002년 SBI(Formerly SRIC-BI : Stanford Research Institute Consulting Business Intelligence)에서 미국의 200대 기업을 대상으로 조사한 설문 결과에서 그 중요성을 확인해 볼 수 있다. 즉, 이 설문에 참여한 각 기업의 연간 출시 제품(100%)에서 신제품이 차지하는 평균 비중이 14% 인데, 이 신제품(14%)이 기업의 연간 매출액에 기여한 비중은 38%를 차지하고 있는 것을 알 수 있다. 여기서 특히 눈 여겨 볼 것은 이 신제품에서 확보된 38%의 매출에서 창출되는 이익이 무려 61%를 차지한다는 점이다. 이는 기업이 '왜 신제품과 신기술을 개발해야 하는가'에 대한 가장 근본적 이유를 설명하는 것이라 하겠다.

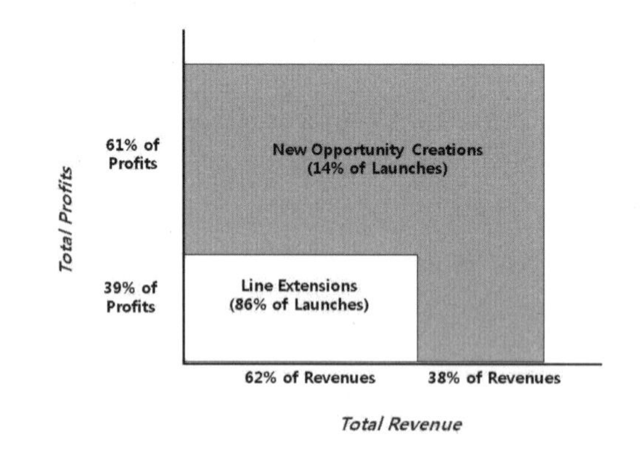

Source : Technology Commercialization, SBI(SRIC-BI), 2002

그림 10. 신제품 · 신기술의 사업적 의미

이러한 이유에서 많은 기업들이 신기술 · 신제품의 개발에 혼신의 힘을 쏟고 있다 하여도 과언이 아니라 생각된다.

우리는 이 신사업이나 신제품을 이야기할 때 흔히 '세상에서 유일한 것', 혹은 '누구도 현재 추진하고 있지 않은 사업이나 제품'이라고 알고 있거나 그렇게 말하는 경우가 많다. 그러나 이 신사업이란 그 기업이 추구하는 사업의 유형이나 처한 상황에 따라서 다양하게 해석될 수 있다. 즉, 이 세상에서 현재 누구도 하지 않는 'New to the World형'이 있고, 현재 시장에서 그 제품이 있지만 우리 회사는 그 사업을 추진하고 있지 않는 경우, 그것도 신사업(신제품)의 범위에 들 수 있다. 그리고 기존 제품이나 기술을 활용하여 새로운 시장을 창출하는 신시장 개척형 혹은 새로운 고객 세그먼트(Segment)에 대응하는 신제품 등 다양한 측면에서 생각해 볼 수 있다. 여기에서 '어떤 유형의 신사업에 집중할 것인가'하는 것은 기업이 그 대상 신사업을 감당할 수 있는 핵심역량을 보유하고 있거나 혹은 확보할 수 있는 여지의 유무에 따라 많이 좌우된다.

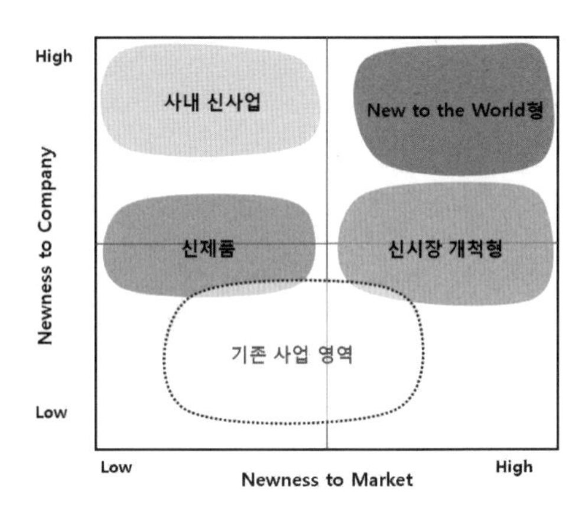

그림 11. 신사업 · 신제품의 유형(예시)

보통 이러한 신사업의 추진을 위해서 기업이 취할 수 있는 전략의 방향을 정리하면 개략 다음과 같이 세가지 정도로 생각해 볼 수 있다.

그 첫번째는 기업이 현재 사업을 추진하는 것과는 완전히 다른 새로운 사업영역(Domain)을 정의하고, 별도의 조직체계를 구성하여 일괄적(Shot Gun)으로 추진하는 경우이다. 이 방법은 기업이 추진할 수 있는 다양하고 광범위한 산업 영역을 대상으로 각 사업에 대한 미래 환경 예측을 실시하여 제품과 고객을 정의하고, 그 동향을 분석하여 중장기적 관점의 제품 개발 방향을 수립하는 것이다. 이러한 접근을 하기 위해서는 다양한 인텔리젼스 활동과 정보의 소스(Source)를 사전에 확보해 두고, 그들에게서 취합된 정보를 분석하여, 미래에 요구되는 제품의 컨셉트(Concept)와 그 기능과 성능을 구체화 하여야 한다. 그리고 이를 바탕으로 R&D 부문에서는 그 기능과 성능을 구현할 수 있는 기술을 정의하고 개발 목표를 정의하게 된다. 물론 이러한 추진방식은 주로 조직력과 자원이 풍부한 대기업들이 미래 예측이나 Mega trend의 동향을 바탕으로 신사업군을 도출하고 그에 따른 연구개발을 진행하는 형태에서 자주 봐 오고 있는 유형이다.

두번째는 자신의 기업과 관련되는 제품이나 서비스 영역의 경쟁사나 선발기업(First Mover) 혹은 혁신기업들의 전략 방향이나 동향을 사전에 파악하고 그에 대응한 신제품 개발을 추구하는 형태이다. 흔히 '패스트 팔로워(Fast Follower)'전략이라 지칭하는 것을 말한다. 이는 중소기업(Vendor)이나 부품 · 소재 등을 주요 제품으로 하는 기업에서 취할 수 있는 신사업 전략의 유형이라 할 수 있다. 즉, 후방산업(Downstream)의 영역인 시스템이나 모듈을 개발하는 기업의 신제품개발 동향을 면밀히 관찰하여, 그들이 필요로 하는 부품이나 소재를 다른 경쟁자에 한 발 앞서 개발하여 그들과의 협력을 유도하고, 그것을 통한 매출의 확보로 성장을 꾀하는 전략이다.

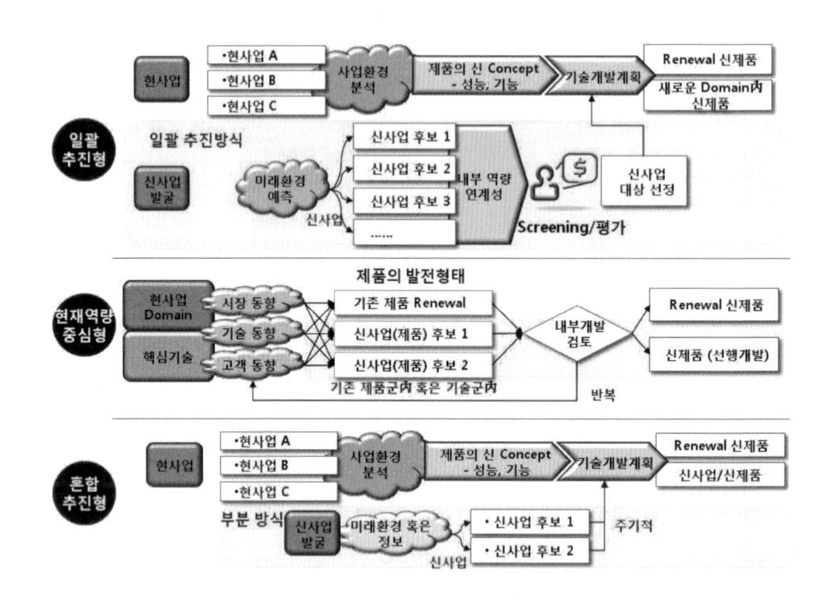

그림 12. 신사업 · 신제품 발굴 및 추진 전략의 유형

하지만 여기에도 내부의 독특한 정보 획득 채널이나 분석방법을 확보하는 것은 필수적이라 할 수 있다.

이는 대부분의 중소기업들이 취할 수 있는 형태이지만, 추진을 위한 내부의 체계가 제대로 갖추어진 기업을 찾아 보기는 매우 어렵다.

세번째는 혼합형이 있을 수 있다. 즉 위 두가지 형태중 주요사업이나 캐시카우(Cash Cow) 사업은 패스트 팔로워 전략을 취하면서, 미래의 성장동력으로 새로운 도메인내에서 신제품 및 신시장 창출형 기술개발을 추진하는 경우이다. 통상 이러한 전략을 취하는 기업은 전면적으로 신사업을 추진할 수 있는 체계와 자원, 그리고 정보력에 한계가 있어 현 사업에서의 핵심역량을 기반으로 한정된 영역이나 부분에서만 추진할 수 밖에 없는 기업들이 취할 수 있는 형태이다.

이러한 세가지의 신사업 추진을 위한 전략 방향에서 자원력이 충분히 못한 중소기업들이 취할 수 있는 가장 적합한 모형은 경쟁사나, 선발 기업 혹은 고객 기업이 명확하게 정의되어 있고, 그들에 대한 관련 동향정보가 풍부한 경우가 될 것이다.

그러나 이러한 패스트 팔로워 전략을 추진하는 것에도 나름의 철저한 정보의 확보채널과 분석활동이 선행되지 못하면, 소위 신사업을 통한 새로운 성장이나 수익성을 확보하는 것은 불가능하다.

대기업이나 시스템 개발 기업이 그들의 신사업 · 신제품에 대하여 아이디어 단계에서부터 중소기업(Vendor)이나 그들이 필요로 하는 부품이나 소재 개발에 대하여 사전에 미리 협의 하지 않기 때문이다. 즉 그들은 신제품 개발 컨셉트와 로드맵이 구축되고 난 이후 개발을 위한 실행단계에서 그에 맞는 부품이나 소재를 탐색하거나 개발 의뢰를 하기에 그렇다. 이러한 상황하에서 기존사업에 이어서 차세대의 신제품을 계속 출시하여 성과를 창출 하려는 중소기업들에게는 사전기획과 기술력 확보 사이에서의 시간적 갭(Gap)이 발생되고 그러한 기회에 적절한 대응이 어려울 수 있다. 그래서 사전에 대기업이나 선도형 기업이 추구하는 신사업 추진에 대한 동향과 활동을 사전에 인지하여 선행적 연구활동을 추진하지 않는 경우는 아예 그들과의 협력이나 개발 파트너쉽을 가질 수 있는 기회가 오지 않는다.

특히 오늘날과 같이 제품의 라이프 사이클이 짧아지는 경우에는 더욱 심각하게 작용하게 된다. 흔히 정보통신 산업을 중심으로 제품 라이프 사이클(Life Cycle)은 개략 6개월 남짓이고 그 또한 점차 더 줄어들고 있다고 한다. 이는 연구개발의 견지에서 볼때, 경쟁사 보다 3개월 빨리 신제품을 출시하는 경우와 그 반대로 3개월이 지연되어 출시할 경우에 대해서, 전자는 선순환 사이클에서 지속적으로 매출과 수익성을 확보할 수 있지만, 후자의 경우는 몇배의 노력에도 불구하고 매출과 수익성을 확보 하는 것에 어려움을 겪을 수 밖에 없을 것이다.

하나의 신제품에 대하여 기술의 선행개발을 통하여 기초 기술력과 생산성을 확보해 놓지 못한다면, 불과 6개월 동안의 생명력을 가진 제품이 사업에서 성과를 올리기는 만만치 않다는 의미이다. 즉, 사업의 초기에 불량율을 낮추거나 생산성을 확보하는 등 그 해결책을 가지지 못하고, 기본적기술개발이나 생산성 확보를 위한 활동에 에너지를 낭비한다면, 6개월 동안의 사업에서 수익을 기대하기는 어렵기 때문이다.

신사업이나 신제품에서 가장 중요한 것이 초기 사업에서의 고객의 확보와 고객의 니즈(Needs)에 부합하는 기술력을 사전에 개발해 놓는 것이 무엇보다 필요하다.

상황의 중요성에도 불구하고 현재 국내 대부분의 중소기업들은 이에 대하여 심각하게 고민하고 있지 못한 것이 현실이다.

3. 신사업 · 신제품의 개발과 성공요인(KSF)

기업은 지속적으로 발전해야 하고, 한시도 성장을 멈출 수 없는 살아있는 유기체(有機體)와 같다. 그래서 일상적 경영 활동의 핵심은 기업이 미래에도 존속하고 생존하기 위한 '신사업 · 신기술의 개발'을 멈출 수 없는 것이다.

과거 한 조사에 따르면(The Living Company, Harvard Business School Press, Arie de Geus 1997), 기업의 평균 존속기간은 12.5년, 그리고 해당 기간 동안 제품 · 서비스의 생명력은 6~36개월로 분석되었는데, 이는 기업이 해당 존속기간 동안에 4~25개 정도의 신제품 · 신서비스(이하 신제품에 포함)를 개발하였다는 것을 말하고 있다. 이러한 조사결과가 우리에게 던져주는 의미는 무엇일까? 이에 대한 해답을 기업의 성장형태 관점에서 생각해면, 두가지로 접근해 볼 수 있다. 그 첫번째는 사회의 전반적 발전에 따라 시장 규모가 커짐으로써 기존 사업영역에서 특정 기간마다 추가적 매출을 확보하는 경우와, 두번째는 기업이 기존에 추진하지 않았던 새로운 사업을 통하여 추가적 매출을 획득하여 성장하는 형태 등이 그것이다. 여기서 매출의 획기적 증가와 고수익이 창출되는 구조는 대부분 신사업이나 신제품에서 발생된다. 즉, 두번째의 모형이라는 것을 우리는 이미 알고 있다. 그러면, 앞서 조사된 기업의 평균존속기간 동안 창출된 신제품이 4~25개 그 이상을 개발하여 사업을 추진한 기업은 수익성은 물론 그 생명력 또한 더욱 길었을 것이라는 점을 우리는 충분히 유추할 수 있다.

그러나, 신사업 · 신제품의 발굴과 개발이 사업적으로 성공하기 까지는 수많은 난관들이 존재하고 미래의 시장과 기술 등의 불확실성(Uncertainty)은 이것에 대한 도전을 두렵게 하고 있다.

그럼, 기업이 신사업을 추진함에 있어 그 성공을 결정하게 하는 조직 내부의 주요 요인(Internal Critical Success Factor)은 어떤 것들이 있을까? 그것을 다음의 몇가지로 정리해 보자.

첫번째는, 어떤 형태의 사업이나 기술 역량의 향상에 있어서도 무엇보다 우선시 되는 요인은 역시 내부 인적자원(Human Resource)에 대한 것이라 할 수 있다. 여기에는 신기술을 개발하는 연구책임자의 사업가적 시각과 새로운 시장과 고객에 대한 지식, 다양한 네트워크 구성 역량, 그리고 우수한 역량을 보유한 핵심인력을 확보하고 관리 · 운용하는 능력들을 포함한 것을 말한다.

내부 인적자원의 두가지 축에서, 먼저 연구개발자는 '열정', 포기하지 않는 '집요함', '긍정적 연구자세'가 기반이 되어야 하며, 다음은 '경영자' 혹은 '경영자의 관심'에 대한 것을 곱을 수 있다.

중소 · 중견기업(Small and Medium-sized Enterprise)의 경우에서는 CEO를, 그리고 중견기업 이상 대기업에서는 CEO를 중심으로 사업부장, 연구소장 등 경영층의 전략적 시각의 일관성과 그에 따른 조직적 지원과 약속(Commitment), 그리고 연구개발의 진행 과정과 순간에 대한 지속적 관심을 들고 있다.

두번째는, 경영자들의 공통되고 일관된 전략적 마인드(Mind)가 확보된 가운데 합의된 명확한 세부전략이 있어야 한다. 여기에는 기존사업을 포함하여 새로운 사업의 추진을 위하여 중장기 환경예측에 따른 제품개발/출시계획 및 컨셉(Concept)의 적용 등 제품 파이프라인(Pipeline)의 구축과, 이에 대응한 핵심기반기술(Core Technology Platform)의 개발 및 확보계획, 그리고 구매, 생산, 마케팅 등 관련 기능들의 연계를 위한 구체적인 계획 등 세부 활동들의 일관성이 전제되어야 한다. 이는 시장의 선행적 기획과 대응을 위한 유관 조직 기능간의 관심과 지식의 공유가 사전에 합의되어야 한다는 것을 의미한다.

세번째는, 이러한 사전 기획과 R&D 활동과정에서, 그리고 연구개발의 결과가 글로벌 시장에서 사업적 성과로 이어지기 위해서는 다양한 글로벌 기업과 연구기관 등과의 네트워크가 필수적이다. 오늘날 사업이 국내 시장에 한정되지 않는 한, 시장을 보는 시각이 내부자에 포커스 되어서는 안되며, 글로벌 시장 · 기술의 관점에서 함께 고민하고 챌린지할 외부의 전문적 조직과 사람을 확보하여 이들과의 정기적 교류가 필요하다. 그런데, 이러한 글로벌 관점에서의 조직적 · 인적 네트워크를 구축하기 위해서는 그 대상 신사업 · 신기술은 한세대를 앞선 것이어야 한다.짧은 기간내 사업적 영향력을 가질 수 있는 사업이나 기술 아이디어라고 한다면, 우선 '협력'보다는 '경쟁'관점에서 바라보고 접근하기 때문에 그렇다.

네번째는 신사업을 추진하는 기업의 문화와 풍토에 대한 것이다. 기업내 경영층에서부터 하부의 각 기능조직에 이르기 까지 서로 개방적 사업기획과 연구개발 활동이 진행될 수 있고, 외부적으로는 글로벌 네트워크 구축을 비교적 쉽게 추진할 수 있다면, 그 조직은 새로운 사업을 전개할 수 있는 충분한 문화와 토양(체계와 인프라, 의사소통의 분위기 등 포함)이 갖추어져 있다고 판단할 수 있다. 그러나, 새로운 것에 대한 투지 리스크(Risk)의 두려움과 다른 조직의 견제로 인한 지식과 정보 공유의 차단 등 새로운 도전을 원천적으로 어렵게 하는 문화를 가진 기업들이 많은 것이 국내의 현실이기도 하다.

	1차 분류 Factor	2차 분류 Factor
내부적 성공요인 (Internal Success Factor)	인적 자원(Human Resources)	조직적 약속(Commitment)
		기업가 정신(Entrepreneurism)
		팀웍 구축 스킬(Teamwork Skill)
		관리 기법(Management Skill)
	제품(Products)	중장기 제품 파이프라인 (Number of Product in Pipeline)
		핵심기술 플랫폼(Strong Platform)
		시장 니즈(Unmet Needs)
		마케팅(Marketing)
	네트워크(Networking)	과학적 지식(Academia)
		대형 기업(Big Pharma)
		글로벌 파트너(Foreign Partner)
	기업 분위기(Company Climate)	

표 1. 내부 핵심 성공요인(Critical Success Factors) - 바이오 의약 사업(보기)
출처 : Critical Success Factors in Biopharmaceutical Business, Tanja Rautiainen, TEKES, Technology Review 113/2001, Helsinki 2001,

이상에서 살펴본 신사업에서의 핵심 성공요인들 이외에, 신사업·신제품 개발에 성공한 기업들을 분석해 본다면, 더욱 많고 다양한 요인들의 사례는 확인할 수 있겠지만, 위의 4가지에서 크게는 벗어나지 않을 것이다.

4. 신사업 · 신제품의 추진과 핵심기술

'성장과 개발((Growth&Development)'은 미래를 위한 전략(Strategy)과 준비(계획과 실행, Plan&Do)라는 의미가 함께 내포되어 있어 기업경영에서는 매우 중요한 키워드(Keyword)라 할 수 있다. 반면, '현재'라는 단어에는 곧바로 치열한 경쟁과오늘이 지나면 진부해 지는 기술, 기능 등의 '쇠퇴'라는 상황을 느껴 지게 한다.

이는 오늘날의 경영환경이 급격하게 변화하고 그와 더불어 기술이 빠르게 발전하고 있다는 의미를 반둥하고 있기도 하다. 하지만, 이 의미들에 대한 대부분 기업들의 대응이 상시적으로 이루어 지지 않고 있다는 점은 얼마나 이들의 중요성이 쉽게 무시되거나 간과될 수 있는가를 단적으로 말해 주고 있다.

몇해전 한 분석 자료에 따르면(Harvard Business Review May 2006), 세계적인 대기업들 중에서도 제품이나 서비스의 품질력을 인정받으면서 지속적으로 성장하고 있는 기업이 그리 흔하지 않다는 것을 알 수 있다. 과거 20년간(2005년 기준) 포춘(Fortune) 500대 기업중에서 '상시적으로 사업전략과 구조를 고도화' 시키는 기업의 생존과 그렇지 못한 기업의 비교에서, 약 25% 이상의 기업이 이전 10~20년 동안 '사라지거나 새로운 기업으로 대체(도산 및 피인수)'되고 있음을 말해 주고 있다. 기업의 장기적 생존 여부는 지속적 혁신과 사업구조의 변혁, 그리고 신제품과 신기술 등에 대한 도전을 필연적 과제로 강요하고 있는 것이다.

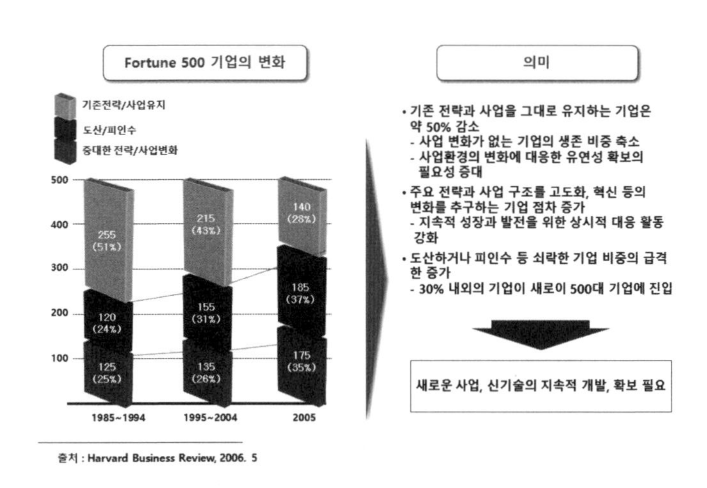

그림 13. 포춘 500 기업의 변화와 의미

여기서 신사업의 전개과정 또한, 충분한 자원과 강력한 조직력을 기반으로 하는 대기업의 경우는 기존전략에서의 변화 없이도 혹은 평소의 경영활동만으로도 적절한 기간 동안 생존의 가능성이 있지만, 자본력이 상대적으로 취약한 중소·중견 이하의 기업에서는 상시적 혁신 활동과 성장을 위한 지속적 신사업의 탐색과 추진 활동이 적극적으로 전개되지 않으면, 생존이 어렵다. 여기에는 소위 M&A와 사업 다각화 등의 대규모 투자가 필요한 사업을 추구하는 것 역시 현실적으로 어렵기 때문이다.

그래서 이들 중소기업들의 성장은 기술개발에 대한 선행 투자를 중심으로 기술을 기반(Technology-based)으로 사업을 추구하는 모형이 바람직하다고 할 수 있겠다.

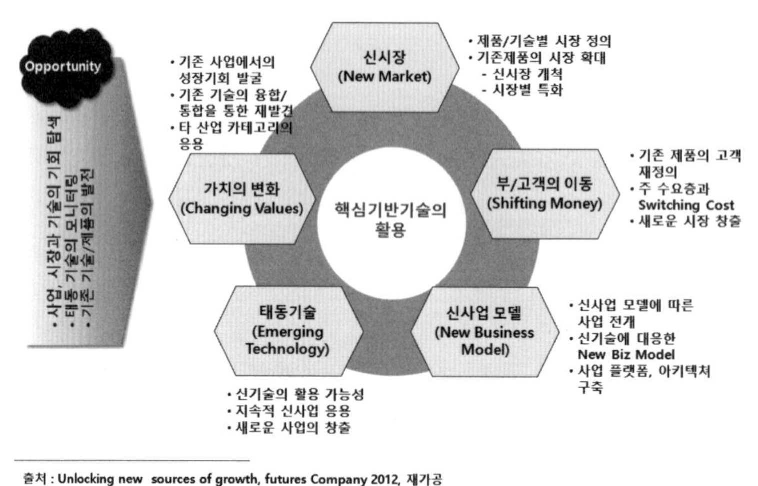

출처 : Unlocking new sources of growth, futures Company 2012, 재가공

그림 14. 신사업 · 신기술 발굴의 주요 관점

이러한 작은 기업이 새로운 성장 사업을 탐색하거나 도출하기 위해서는 다양한 방법(Methodology)과 툴(Tool)들이 있겠지만, 크게 다섯 가지의 측면에서 접근 형태를 고려해 볼 수 있다.

먼저, 신시장(New Market)을 창출하여 사업을 전개하는 모형으로 여기에는 기존 제품에 새로운 성능이나 기능을 더하여 시장을 완전히 변화 시키거나, 물리적으로 새로운 지역을 대상으로 사업을 전개하는 활동을 들 수 있다. 초기 제품이 국내 등 특정 지역에 한정되어 있다면, 사업의 확대와 성장을 위한 가장 우선적 활동이 바로 물리적 시장 자체를 다변화하는 경우가 여기에 해당된다. 그러나 지역적으로 환경과, 사용 습관, 그리고 국가별 정책이나 법규 등에 따라서 대응해야 하는 요인들이 매우 다양하고 때에 따라서는 기술을 완전히 새로 개발해야 하는 경우도 있을 수 있다는 점을 주의해야 한다.

두번째는 부의 이동(Shifting Money) 혹은 소비계층, 소득계층의 변화에 따라 사업 유형과 소비의 결정권에 변화가 발생하는 상황에 대응하여 신사업을 전개하는 형태를 말하는데, 이는 세계 경제, 문화, 생활 등의 변화가 고객층의 구조를 변화시켜, 세대간의 구성과 주 소득과 소비계층의 변화를 부채질 하는데에서 기인된다. 즉, 과거의 경우 소득과 소비에 대한 주체가 주로 30~40대였지만, 오늘날은 50~60대 이상이 소비의 결정권을 가지고 있다는 것이 하나의 보기라 할 수 있다. 기존의 제품 시장은 이러한 지역별, 산업별 혹은 문화권별로 서로 다른 형태로 변화할 수 있다는 점을 주의 깊게 보면서 신사업을 발굴할 수 있다는 점이다.

세번째, 새로운 사업 모델의 창출에 대한 것인데, 이것은 현재는 없는 전혀 새로운 사업구조를 창조하거나 기존 사업들을 조합, 통합하여 사업모델을 재구축하는 경우를 말한다. 사업모델은 동일한 기술을 바탕으로 같은 목적기능 하에서 생산되었다 하더라도, 사업모델을 어떻게 구축하느냐에 따라서 그 산업적 파급력과 시장의 규모는 비교할 수 없을 정도로 다른 경우들도 있다. 가령 과거 MP3 플레이어가 좋은 보기가 될 수 있는데, 엠피맨, 아이리버 그리고 초기의 아이팟(iPod) 등 단순히 음악을 재생하기 위한 초기 기기와 이후 컨텐츠(Contents)의 중요성과 불법 복제의 우려로 '게임의 룰'이 변화 되면서, 새로운 사업 플랫폼(Platform)으로 발전하여 새로이 구축되면서, 완전히 다른 체계의 사업으로 발전한 경우를 말하고, 이것이 오늘날의 애플(Apple)로 성장시키는 계기가 되기도 하였던 것을 우리는 기억한다. 즉, 다양한 사업 모형으로부터 새로운 사업의 기회를 얼마든지 생각해 볼 수 있다는 점은 매우 중요하다고 하겠다.

네번째는, 태동기술로부터 적용 가능한 신사업을 발견하거나 기존사업을 재도약 시키는 경우를 들 수 있다. 새롭게 떠오르는 기술은 항상 관심과 경계의 대상이라는 것을 우리는 잘 알고 있다. 새로운 기술은 기존의 사업을 더욱 발전시키고 산업에서의 자리를 확고하게 해 주기도 하지만, 산업 자체를 완전히 없어지게 하거나, 경쟁력을 크게 위축시키기도 한다. 소위 파괴적 기술(Disruptive Technology)과 같이 초기 기술 성능이 기존의 기술력에 못 미친다고 해서 혹은 가격경쟁력이 열세에 있다고 해서 소홀하게 취급하거나 성공 가능성에 대하여 낮게 평가할 수 있다. 태동기술은 항상 새로운 사업으로 발전할 수 있는 가능성이 있기 때문에 지속적인 연구와 탐색활동이 필요하다.

다섯번째는 가치의 변화에 대한 것이다. 기존의 사업이나 기술이 이미 사장되었거나, 다른 경쟁기술에 의하여 대체된 경우에 대해서도 기술의 업그레이드를 통하여 가치의 혁신을 이루어 사업을 창출하는 경우를 말한다. 신사업이나 새로운 기회를 창출하는데 있어서 또한가지 간과해서는 안되는 부분이 바로 기존의 기술이나 제품에 대한 가치를 변화시킬 수 있는 아이디어의 접목 활동이 중요하다. 모두가 새로운 기술이나 모델에 억매여 있을 때 과거 실패한 기술이나 제품에 대한 컨셉을 다시 리뷰해 봄으로써 새로운 사업의 아이템을 구체화 하거나 기존의 사업을 업그레이드 할 수 있다는 점이다.

기업이 이러한 신사업이나 새로운 성장 사업을 발굴·추진함에 있어 그 접근방법의 여하와 관계없이 무엇보다 중요한 점은 내재화된 강력한 핵심기술력이 기반이 되어야 한다는 점이다. 시장이 변화하고 고객이 변경되거나, 기능이 변화 혹은 융합, 통합 된다고 하여도 경쟁의 우위와 제품기술의 원활한 응용 역량은 결국 '기술'에 있기 때문이다.

5. 신사업 · 신제품 발굴형태와 프로세스(Process)

기업경영에서의 치열한 경쟁환경은 새로운 개념의 제품이나 서비스에 대한 개발 경쟁을 더욱 가속화 시키고 있고, 이는 과거의 신제품(서비스 포함) 개발의 타임 프레임(Time-frame) 처럼 2~3년 앞을 대비하는 연구개발 전략으로는 경쟁의 우위에 설 수 없게 하고 있다.

그래서 경쟁자 보다 한발 앞선 새로운 사업이나 제품의 발굴과 추진은 매우 중요한 기업 활동의 하나로 자리잡아 가고 있다. 오늘날의 경영환경과 그에 따른 경영전략의 Keyword로 《토끼와 치타와 같은 '스피드(Speed) 전략'이 필요하다》며 얼마전 진대제 前 정통부 장관은 설파한 바 있다. 그만큼 사업의 기획에서부터 실행에 대한 프로세스가 효율적으로 운영되어야 하고, 기술개발의 가능성과 시장성 등에 대한 검증이 빠르게 진행되어야 하는 것을 의미하기도 한다.

우리가 알고 있는 신사업/신제품(혹은 서비스)을 발굴하는 형태에는 크게 두가지의 접근방법이 있다.첫번째 방법은가장 전통적인 형태로 우선 사업 영역(Domain)을 명확히 하고, 그 영역내에서 구체적 사업 대상, 즉 신제품이나 사업 아이템(Item)을 도출하는 방식이다. 여기서 신규 사업영역이란 그 기업이 도전해야 할 신사업들이 포지셔닝(Positioning)하고 있는 영역이다. 즉 어떤 전장(戰場)에서 사업을 영위할 것인가 하는 대상 영역을 정의한 후 그 범주내에서 새로운 사업을 도출해 내는 것이다.

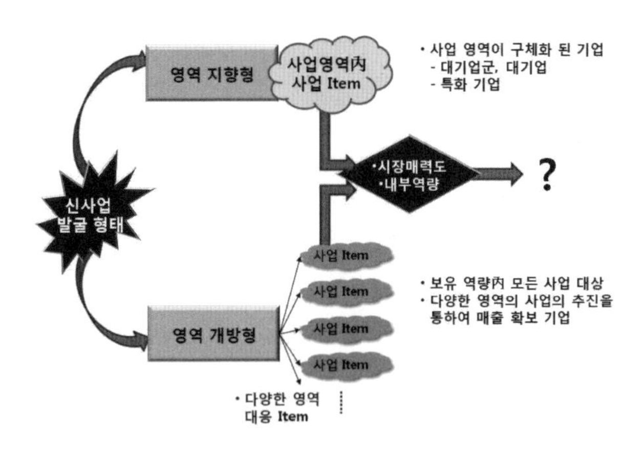

그림 15. 신사업 발굴의 접근 형태

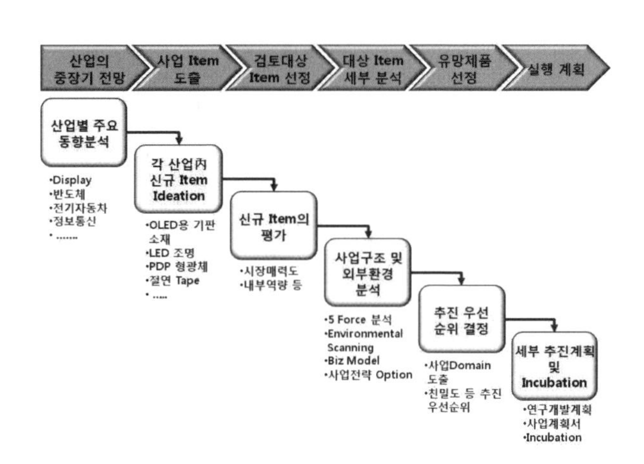

그림 16. 신사업 발굴과 추진 Process

두 번째 형태는 신사업 영역이 이미 오랜동안 구체화 되어 있거나 자신이 할 수 있는 역량이 주로 기술중심으로 정의되어 있거나 혹은 아주 드물긴 하지만 모든 영역에 대하여 신사업의 가능성을 항상 열어 두고 있는 경우인데, 보통은 조직 내외부의 다양한 아이디어를 바탕으로 새로운 사업이나 제품(서비스)를 발굴하여 추진하는 형태라 할 수 있다(예3M등).

물론 이 두가지 형태는 사업영역 내 · 외부를 막론하고 자신들이 준비하는 사업들을 전체 List-up하고, 대상 신사업 · 신제품에 대한 평가 기준을 통하여 자사에서 추진할 수 있는 사업을 선정하거나 우선순위를 정하게 된다.여기서 우리가 가장 중요시하게 여겼던 평가항목은 보통 시장 매력도(Market Attractiveness)와 내부역량 인데, 그 중에서는 특히 시장 성장성(CAGR)과 크기(Size), 그리고 경쟁상황을 등을 고려하여 평가 하는 것이 일반적이다.

이상에서 언급한 두가지의 신사업 발굴 형태에서 혁신의 본질은 그 추진대상인 신사업 · 신제품(신기술)은 결국 개인의 창의성에 기반한 독창적 아이디어의 발굴(Idea Generation) 활동에 있다는 점이다. 그리고 그 이후 단계에서는 다양한 정보 소스나 분석 결과로 정의된 제품(서비스)이나 사업 모델을 구체화하는 것과 아이디어의 보완, 심의, 수행, 검증 및 완료 과정에서의 의사결정이 얼마나 신속하게 추진되는가 하는 것이 중요한 요소이다.

보통 아이디어의 발굴은 아이디어를 가진 사람, 즉 전문가의 수준에 의하여 그 질(Quality)이 결론 나게 된다. 그러나 이를 위하여 수준 높은 전문가를 별도로 확보하는 것은 대다수의 기업들에서는 생각하기 조차 어려운 것이 현실이다. 그래서 현재 기업내부의인적자원을 활용하여 이러한 전문가적 아이디어를 '어떻게 도출하고 확보할 것인가?'에 대하여 많은 고민들을 하고 있는 것이다.

일반적으로 기업내 연구원들이 자신의 기술분야 이외 다양한 애플리케이션(Application)과의 연계성이나, 사업적 임팩트(Impact), 그리고 시장이나 외부환경을 종합적으로 분석하고, 판단하는 것은 매우 어려운 일이다. 그렇다면, 다소 명중률은 낮아 지겠지만 그러한 복합적인 지식에 기반하지 않더라도 개인의 전문성과 호기심에 기반한 아이디어를 도출하고 그 결과를 신속히 활용할 수 있으면 향후 사업적으로나 기술적으로 파급력을 가질 수 있을 것이다. 결국 전문가의 양적인 한계성을 극복할 수 있는 방안은 내부 연구자를 중심으로 연구원 자신의 전

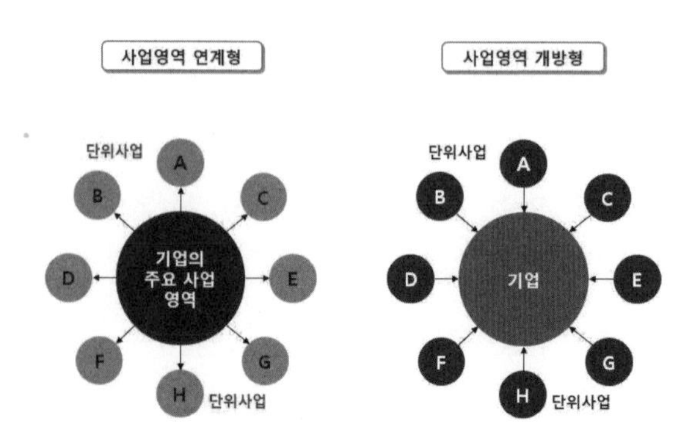

그림 17. 아이디어의 역할과 Position

문성에 기반하여 흥미있는 부분에 집중할 수 있는 기회를 주거나, 연구개발 혹은 사업의 추진 과정에서 나타난 이슈(Issue)에 대하여 빨리 검증할 수 있도록 한다면, 굳이 전문가 집단을 별도로 활용하는 것과 동등한 효과를 보일 수 있을 것이다.

오늘날 우리에게 혁신기업의 대명사로 여전히 그 명성을 유지하고 있는3M의 경우를 살펴 보자.

이 회사는 1902년 설립 이후 강옥(Corundum)을 채취하여 사포(Sand paper)를 만들기로 하면서 사업적으로 어려움을 겪다가, 다시 생산 시설을 매입하는 등 재투자에 힘입어 사업을 추진할 수 있었다.이후 마스킹 테이프(Masking Tape)와 셀로판 테이프(Cellophane Tape)의 개발로 성장의 발판을 마련하게 되었던 것이다. 이후 3M은 혁신 활동에 대하여 사활을 걸고 추진을 한 것이다. 소위 "Innovation or Die"라는 슬로건 하에서 말이다.

우리가 익히 알고 있는 바와 같이 1948년 처음으로 내부 연구원들에게 15% 프로그램(15 percent Rule)을 도입하였다.이것은 자신의 정해진 일과 시간중 15%를 개인적인 연구활동에 활용할 수 있도록 한 것이다. 즉, 당시 어려운 경영 여건의 타개를 위한 혁신적 연구활동이 필요했던 것이었다.

이의 성공 모형은 이후 구글(Google)이나 휴렛 패커드(HP)등의 기업들에서 '20% Rule' 등 자사의 고유 활동의 이름으로 응용하고 있다.

이 회사 성공의 아이콘으로 알려져 있는 '포스트잇(Post-it)'의 개발 배경에 대하여 정리해 보면, 포스트 잇에 활용 된 접착물질은 1964년 아더 다니엘스 미드랜드(Arthur Daniels Midland)라는 기업에서 기초물질을 개발하여 그것의 양산성 테스트를 위하여 3M에 의뢰하는 과정에서 개발된 것이다. 즉 모노머(Monomer) 물질을 혼합 반응기에 대량으로 넣을 때 어떻게 반응하는가를 실험하는 것이었는데, 아마, 우리의 경우도 이와 비슷할텐데, 중소기업 혹은 후방산업 등에서 개발한 부품이나 소재의 경우, 그 전방산업의 시스템이나, 모듈에 적용이 가능할 것인가에 대하여 테스트(Test) 혹은 평가를 의뢰하는 경우와 유사한 것이었다. 즉, 스펜스 실버(Spencer Silver)라는 연구원이 그 아더 다니엘스 미드랜드에서 양산성 확인에 대한 의뢰를 받게 되었는데, 그 내용을 본 실버는 굳이 대량으로 반응을 시켜보지 않더라도, 그것은 이미 접착제로써의 주요기능인 접착력이 없어진다는 것을 알수 있었던 것이다. 이미 그 내용은 많은 논문들에서 '그러한 실험은 하지 말라'고 언급되어 있었기 때문이다. 그러나 실버는 자신이 직접 그 논문들이 제시한 내용들을 확인하고자 하였던 것인데, 즉그러한 개인적 호기심을 확인할 수 있도록 한 프로그램이 바로 '15% Rule'이었던 것이다.

그런데 이 실버의 물질에서는 독특한 기능이 하나 발견되었는데, 붙였다 띠었다 하여도 그 접착력은 거의 그대로 유지가 되었고, 특히 매우 깔끔하게 떨어진다는 점이었다.그래서 실버는 다른 사업부를 순회하면서 내부 마케팅을 추진하였다. 물론 당시 애플리케이션에 대한 아이디어는 '접착식 게시판(Sticky Bulletin Board)'이 유일한 것이었다. 이후(1974년) 아더 프라이(Arthur Fry)가 교회성가대의찬송가표시지가자꾸흐트러져매우 성가신 경험을 하면서 예전의 '실버의접착제'에대하여 생각해 냈던 것이다.즉 실비 이후 애플리이션(Application)을 생각해 내기까지 거의 10여년 동안 잠자고 있었던 소재였던 셈이다. 그리고 우리가 잘 알고 있는 것과 같은 포스트 잇(Post-it)이 개발되게 되었던 것이다. 물론 아더 프라이 역시 이15% 프로그램에 의한 Project의 수행을 통하여 제품개발에 성공하였다.

그러나 이와 같이 기업내에서 개인적 호기심이나 탐색을 위하여 일정의 시간을 할애 하는 것은 그리 만만한 일은아니다. 그것은 오늘날의 연구개발이 기업의 성과향상이나 현 사업에 대한 지원과 밀접하게 연관되어 있기도 하고, 조직의 목표에 대한 일사분란한 활동을저해한다고 생각하기 때문이다. 특히 대기업의 경우에서는 조직의 오래된 체계의 고착화가 이를 어렵게 하기도 하고, 중소기업의 경우라 하더라도, 우선 정해진 일정내 시급하게 출시해야할 제품의 개발에 박차를 가해야 하기 때문에 이러한 부분에 까지 신경을 쓰는 것은 매우 어려운 것이 현실이기 때문이다.

그러나 전략적 방향이 결정되고, 새롭고 다양한 아이디어가 다양하게 창출되고, 그러한 새로운 사업이나 기술에 희망을 걸고자 한다면, 이러한 프로그램에 대하여 충분히 검토하고 내부 실정에 맞게 내제화 할 필요가 있을 것이다. 위에서 언급된 구글(Google)이나, 휴렛 패커드(Hewlett-Packard)사 등 소위 혁신적 기업들이 이러한 프로그램을 활발하게 적용하고 있다는 점에서 그 필요성을 간과할 수 없기 때문에 더욱 그러하다.

6. 핵심역량 기반의 신사업 · 신제품 전략

오늘날 많은 사람들은 여전히 '누구를 가장 존경하고 닮고 싶어하는가?'라고 질문에 대하여 흔히들 안철수 교수, 빌 게이츠(Bill Gates) 마이크로소프트 회장, 스티브 잡스(Steve Paul Jobs) 애플의 전CEO 등의 이름들을 거론한다.

이들에게는 무슨 공통적 매력이 있는 것일까? 아마, 많은 공통점이 있겠지만, 객관적으로 나타나는 몇가지 특징으로 꼽는다면, 이들은 모두 기술자이면서 엔지니어로써 창업을 하였고, 그리고 기업 경영을 통하여 자기분야에서 최고의 자리에 올랐다는 점을 먼저 생각해 볼 수 있을 것이다. 또한 이들-엔지니어나 기술자-은 독특한 영역에서 최고의 전문적 역량을 확보하고 있다는 의미이기도 하다.

여기서의 전문적 역량, 혹은 핵심역량이라는 말은 게리하멜(Gary Hamel), 프라헬라드(C. K. Prahalad) 등 학자들에 의하여 경영학의 의미로 자리잡아 왔다. 1997년 2월 Mckinsey Quarterly에서 하버드 비즈니스 리뷰紙(Harvard Business Review)를 재 인용하여 'Is your Core Competence a mirage?'라는 제목하에 소개되면서, 한 시대를 풍미하는 경영학 용어로 자리 잡았고, 우리는 코아컴피턴스 경영혁명(Competeing for the Future), 꿀벌과 게릴라(Leading the Revolution)를 통하여 그 개념들을 이해해 왔다.

그 이후 2005년, '블루오션(Blue Ocean) 전략'이라는 책이 출간되면서, 각 기업에서는 새로운 블루오션 제품의 개발을 위하여 많은 활동들을 추진한 경험들이 있을 것이다.이 역시 그 이전시대에서의 핵심역량(Core Competence)라는 말과 그 맥을 같이한다. 이 핵심역량에 대하여 프라헬라드(C. K. Prahalad)는 다양한 기술과 시장에서의 경험, 그리고 경험에 의한 직관 등이 창의적 조합 및 조화된 기능으로 발전될 때 생성된다고 이야기 하고 있다.

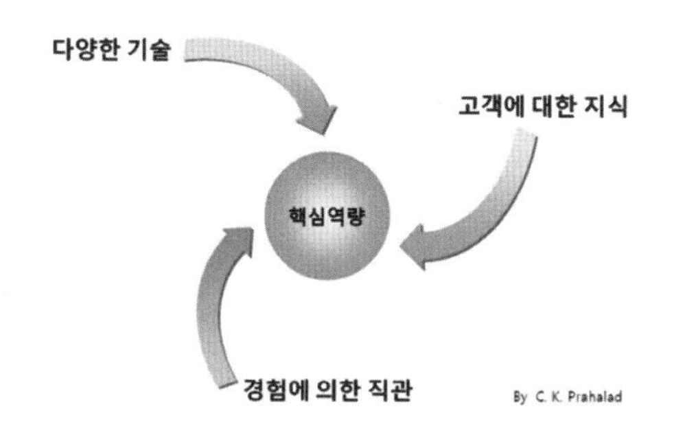

그림 18. 핵심역량의 생성

핵심역량 혹은 블루오션 사업을 기반으로 100 여년 이상 사업을 영위해 오고 있는 기업들이 일본, 유럽 등에는 많이 있다. 우리는 이들의 제품이 그리 화려 하지도, 그리고 엄청나게 비싼 제품이거나 혹은 아주 비밀스런 제품이나 기술이 아니라는 점을 알고 있다.

『일본의 건설사인 '공고구미(金剛組)'는 서기 578년에 설립된 회사로 올해로 1,428년째를 맞는다. 공고구미는 백제의 목수 유중광이 일본에 정착하며 시텐노우지라는 절을 지으면서 설립되었는데, 주로 사찰과 성곽을 건축하고 유지보수를 하는, 즉 특화된 건설업체이다. 그 예로 지난 1995년 고베대지진 때에도 이 회사가 지은 사찰 대웅전은 무사했다고 한다. 또한 영국에는 1541년 세워진 모직물회사 '존 브룩'이 있으며, 네덜란드에는 1554년 설립된 비누제조사 '데베르굴데한트' 그리고 중국에는 우황청심환으로 유명한 동인당 약국이 1669년부터 현재까지 이어져 오고 있다』(출처 :100년 기업의 조건, 케빈 케네디, 2004년).

우량 기업들은 그들이 생산하는 제품이나 서비스에 핵심역량이 녹아 있어, 그것이 자신들의 제품이 시장에서 경쟁우위를 유지하는 첫째 조건이라고 이야기한다. 이러한 핵심역량이나 지식은 물론 사람에게 귀속되어 있고, 한 제품이나 기술이 오랜 세월에 걸쳐 축적되어 발전된 것이다.

우리는 그동안 수많은 경영 이론과 기법들에 대하여 들어 오고 있다. 그리고 그러한 경영의 방법론과 키워드들 또한 시대에 따라 변화하고 발전한다는 것을 알고 있다. 1970년대는 로드맵(Roadmap)과 포트폴리오(Portfolio), 1980년대 와서는 포터의 경쟁 5원칙(5 Forces)과 그것을 활용한 산업구조 분석, 도미넌트 디자인, 그리고 1990년대 들어서는 여태까지 경쟁을 기반으로 하는 전략과 방법론에서 탈피하거나 혹은 넘어설 것을 주장한 블루오션(Blue Ocean) 이론이 있다. '블루오션(Blue Ocean)' 즉 경쟁이 없는 새로운 시장을 창출하여 독자적 사업을 추진할 수 있으면 안정적 수익의 확보는 물론 지속적 성장을 추구할 수 있다는 개념으로 이해되고 있다.

기업에서 신사업을 검토하거나 혹은 창업을 결정하는 근원에는, 자신의 사업 아이템(Item)이 매우 독창적이고, 확보된 기술력 또한 세계 최고라고 생각하고, 반드시 성공할 것이라는 확신과 더불어 블루오션 사업이 될 것이라는데 추호의 의심도 없기 때문에 결정하게 된다.

산업에 따라서 소위 도미넌트 디자인(Dominant Design) 제품・기술에 대한 형태는 매우 다를 수 있겠지만, 과거 엘리베이터(Elevator)에서부터 오늘날 스마트폰(Smartphone)에 이르기 까지 수많은 사례들이 존재한다. 하지만 이러한 소위 '블루오션형 사업・제품'들도 오늘날에 와서는 그 가치와 진입장벽에 대한 시간적 한계가 과거와는 달리 현저히 짧아 지고 있다는 점을 간과해서는 안된다. 이는 결국 강력한 기술력을 기반으로 하는 핵심역량이 전제되지 못한다면, 사업의 시장적 장벽은 금새 사라지게 되고, 그 시간적 방어막 또한 순식간에 짧아지게 된다는 것을 의미한다.

'핵심역량(Core Competence)'은 블루오션이라는 개념이 탄생되기 이전인 1990년대 경영활동에서 대표적 키워드로 등장했던 용어이고, 그것은 기본적으로 '경쟁능력'과 '능력의 상대적 비교'를 그 바탕에 두고 있다.그러나 '90년대 후반에 와서 이 핵심역량에 대하여 실질적 가치와 그 활용에 대한 우려들을 주제로 논쟁과 주장들이 다루어지기 시작하였는데, 맥킨지(Mckinsey)의 '핵심역량은 신기루인가(Is Your Core Competence A Mirage)?'라는 리포트도 그 하나라 하겠다.우리는 기업에서 새로운 사업을 추진 하거나 기존 사업의 전략적 방향을 재정립하는 과정에서 가장 먼저 리뷰(Review)하는 두가지 포인트, 즉 시장 매력도(크기, 성장성, 파급력 등)와 나머지 하나가 바로 사업에 대한 글로벌 경쟁 역량이나 위치(Position)라 하여도 과언이 아닐 만큼 중요하게 다루는 항목이기도 하지만, 이 '핵심역량으로 도대체 무엇을 할 수 있는가?'라는 미래 지향적 활동에 대한 기본적 해답을 직접적으로 언급하기는 어렵다는 것이 한계로 지적한 것이다.즉, 기업 내부 핵심역량의 분석이 매우 중요하고 이것이 기반이 되어 향후 지속적인 성장이나 새로운 사업의 전개에도 필요할 것이라는 의미에서 수많은 자원과 시간을 투입하여 분석을 하였지만 정작 어디에 활용해야 할 지 모른다는 점에서 대두된 우려들이라 할 수 있다.

그래서 이제는 핵심역량의 분석을 기업의 중장기 경영목표 달성을 위해 필요한 '역량의 확보'라는 추가적인 개념을 포함하는 의미로 이해할 필요가 있다.이러한 미래지향적 '핵심역량'의 분석은 결국 경영목표의 달성에 대한 현재 역량의 격차(Gap) 분석을 통해 '어떤 활동이나 기능을 강화해야 할 것인가?'에 대한 명확한 방향을 제시해 줄 수 있기 때문이다.

일반적으로 '역량'이는 말의 사전적 의미는 '어떤 일을 해 낼 수 있는 힘' 이라고 정의하고 있지만, 기업 경영에서의 의미는 '기업이 사업을 추진하는 힘'으로 정의할 수 있고, 결국 기업의 주요 기능내 업무나 기능들간의 협력 혹은 조직 전반에 걸쳐(Cross-bundling) 있는 암묵적(Tacit)활동들이 그 기반이라 할 수 있다.

그래서 핵심역량의 분석을 위해서는 먼저, 내부 비즈니스 가치사슬(Internal Business Value-Chain)에 대하여 모든 활동들을 도출하여야 한다. 여기서 활동들은 각 제품이나 사업별로 모두 다르게 추진된 경우가 많기 때문에 명확하게 분

핵심역량 요소	판단 기준(Yes 또는 No)				* 선진사 (경쟁사) 대비 수준
	광범위 이용성	기능적 독창성	고부가 가치 제공	모방의 어려움	
1. Source의 확보(다양한)	?	?	?	N	1
2. 분석 Skill(Idea 형상화 및 평가)	Y	Y	Y	Y	2☆
3. 소비자 Benefit 설정능력	Y	Y	Y	Y	2☆
4. 중장기 Brand Management계획	Y	N	Y	Y	2☆
5. Time to Market(Coordination능력)	Y	N	Y	Y	4
6. 각 부문의 Target 품질 실현 능력	Y	Y	Y	Y	4☆
7. 품질 평가 능력	Y	Y	Y	Y	2☆
8. 제품 Naming	Y	N	N	?	3
9. 소비자가 Perception하는 Brand Image 분석/파악 능력	Y	?	Y	Y	3☆
10. 광고 Quality 제고	Y	Y	Y	Y	2☆
11. 다양한 홍보 전략	Y	Y	Y	N	2

표 2. 핵심역량 요소의 평가(C 사례)

* 5:World Wide Competitive, 4:Domestic Leader , 3:Domestic Strong, 2:So and So, 1:Weak

석해 보기 위해서는 각 제품이나 사업 단위를 세분화하고, 사업적으로 혹은 기술적으로 성공한 경우와 실패한 경우를 분리하여 도출해 보는 것이 효과적이다. 또한 현재 시점을 중심으로 분석할 것인가 혹은 미래 기업의 발전 방향을 목표로 분석할 것인가에 따라서도 구분하여 분석하는 것이 좋다. 통상 하나의 사업·제품에 대하여 약 50여개의 세부 활동들이 있을 수 있다. 이렇게 기업내부의 가치사슬을 중심으로 도출, 정의된 주요 기능과 활동에 대하여 핵심역량의 조건이라 할 수 있는 4가지, 즉 기능적 독창성, 경쟁자에 대한 모방의 어려움, 다른 사업이나 제품에의 활용에 대한 광범위 이용성, 그리고 수익 창출을 위한 고부가 가치 제공 등을 중심으로 판단의 과정을 거치고, 선진사 혹은 경쟁사에 대한 수준을 비교하여 주요 활동 여부를 최종 판단하면 된다. 이러한 과정을 통하여 현재와 미래에 필요한 핵심역량명(Name)을정의하게 되는데, 소니(SONY)의 '소형화(Miniaturization)'이나 캐논(Canon)의 '메카트로닉스(Mechatronics ; Mechanics + Electronics)' 등이 그 사례들이라 할 수 있다.

기업의 경영을 둘러싸고 있는 환경이 변화하고 그에 따른 전략이 변화하듯이 내부 핵심역량 역시, 산업의 발전과 변화 형태에 따라서 서로 다르게 대응해야 하기 때문에, 어제의 핵심역량이 오늘의 핵심역량이 되어서는 안되며, 지속적인 발전과 적응이 전제되어야 한다는 것이다. 그래서 현재 역량의 포지셔닝(Positioning)과 더불어 미래 사업과 변화된 전략에 따라 필요한 역량을 분석하여야 하는데, 이를 위하여 도출된 주요 활동들에 대하여 다시 적절한 평가를 통하여 현재 필요한 주요 활동과 향후 전략 사업 혹은 목표 달성에 요구되는 활동을 구분하여, 핵심역량・시장 매트릭스 분석을 통하여 중장기 사업목표에 대응할 수 있을 것인지에 대하여 확인하면 비교적 쉽게 우리의 현재 사업과 관련된 역량과 향후 추가적으로 확보해야 하는 역량을 분석 및 확인할 수 있다. 이는 핵심역량이 과연 '기업의 미래 성장을 담보할 수 있을까'에 대하여 핵심역량의 신규성 여부와 시장의 신규성 여부를 기준으로 포지셔닝(Positioning) 하면, 현재 사업의 지속적 유지와 경쟁우위를 위한 기능・활동 내용, 그리고 향후 중장기적 관점에서의 신사업이나 신시장의 대응을 위한 기능・활동에 대한 균형 여부를 확인할 수 있는 것이다.

기업의 핵심역량을 파악하는 것은 중요하지만 과거와 같이 그냥 파악하고 정의해 두는 것으로는 분석의 의미가 없다. 그것을 사업의 목표와 연계하여 보완・강화해야 하는 부분과 추가적으로 확보해야 하는 기능이나 활동을 찾아내고, 그 방안과 더불어 실행과 연계되어야 의미가 있다.

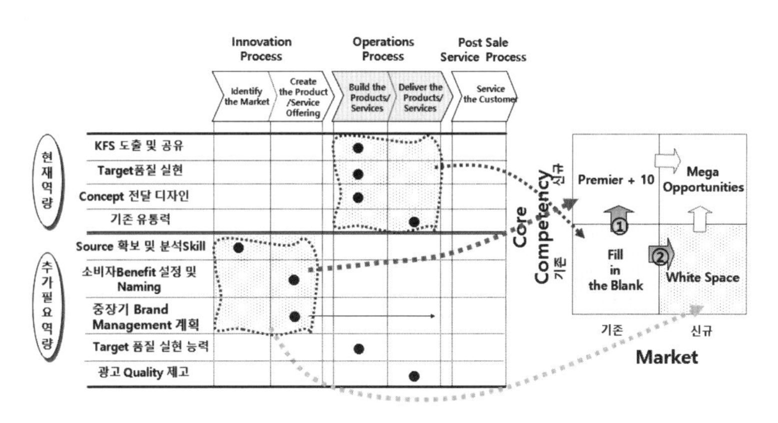

그림 19. 가치사슬에 대응한 역량의 포지셔닝(C 사례)

서두에서 언급된 바와 같이 '핵심역량의 분석을 통하여 무엇을 하고자 하는가?'에 대한 보완을 위하여 기업의 미래사업을 위하여 현재의 역량 수준과 목표 달성을 위하여 필요한 역량을 비교하고, 이에 대한 격차의 분석을 통하여 확보를 위한 활동 로드맵을 구축하고, 실행할 수 있는 자원의 투입이 진행되면 더욱 효과적이라 할 수 있다.

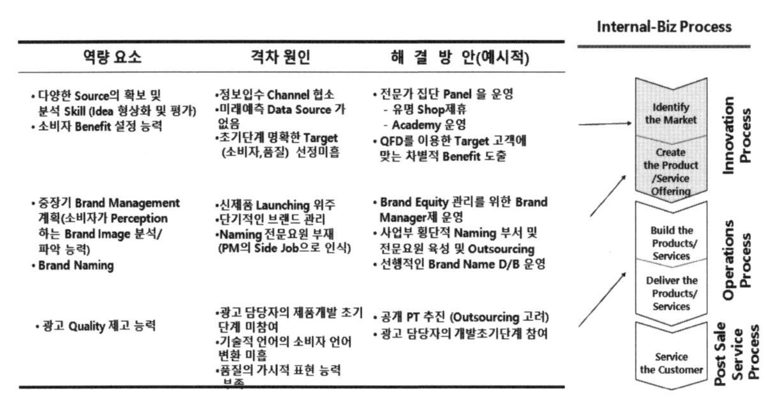

그림 20. 핵심역량의 요소별 격차 원인과 해결방안(C 사례)

7. 환경변화에 유연한 전략

오늘날 기업을 둘러싸고 있는 사업 및 기술환경은 과거와는 다르게 더욱 다양해진 변수들에 직면하고 있고, 더구나 그들의 변화 속도 또한 빨라지고 있어, 전략의 추진과 실행과정에서의 의사결정을 어렵게 하고 있다. 이러한 사업 · 기술에 영향을 미치는 외부환경인자들의 불확실성(Uncertainty)은 기획부서 등 한정된 일부의 기능조직만으로는 미래 예측이나 환경분석 등 대응에 한계가 있고, 내부의 다양한 기능부서와 전문성을 요구하고 있다.

즉 기존의 기술개발 패러다임 하에서와 같이, 제품의 품질이나 기술 자체에만 집중을 하여서는 미래의 시장이나 소비자 Needs를 만족시키기 어려워 졌다는 의미이다. 이제, 미래의 시장이라는 것은 각 지역 국가들의 정책과 법규, 환경문제 그리고 세계경제의 변화에서부터 소득수준과 가격 구조 등 다양하면서도 복합적

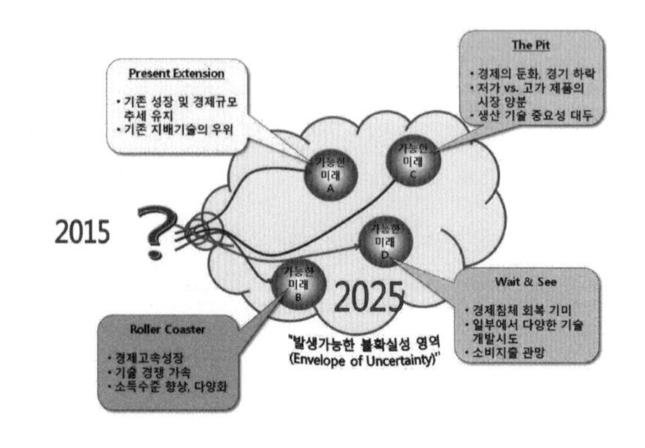

그림 21. 환경의 변화와 기술전략의 불확실성

인 요인들과 그들의 융합에 의하여 시장이 형성되고 성장이 결정되고 있기 때문이다.

이와 같이 역동적인 환경의 변화는 기업 경영의 측면에서는 미래의 신사업과 신제품을 어떻게 확정할 것인가 대한 고민을 증폭시키고 있으며, 특히 연구개발에서는 그에 따른 기술 대안(Alternative Technology) 들에서 '어떤 기술에 포커스(Focus) 해야 하는가'의 기술전략의 선택을 어렵게 하고 있다.

이러한 미래의 다양한 환경변화에 유연하게 대응할 수 있도록 하기 위해서 미래에 대한 예측역량을 강화하고, 시나리오 분석 체계(Scenario Planning)에 의한 의사결정 활동 등을 추진하고 있는 것이다.

시나리오 플래닝은 현재 우리가 추진하고 있는 사업 · 기술에서의 불확실성이나 환경의 급작스러운 변화, 그리고 다양한 신기술들간의 경쟁 구도에서 '어떤 기술에 우리가 집중해야 할 것인가?'에 대하여 미래환경의 다양한 변화가능성을 근거로 서로 다른 미래상황을 제시하고, 그 각각의 상황에 맞는 신제품과 신기술에 대한 개념을 명확히 할 수 있어, 결국 그 상황에 부합하는 다양한 전략적 선택안을 근거로 의사결정을 유도하기 때문에 그 결정의 질(質)을 높일 수 있다.

그러나 우리는 이와 같이 일상적인 신제품 기획 과정에서 명확한 시장 분석의 토대위에서 제품의 컨셉(Concept)을 구체화하고 기술전략을 수립하는 경우가 매우 드물다. 통상적으로는 전년도에 수립된 사업계획이나 매달의 매출계획과 실적 목표치에 따라 거의 반복적(Routine)으로 추진이 되고 있기 때문이다. 즉, '시장정보(Market Intelligence)'의 명확한 개념의 정립하에서 분석 활동이 진행되고, 제품의 기획과 출시가 이루어 진다.물론 제품의 형태 변화가 거의 없고, 기술의 변화 또한 급격하지 않은 경우에는 과거의 정보에 따라 진행이 되어도 무방한 경우도 있겠지만, 오늘날 대부분의 제품에는 사업 자체의 생사를 결정할 수 있는 다양한 환경적 요인의 발생과 새로운 기술들이 거의 매일 개발되고 있기 때문에 사소한 시장 정보의 누락은 자칫 사업을 치명적으로 몰아갈 수도 있다. 시장 성장과 소비자의 요구 변화, 기술 개발 동향이나 새로운 경쟁사의 등장 가능성 등 다양한 시장 정보에 대한 모니터링 포인트를 확보해 두지 않으면 안된다. 이러한 사업에서의 근원적 시장 정보의 분석 포인트가 없다면, 그 전략은 환경변화에 대한 대응력이 전혀 갖추어 지지 않은 소위 '사상누각형 전략'이라고 밖에 할 수 없게 되는 것이다.

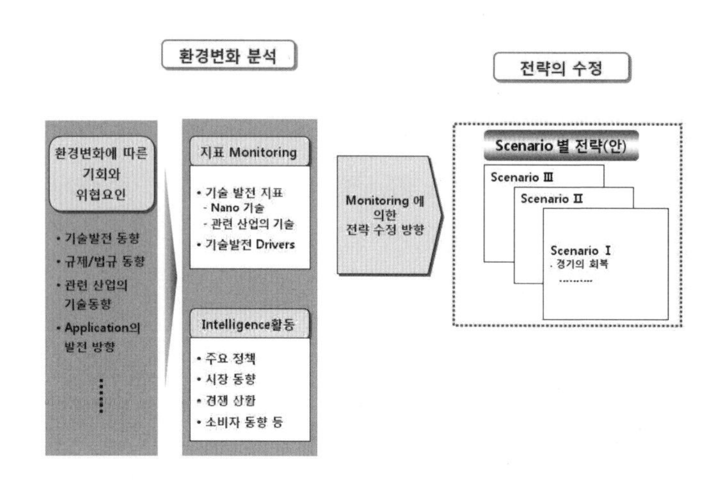

그림 22. 시나리오 플래닝에 의한 환경 모니터링과 전략 운영

우리는 오랜 기간 동안 한가지 사업에만 집중하여 느리긴 하지만 안정된 기반 위에서 성장해 온 기업들을 흔히 봐 오고 있다. 그 기업들이 가지는 공통적인 특징은 수십여년 이상 한가지 사업에 집중해 오면서 자신의 사업분야 대하여는 시장의 지식뿐 아니라 다양한 노하우, 그리고 전문적 기술역량을 보유하고 있다는 것을 알 수 있다. 그러나 이러한 기업은 기술의 변화가 심한 사업에서와 같이 신기술에 대한 개발 기회가 많고, 시기적절한 개발로 한 순간에 시장 점유율에서 우위를 차지하는 등 시장의 획기적 변화를 주도할 수 있지만, 기술 변화가 심하지 않거나 오랜 기간 동안에 걸쳐 시장의 질서가 유지되어 온 사업에서는 새로운 기술에 의한 기회가 그렇게 자주 오지 않는다. 하지만 이러한 사업에서는 한번의 기회를 놓치면 회복 자체가 어려울 수 있다. 그래서 추가적인 시장 점유율을 확보하는데 매우 많은 노력을 필요로 한다는 것이다.

그래서 이러한 기업들에게서는 항상 자신의 제품에 대한 생명력과 새로운 기술의 출현, 그리고 미래의 상황에 대응하는 예상 지배기술에 대하여 한단계 앞선 사전분석과 대응체계를 가지고 추진하여야 한다.

8. 혁신적 신사업 · 신제품 개발과 성공동인

기업은 궁극적으로는 성장과 발전을 전제로 경영활동을 수행하지만, 우선은 해당연도 혹은 중장기적 매출 목표의 달성과 그에 따른 수익성의 확보를 중요시 한다. 그러나 오늘날과 같은 불황기에서는 중장기적 경영목표는 고사하고라도 당장(월, 연도)의 목표를 달성하는 것부터 큰 어려움을 겪고 있다. 이러한 불황은 기업으로 하여금 '기존 사업' 영역에서의 시장 경쟁보다는 새로운 기능이나 성능이 강조된 신제품, 그 중에서도 소위 획기적 제품(Breakthrough Product)으로 성과를 이루고자 노력을 경주하게 한다. 여기서 우리가 흔히 말하는 신제품이나 서비스는 소비자로 하여금 그 동안 가져보지 못한 경험을 제공하거나 혹은 활용과정에서 더욱 높은 황홀함과 성과를 안겨줄 수 있는 것으로 정의해 볼 수 있는데, 그럼 사업에서 이러한 확실한 만족감을 제공해 줄 수 있는 신제품은 어떻게 그 아이디어(Idea)가 창출되고 개발될 수 있는가?

보통은, 그러한 혁신적 신제품의 개발과 성공을 위한 동인(Drivers)을 다음의 세가지로 정의하고, 또한 그들간의 조화에 의한 것으로 정리할 수 있다(What Drives New Product Development, 2001, 참조).

첫째, 사회・문화적 동인을 들 수 있는데, 이는 새로운 사업이나 제품, 혹은 기술에 대한 아이디어의 대부분이 과거와는 다른 사회적 혹은 문화적 현상에 따른 다양한 산업적 이슈로부터 창출된다는 것이다. 즉, 가족의 형태에 대한 변화, 건강과 장수에 대한 갈망, 그리고 각종 첨단 기기의 출현에 따른 생활의 변화, 국내외의 정치적 환경과 게임이나 스포츠를 포함한 엔터테인먼트 산업 등 다양한 환경인자들의 변화에 의하여 새로운 사업이나 기술, 그리고 신제품・서비스 등이 창출되거나 혹은 그것들에 의하여 시장의 요구 형태나 수준에 영향을 받게 되기 때문이다. 좀 더 명확히 정리하자면, 현재 우리 주변에서의 일상적 현상들에 대하여 그것의 과거(15~20년전의 상황이나 상태)를 돌이켜 같은 현상을 비교함으로써 트렌드(Trend)나 변화 방향을 분석해 볼 수 있으며, 그 트렌드와 방향에 연계된 산업적 이슈들로부터 새로운 제품 및 기술 아이디어를 도출할 수 있다는 것이다.

두번째는 새로운 기술 그 자체에 대한 것을 또한 주요 동인으로 볼 수 있는데, 이 기술은 일반적으로 사업의 기반과 시장 경쟁력의 근본이 되기도 하면서, 기업이 전략을 전개하는데 있어 가장 중요한 추진체로 작용되기 때문에, 이 기술역량이 내재화 되어 있지 못한 사업은 시장환경의 변화에 선행적・능동적으로 대응하기가 어렵다. 그래서 기술을 보유하지 못한 기업이나 사업은 장기적 관점에서 존립 자체가 불가능할 수 있다. 또한 신기술은 곧바로 새로운 산업을 일으키기거나 기존의 산업을 발전 혹은 부활 시키기도 한다. 예를 들면, 생명과학 기술의 발전은 인류가 기존 형태에 따라 건강의 유지와 질병의 예방과 치료 방식에 지대한 영향을 미치고 있으며, 이러한 변화는 사회적으로 고령층의 확대를 가속화 시킬 수 있어, 이로 인하여 실버층을 타깃(Target)으로 하는 수많은 신사업이나 신제품들이 창출될 수 있도록 다양한 씨앗들(Seeds)을 제공한다. 이렇듯 기술 개발과 발전은 매우 크고 방대한 파급효과를 가진다는 것에는 이견이 있을 수 없다. 다만, 기술을 바라보는 시각이 오로지 '기술'에 한정되어 그곳에 모든 관심과 생각이 매몰되거나 근본적인 목적과 목표인 사업과 제품으로부터 분리되어서는 안된다. 즉, '기술은 시장을 기반'으로 할 때 그 사업적 의미가 존재한다는 점을 잊지 말아야 한다.

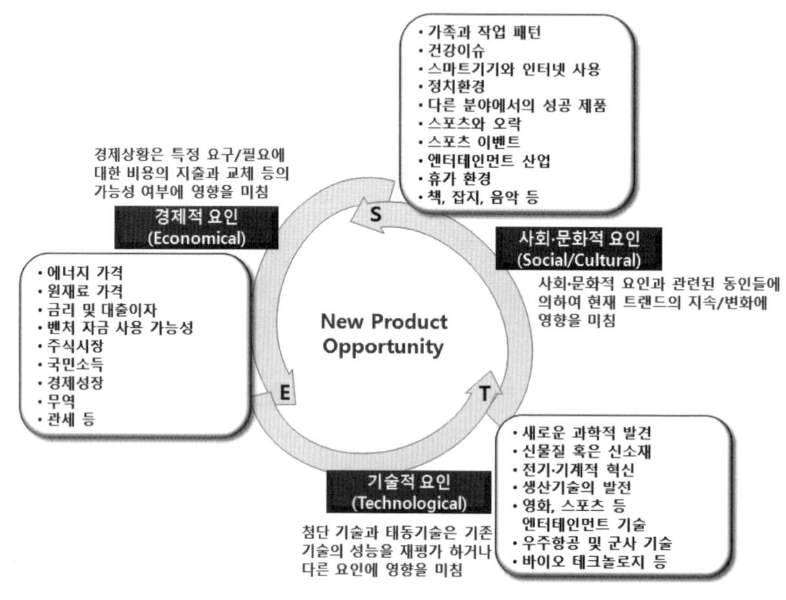

※ 참고 : What Drives New Product Development, 2001, 재정리 및 재가공

그림 23. 신제품 창출 기회와 동인

세번째는 경제적 동인에 대한 것을 들 수 있는데, 제품의 기능 통합이나 소형화, 그리고 생산 기술의 발전에 가장 민감하게 영향을 미치는 것들 중 대부분이 바로 이 경제적 문제에서 기인된 다 하여도 과언이 아니다. 앞서 언급된 두가지 동인(사회적, 기술적 동인)과 관련된 변화와 발전을 포괄적으로 가속화 시키거나 혹은 그 속도와 수준을 더디게 하기도 하는 동인이라 할 수 있다. 가령, 시장에서 해당 제품이 받아 들여질 것인지, 혹은 기존 사업이나 제품 · 서비스에 고착화(Lock-in) 될 것인가를 규정하는 3가지(재무적, 절차적, 관계적; Burnham, Frels, and Mahajan) 전환비용(Switching Cost)에서, 최종적 구매가 이루어 지는 전반적 측면에서는 관계적(Relational) 전환비용과 절차적(Procedural) 전환비용(II-1. 창업과 사업의 유형 참조)이 중요하지만 결국 이 둘을 확산시키는 것은 재무적 측면에서의 지불 능력이 최종적 역할을 한다. 그래서 시장의 확대와 성장에 결정적 역할을 하는 것 또한 이 경제적 요인에서 비롯된다. 이 외에도 소비자의 제품에 대한 기능 요구와 그에 대응한 기업에서의 선행적 기술 개발속도와 방법 등도 이에 연관되어 정해지는 경우가 많다.

이상의 이 세가지 동인들은, 그 자체가 신제품의 개발과 탄생을 유도하기도 하지만, 이들의 상호 결합이나 조화에 의하여 혁신적 제품이나 서비스가 출현되기도 한다.

9. 신사업 · 신제품 개발의 유의점

지금까지 우리는 치열해지는 제품 · 기술 경쟁하에서 사업 성과의 향상, 그리고 점차 짧아 지고 있는 신기술의 개발 사이클에 따른 시장 대응의 강화를 위해서 각종 새로운 기술경영 방법론을 도입하거나 내부 시스템의 혁신을 추진 해오고 있다. 그러나 이러한 기술개발 노력을 경주하고 있음에도 사업의 수익성은 점차 감소하고 있어, 수많은 기업들에서는 이에 대한 보완책으로 새로운 시장의 도전과 신규사업의 발굴을 통하여 성장과 수익성 확보를 꾀하고자 다양한 활동들을 펼치고 있다. 그러나, 기업들의 이러한 다방면의 노력에도 불구하고, 신제품 개발에 대한 성공률은 그리 높지 못한 것 또한 현실이다. 그럼, 기업에서 신사업 · 신제품에 대한 성공률이 이렇듯 만족스럽지 못한 이유는 무엇일까? 한 조사에 따르면, 신제품이 성공적으로 추진되지 못하거나, 실패하는 가장 많은 원인으로 지목하고 있는 것들은 먼저, 전략적 측면에서는목표 자체가 불명확하거나 개발 대상(Object)이 자주 변경되는 경우와 관리 · 운영적 측면에서, 개발 프로젝트에 대한 책임감 결여와 경영자의 지원부족 등이 다른 어떤 요인들 보다 실패의 큰 요인들로 분석하고 있다. 이는 신제품이나 신사업의 초기 기획활동이 부적합하거나, 오로지 결과와 사업적 성과에만 치중한 나머지 사전에 추진해야 할 수많은 작업을 간과한 데에서 발생하는 경우들이 대부분이다.

신제품 개발의 실패 원인별	비율
목표의 불명확	55%
개발 대상(Object)의 변경	55%
책임감 결여	51%
관리자/경영자의 지원 부족	49%
역할의 투명성 결핍	47%
비효과적 리더십	45%
팀의 낮은 우선순위	40%
팀체제와 무관한 보수	30%

표 3. 신제품 개발의 실패 원인
출처 : New Product Development and Delivery, Dale Brethauer, 2002

일반적으로 신제품 개발을 성공으로 이끄는 동인을 다음과 같이 크게 4가지 관점에서 제시하고 있는데, 그 내용을 살펴 보자(Winning Business in Product development : The Critical Success Factors , Robert G. Cooper and Elko J. Kleinschmidt, 2000-2012)..

먼저, 전략적 요소(Strategic Factors)에 대한 것인데, 여기에서는 기업이 중장기적으로 추구하는 사업에 대하여 관리의 단계별 혹은 연도별로 구상하는 컨셉(Concept)의 신제품을 어떠한 방법과 수단을 활용하여 확보하고자 하는가에 대한 계획의 구축 여부가 무엇보다 중요하다. 그리고 그러한 전략과 그에 반영된 제품이 가지는 기본적 장점의 부각과 자원의 활용 가능성에 대한 명확한 방향과 실행 계획들이 잘 수립되고 연계될 수 있어야 한다.

두번째는 시장 환경적 요소(Market Environment Factors)에 대한 것이다. 보통, 우리가 신사업을 통하여 미래를 준비하는 것은 무엇보다 향후 성장 가능성과 충분한 시장 잠재력이 기초가 되고, 그 상황에 부합된 제품을 개발하고자 전략을 수립하게 되지만, 세계 경제의 발전과 연관된 환경의 변화 속도와 관련 법규의 동향, 기술의 발전 등 다양한 환경요인들을 지속적으로 분석하여, 전략의 추진 방향과 속도, 수준을 조절해야 하기 때문에 중요한 고려 요소라 제시할 수 있다. 장기적 관점에서 기업의 성장과 발전에 있어, 변하지 않는 대명제가 바로 '시장의 이해와 대응'이며, 시장은 결코 틀리지 않는다는 것을 우리는 포춘 500 기업의 변화 트랜드에서도 이를 잘 대변하고 있다.

세번째는 실질적 연구개발을 위한 체계, 운영 방법, 관리 노하우(Know-how), 그리고 각 기능조직간의 연계 활동 등을 포괄하는 개발 프로세스 요소(Development Process Factors)에 대한 것이다. 기업 연구소에서 신제품을 개발하는 절차는 먼저, 기술개발에 대한 기본적 접근방법을 설계하고, 기초실험을 진행하여, 제품・서비스의 핵심기능 및 속성을 설계하고, 그에 따른 프로토타입(Prototype)을 제작하게 되며, 이후 엔지니어링 샘플(Engineering Sample) 제작과 생산으로 이어 지는 각 과정에서는 그에 적절한 심의와 평가를 추진하여야 한다. 여기서 무엇보다 중요하다고 할 수 있는 부분이, 연구개발 활동의 가장 기본 단위의 활동주체자들, 즉 연구개발자들의 기술적 역량을 향상시킬 수 있도록 하는 체제의 구축이고, 연구개발 부분만으로는 독자적 수행이 어려운 활동들인, 시장에 대한 대응과 생산, 구매, 사업 및 사업 분석 등은 기업내 각 기능간의 협력 과 공조 활동 체계의 구축을 통하여 대응할 수 있도록 하는 것이 모두 내부 프로세스와 관련되는 것들이다. 그리고 이러한 내부의 프로세스와 각 단계별 시너지를 제고하고자 한다면, 무엇보다 경영층의 변함없는 관심과 지원이 필수적이다. 국내 기업들이 추진한 수많은 신사업과 신제품 개발에 있어 그 성공에 지대한 영향을 미치는 부분이 바로 최고경영자의 확고한 '약속과 헌신'이 그 기반인 경우가 많았다.

네번째는, 이러한 사업 추진과 성과 목표에 대한 각 단계별 시장 환경과 경쟁

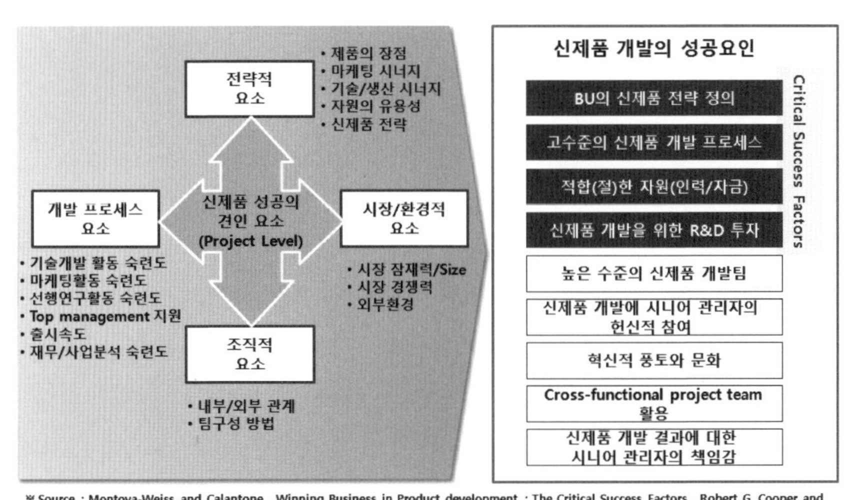

※ Source : Montoya-Weiss and Calantone , Winning Business in Product development : The Critical Success Factors , Robert G. Cooper and Elko J. Kleinschmidt, 2000-2012 Product Development Institute Inc. 재가공

그림 24. 신제품 개발의 성공 동인 및 요인

상황의 분석을 통하여 전략적 방향이 명확하게 정의되고, 내부의 정해진 개발 프로세스에 따라서 연구개발이 진행되면, 그 목적과 목표의 달성을 위한 실제 활동을 수행해야 하는 조직과 그 구성 방법을 정의하는 조직적 요소(Organizational Factors)에 대한 것을 들 수 있다. 오늘날과 같이 외부환경이 빠르게 변화하고, 새로운 기술의 출현과 더불어진 다양한 융·복합화로의 진행은 이미 하나의 기업이 독자적으로 대응하기에는 너무나 많은 자원을 요구하고 있기도 하다. 그래서, 내부의 각 기능조직 이외에도 외부의 다양한 네트워크와 전문가 조직, 그리고 이들을 연계하는 체계를 확보하는 것이 또한 성공으로 이끄는 동인으로 그 중요성이 커지고 있다.

신제품 개발에 있어 성공으로 이끄는 이러한 동인들은 실제 각 기업들마다 그들에게 적절한 형태로 경영에 통합하거나 재구축하여 적용하고 있기도 하다. 이전에 언급된 네가지 견인요소를 중심으로 기업이 신제품 개발을 위한 활동을 전개함에 있어, 그 성공요인을 9가지고 정리하고 있는데, 그 중에서도 특별히 핵심적 성공 요소로 4가지를 제시하고 있다 (Winning Business in Product development : The Critical Success Factors , Robert G. Cooper and Elko J. Kleinschmidt, 2000-2012).

먼저, 각 사업 단위별 혹은 제품단별 '신제품 전략의 명확한 정의'의 중요성에 대하여는 아무리 강조한다 하여도 부족함이 없다. 어떤 기업이라 하더라도, 그리고 아무리 유망한 사업이나 제품군을 확보하였다 할지라도 추진 전략이 불명확하거나 시장, 경쟁상황 및 내부 기능간의 역할과 공조협력에 대한 계획이 구체화되어 있지 못하다면, 성공을 보장받기 어렵다. 그래서 신제품 개발의 성공에 있어 무엇보다 가장 중요한 요인으로 각 사업 및 제품에 대한 전략을 명확하게 정의하고 확보하는 것이라 할 수 있다.

다음 두번째는, 이러한 신제품에 대한 전략적 추진 방향의 결정이 이루어 지면, 그 사업 단위나 제품군의 전략적 목표와 목적의 달성과 수행을 위한 내부의 적절한 신제품 개발 프로세스가 구축되어야 한다. 오늘날 중소·중견을 막론한 대부분의 기업에서는 신제품개발을 위한 내부의 물리적 프로세스는 이상적으로 잘 구축하고 있는 경우가 많다.다만, 그 체계가 다소 개발 중심적(Development-focused)이거나, 운영이 견고(Rigid)하여 새롭게 태동되고 있는 다양한 신사업·신기술의 개발에는 효율적으로 운영되지 못하는 구조를 가진 경우들이 흔하다. 운영의 원칙은 중요하지만, 오늘날의 융·복합적 기술과 다양한 산업적 대응을 위하여는 그 신제품의 개발을 위한 적절한 운영체계의 유연성을 가져야 한다는 것이다.

나머지 세번째와 네번째의 두 요인은, 선행적 및 현재 개발을 위한 '자원과 투자'에 대한 부분으로 정의하고 있다. 기업에서 사업과 기술은 현재의 '존립'과 미래지향적 '발전과 성장'의 의미를 동시에 담고 있다. 그래서 R&D의 자원에는 현재 사업을 위한 기술개발과 기능 업그레이드(Upgrade) 등 상시적 개발활동에 소요되는 자원과 미래를 위한 준비, 즉 선행적 연구개발을 위한 투자자원으로 구분하고 있다.이들간의 포트폴리오(Portfolio)가 어느 한쪽으로만 치우쳐 있다면, 그 기업은 현재 사업에서 어려움을 겪게 되거나, 혹은 반대의 경우, 미래의 기술경쟁에서 뒤쳐질 가능성이 매우 높게 될 것이다. 그래서 연구개발의 자원은 그에 따라 적절하게 배분되고 있어야 하고, 특히 차세대 혹은 미래에 대비한 연구활동을 위하는 중장기적 관점에서의 우선적 자원 할당과 더불어, 그 기획시점에서 적합한 핵심인력의 확보를 통하여 추진하는 것이 성공 가능성을 높일 수 있다. 오늘날, 성공한 신제품을 출시하고 있는 기업들에서는 그 준비과정에 장기간을 투입한 경우들이 많은데, 그 이유의 대부분은 적합한 인력을 확보하는데 소요된데 따른 것으로 분석되고 있다. 이와는 반대로 많은 저성과 기업들은 현재 사업에 대한 대응 위주의 자원 배분에 집중하거나, 그 변화의 폭이 큰 경우가 대부분이다.

기업 관점에서 되짚어 본다면, 이상의 4가지 핵심성공 요인 이외에도, 별도의 성공요인을 몇가지 꼽을 수 있는데, 그중에서도 '관리자의 헌신과 책임감'요인을 들 수 있을 것이다. 우리가 핵심 성공요인으로 제시한 것들이 대부분은 최고경영층을 포함하는 관리자들의 관심과 지원이 전제되어야 가능한 것이고, 그들의 관심 여하에 따라서 정보의 통합이나 기능조직간의 협력을 통한 조직(Cross-functional team) 구성 등이 가능하게 될 수 있기 때문이면서, 자원 활용에 대한 유연성이 확보되기 때문이다.

Ⅲ. 신사업과 창업

1. 창업과 사업의 유형

우리는 수많은 스타트업(Start-up)이나 벤처, 중소기업의 창업자들이 사업을 시작하는 이유와 동기(Motive)에 대한 다양한 이야기들을 들어 오고 있다.비록 유럽의 한 국가에 대한 설문이긴 하지만, 기업의 창업자들에 대하여 '창업을 함에 있어 가장 중요한 동기가 무엇인가'라는 한 조사 결과에 따르면, '나만의 직업을 창출하기 위하여 창업'을 하였거나(4.15점/5점 만점), '자기 아이디어를 실현하기 위하여'(4.02) 라는 것 등이 가장 높은 동기가 되었다고 하고 있다.

창업의 동기(Motivation) 설문결과

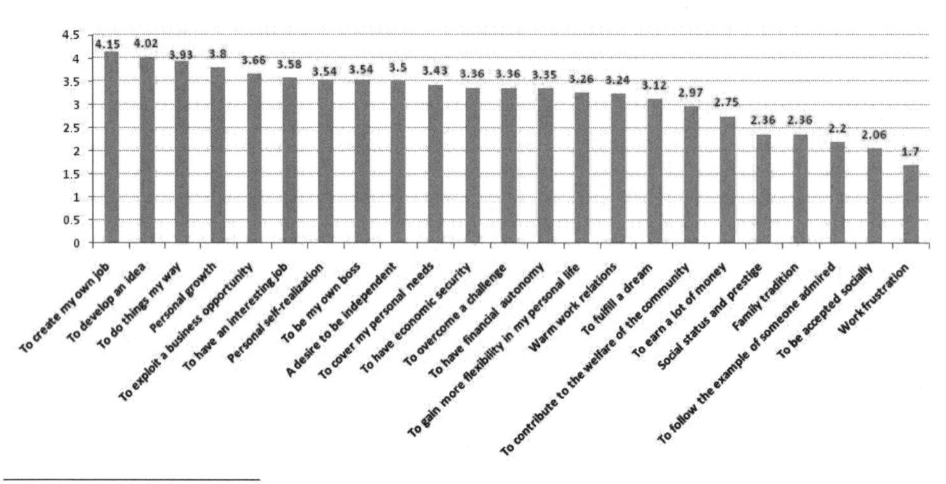

출처 : Entrepreneurial behavior: Impact of motivation factors on decision to create a new venture, Carlos Atienza-Sahuquillo, 2011

그림 25. 창업동기 설문 결과

그 외에도 다양한 창업에서의 동기들이 있지만, 그 내용들을 종합해 보면, 소위 '창업 동기의 팬타곤(The Pentagon of Motivation to Start a Startup)'으로 요약할 수 있다.즉, 열정(Passion), 가치 창출(Creating Value), 세상의 변화(Change the World), 통제(Being in Control) 그리고 돈(Money) 등 다섯 가지를 말한다.이는 각각이 하나의 동기가 될 수도 있지만 통상적으로 이들간 혹은 이들이 서로 결합되어 나타나게 되는 것이 일반적이라 하겠다.

먼저, 열정(Passion)에 의한 것을 생각 해 보자. 어쩌면 '열정'이라는 것은 동기라 하기 보다는 오히려 그 동기에 대한 더욱 근원적이고 보편적인 동력에 해당된다고 할 수 있다. 우리는 기업에서 혹은 연구소에서 성공적인 사업이나 연구결과를 창출하는 사람들 대부분은 보통 사람과는 다른 특별한 에너지와 그에 따른 집념 또한 남 다르다는 것을 느끼게 한다. 이 열정이 사업이나 연구개발 활동에서 끈기와 차별적 사고를 할 수 있는 기반이 된다. 그래서 GE 등 많은 기업들이 직원을 채용함에 있어 가장 먼저 떠 올리는 키워드가 바로 이 '열정'인 것이다.

두번째의 동기인 가치 창출(Creating Value)은, 기업의 지속적인 성장이나 새로운 도약 혹은 창업을 위한 신사업이나 신기술 본연에 대한 명확한 아이디어를 말한다. 사업이나 기술의 가치에 대한 아이디어는 제로베이스(Zero-base)에서 창출되기도 하지만, 보통은 다른 기술을 연구하는 과정에서 혹은 다른 제품이나 시장을 탐색하는 과정에서 혹은 한 영역에서의 오랜 경험에서 아이디어를 얻어 자신만의 고유한 기술이나 사업으로 연계하기도 하는데, 이 경우가 일반적으로 훨씬 흔하다.

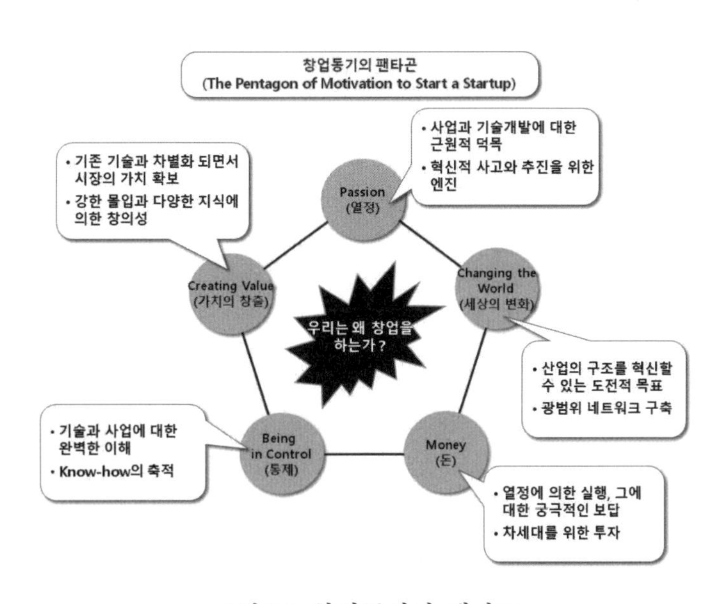

그림 26. 창업동기의 팬타곤

세번째는 세상의 변화(Changing the World)에 대한 것이다.인류 사회는 매일 조금씩 변화하고, 그 변화의 절대량이 임계치에 도달할 경우 각 산업 분야에서 신기술의 르네상스가 펼쳐지게 되고, 이러한 과정에서 많은 사람들은 창업을 꿈꾸게 된다. 신기술을 연구하는 사람에게는 그 세계의 작은 변화들에 도 주목하게 되고, 그 시점을 어느 정도 예측하기도 한다. 또한 이와는 반대로 기술선도형(Technology Push)의 경우는, 자신이 가진 뛰어난 기술로 세상을 변화시키려 하기도 하는데, 이는 그 동안의 기술발전 속도, 기술의 명확한 시장적 정의 등이 완전하지 않는 상황에서 한 사람의 이상향적 생각에 의하여 시장과 기술이 정의되고, 그에 따른 사업이나 기술의 새로운 모형이 완성되는 형태를 말한다. 즉, 플랫폼(Platform)의 혁신을 추구하는 모형이 이에 해당된다.

네번째는 신기술이나 신사업에 대한 아이디어와 새로운 가치 창출에 대하여 자신이 혹은 자신의 네트워크내에서 추진의 토대와 인프라, 시스템의 구축에 대하여 통제할 수 있는 이해력과 힘이 있어야 한다는 점이다.기술이나 사업 모델의 전과정에 대하여, 즉 시작에서부터 종착지점까지에 대한 개념이 명확히 정의되어야 사업적 실행력으로 이어질 수 있기 때문이다. 결국 남이 그 아이디어를 모방할 수 있느냐 하는 것은 이 통제의 과정에 포함되어 있는 노하우가 얼마나 쉽고, 추진에 대한 장벽의 높낮이 여부에 달려 있게 된다. 그러나 좋은 사업이나 기술일수록 이를 감당할 수 있는 수용력이나 네트워크 구축 역량이 특정한 사람이나 전문화된 집단에 한정되어 있는 것이 일반적이다.

마지막은 돈(Money)이다.이 돈은 무엇보다 중요한 창업의 동기이다. 그러나 이를 목표로 창업을 하는 경우는 시작자체가 어렵거나 초기의 고객 확보에 매우 어려움을 겪을 가능성이 높다. 돈은 가장 최후에 완성되기 때문이다.기업내 가치사슬에서 생각해 보아도 연구개발에서부터 생산, 마케팅, 영업에 이르기까지의 과정에서 가장 최후에 이 '돈'이 창출 되기 때문이다. 그래서 창업에서의 돈은 세상을 변화 시키거나 고객이나 시장에 가치를 창출할 수 있는 기술을 소개하고 이를 실현해 나가는 과정에서 자연스럽게 투자받거나 창출되는 것이다.

이상의 5가지 동기들은 전술한 바와 같이 서로 결합되거나 서로 연계되어 작용하게 된다. 과거 1970년대 초반, 제록스(Xerox Parc)의 버틀러 램슨(Butler Lampson)과 척 대커(Chuck Thacker)는 최초로 개인용 컴퓨터(PC)를 만들었다. 그러나 이를 생산하기 위해서는 한대당 가격이 무려 $10,000이상이 소요될 것으로 생각하였다.반면, 제록스 파크를 방문한 애플의 스티브 잡스(Steve Jobs)와 스티브 워즈니악(Steve Wozniak)은 이를 $3,000이하로 만들 수 있는 아이디어와 생산을 위한 노하우와 네트워크 역량이 있었고, 결국 이것이 PC의 대중화로 세상을 변화시키는 기폭제가 되었던 것이다.

또 다른 사례로 월마트(Wal-Mart)의 경우 역시당시 소매시장(Retail Market)의 규모와 수익성 등에 대한 정보는 잘 알 수 있었으나, 월마트의 능력으로 미래의 시장을 얼마나 확보 할 수 있을 것인가에 대하여는 확신할 수 없었다. 기존의 시어즈(Sears)와 K-Mart는 고전하고 있었고, 또 한편으로는 새로운 강자들인 코스코(Costco)와 타겟(Target)이 진출을 서두르고 있는 상황이었다.이러한 시장과 경쟁상황에서 어떻게 의사결정을 하게 되었는가?

창업이나 신사업의 추진에는 자신만의 고유한 아이디어로 시장에서의 새로운 가치 창출과 세상이나 해당 산업계에서 변화를 유도할 수 있고, 그러한 사업이나 기술에 대한 내용에 대하여 자신이 통제할 수 있는 힘이 있는 경우에는 자연스럽게 수익이 창출될 수 있는 것이다.

시장에서 새로운 기술이 산업으로 성장하는 과정은 복합적인 상호 시너지에 의하여 그에 대한 인프라가 구축되어 가지만, 이러한 기술의 지평(Horizon)이 다시 새로운 성장과 또 다른 새로운 시장을 재창출 하는 데에는 많은 영역에서의 변화와 혁신이 뒷받침 되어야 한다.

TV의 경우, 흑백 TV에서 다시 컬러 TV 시장으로 새로운 성장을 이루었고, 이제는 또다시 평판 디스플레이(FPD ; Flat Panel Display)로 벽걸이 TV로 진화하여 지속적인 성장을 추구하고 있다. 또한 IT 시장에서는 1G, 2G, 3G 휴대폰 등의 세대를 거쳐 드디어는 통합적 모바일 기기인 스마트폰의 세대에 이르고 있다. 반면, 수십년에 걸쳐 똑 같은 기술이나 패러다임에 의한 사업이나 기술들도 있다. 의식주와 관련된 가정이나 농업, 그리고 건설이나 토목 현장 등에서는 과거의 기술이나 방법들이 여전히 그대로 적용되고 있는 것들도 많다.

새로운 기술이 시장에 나오면 가장 먼저 거쳐야 하는 과정이 고객들로부터의 소위 절차와 학습에 의한 프로세스상에서 받아 들여 질 수 있는 것인가(Procedural Switching Cost)에 대하여 먼저 시험 받게 된다. 이는 기존의 사고체계에서 얼마나 접근하기 용이한가 혹은 얼마나 쉽게 적용할 수 있는가에 대한 문제이다.

두번째는 재정적 전환비용(Financial Switching Cost)을 극복할 수 있도록 해야 한다는 점이다. 즉, 새로운 기술이나 제품에 대하여, 먼저 시장이 비용적 측면에서 감당할 수 있는가에 대한 문제이다. 이는 아무리 좋은 제품이나 기술일 지라도 너무 많은 비용이 소요되게 되면, 시장은 반응하지 않기 때문에 기존의 기술이나 제품의 벽을 넘지 못하게 된다. 그리고 마지막이 관계 전환비용(Relational Switching Cost)에 대한 것이다.즉 기존의 지역, 사업 네트워크, 체계, 고객, 시장 등에 의하여 형성된 시스템을 극복할 수 있겠는지에 대한 것이다. 이러한 것에 의하여 기존의 기술에 머물러 있는 것을 우리는 고착효과(Lock-in Effect)라고 한다.

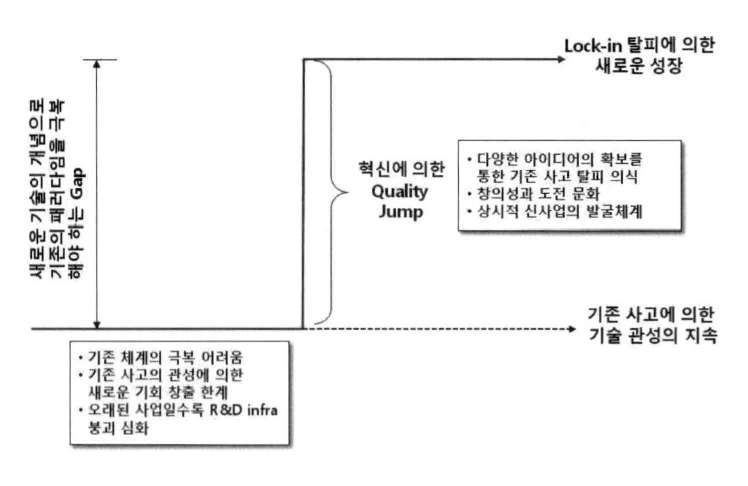

그림 27. 고착효과(lock-in) 탈피에 의한 신사업 창출

대부분의 사람들은 관습이나 문화에 의하여 혹은 학습에 의하여 오랫동안 지속해온 사고와 행동체계에서 벗어나는 것을 매우 어렵게 생각한다. 우리는 기업경영에서나 연구개발 과정에서 이러한 관성에 의한 아이디어 고갈을 수많이 경험해 오고 있다.

조직의 체계 구축과 역량을 혁신하는 것에는 사업의 유형과 그 대상에 따라 매우 다양하다.

먼저, 전통적 사업에서는 연구개발(R&D), 생산, 마케팅/영업, 유통/서비스 등의 조직화된 체계내에서 업무 분담과 종합 그리고 지시와 지도 중심의 경영활동을 추구하지만(그림28 B), 연구와 기술 자체를 주 사업으로 하는 경우(그림28 A)는 연구자 자신이 사업 추진의 주체이므로 충분한 자율성을 가져야 하지만, 여러 연구의 결과가 집약되어야 하나의 제품이나 사업이 될 수 있으므로 스스로가 협력할 수 있는 규율(Principle)이 요구된다. 또한, 서비스와 운영 중심의 사업(그림28 C) -통신서비스, 리조트, 공장 운영(O & M) 등- 에서는 사업, 시장에 대한 전반적 이해도가 높아야 하고, 다양한 노하우(Know-how)가 풍부해야 그 가치를 배가시킬 수 있기 때문에, 새로운 아이디어의 창출을 위한 다양한 경험의 공유와 적극적인 의견의 교류가 중요하다. 즉, 새로이 출발하는 기업은 자신의 사업 유형이 무엇이냐에 따라서 갖추어야 할 역량이나 조건들을 차별화 해야 한다.

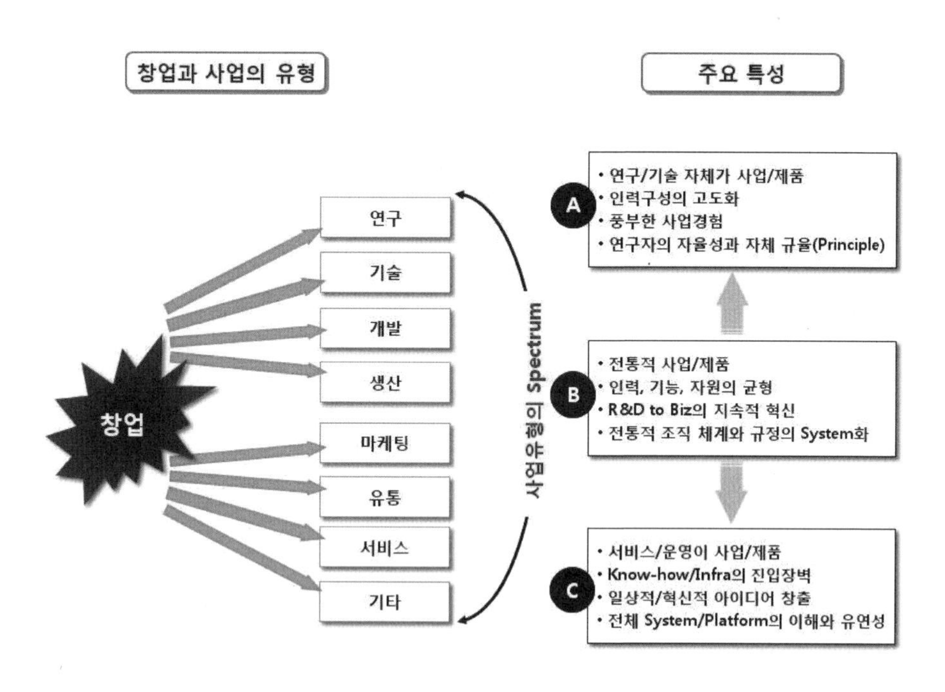

그림 28. 사업의 유형과 특성

2. 창업과 CEO의 역할

제품이나 서비스에서 품질우위의 원천과 시장 경쟁력의 확보를 위해서는 장기간에 걸친 연구개발활동과 시장의 노하우(Know-how), 그리고 경험에 의한 지식의 축적을 통한 핵심기반기술(Core Technology Platform, CTP)의 확보가 중요하다.
그러나 대부분의 벤처(Venture)기업이나 중소기업은 선진 우량기업에 비하면 업력(業歷)이 짧고 기술과 시장의 지식을 갖추어 온 기간 역시 오래지 않은 경우가 보통이다. 그래서 이들 기업에서는 창업 이전에서부터 기술과 관련시장, 그리고 사업모델의 구축에 이르는 전 과정에서 창업자(Founder) CEO의 역할과 활동은 거의 절대적이라 할 수 있고, 그 기술적 · 사업적 영향력 또한 지대하다.

얼마 전(2008년) 발표된 한 미국의 '벤처 창업자 CEO의 역할'에 대한 분석기사에서는 벤처설립 이후 3년차에서 창업자(Founder) CEO는 50% 정도만이 여전히 기업내에서 업무 활동을 하고 있고, 4년차에 가서는 40% 정도만 그 지위를 가지고 근무하는 것으로 조사되었는데, 특히 그 중에서도 설립초기와 같은 역할을 유지하고 있는 비중은 25% 이하라고 그 분석 결과는 말하고 있다. 그럼, 벤처기업에서의 '창업자 CEO는 어떤 시점까지 주도적 역할을 수행하는 것이 좋은가?' 라는 질문을 두고 생각해 보면, 물론 이에 대한 정답은 있을 수 없겠지만, 먼저 재무적 관점에서 목표로 하는 기대치에 도달하는 경우(그림의 II 영역)에는 다른 투자자에게 경영권을 넘기고 회사는 떠나거나, 혹은 기업내에서 한정된 특정 전문 영역을 맡게 되는 경우가 있을 것이다. 그리고 재무적 관점에서 희망목표 기대 수준에는 미치지 못하였지만, 여전치 창업 초기의 강력한 내부통제력을 가진 경우(III 영역)도 있고, 반대로 이 모두를 확보하는데 실패한(그림의 I 영역) 경우도 있을 것이다. 그런데 우리가 여기서 눈 여겨 봐야 할 부분은 스위스나 이탈리아 등 유럽지역의 가족 중심적 중소・중견기업의 경우를 생각해 볼 때, 창업이후 재무적 관점에서의 기대한 목표 수준과 더불어 사업의 초기에서부터 여전히 기업내 경영의 통제권을 가지고 일선에서 활동하게 된다면(그림의 A영역) 그에 따른 창업자 CEO의 역할이 매우 다양하다는 것을 의미한다.

대개 창업자 CEO의 37% 는 전문경영인 CEO가 왔을 때 회사를 떠나고, 23% 는 CEO 이외의 한정된 직책, 즉 주로 엔지니어링과 같은 연구개발이나 생산, 신제품 발굴 등 영역에서 그들의 친화력과 리더십(Leadership)이 필요한 영역에서 활동을 한다는 것이다.

이와 같이 벤처기업의 창업자 CEO가 자신의 의지와는 상관없이 기업에서 필요로 하는 이유(그림의 A영역)는 헤아릴 수 없을 정도로 많겠지만, 대략 다음의 4가지 정도로 요약하여 이해를 해볼 수 있다.

첫째, 창업을 위하여 혹은 이전부터 자신이 연구하거나 경험해 왔던 기술이나 사업의 노하우(Know-how)를 온전히 조직내부에 흡수되도록 하고, 새로운 시장에 충분히 대응할 수 있도록 조직내에 체질화시켜, 스스로 역량이 배양될 수 있도록 해 줘야 하는 경우이다. 대개 벤처 창업은 창업자 자신이나 핵심 동업자 등 일부 연구자 만이 그 내용과 기술적 배경에 대하여 완전히 이해하고 있다. 그래서 이들을 배제한 상황에서 그 기업의 중장기적 제품 라인업과 새로운 시장을 위한 신제품의 추가적 개발은 기대하기 어렵기 때문에 새롭게 합류한 직원들이 충분히 사업과 기술을 이해하고 행동할 수 있을 시점까지는 창업자(창업멤버)들이 필요한 것이다.

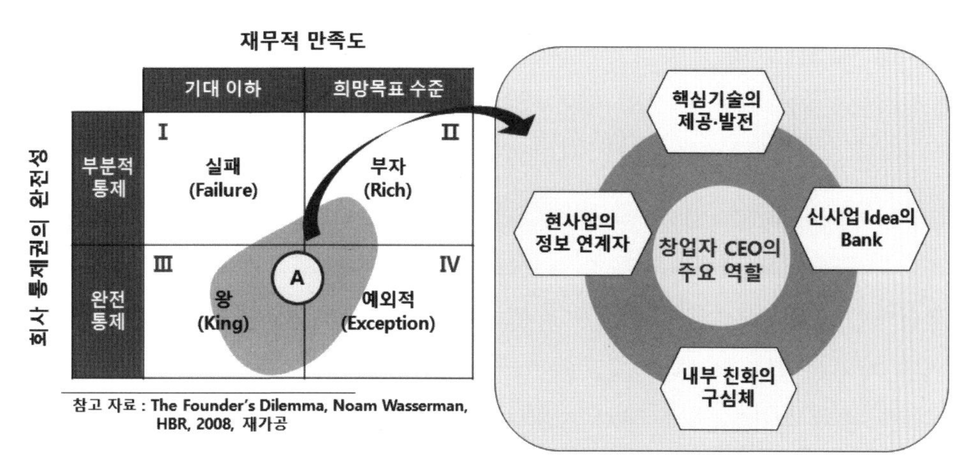

그림 29. 창업자 CEO의 기업내 잔류와 주요 역할

두번째는, 현재 추진중인 사업에서 매출의 확보와 수익의 창출을 위한 고객 지식과 정보의 접점에서 핵심적 위치를 차지하고 있는 경우이다. 이러한 경우에는 사업이 안정적 기반 위에서 성장과 발전을 할 수 있는 시점까지 창업자 CEO의 존재와 역할이 또한 절대적이다. 그리고 그것은 사업이나 제품・서비스의 형태에 따라서 전・후방 산업간에서의 고객에 대한 지식과 성향, 산업내 다른 기업간의 차별성과 조건 등 다양한 정보를 포괄하고 있기 때문에 역할의 요구 기간도 서로 달라지게 된다. 특히 우리나라의 경우에는 거래의 시작이 처음 사업의 성사와 관련한 첫 CEO에 대한 믿음의 비중이 매우 크기 때문에 더욱 그렇다. 그래서 CEO에 대한 위상의 변화는 경영활동의 매우 다양한 측면에서 영향을 미치게 될 수 있기 때문에 그러하다.

세번째는, 벤처기업이 사업에서 안정적 성장을 영위하고, 그에 따라 조직기능에서도 각자의 역할이 잘 구축(Set-up)되어 있어, 기능간 협력체계가 시스템 적으로 잘 운영되는 시점까지는 대개 창업자 CEO가 각 기능간 공조・협력을 위한 구심체로써의 역할을 수행하고 있음을 알 수 있다. 이는 창업의 준비 시점부터 CEO가 관련 기능을 수행할 인력들 - 재무, 영업/마케팅, 생산, 품질관리나 인증, 표준 문제 등 - 을 직접 확보하고 그들과 더불어 기업을 성장시켜 왔기 때문에 가족적인 친화력의 중심에 창업자 CEO가 그 의사소통의 허브 역할을 하고있기 때문이다.

네번째는 아마, 대개의 벤처기업에서 창업자 CEO가 그 역할을 총괄하고 있는 경우가 많은데, 바로 신사업 아이템의 발굴과 개발에 대한 것이다. 그는 이 영역에서 기술의 원리에서부터 신기술과 새로운 제품에 대한 각종 아이디어의 보고(寶庫) 라는 점이 마지막 요인이라 생각된다. 기업이 설립 이후 초기의 시장개척과 마케팅 등 난관들을 거쳐서, 사업의 기반이 안정화 된 이후 합류한 신규인력들은 각 기능의 업무범위 한계 내에서 지식과 정보를 확보해 왔기 때문에 기업의 지속 성장과 발전을 위한 소위 신제품 계획이나 제품 로드맵을 위한 새로운 사업의 발굴에는 많은 약점을 가질 수 밖에 없다. 또한 대부분의 중소기업에서 신사업을 위한 기획은 자원의 한계 때문에 CEO가 직접 추진하는 경우가 많기도 하다.

그래서 벤처 등 중소기업에서 신사업 기획과 개발을 위한 초기 아이디어와 사업 아이템은 주로 창업자 CEO가 중심이 되어 도출하고 추진 방안을 수립하는 것이 흔하고 그의 역할은 매우 크다.

3. 창업활동의 고려사항

아주 오랜 옛날부터 훌륭한 기술들은 매우 많았다. 그리고 그 기술들중 대부분은 어떤 형태가 되었던, 제품으로 구현되어 오늘날까지 우리의 문명과 생활에 기여해 오고 있다.

우리나라에서는 최초라는 말이 다소 어색하지만, 인쇄혁명을 일으킨 시발점은 15세기 쿠텐베르그(Johannes Gutenberg)의 '금속활자와 인쇄 프레스'에서부터라고 알려져 있다. 이 인쇄기술의 역사를 간략히 되돌아 보면, BC 868년 중국에서 진흙을 이용하여 금강경(Diamond Sutra)을 인쇄하면서라 기록하고 있다. 이후 중세시대에 와서 목각에 글자를 새기면서 한걸음 더 발전하게 되었고, 드디어 1436년에 이르러 쿠텐베르그가 납(83%), 안티몬(12%), 주석(5%)의 황금비율을 찾아 내게 되면서 혁명의 깃틀이 마련된 것이다.

그럼, 쿠텐베르그는 이 기술을 활용하여 과연 사업적으로도 성공하였을까? 그는 금속활자의 제조기술에 대한 황금비율을 발견한 후 사업화의 추진과정은 안드레아 드리첸(Andrea Dritzehn)과의 벤처(Venture)회사를 설립하게 되면서 시작된다. 그리고 인쇄 프레스기(Press)의 제작을 위하여 다시 변호사인 요하네스 푸스트(Johannes Fust)의 자본으로 초판의 성경책 200부를 인쇄하는데 성공하였다.

그러나 동업자인 푸스트(Fust)와의 투자금 반환 소송에서 패소하면서 결국프레스 기계를 몰수당하게 되고, 쿠텐베르그는파산과 더불어 빈털터리로 사망하게 된다. 그리고 그 기술은 나소(Nassau)와의 전쟁 과정에서 인쇄 기술자들이 유럽 전역으로 흩어지면서 그 기술들도 함께 전 유럽으로 흩어지게 되었고, 윌리엄 캔턴(William Canton)의 영국 인쇄회사 설립 이후 유럽에는 250개 이상의 인쇄회사가 설립되면서 확산되었다. 결국, 훌륭한 기술임에도 불굴하고, 개인적으로는 사업에 성공하지 못하였던 것이다. '성공적 기술개발, 그러나 상업화 실패(Technically Success, Commercially Frustration)'의 전형적인 보기라 할 수 있다.

그러나 오늘날의 수많은 벤처(Venture)와 스타트업(Startups)기업들에서도 이러한 전철(前轍)들은 유사하게 목격되고 있는 것이 또한 현실이다. 미국의 투자 캐피털 기업인 캠브리지 어소시에이트(Cambridge Associates)에서 조사한 자료에 따르면, 벤처캐피탈(Venture Capital)들은 신생 기업들에 대한 투자금의 60% 이상은 회수하지 못할 뿐 아니라, 5년이상 수익을 창출하는 기업의 비중이 고작 7% 정도라 분석하고 있다.이외에도 다양한 조사 결과에서도 5년 이상 생존하는 벤처나 스타트업 기업은 30% 수준에 머물고 있다고 알려져 있다.

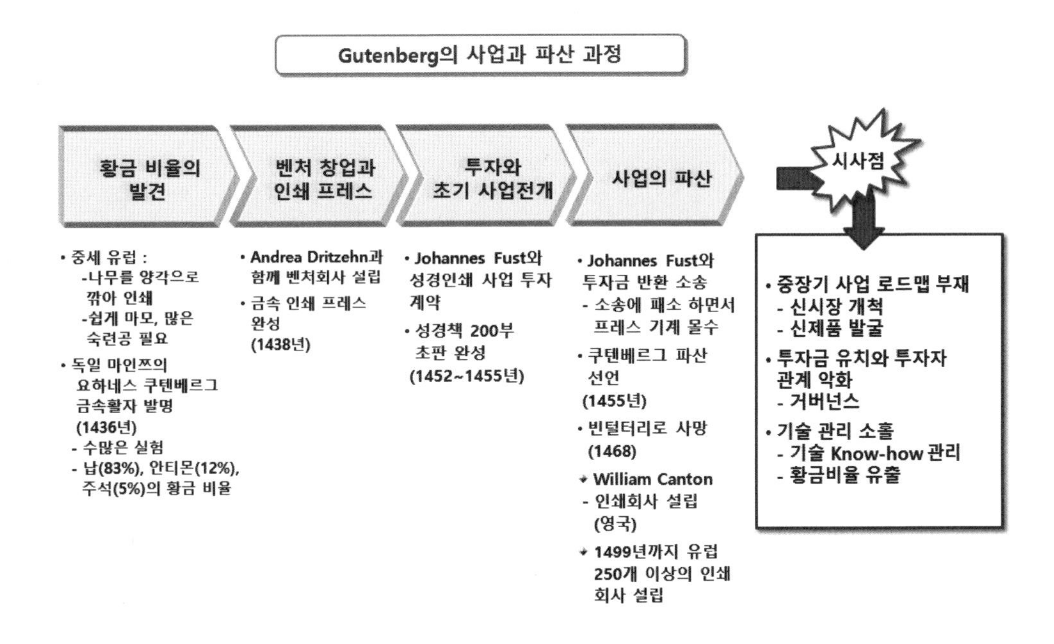

그림 30. 쿠텐베르그의 파산과정과 시사점

그럼 왜 이렇게 많은 벤처나 신생기업들은 창업 이후 수년 이내에 사라지게 되는 것인가?

일반적으로 그 원인을 다음의 3가지 정도로 요약하고 있다.

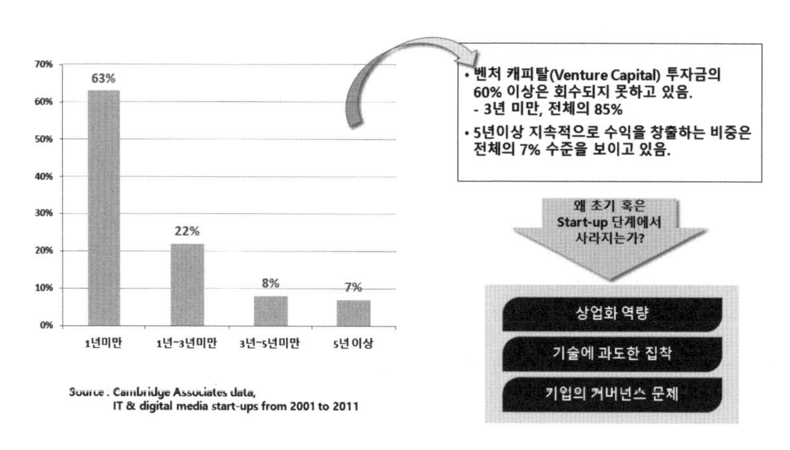

그림 31. 벤처의 사업화 추진과정에서의 주요 실패요인

첫번째 원인으로, 상업화 역량(Commercialize Competence)의 부족을 들고 있다. 여기서 특히 대학교수 및 학생이 그들의 기술을 기반으로 창업을 하는 경우가 가장 성공확률이 낮다고 한다. 이는 제품에 대한 개념과 시장의 구조 등 사업의 다양하고 복합적인 환경이 학문적 지식과는 괴리가 워낙 크기 때문에 그러하다.즉, 상업화 역량은 시장을 잘 못 이해함으로써, 고객으로부터 어떠한 정보의 투입(Input)도 기대할 수 없게 되고, 사업에서 의사결정의 주요 타이밍(Timing)을 놓치거나, 경쟁 상황을 오판함으로써, 충분한 매출 창출에 실패하여 도산하게 되는 것이다.

두번째는 '기술에 대한 지나친 집착(Preoccupation with Technology)'을 원인으로 꼽고 있다. 이는 보통 정부의 창업 지원정책이나 그에 따른 각종 프로그램, 대학의 기술 수익에 대한 요구, 혹은 주변에서의 사업화의 부추김 등에 의하여 발생되는 경우가 많다.

현재 일선에서 활약하고 있는 대부분의 벤처 CEO들이 창업과 기업의 성장과정에서 가장 어려웠고, 주의할 점으로 지적하는 것이 '자신은 기술을 가진 사람'이라 시장에 대한 경험이 없다는데에서 기인한다고 한다. 그래서 대부분을 기술로 풀어 보려고 하는 과정에서 표출되는 기술지식(Knowledge)과 시장(Business) 사이의 생각과 이해의 커다란 격차(Gap)에 의한 좌절과 이의 극복 과정이 매우 어려웠다고 말한다. 스스로 기술중심적 트랩(Trap)에 갇혀 버림으로써 기술에 의한 장밋빛 미래만을 생각하여 냉철하게 시장을 판단하지 못한다는 의미라 생각된다.

마지막 세번째는, 기업의 지배구조, 즉 거버넌스 문제(Dysfunction of governance)를 들고 있다. 벤처기업이나 신생기업의 초기 사업계획은 많은 불확실성과 불완전성을 내포하고 있을 수 밖에 없을 것이다. 그래서 경영전략, 투자, 매출, 수익배분, 투자금 회수 등 경영과 운영의 전 과정에서 경영자와 주주, 주주들간, 그리고 기타 이해관계자들의 의견 상충과 알력 등에 의하여 지배구조에 영향을 받게 되는 경우들이 많다. 이러한 일들이 일정한 기준선을 넘게 되면, 통상 회사가 다른 곳에 합병되거나, 파산뒤 핵심기술과 사업만이 다른 기업에 매각되거나 혹은 원천 기술을 보유한 창업자가 내부에서 배제되는 등 다양한 형태로 원래의 기업이 어려움에 처하거나 사라지는 경우들이 있는 것이다.

Ⅳ. 하이테크 기업과 R&D 혁신

1. 하이테크 기업의 신사업 성공요인(KSF)

하이테크(High Tech) 산업은 원래 현대의 과학, 그리고 디지털 기술을 기반으로 하는 소위 '첨단의 기술문명이 만들어 낸 산물'이라 정의하고 있는데, 여기에는 컴퓨터와 인터넷(Internet),이메일(e-mail), 가상현실(Virtual Reality), 스마트폰 등을 포괄하는 정보통신기술과, 유전공학 및 생명공학, 그리고, 신소재와 바이오 관련 기술 등을 의미하고 있지만, 요즘은 간단하게 기존의 과학기술에서 진화된 새로운 첨단기술들과 관련된 도메인을 전반적으로 총합한 포괄적 개념으로 폭 넓게 사용되고 있다.

이와 같이 하이테크 기술영역과 연관된 제품이나 서비스들이 우리사회에 모습을 보인 것은 대부분 최근의 일들이고, 더욱 다양해지는 애플리케이션(Application)들의 출현은 거의 일상적 생활처럼 매일 그 기능과 활용적 새로움(Newness)을 더해가고 있다.

이와 더불어 국가 차원의 경제 활성화와 생산성(GDP)에 대한 성과를 높이고자 한다면, 이러한 하이테크 산업의 육성이 매우 중요하다는 점은 이미 알고 있는 사실이기도 하다. 이스라엘 중앙통계청(Central Bureau of Statistics) 보고서(2001)에 따르면, 이스라엘 GNP(Gross National Product)에서 전체 성장 기여분의 75%가 이

하이테크 산업에서 창출되었는데, 그것은 전통적 산업의 성장률이 2%를 보일때, 하이테크 산업의 성장률은 12%에 달하고 있다는 데에서 그 의미를 확인할 수 있다.

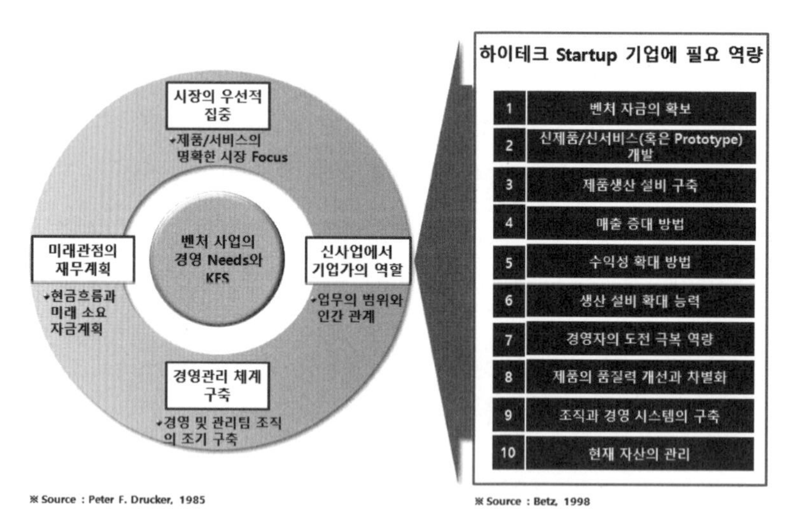

그림 32. 하이테크 기업의 성공요인과 필요역량

이러한 하이테크 산업은 기존 산업내에서 주류를 이루는 기업들이 중심이 된 프레임하에서 산업의 생태계가 구축된다기 보다는 그 동안의 산업기술과는 전혀 다른 성장 초기(Early stage)의 첨단 기술을 무기로 전혀 새로운 시장에 대응하기 위하여 탄생된 벤처기업이나 스타트업(Startup) 기업들에 의하여 자생적으로 구축되는 것이 보통이다. 그래서 이러한 벤처기업들의 사업적 아이디어와 사업모델(Business Model)의 구축 역량들에 의하여 국가 경제에서의 새로운 활력을 위한 모멘텀(Momentum)이 확보되는 것은 물론 새로운 산업군의 구축을 위한 씨앗(Seeds)이 확보될 수 있다.

그럼, 이러한 하이테크 기업(벤처, 스타트업)들이 자생적으로 많이 탄생되어, 산업내에서 생존의 뿌리를 내리고 장기적으로 사업을 성공으로 이끌어 나갈 수 있는 요인(KFS;Key Factor for Success)은 무엇들이 있는가? 그것을 다음의 몇가지로 정리해 보자.

첫째는, 창업을 위한 초기 아이디어가 시장의 명확한 니즈(Needs)에 기반을 두고 있어야 한다는 것인데, 이는 반대로 수많은 벤처기업이나 신생기업들이 가장 쉽게 범하는 실패의 원인으로 이야기 하고 있기도 하다. 그래서 창업 이후 기업이 생존할 수 있는가에 대한 가장 근원적 질문으로 '과연, 우리 제품(서비스)는 누구를 위한… 무엇을 하기 위한 것인가?'에 대하여 명확하게 포커스(Focus)되어 있어야 한다는 것이다. 물론 여기에는 아이디어(기술)가 시장의 니즈에 대응하여 그것을 제품이나 서비스의 높은 품질력으로 구현될 수 있도록 하는 개발능력과 그에 따른 생산 역량이 수반되어야 하는 것은 기본이다.

두번째는, 미래관점(Forward-looking)에서 초기 사업과 그것에 수반되는 연구개발 활동의 수행을 위한 안정적 재무계획을 수립해야 한다는 것을 들 수 있다. 이는 하이테크 기반의 사업, 특히 아직 태동기에 있는 사업의 경우, 그것이 시장에서 돌풍을 일으키며, 전 고객층에서 폭발적으로 수용되기 위해서는, 긴 시장의 성장 단계를 거쳐야 한다. 그 동안의 다양한 마케팅 사례에서 소개된 것과 같이 소위 혁신(Innovator) 및 선각 수용자(Early-Adapter)의 구매시기를 거치고, 판매의 대단절(캐즘;Chasm)을 극복해야 한다. 이러한 지루한 시장의 진입활동과 그 난관의 극복 과정에서 대개 수많은 기업들이 실패하거나, 혹은 기술적 진입장벽의 여하에 따라, 안정적 성장기반이 구축되기 이전에 치열한 경쟁 상황에 내몰리기도 한다. 그래서 신속하고 강력한 경쟁 우위와 차별성을 확보하기 위해서는 차기 신제품과 그에 따른 신기술 개발을 위한 투자 여력과, 중・장기적 관점에서 시장의 본격적 성장에 따른 생산역량 확보에 대응할 수 있는 충분한 현금흐름, 그리고 그에 따른 자본계획을 수립해 둬야 한다는 것이다.

세번째는, 창업이 신기술을 기반으로 추진된 것이라면, 대체로 창업자 자신이 연구자이고, 또한 경영자이기도 한 경우가 많다. 그래서 기업이 본격적인 성장을 해 가는 과정에서 기업의 기틀과 내부 경영체계를 구축해 나가는 계획을 수립하여 단계적으로 실행될 수 있도록 해야 한다. 그러나, 또한 수많은 스타트업 기업들은 이 과정에서 창업자 자신이 아직 전문적 지식과 체제를 확보하지 못한 상태에서 외부자원을 차입하거나 원재료 조달 활동과 그와 연관된 계약과정에서 부당하게 재무적 손실을 보기도 하고, 심한 경우에는 경영권을 상실하기도 한다. 그래서, 초기에 창업자 자신의 부족한 역량을 보완할 수 있는 경영관리 기능(팀)을 조기에 구성해 두는 것이 중요하다.

마지막 네번째는, 시장・고객과 지속적으로 새로운 관계(Relationship)를 확보・유지하기 위한 활동을 전개해야 한다는 점이다. 기술은 그 자체가 제품이나 서비스로 발현될 수 있다. 그러나, 사업은 여기에 시장과의 조화, 고객의 유인, 가치사슬에 얽혀 있는 전・후방 협력기업들과 관계 구축, 물류, 생산을 위한 설비의 설계와 개발 등 다양한 요인들의 복합적인 관계에 의하여 사업의 플랫폼이 형성되게 된다. 그래서 기업가는 이러한 사업의 생태계를 구성하거나 그 과정에서 자신의 기술이 어떻게 계획하는 성과로 창출될 수 있도록 할 것인가에 대하여 고민해야 한다. 그리고 그것들에 영향을 미치게 되는 요인들을 파악하여 명확한 이해를 기반으로 그 선후좌우 과정에서형성되는 관계(Relationship) 강화와 유지의 필요성에 대하여 면밀하게 따져보고 대응해야 한다는 것이다. 여기에는 창업자의 과거 사업경험이나 장기간에 걸쳐 체득된 시장과 고객에 대한 지식들과 노하우에 의하여 더욱 명쾌하고 강하게 형성되기도 한다.

이상에서의 성공요인들 중에서도, 기업의 상황이나 사업 추진의 시점에 따라서 그 중요도는 서로 달리 평가될 수는 있다. 신생기업(Startup)들은 어떤 기간에 걸쳐 어떻게 평가하느냐의 여하에 따라서 비율 자체가 조금씩 차이는 있겠지만 약 90%(일부에서는 75%) 가 실패한다고 알려져 있다. 그 원인중 가장 많은 부분이 바로 우리가 알고 있는 '시장이 전혀 요구(Needs)하지 않는 제품'을 개발하는 경우라 답하고 있다.두번째로 많은 원인으로 꼽고 있는 것은 사업의 추진과정에서 '현금의 고갈'을 들고 있는데, 이는 기업이 창업 초기에 신속하게 시장의 니즈에 적극적으로 대응하여 빠르게 성장하지 못한다면, 곧바로 시장 경쟁에 노출되게 되는데, 그 시장경쟁에서 제품/기술의 차별적 우위성을 확보하여 그에 맞는 점유율이 기반이 되어 있어야 현금의 확보가 가능하다는 점에서 (Forbes, 2015.12, Neil Patel) 먼저 언급한 4가지 성공요인의 중요성을 이해할 수 있겠다.

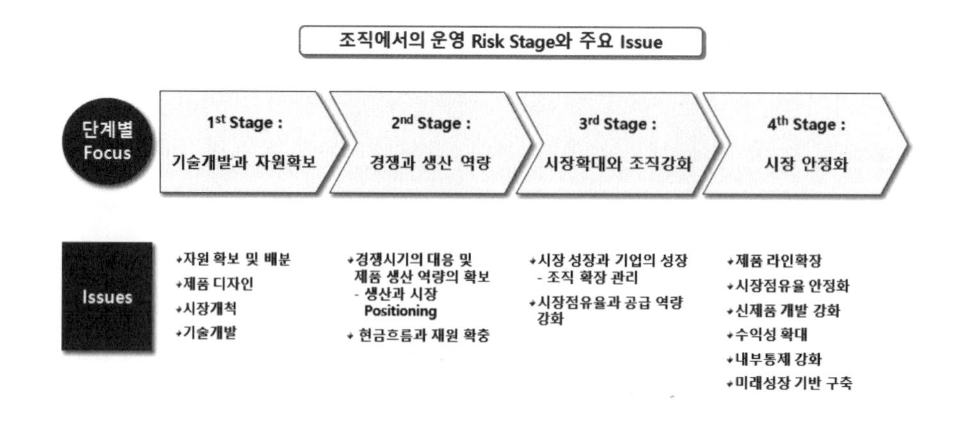

Source : Kazanjian, 1988, 재가공

그림 33. 조직 운영에서의 리스크와 주요 이슈

그리고, 하이테크 기업이 창업과 성장기틀의 구축과정에서 간과하지 말아야 할 것이 바로 시장, 경영, 그리고 기술에 대한 리스크 관리이다. 이러한 관점에서 하이테크 기업이 창업 이후 맞닥뜨리게 될 운영상에서 나타날 수 있는 리스크는 단계별로 첫단계에서는 초기 아이디어를 제품화 하기 위한 기술개발과 시장개척 그리고 그에 소요되는 초기 자원을 확보하는 것이라 할 수 있다.두번째 단계에서는 이제 신기술의 성공에 따른 반작용으로 경쟁기술들의 발전과 성공으로 경쟁사들이 시장에 신규진입 하게 되면서 생산능력의 추가적 확보가 요구되기도 한다. 그리고 각 경쟁사들은 각기 제품들에 대한 차별적 시장 포지셔닝(Positioning)에 집중하게 되면서 이후의 점유율 경쟁을 위한 자본 확충 혹은 선행 투자에 대한 대상과 시점을 세심히 고려해야 된다. 세번째 단계에서는 시장 성장에 대한 추가적 공급역량의 강화와 이에 대응한 조직의 확장 등 관리 기법의 고도화가 뒤따라야 한다. 마지막 단계는 지속적 시장 경쟁에 대응한 제품 라인의 확장, 시장점유율의 안정화를 위한 다양한 마케팅 활동과 새로운 성장을 위한 신제품 개발에 집중하면서, 이에 대한 내부통제 기능을 강화하여 안정적 성장을 위한 기반을 구축해야 한다.그리고 이러한 단계는 다시 반복적으로 진행되게 되는데, 그것이 일반적으로 운영상에서의 리스크를 관리하는 단계라 하겠다.

2. 대기업 vs. 중소기업의 기술혁신

오늘날 기술경영의 주요 기조는 혁신적 기술, 도미넌트 디자인(Dominant Design), 새로운 아키텍쳐(Architecture)와 비즈니스 모델(Biz Model) 등을 기반으로 세계화를 통한 경쟁우위 전략을 추진할 때 그 사업이나 제품의 성공 가능성이 높다고 많이들 이야기 하고 있다. 그러나 이러한 Keyword들의 중요성을 인식하고 있음에도 불구하고, 그 개념들이 실제 기업에서 적용되거나 활용되는데어려운 사업영역들도 있다. 그것은 아주 오래된 사업군이거나 이미 성숙기에 도달한 제품인 경우가 그러할 것이다.이 단계에 도달한 제품들은 단순히 기능의 고급화나 외관의 개선, 혹은 가격 절감을 통하여 시장경쟁의 우위를 점하기 위한 전략을 추구하고 있는 것이 일반적이다.

이러한 레드오션(Red Ocean)에서 후발주자나 추종기업(Follower)이 제품 경쟁에서의 우위를 점하거나 시장점유율을 향상시키기 위하여는 소위 급진적이거나 혹은 근본적 혁신(Radical Innovation)을 통한 제품으로 승부하여야 한다. 이는 기존의 것을 재구성하거나 이미 존재하는 것을 기반으로 개선 · 개량하는 활동인 점진적 개선(Incremental Innovation)에 대응하는 개념으로, 현재에는 없는 완전히 새로운 성능(New to the World performance feature)이거나, 기존의 제품 성능에 비하여 5배 이상 개선(5-10X(or greater) performance improvement)되었거나 혹은 30% 이상의 비용 절감(30-50%(or greater) reduction in cost)을 하는 등 극한적인 차별화를 이룰 때의 개념을 말한다.

기업에서 이러한 활동이나 체계가 자리잡기 위해서는 기존제품의 단편적 개량과 개선을 넘어서는 혁신적 아이디어의 관리와 이에 대응하는 기획 역량을 확보힐 때 가능하다. 이를 좀 더 세부적으로 보면, 급진적 Idea를 포착힐 수 있는 활동의 체질화와 혁신 Project의 관리 역량과 더불어 새로운 시장조사 기법의 습득과 학습, 연구개발 결과에 대한 상용화 팀의 별도 구성, 그리고 연구원 개인의 리더십(Leadership) 확보 등이 잘 조화되어야 한다는 의미이다. 그러나, 이러한 혁신활동은 일반적으로 조직간 기능이나 역할이 잘 분리되어 있고, 관리 시스템이 잘 갖추어진 대기업에서는 자연스럽게 체질화되는 것이 어렵다고 한다.

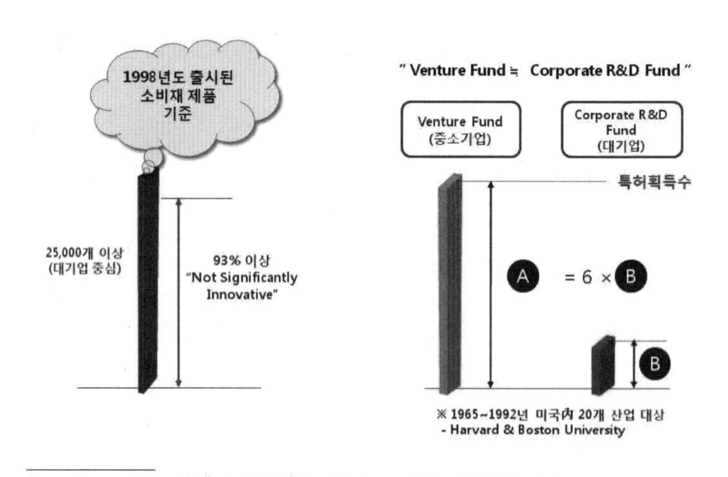

Source : How to manage radical innovation, California Management Review, 2000, Robert Stringer
MIS(Marketing Intelligence Service)'s Innovation Ratings

그림 34. 중소기업 vs. 대기업의 혁신활동 비교

얼마전, 주로 대기업을 중심으로 실시한 한 조사에 따르면, 1998년도에 출시된 약 25,000여개의 혁신적 소비재 제품중 93% 이상이 사실상 비혁신적 제품이라고 조사된 통계가 있다.이에 반하여 1965~1992년 사이에 주로 중소기업에 투자된 벤처펀드(Venture Fund)와 대기업 중심의 기업 R&D투자중 동일한 투자비용 규모에 대하여 획득된 특허의 수에서 중소기업이 약 6배 정도로 압도적으로 많은 것으로 조사되었다.이와 같이 대기업에서의 급진적 혁신이라는 것은 생산역량, 공급

구조 그리고 고객관계 등에서 현재의 체제와 시스템을 위협하는 변혁을 요구하기 때문에 일반화 되는데 많은 난관들이 있다는 점을 반증하고 있다.

기업이 신사업, 신제품 혹은 신기술 개발에 있어 현재의 시장지배 기술보다는 한차원 혹은 그이상 앞선 기술에 항상 주목해야 한다. 이러한 도전적인 연구활동에 의한, 항상 고객의 요구 성능보다는 한차원 발전된 "+α" 의 미래 지향적 기술이 기술의 경쟁력 향상과 기술역량을 강화할 수 있다. 사업과 기술은 미래의 경쟁이기 때문이 그러하다.

과거 현대자동차가 국산 전자식 엔진을 개발할 당시 역시 향후 기술 개발 경쟁은 더욱 가속화 될 것이고, 원천 기술력을 보유하지 못한다면, 사업 자체의 존립은 생각하기 어렵다고 판단하고, 차차세대(2세대, 2nd Next Generation)를 대비한 엔진개발에 착수하기로 결정하였다. 당시의 기술이 기계식(Carburetor) 엔진이 위주였지만, 후발주자가 제품 경쟁력을 조기에 확보하기 위해서는 기술은 멀리보고 개발해야 제품의 출시시점에서 경쟁을 할 수 있다고 보았던 것이다.

소위 기술 추종자(Follower) 견지에서는 두가지의 경쟁 논리가 있을 수 있다. 그것은 경쟁에서의 게임의 룰을 자신에게 유리하도록 바꿀 수 있도록 하는 것과 그리고 또 다른 하나는 명확한 차별적 기술력으로 무장하여 대응하는 것이다.

이 두가지 고민에서, 당시 국내의 여건으로 볼 때 사업적 협력 기반이 전혀 없는 기술에 집중하기 보다는 새로운 기술로 새로운 인프라를 직접 만들어 나가기로 결정을 하기에 이르렀다.

그래서 현재의 주도 기술인 기계(carburetor)식 엔진보다는 당시에는 파괴적 기술(Disruptive Technology)이라 할 수 있는 전자제어 엔진(MPI)의 개발에 집중하게 된 것이고, 기존에 비하면, 초월적 지위에 있는 새로운 세대의 엔진 개발을 선택한 것이다. 지금까지 성공하는 많은 중소 · 중견기업들이 기술전략의 방향을 결정하는 과정에서 1~2 세대 앞선 기술에 집중하여 당시의 어려운 상황을 극복해온 경우들을 많이 봐 왔던 것과 맥을 같이하는 것이라 하겠다.

3. 신사업과 의사결정 스피드(Speed)

국내의 많은 기업들에서 신사업 중심의 성장을 추구하기에는 아직 다양한 이슈들이 있고, 이것들로 인하여 최고경영자들은 신속한 의사결정에 어려움을 겪고 있다고 하겠다.

이렇듯 기업의 사업과 연구개발전략에 대응한 목표 달성에 대하여 신사업 · 신제품의 성공적 추진을 위하여 경영의 핵심 Keyword로 떠오르고 있는 것이 경영환경의 변화에 신속히 대응하는 의사결정 과정의 '스피드(Speed)'화를 들 수 있다. 최근의 스마트폰 시장은 기존의 경쟁체계를 완전히 붕괴시키고, 최강자들만의 시장으로 굳어져 가고 있는 상황을 보면서 우리는 이의 중요성을 더욱 절감하고 있다.

그 의사결정을 지연시키는 원인들을 살펴보면, 다음과 같이 몇가지로 정리될 수 있을 것이다.

먼저, 시장, 고객 그리고 정부의 정책과 법규 등 외부환경에 대한 정보의 부족을 들 수 있다. 특히 기업 규모가 작거나, 내부 자원의 부족 등으로 인하여, 설령 신사업이나 신기술에 대한 정보의 강한 필요성이 있음에도 불구하고, 그것들을 확보하여 사업에 활용할 수 있도록 하기에는 어려움을 가진 기업들이 많다는 점이다. 그리고 이러한 정보의 부족이 사업과 기술전략의 추진에 대한 의사결정을 지연시키고 있는 것이다.

두번째는, 그 동안 경영해 왔거나 혹은 현사업들에 대한 포트폴리오 상의 문제로 말미암아 신사업에 대하여 적극적 투자를 진행하기에는 현실적으로 여유를 가지기 어려운 상황에 처한 기업이 많다.현사업군內 캐시카우(Cash Cow) 사업은 계획하고 있는 신사업이 제 위치에서 역할을 할 시기까지, 즉 성과를 발휘하는 시점까지 소요되는 자원을 지원할 수 있는 구조를 가지고 있어야 함에도 불구하고 그렇지 못한 기업들이 많다는 점을 들 수 있다.

세번째는 기존 사업이 그 동안 잘 추진되어 좋은 성과를 이루었거나 혹은 그렇지 못하더라도, 그에 대한 내부역량의 파악과 분석활동이 없었던 경우가 대부분이라, 자신들이 무엇을 잘할 수 있는지(Strength) 혹은 어떤 활동이 약점(Weakness)인지에 대한 인식이 부족하다는 것을 들 수 있다. 신사업을 추진하기 위하여는 시장환경의 분석 이외에도 잠재 경쟁자와 대체기술들의 등장에 대응하는 경쟁 구조 분석과 그에 따른 대한 전략 대안(Alternative)의 수립 등에 대하여 사전에 많은 연구가 선행되어야 하고, 내부에서 그러한 분석과 추진에 대한 역량 있는 인력이 없다면 외부를 통해서라도 확보해 둬야 할 것이다.

네번째는, 신사업의 외형에서 표출되는 매력 때문에 구체적이고 현실적인 실행계획에 대한 이미지(Image)를 구축하지 않은 상황에서 의사결정을 내리는 것이다.의사결정은 실무를 담당하는 사람이든 혹은 최고경영자이든 불확실성이 존재하면, 그 각 상황에 대한 전략적 대안을 마련하지 않고서는 추진하기 어렵다. 그래서 그러한 경우에는 불확실성과 연관된 사업의 주요 변수들에 대한 대응 프로세스가 확보된 이후 추진하는 것이 바람직하다.보통은 이러한 문제에 대하여 기업내의 다양한 기능 부분들이 상호 협력하여 정보와 데이터를 공유하고 다양한 시각들을 조합한 정보가 창출될 때 가능하다.

결국 의사결정의 '스피드'는 사업과 관련된 내외부의 정보들이 분석 · 통합되고, 다양한 검증절차와 공유, 그리고 합의되는 체계가 원활하게 작동될 때 그 속도가 결정된다.

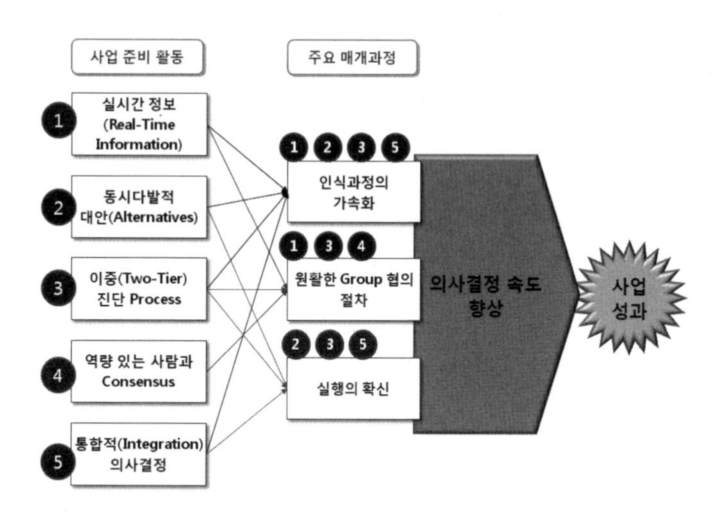

그림 35. High-Velocity 환경에서의 전략적 의사결정 속도
참고 : Making Fast Strategic Decisions in High-Velocity Environment, Kathleen M. Eisenhardt, 1989

이 의사결정의 스피드와 관련된 한가지 사례로, 1983년 최초의 노트북 컴퓨터를 만든 기업인 가빌란(Gavilan Computer)의 경우에서 잘 알 수 있다. 당시만 하여도 이 기업은 혁신적인 제품인 무게 4kg의 경량급 모바일 PC의 새 역사를 여는 제품을 내놨다. 그러나 본격적인 사업의 추진을 위한 최종 의사결정 과정에서 많은 시일을 소모하게 되면서 꽃을 피워 보지도 못한 채 기회를 상실하고 말았던 것이다. 결국 이 한 순간의 "망설임"이 경쟁자들에게 "Me too"의 기회를 주었고, 그에 대한 결과는 굳건한 시장마저 내어 주게 되면서, 이후 추진된 벤처 캐피탈 등의 31백만불이라는 거액의 지원에도 불구하고 파산한 경우에서 잘 보았다.

이러한 상황은 오늘날 대부분의 정보통신과 관련된 신사업이나 신제품, 그리고 시장 경쟁이 치열한 여타의 사업들에서 그 중요성이 더욱 커지고 있는 상황이다.

이렇듯 고도 정보화 사회의 신사업은 신속한 의사결정이 사업의 성공여부를 결정하는데 지대한 영향을 미치고 있다.

국내 기업들의 기술경쟁력 수준을 평가해 보면, 글로벌 리더와의 비교에서도 경쟁역량이 우수한 기술들은 대부분 오랜 기간 동안 사업을 영위하면서 축적된 Know-how가 있는가 혹은 그렇지 못한가의 여부에 따라서 경쟁력 수준이 결정되고 있는 것을 확인할 수 있다. 이와 같이 핵심역량은 장기간에 걸쳐 그와 관련된 기술분야의 연구개발과 그에 따른 인력, 장비 등 인프라들이 확보되기 때문에 그러하기도 하고, 그 동안의 실패 경험으로 부터도 획득된 많은 Know-how들이 축적되어 그것으로부터 배운 것(Lessons-Learned)이 많아서 그러한 경우도 있다.

기업의 핵심기반기술 경쟁력은 사전에 특히 아직 기술력을 가지지 못한 신사업인 경우에는 경쟁자보다 한발 앞선 선행개발 역량의 확보가 경쟁력 수준을 결정하는 가장 기본이 된다.

4. 혁신의 장애요인

우리는 연구개발 활동 전반에서 수많은 새로운 용어들과 신개념의 이론들을 들어 오고 있는 한편으로, 그것을 현업에 적용하거나 응용하기 위하여 고민하고 있다. 그들 중에서 가장 흔하게 사용하고 있지만, 기업의 규모나 형태를 막론하고 무엇보다 어려워 하고 있는 것이 '사업' 과 '혁신' 이라 할 수 있다. 이 두가지 는 모두 미래지향적 의미를 담고 있고, 나아갈 방향에 대한 정답을 제시할 수 없기 때문이다.

여기서 사업은 기존의 시장에서 영속적으로 생명력을 유지하고 있는 상황도 있지만, 항상 새로운 사업들이 창출되어 산업을 형성시키거나 발전시키는 경우가 훨씬 자연스럽게 생각되고 있다는 측면에서 미래형이라 할 수 있다.

또한, 시대가 바뀌고, 그 속에서 생활하는 사람이 변화하고, 또한 그 사용자들의 생각에 따른 기술의 발전은 과거 경영활동에서의 각종 체계나 기법, 운영에 대한 방법들, 그리고 내부 사람들의 사고방식 역시 변화를 강요 받고 있다. 그러나 대부분의 사람들은 근본적으로 변화를 거부하는 것이 일반적이기 때문에 자연스러운 적응을 기대하는 것 또한 매우 힘겨운 일이다. 우리는 이러한 상황에 선행적 대응하여 조직과 의식 수준을 변화 시키고자 '혁신'을 고려한다는 측면에서 미래형이라 할 수 있는 것이다.

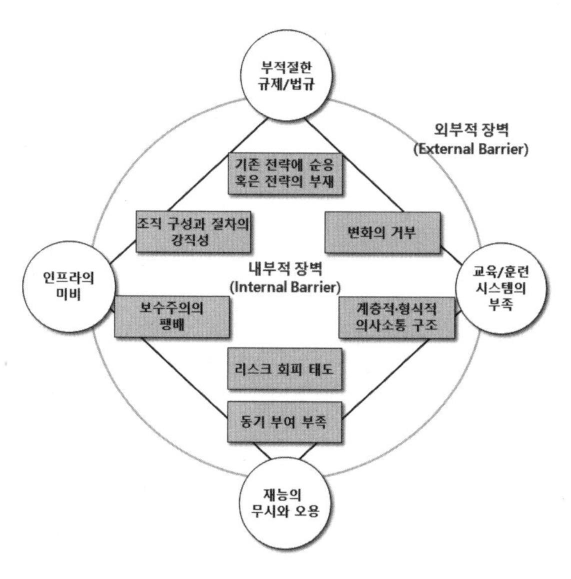

그림 36. 혁신을 가로막는 내 · 외부적요인

여기서는, 이 두가지 개념에서 '혁신'에 대하여 초점을 두고 이야기 해 보기로 하자.

'혁신(Innovation)'이라는 용어가 기업경영의 전반에서 활용되기 시작한 것은 정확한 시점을 알기는 어렵지만 그리 오래되지는 않았다. 산업의 발전과 쇠락, 그리고 새로운 기업의 등장과 몰락, 동일한 시장을 두고 우수한 품질과 기술력으로 경쟁하면서부터 그 활용 빈도가 증가되지 않았을까 생각된다.

그러나 많은 기업들에서 이러한 혁신 활동이 장기적 관점에서 성공하는 경우 또한 찾아 보기가 쉽지 않은데, 이와 같이 혁신활동이나 그에 따른 체계들이 기업혹은 조직내에서 쉽게 문화로 정착되지 않는 이유는 내 · 외부의 보이지 않는 장애 요인들이 존재 하고 있기 때문이다.

기업 내부에 존재하는 이러한 요인들 중에서 가장 먼저 꼽을 수 있는 사항이 바로 경영환경이 변화하였고 그 내부의 사람이 바뀌었음에도 불구하고 기존의 전략에 순응하면서 과거의 체계와 방식을 답습하거나, 아예 전략자체가 없는 경우이다.기업이 장기적 발전과 성장을 이루고 있는 이면에는 창업 당시의 사업이 기반이 되기는 하였지만, 그 이후 미래를 위하여 유망 산업군이나 성장 제품군으로 사업구조를 고도화하여야 하고 이를 위한 내부의 다양한 경영방식이 개선되어야 가능한데, 이러한 전략이 없거나 개선이 이루어 지지 못한다면 기업의 성장과 발전을 위한 변화의 시도는 어려운 것이다.

두번째는 조직 내부의 체계와 그 운영구조에 대한 강직성(Rigidity)을 들 수 있다.기업의 잘 갖추어진 체제 속에서 경영활동에 참여하고 있는 사람은 그 시스템에 지배당하면서, 그에 익숙해져 간다.그래서 그에 대한 변화의 필요성에 대하여 소홀해 짐은 물론, 그 체계의 변화에 대한 환경의 경고에 대하여도 둔감해 지게 만든다.그저 기존의 체계와 절차, 그리고 그에 따른 운영 방식, 방법의 적응에 대하여 다른 접근을 거부하게 만들기 때문이다.

세번째는, 조직의 보수적 성향으로의 회귀에 대한 것이다.기업은 사업이 번창하고 조직규모가 커가게 되지만, 그에 따른 운영 체계나 내부사람들의 사고가 그냥 그 시대에 머물러 있게 되는 경우가 많다. 이러한 보수적 사고를 가진 인사들에 의하여 새로운 아이디어와 제안이 차단되고 이로 인하여 신규 인력들에게 까지 과거의 사고로 역전환과 역적응화 시키게 되는 경우가 그것이다. 통상 이러한 상황들은 새롭게 추진한 사업이 실패하거나 신기술에 대한 투자 검토를 필요 이상으로 신중하게 처리하고자 하는 상황이 빈번하거나, 그 이후의 추진활동에 대하여도 반복적으로 일어나는 경우, 그 형태는 조직 내부에 깊숙이 자리잡아 그 다음의 변화를 방해하게 된다.

네번째, 새로운 것에 대한 도전 자체를 두려워하는 문화가 팽배한 경우에 대한 것이다. 즉, 산업과 경영환경의 변화에 따라 새롭게 떠오르는 사업・기술에 대하여 시장의 불확실성이 완전히 제거된 상황에서만 계획을 수립하고 추진을 결정하는 등 경쟁우위나 기회의 선점에 따른 리스크가 전혀 없는 상황만을 주장하는 경우를 말한다. '기회의 창(Opportunity Window)'은경쟁자나 잠재적 진입자 등 대부분이 관심을 갖지 않는 시점에서, 그리고 '사업으로 발전할 수 있을 것인가'에 대한 리스크가 있을 때 준비하지 않으면 그 문은 닫히게 된다. 결론적으로 작은 실패에서의 두려움이 '새로운 것'에 대한 도전을 어렵게 한다.

다섯번째는, 계층화와 형식적인 내부 의사소통 체계에 대한 것이다.조직 내부에서 지식과 정보 그리고 관심은 전후좌우로 흐름이 원활해야 한다. 내부의 업무지식이나 개선・발전에 대한 의견이 계층별로 정체되어 있거나, 설령 그 벽을 넘는다 하여도 형식적 활동에 머물게 되어 미리 짜여진 각본과 같게 된다면, 그 내부에 포함된 모든 것은 부패하게 된다. 업무관계에서든 개인적 관계에서든 대화와 정보의 교환은 사통팔달로 원활한 교류가 전제되어야 조직은 발전하게 된다.그러나, 명확한 상하관계하에서 정해진 의사소통 체제는 초기의 생각과 아이디어를 차단하거나 왜곡시키는 상황을 잦게 할 수 있는데, 이것이 변화를 유도하는 것을 불가능하게 만들 가능성을 증폭 시킨다.

이러한 성장과 발전을 가로 막는 장애의 극복 활동인 '혁신'이 기업에서 그 의미가 크게 부각되고 있는 것은 경영환경의 급변에 따른 사업과 기술의 불확실성이 증가되어, 과거의 조직과 운영체계로는 대응이 점점 더 어려워 지기 때문이다.즉 위에서 언급된 5가지의 장애 요인들은 이러한 변화에 대한 새로운 기회에 따른 대응을 가로 막고 있어, 이의 타파가 가장 우선시 된다.

물론 이외에 기업 외부의 장애요인들이 있는데, 그것들은 법규, 사회적 인프라와 교육훈련 시스템, 그리고 일반적으로 받아들여지는 객관적 재능에 대한 무시 혹은 오용 등이 있을 수 있다. 그러나 이들은 우리가 통제할 수 있는 사항들이 아니기 때문에 이에 해당되는 내부의 시스템으로 대응 하여야 하는 것이다.

기업경영에서 '혁신'의 기본 개념은 시대의 변화에 따라 적절히 변화되고 발전하였는데, 그 의미는 결국 정보로부터 제품이 개발, 판매되어 수익이 창출되는 전체 과정에서 나타나는 것이라 할 수 있다. 오늘날 사업을 둘러싸고 있는 정보는 조직 기능 전반에서 나타날 수 있고, 그래서 조직 전체가 관리하지 않으면 그 의미의 분석이 어려워지고 있다. 이 정보를 기반으로 제품의 발전 방향이나 기능과 성능 등 컨셉(Concept)이 정의되고, 다시 이에 대한 부품이나 소재의 확보(Sourcing), 생산가능 여부, 마케팅과 영업에 대한 계획이 구체화될 수 있는 것이다.

현재의 정보가 의미하는 차별성과 이것이 사업에 미치는 영향 등 정보의 재평가와 더불어, 적용 가능 여부에 대한 재검증이 진행되어야 하며, 새로운 사업모델과 기능, 성능에 대한 구체적 목표가 수립되어, 그에 대응하는 조직의 재구축에 이르는 일련의 과정에서 이루어 지는 개선활동을 우리는 혁신이라 정의하고 있다. 결국 기술의 진보 및 패러다임의 변화에 따라 경제의 구조가 바뀜으로써 제품의 컨셉, 새로운 시장의 개척, 자원의 유형과 획득방법, 조직 등이 세분화 되거나 새로운 방식으로 통합되는 것을 의미한다.

그래서 이러한 혁신의 추진에 대한 장애요인들이 타파되고, 기존 체계와 그에 따른 프로세스, 운영에 대한 사고 방식 등에 대한 전방위적 파괴가 전제되어야 가능하기 때문에 최고경영층의 전폭적인 지지와 협력(Commitment)이 없으면 불가능하다.

5. P&G의 R&D 혁신

기업들은 완급과 부침은 있지만, 지속적으로 외형의 성장과 더불어 내부적으로는 사업의 구조를 고도화 하고, 사업의 내용에 부합되는 조직과 거점 확보, 그리고 그에 따른 활동의 방식 등을 변화하면서 진화해 나가고 있다. 우리가 잘 알고 있는 수많은 글로벌 기업들중 지속적으로 성과를 창출하고 시장의 기대보다 항상 한발짝 앞서 나가고 있는 기업들은 과거로부터의 우월적 시장지배력이 기반이 되기도 하지만, 훨씬 더 많은 노력들을 통하여 현재와 미래의 위치를 구축해 나가고 있다. 그리고 이러한 성과는 어느 한 부문을 통해서라기 보다는 조직의 전방위적 협력과 공조 등 공동의 활동들에 의하여 창출된 것들이 많다.

생활용품, 스낵과 음료 등을 생산하는 기업인 P&G(Procter & Gamble)는, 2010년(아래 괄호는 과거 10년전) 시가총액은 1,705억달러(741억달러), 매출액 789억달러(399억달러), 연간 10억달러 이상 매출을 일으키는 브랜드수 24개(10개) 등으로 성장하였다.이 기업이 이렇듯 새로운 제품을 지속적으로 개발하고, 사업적으로 성과를 거두게 된 이면에는 오랜기간 동안의 다양한 혁신활동이 자리하고 있다. 세탁세제인 타이드(Tide)는 첨단의 제품도 아니고, 빠르게 성장하는 제품도 아니지만, 해당기간 동안(2000~2010년) 매출이 120억 달러에서 240억 달러로 성장하였다. 이렇게 획기적 매출 성장에는 끊임없는 신제품·신기술 개발활동과 혁신적 노력들이 있었다는 것을 의미한다.

오늘날 국내외를 막론하고 대부분의 기업들이 가장 중요하게 생각하는 경영의 화두가 신사업과 신제품의 확보이지만, 또한 수많은 기업들은 내부에서 이러한 신제품·신사업에 대한 전략적 의미와 범위(Scope) 등이 불명확하거나, 어떻게 추진해야 하는 것인지에 대하여도 명쾌한 내부 정책을 가지고 있지 못한 것이 현실이기도 하다.

이와는 달리 P&G가 신제품 개발을 추진하는 데에는 몇가지 특징적 철학과 방향들이 있다.먼저, 그 역사적 배경을 보면, 최초로 민간 연구소를 설립한 에디슨(Thomas Edison)은 전기와 영화의 산업화를 위하여 방대한 숫자의 아이디어를 창출하고, 그 과정에서 1,000여개에 달하는 특허를 확보하기도 하였다. 이러한 기술적 기반 확보의 이면에 에디슨 자신은 사업적으로도 성과를 이루는 것, 즉 대량생산에 대해 목말라 하며, 여기에 대한 고민을 오랫동안 하였다.이러한 고민들이 이어져 꽃을 피운 것이 바로 자동차의 대중화에 지대한 역할을 한 포드(Henry Ford)의 'T모델'생산에서부터라 할 수 있다. 물론 초기 생산라인부터 매우 참신하거나 혁신적인 것이라 하기에는 아닐 수 있지만, 약 4년여의 개선활동 끝에 12시간 이상 소요되는 한대당 조립시간을 90분으로 낮출 수 있었다. P&G는 이러한 기술 관점(에디슨의 실험실)과 대량생산, 즉, 사업화(포드의 공장)의 두가지 관점의 개념을 추구하는 연구소 역할(신성장 공장, New Growth Factory)의 재정립을 추진하였던 것이다.

이렇게 P&G가 추진한 혁신방향의 개념은 크게 세가지 측면에서 그 의미를 정리할 수 있다(자료 참고: How P&G Tripled Its Innovation Success Rate, Bruce Brown, Scott Anthony, 2011, HBR).

먼저, 현재 사업의 경영실적이 좋지 않았다고 해서 한 순간 없애 버릴 수는 없다. 기존의 사업은 그 기업이 오랫동안 경영을 해 오면서 획득한 다양한 사업적 지식과 시장 · 고객에 대한 노하우(know-how)들이 조직내에 쌓이도록 하는 미래를 위한 힘의 원천이기 때문이다. 그래서 혁신에서 가장 기본적으로 해야 할 것은 이러한 기반을 유지시면서 성장하는 존속적 변화(Transformational-Sustaining)를 추구하는 것이다.이는 기존의 카테고리내에서 시장을 세분화하거나 카테고리를 확장하여 그에 따른 시장을 키워 제품의 판매량을 늘려 나가는 것을 말한다.가령, P&G가 크래스트(Crest) 치약이 콜게이트(Colgate) 치약과의 경쟁에서 시장지위 역전에 대응하기 위하여, 기존 크래스트 기능과는 완전히 차별화된다양한 제품들, 즉 화이트닝(Whitening)기능을 부가한 크래스트 화이트스트립(Crest Whitesthip), 그리고치석(Tartar), 플라그(Plaque), 입냄새 제거 등 기능을 추가한 크래스트 프로 헬스(Crest Pro-Health) 등 신제품을 연이어 개발 출시함으로써, 시장

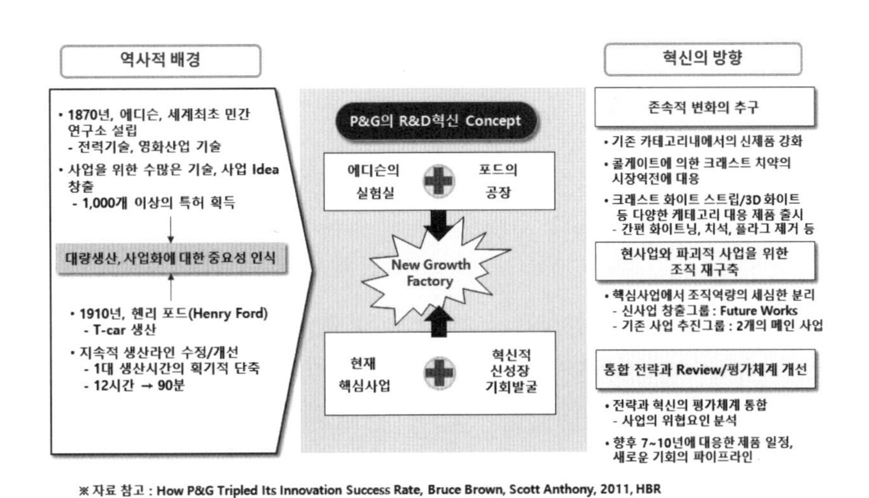

그림 37. P&G의 R&D 혁신개념과 추진 방향

을 회복하는 것을 넘어 새로운 시장을 창출하기도 하였다.즉, 현재 주력사업제품에 부합되는 명확한 경쟁우위 전략과 거기에 부응하는 역량의 기반을 확보하고 있거나 확보 전략을 구축해 둬야 한다는 것이다.

두번째, 신제품·신사업 전개 방향과 방법에 대한 전략적 결정, 그리고 그에 따른 하부 체계를 재구축해야 한다는 것이다. 즉 현재 사업의 강화(존속적 변화)와 완전히 새로운 신제품(New-to-the-World)의 개발에 대한 자원 배분(Portfolio)에 대한 결정, 그에 더하여 연계된 조직과 기능에 대하여 역량과 역할을 세분화하고, 세부 사업이나 제품군별로 필요기능의 조합을 통하여 재구성하는 것이다.이는 기존사업의 지속적 유지와 발전을 위하여 필요로 하는 조직기능과 요구되는 역량을 분석하여 재구성하여야 함은 물론, 사업영역(Domain)내에서 혹은 완전히 새로운 미래의 기회 창출형 사업 추진을 위한 조직으로 구축해야 하는 것이다. P&G에서는 현재 사업에서 조직을 역량별로 세심하게 분류하고, 이를 존속적 사업과 완전히 새로운 비즈니스 모델의 사업(New Business Opportunity, Future Work)을 위한 대응 조직으로 재구성하였다.보통은 현재 사업과 전혀 다른 새로운 사업을 위해서는 그에 요구되는 필요역량을 세밀히 분석하여 기존 조직내에서 자원을 재배치하거나, 신시장에 대한 새로운 시각을 위해서는 별도로 외부로부터 신규 자원을 확보하여, 이들을 기존의 의사결정 체계와는 완전히 분리된 프로세스에 의하여 전략적 활동방향이 정립되도록 하고 있다.

세번째는, 이러한 전략적 방향에 따른 단위 활동들이 강력하게 연계될 수 있도록 하는 것과 그에 따른 평가와 검증체계를 개선하는 것이다.일반적으로 전략과 실행·관리, 이에 따른 평가기능은 서로 분리되는 것이 일반적 형태이다. 우리는 성과 측정의 기본이 기술개발 혹은 사업의 추진에 있어 각 기능조직간의 협력 활동들이 원만하게 잘 수행될 수 있도록 하거나, 지표의 평가를 통하여 현재의 시스템에 대한 개선의 여지들을 확인하기 위한 것이라 이해하고 있다. 그래서 관리할 수 있는 자원과 조직 규모가 이러한 상호협력이나 시너지를 제고시키는데 추가적인 자원을 요구할 만큼 커지거나 범위를 벗어난다면, 그에 맞는 적절한 수준에서 체계의 통합이 필요하다는 의미이다. P&G는 CEO, CFO, CTO 등이 과거에는 혁신과 전략의 평가가 각 주체별로 서로 분리되어 운영되었으나, 오늘날은 이들이 완전히 통합된 프로세스내에서 운영되고 있다. 그래서 기존사업은 그 동안 산업구조의 발전, 경쟁상황과 시장의 변화 등에 따라서 평가 체계의 개선에 대한 필요성에 대응할 수 있도록 하고, 신사업에 대하여는 기존의 패러다임에서 벗어난 새로운 비즈니스 모델과 새로운 개념과 기술, 시장에 능동적으로 대응할 수 있는 관리와 평가체계로 설계되어야 하는 것이다.

Ⅴ. R&D 전략과 과제 관리

1. 연구개발 전략

기업에서 '성공적인 연구개발이다'라는 것은, 통상 두가지 측면에서의 성공을 이야기 할 수 있다.그 첫번째가 Project관리에서의 성공으로 소위 Q(Quality), C(Cost), D(Deliverables)에 대한 관점이다.그리고 두번째는 제품의 성공이라는 관점인데, 이는 Project의 목표(Goal)와 목적(Purpose)에 대한 사항, 그리고 이해관계자의 Needs를 만족시키는 경우를 의미한다.그러나 오늘날의 연구개발에서는 이 두가지 관점의 구분이 모호해져 있다.기술이나 제품의 개발을 위해서는 목표와 목적 그리고 이해관계자의 Needs들이 모두 반영된 가운데에서 연구개발계획이 수립되고 추진되기 때문에 그렇다.

그래서 'Project를 관리한다'라는 것은 Q, C, D의 관리를 통하여 연구개발의 결과가 사업의 성과 창출로 이어지도록 하는 모든 활동을 말하는 것으로, 궁극적으로는 기업 매출과의 연계여부에 따라서 그 성공여부를 평가하고 있는 것이다.

1980년대를 지나면서 기업간의 시장경쟁은 더욱 치열하게 전개되고 있으며, 이러한 경쟁에서의 우위를 지속적으로 유지하거나 유리한 경쟁 위치를 확보하기 위해서는 경쟁사보다 한발 앞선 제품개발 혹은 기술개발이 무엇보다 중요해지고 있다.이는 연구개발의 기획 시점을 더욱 앞당기는 활동을 가속시키는데 중요한 동인(Driver)이 되고 있다. 즉 기술전략과 개발 계획이 1990년대 까지만 하여도 2, 3년 혹은 길게는 3, 4년 앞을 내다보는 선행개발이 위주였는데, 이제는 새로운 기술영역이나 사업(New to the World 혹은 New to the Company)을 위해서는 적어도 5년이상의 타임프레임(Time-frame)을 가지고 기획하지 않으면, 앞선 성과를 기대하긴 어렵게 되고 있는 것이다. '기회의 창(Opportunity Window)'역시 그만큼 환경의 불확실성(Uncertainty)에 따른 리스크(Risk)를 감내할 때에만 그 성과가 돌아오는 것이 21세기 기술경영의 패러다임이다. 그래서 기업에서는 지속적으로 증가하고 있는 R&D비용과 Risk에 대한 성과의 중요성이 더욱 크게 부각되고 있으며, 이러한 비용이나 자원 측면에서의 투입(Input) 노력에 대한 관리의 포인트는 연구개발 결과가 사업적 성과로 이어지도록 하는데, 즉 성공률의 향상을 위해서 더욱 많은 활동들을 하고 또한 추진을 계획하고 있는 것이다.

이러한 맥락에서 기업들은 연구개발(R&D)에 대한 정책 방향을 두고, 그 동안 수많은 시행착오를 그쳐오고 있는데, 한때는 R&D를 기반기술 중심의 개발이나 미래지향적 연구개발 등 그 파급성이나 효과 위주의 정책(Impact Research)을 통하여 장기적 관점에서의 사업적 성과를 추구하는 시기가 있었다.시장에 근거한 제품기술의 개발 보다는 우수한 연구인력을 확보하여 회사와는 독립된 별도의 장소에 연구소를 만들어 놓고 좋은 제품이나 기술이 개발되기를 기대하였던 시절이었던 것이다(그림1. A영역 대응). 물론, 이 시기에는 짧은 시간내 R&D에서의 성과와 파급효과가 미미하였으므로 경제학적 관점에서 R&D관리에 대한 목표의 명확화와 ROI(Retune On Investment)에 대한 평가가 강화 되었고, 결국은 연구개발에 대한 정책적 방향을 성과에 기반한 활동, 즉 현사업에 대한 지원에 초점을 두는 연구개발(R&D혹은 Contribution Research)로 방향을 전환하거나, 그 영역에 치중하게 되었던 것이다(그림1. B영역 대응).

그러나 앞서 언급한 기술경영의 패러다임의 변화는 '미래에 대한 준비'라는 과제를 안겨주고 있어, 이 두가지 방향에 대한 균형을 강조하고 있다.즉, 어느 한쪽으로 편향된 연구개발은 중장기적 관점에서는 많은 리스크를 내포하고 있는 관리 방식이라는 것이다.

소위 사업부의 입김이 강할 경우에는 대부분이 우편향된 지원 과제(B영역)로 구성될 것이고, 반대로 연구소의 이야기만 좇다보면, 좌편향된 연구개발(A영역)이 진행될 가능성이 높다.그래서, 이 두가지 방향을 놓고, 전략적 균형을 이루지 못한다면, 전반적인 과제의 성격들이 모두 좌 또는 우편향된 과제들로 구성될 것이고, 그 두 부문이 합의보다는 힘의 균형이 이루어 지면 대부분이 가운데 영역(그림1. C영역), 즉 컴포트존(Comfort Zone)에 치중되므로 해서 기업의 연구개발에 대한 방향이 모호해 지게 된다.미래와 현재사업에 대한 기술전략이 조화롭기 위해서는 기반 기술혹은 미래 사업을 위한 기술개발(Impact Research) 결과가 사업화로 이어지는 넓은 스펙트럼에 대응하는 연구개발 체계를 갖추는 것이 필요하며, 어느 한방향이나 모호한 콤포트존으로의 집중을 경계하는 동적인 연구개발 활동이 추진되어야 한다.

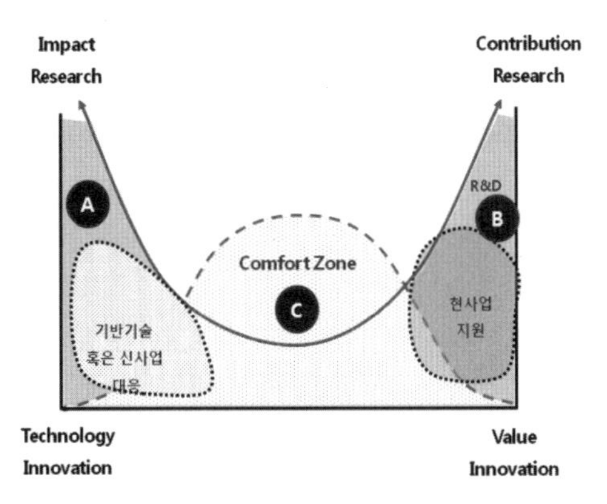

그림 38. R&D의 Comfort Zone

기업에서는 현재사업과 차세대 사업, 그리고 미래사업에 대한 포트폴리오에 따라서 그 자원의 배분(Allocation)과 더불어 연구개발 과제의 유형들도 함께 적절히 선정되고 구성되어야 한다.

보통의 기업에서는 기반기술 연구영역 혹은 미래사업을 위한 기술영역에서의 기술력이 사업화 되어 가는 과정에서 많은 기술들이 축적되게 된다.즉 기초 소재나 부품에 대한 기본 물성이나 속성, 가공에 대한 Know-how 들에 대한 다양한 지식들이 기반이 될 때 그것이 응용되는 부품이나 모듈 등 제품의 성능에 대한 이해가 훨씬 빠르고, 개선의 방향에 대한 적응력이 강화된다는 의미이다.

이렇듯 새로운 사업이나 제품의 개발을 추진하기 위해서 혹은 기존사업에 대한 대응을 위해서 먼저 전사차원에서의 전략적 방향에 대한 의사결정을 명확히 해야 한다. 보통의 기업에서는 이러한 사안이나 이슈에 대하여 사업 · 기술이 가지는 다양한 환경적 불확실성과 시장정보(Market Intelligence)에 대한 분석과정을 간과하거나 부분적으로 적용하는 등 소위 단일예측(Single-Point Forecasting)에 의한 전략으로 시장에 대응하는 경우가 많은데, 이런 접근 방법은 오늘날의 복잡계(Complex System)하의 산업환경에서는 성공확률이 매우 낮다는 점을 이해 해야 한다.

이러한 문제점들을 보완하여 사업의 성공률을 높이기 위해서는 조직 전반에 걸친 종합적인 분석 방법과 검증절차, 그리고 R&D Project에 대한 통합적 관리체계가 구축되어 있어야 한다.

2. 프로젝트 포트폴리오와 평가

신제품에 대한 아이디어와 그에 내재된 성능이나 기능에 대한 컨셉(Concept)이 정의되고 난 이후의 활동들에는 현재 어떤 변화들이 일어나고 있는가? 2003년 한 조사(Trends and Drivers of Success in NPD Practices :Results of the 2003 PDMA Best Practices Study)에 의하면, 프로젝트 관리와 관련되어 눈 여겨 볼만한 몇가지 변화와 특징들을 잘 보여주고 있다.그 한가지는 연구개발 프로젝트(Project)들의 포트폴리오(Portfolio)에 대한 기업들의 전략을 잘 표현하고 있는데, 시간이 많이 소요되고, 사업적 성공 또한 명확히 보장되지 않아, 궁극적 시장 경쟁력의 확보가 어려운 도전적 연구개발 활동보다는 상대적으로 안전한 기존 시장을 대상으로 하는 제품 라인 확장이나, 개선제품을 위한 연구개발 활동의 비중이 높아지고 있다는 것이다(① Project 유형별 Portfolio 변화).그러나 이것은 기업들이 새로운 기술에 대한 투자를 축소하고 있다거나 신제품 개발에 대한 관심과 필요성이 낮아졌다고 예단할 수는 없다.즉, 다음 그래프(② R&D 단계별 Project 건수 변화)에서 나타나는 R&D 프로젝트의 단계별 변화 동향에서와 같이, 아이디어 창출단계에서 두번째 단계(구체화된 아이디어)로의 진행, 또한 두번째 단계에서 세번째 단계(사업분석)로의 진행과정에서 지속적 관리대상 프로젝트의 여부와 추진 타당성에 대하여 평가 이후 수반되는 다음 단계 진행에 대한 의사결정 방법이 과거와는 다르게 매우 섬세하거나 강력한 심의활동이 추진되고 있다는 것을 반영하고 있다.즉 연구개발과 시장에서의 성공 가능성에 대한 불확실성이 없거나(없어지거나), 낮은 프로젝트에 대하여 다음 단계로 진행될 수 있도록 내부의 평가와 심의가 철저해 지고 있다고 이해해야 한다.

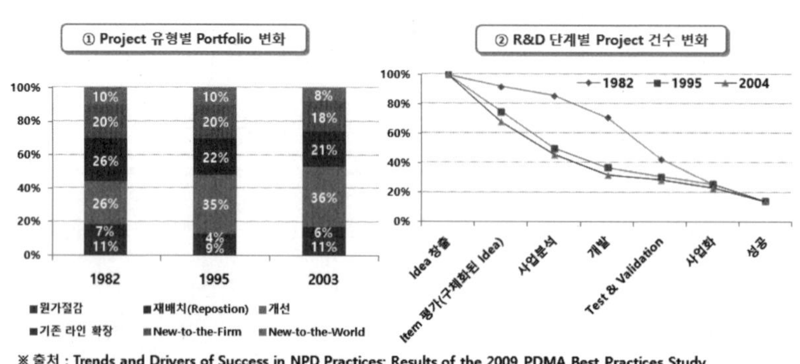

그림 39. 프로젝트 포트폴리오와 단계별 관리의 변화

기업들은 여전히 신제품이나 신기술의 개발에 목말라 하지만, 기술적 · 사업적으로 불확실한 것에 대하여는 사전적으로 스크리닝(Screening)을 강화하고, 내·외부적으로 개발의 타당성(Feasibility)에 대한 분석이 완료된 대상에 한정하여 적극적인 투자를 강화하고 있는 것이다.그래서 전반적으로 보면, 시장에서의 안정적 성공이 보장된 사업에 대한 투자는 지속하지만, 시장이나 기술에서의 성공가능성이 낮은 신제품에 대하여는 심의와 평가를 철저히 진행하여 리스크(Risk)를 줄이고자 노력하고 있다는 것이다.

3. 초기 연구개발 활동의 중요성

오늘날 기업간 경쟁이 글로벌화로 변화하면서, 기획과 경영, 그리고 연구개발 등 경영 활동에서도 그 동안 이론적으로 혹은 일부 선진 기업들의 사례들에서 나타났던 다양한 기법들이, 이제는 기업의 규모를 막론하고 사업과 내부혁신의 필요와 형태에 따라 특화되어 새로운 경영활동으로 자리잡아 가고 있다.한편으로는 이러한 경쟁은 기업들에게 사업이나 제품의 전장(戰場)을 달리하기 위한 다양한 신사업·신기술 개발을 유도하고 있기도 하다.

그러나, 사업이나 기술이 과거와 같이 물리적으로 한정되어진 지역, 영역내의 경쟁에서 글로벌화로 경쟁의 프레임이 변화하면서 내부 가치사슬(Internal Business Value-Chain)에 연계된 활동들에 대한 '경쟁의 축' 역시 후방(Upstream)으로 이동하고 있다.이렇게 '경쟁의 축'이 후방으로 옮겨 질수록 그에 따른 불확실성과 개발의 리스크는 급격하게 증가하게 된다.

과거의 신제품이 시장 출시 시점(Time-to-Market) 경쟁에서 기능·성능에 대한 경쟁으로, 그리고 이는 다시 시장 선점 경쟁 등으로 변화하였고, 이제는 근원적 생각과 아이디어의 차별화를 위한 활동, 즉 초기 아이디어(Idea)의 창출과 개발방법 등 사업화를 위한 초기의 컨셉(Concept)을 정의하는 것에 집중되고 있다.이러한 변화는 특히 내부 자원의 확보와 운용에 한계가 있는 중소기업에게는 장기간에 걸쳐 몰입하여 사업화 까지 일관된 추진을 요구하기 때문에 부담으로 작용할 수 있다.

이렇게 연구개발과 사업화를 위한 초기 활동을 강화하기 위해서는, 내부에서 신사업·신기술의 주제를 창출하기 위한 단계에서 다양한 소스(Source)로부터 아이디어를 확보하는 것과 이들에 대한 사전 조사와 평가, 그리고 내부 역량과의 비교 분석을 통한 우선 추진 대상 아이템(Item)의 선정에 이르기 까지 긴 과정을 거치게 되는데, 이러한 과정은 한번으로 그 컨셉이 정의되는 경우는 매우 드물고, 반복되는 논의의 과정에서 수시로 변경될 수도 있다. 그래서 우리는 이를 '퍼지 프론트 앤드(Fuzzy Front-End)'라는 용어로 대변하고 있는 것이다.

즉, 아이디어는 그것을 창출하는 과정에서 다른 사람이 그 내용을 온전히 이해하기 위한 활동들이 전제되어야 하고, 그 내용이 강력한 시장 파급력을 가진 새로운 기회로 자리잡을 수 있을 것인가에 대한 인식과 이 외의 다양한 기회를 제공할 수 있는 아이디어들과 비교할 때 그 우선순위를 어떻게 분석하고 판단하여 집중할 것인가에 대한 의사결정, 그리고 그 개발 방법의 독창성이 확보된 이후에 비로소 연구개발이 진행될 수 있기 때문이다.

이와 같이 신사업·신기술의 개발을 위한 초기 연구개발활동에서 고려되어야 할 사항을 다음의 네가지로 정리해 보자.

첫째, 무엇보다 우선된 활동은 기업의 전략적 방향에 부합되는 다양한 아이디어를 확보하는 일이다. 통상 대기업 등 자원이 풍족한 상황에서는 신사업개발팀 등 전문 조직의 상시적이거나 혹은 정기적 활동을 통하여 지속적이고 일괄적으로 신사업의 아이디어를 확보·검증하여, 그 아이디어를 개발 단계별로 해당 사업부 혹은 연구소에서 적절한 단계의 연구개발을 진행하면 되겠지만, 중소기업의 경우에는 아이디어의 소스(Source)부터가 한정되어 있는 것이 일반적이기 때문에, 이를 포괄적 방법(상시적, 일괄적)으로 확보하기 위해서는 내부 체계를 혁신할 필요가 있다.물론 아이디어는 내부자로부터 확보되는 구조가 가장 바람직하긴 하지만, 자원의 한계성 때문에 양적으로 불충분한 경우가 다반사이기 때문이다. 그래서 여기서 우리가 간과하지 않아야 하는 것이 바로 아이디어 단계에서 외부자원

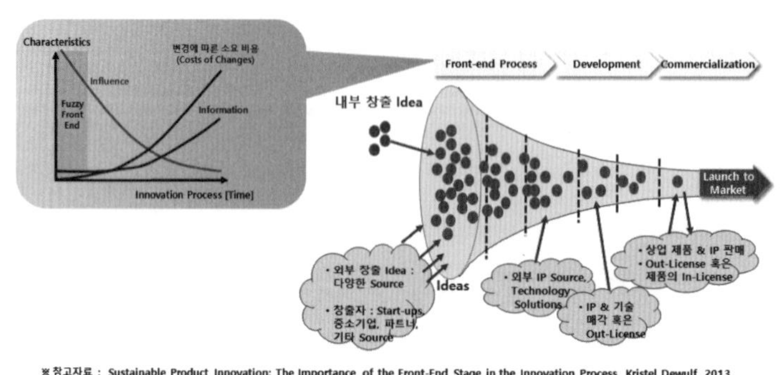

※참고자료 : Sustainable Product Innovation: The Importance of the Front-End Stage in the Innovation Process, Kristel Dewulf, 2013, Docherty, Visions 2006

그림 40. Fuzzy Front-End vs. NPD Process
(*NPD : New Product Development)

을 활용하는 일이라 할 수 있다. 그러나, 아이디어는 그 자체가 바로 중요한 '사업 · 기술정보'이고, 그것이 노출되는 것이 바로 경쟁 위치(Positioning)에 영향을 미치기 때문에 그에 따른 아이디어 창출자와 기업간의 적절한 이익 배분 구조가 확립되지 않으면, 이 또한 실행하기에는 어려움이 따를 수밖에 없다.

둘째, 아이디어 단계에서부터 개발 컨셉의 정의 과정에서는 그 아이디어를 사업적 관점에서, 시장의 요구와 기술적 접근 방법, 사업 모델(Business Model)의 독창성 등 다양한 검증 과정을 거치게 되는데, 결국 사회의 변화와 발전에 따른 시장 니즈(Compelling Needs)에 대응하는 제품 · 서비스의 컨셉이 명확하게 정의되어야 하며, 그 이후 연구개발 과제(Project)로 진행되는 것이 좋다는 것이다. 물론 연구개발의 기획단계가 철저하다고 해서 전체 과정에서 불확실성이 완전히 제거되었다는 것은 아니지만, 비교적 완벽한 상태의 설계 컨셉(Design Concept)이 확보된 상황하에서 연구개발 활동이 이루어 지는 것이 추후 변경(변화)에 의하여 소요되는 비용의 규모를 최소화 할 수 있다는 점이다(그림 1 참조).

셋째는, 연구개발의 진행과정에서 필요한 내 · 외부 자원과 지식의 활용, 사업화 모델에 대한 지속적 보완 및 강화 활동의 필요성에 대한 것이다.특히 중소기업의 경우에는 제품 · 서비스의 기술적 솔루션(Solution)에 대한 종합적인 대응에 한계가 있을 수 있기 때문에 개발에 소요되는 다양한 기술적 · 사업적 세부 사항들에 대하여 일괄 대응체계를 확보하는 것이 어려울 수 있다.그래서 적절한 단계에서 적합한 파트너(사업, 기술 등)와 함께 개발과 사업 협의를 추진하는 것이 좋다.그리고 그 프로세스가 사업의 형태나 유형에 따라서 장기간 소요되는 경우도 있겠지만, 과정이 복잡하고, 어려울수록 중단이나 추후과제로 미루는 것보다는 그 사업이나 기술의 독창성이 더욱 우수하다는 점을 생각하여 일관성과 지속성을 유지하여 추진하는 것이 필요하다.

마지막 네번째는, 아이디어의 창출자에 대한 적절한 보상체계를 갖추는 것이다. '퍼지 프론트 앤드(Fuzzy Front-End)'의 활동 중에서 핵심이라 할 수 있는 아이디어의 도출이 하나의 조직내에서 이루어 지는 경우는, 통상 초기 누군가가 아이디어의 실마리를 제공하고, 다음의 또 누군가는 그 아이디어를 구체화 하는 등 전체가 하나의 아이디어를 완성해 나가는 경우가 많다.또한 그 이후에도 검토와 평가, 선정과정을 거치면서 이전의 아이디어는 더욱 새롭고 정교화되어 점차 발전하게 된다.이러한 진행과정에서는 원래 창안자에 대한 비중이 떨어지거나 아예 배제되는 상황이 발생하게 될 수 있다.그러나 이런 상황들이 반복된다면, 누구라도 쉽게 아이디어를 창안하고자 하지 않게 될 것이다. 그래서 아이디어 단계에서의 활동과 그 기여율에 따른 역할자에 대한 적절한 보상과 동기부여 체계가 갖추어져야 더욱 활성화 될 수 있다는 것이다.

4. 프로젝트 관리의 역사와 개념

우리는 기업과 연구소에서 사업이나 연구개발프로젝트(Project)를 수행하는데 있어, 각 기획 과정에서부터 진행 과정, 그리고 결과와 성과에 대하여 다양한 방법으로 관리를 하고 있다. 거기에는 소위 프로젝트관리에 있어서 '철의 삼각지(Iron Triangle)'라고 하는, 시간(Time), 비용(Cost), 목표(혹은 결과물, Deliverable or Output)에 대한 관리를 중심으로 하고 있다.그래서 흔히 '프로젝트가 성공했다'고 하는 것은 정해진 시간내에, 한정된 자원으로 목표로 한 결과를 달성하는 경우라고 정의하고 있는 것이다.

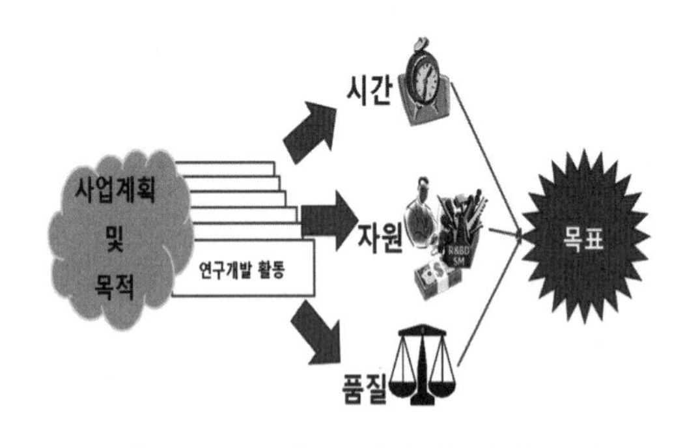

그림 41. 프로젝트 관리의 핵심 요소

'프로젝트 관리'에 대하여 활발하게 방법론들을 발굴하고, 발전시키는 곳은 주로 건설회사와 SI(System Integration) 관련 기업들, 그리고 연구소에서의 과제를 관리하는 활동에서 많이 사용하고 있다.

이러한 프로젝트 관리에 대한 개념이 탄생된 것을 명확하게 정의하기는 어렵지만, 고대에서부터 주로 복잡한 건축물이나 대규모 토목공사 등에서 활용된 사례들이 많다.

고대 이집트의 피라미드, 그리고 2,500여년 전 고대 아테네가 외세로부터의 수

송로 확보를 위하여 도심에서 항구까지 이르는 길을 모두 '장벽(The Long Walls)'으로 축성한 것과 로마시대의 콜로세움 등에서 건축 · 건설업자와의 계약(아테네의 장벽 건설에 10개, 콜로세움 건축에 4개 계약자) 관계에 대한 관리를 중요하게 생각하면서 많은 발전을 이루었다. 그 계약 내용에서 중요하게 다루었던 것은 건축물에 대한 Spec, 비용의 지불방법에 대한 확약 요구, 그리고 완료 시기 등에 대하여 주로 다루었다고 한다.그리고 이러한 형태의 관리 방법은 이후 17, 18세기까지도 지속되어 왔다.여기서 중요한 특징의 하나는 기획과 설계를 담당하는 사람과 실제 작업을 수행하는 건축 · 건설업자가 조직적으로나 계약상으로도 완전히 분리되어 있었다는 점이다.이후 프로젝트 관리의 개념은 1920년대에 와서 기업을 중심으로 더욱 구체화 되었는데, 먼저 P&G(Proctor & Gamble)에서는 사업관리자의 한 직책으로 '브랜드 매니저(Brand Manager)'가 있는데, 이는 마케팅에 대한 전반적 활동과 더불어 제품에 대한 기획과 관리 그리고 사업의 성공을 위하여 필요한 모든 기능들을 통합 관리하는 역할을 수행하였다. 1930년대에 와서, 미 공군의 항공기 제작과 관련하여 프로젝트 오피스(Project Offices)와,엑슨(Exxon)의 프로젝트 엔지니어(Project Engineer)로 발전하여 이후 1950년대 캐나다의 건설회사 벡텔(Bechtel)에서 비로소 프로젝트 관리 혹은 프로젝트 매니저(Project Manager)라는 말이 사용되면서 오늘날에 이르고 있다는 것을 확인할 수 있다.

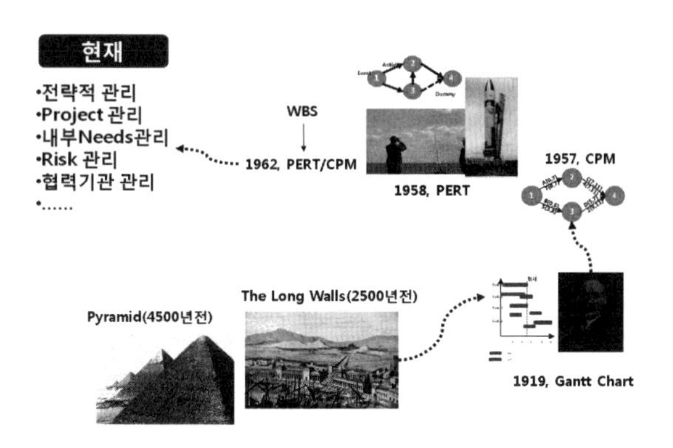

그림 42. 프로젝트 관리 개념의 발전

이러한 프로젝트 관리의 범주에 대하여, 발전되어 온 형태로 볼 때, 원래는 매우 포괄적이고, 다양한 기능들이 통합된 개념이라는 점을 알 수 있다.그러나, 최근에 이르러 특히 연구개발 분야에서는 매우 한정된 개념으로 활용을 하고 있는 것이 현실이다.즉, 연구개발과제의 기획에서 부터, 착수, 실행, 완료에 대한 관리를 중심으로, 시간, 비용, 목표 성능을 위한 개발에 한정한 관리로 이해하고 있으며,

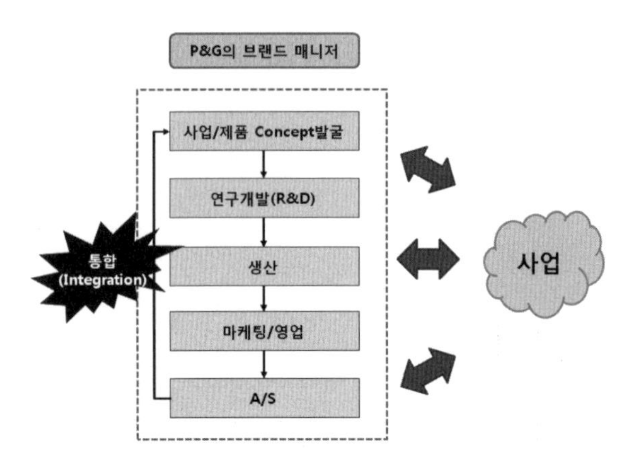

그림 43. P&G의 초기 브랜드 매니저의 역할

그 범주내에서 체계를 갖추어 가고자 하고 있다.그리고 시대적인 특징과 혁신, 품질관리 활동을 위하여 일부 기업에서는 표준화 시스템과 6시그마 등을 결합하여 그 개념을 정의하고 있기도 하다.

오늘날 R&D의 경영을 3세대, 4세대라고 말하는 의미에는 기업의 전략에서부터 그와 연관된 새로운 사업이나 제품의 아이디어를 창출하고, 그에 따른 연구개발계획서, 연구개발의 수행, 그 결과에 대한 사업화, 그리고 이후의 사업성과에 대한 부분까지를 포괄적으로 관리해야 하는 필요성을 이해할 수 있다.여기에는 연구개발에 대한 각 기업내에서의 전반적 요구사항과 전략적 포트폴리오 관리를 포함하는 것은 물론이고, 그 범주에 지식경영체계(Knowledge Management System), 품질관리(Quality Control), 리스크 관리(Management), 지원 Tool이나 기법(Methodology), 프로세스(Process), 그리고 정보와 교육 시스템 등을 포함하는 의미이다.

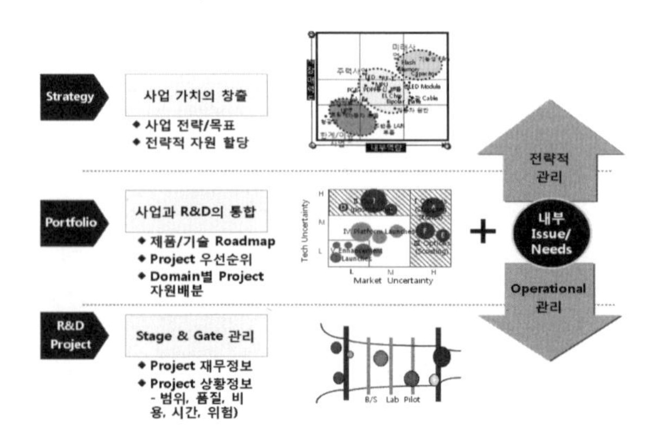

그림 44. 현대의 프로젝트 관리의 범주

이렇듯 현대에는, 기업에서 프로젝트 관리의 범주와 운영을 기업내부의 전략적 관리활동의 하나로 간주하여, 중장기 전략 추진을 위한 포트폴리오 관리에서부터, 단기, 중기, 장기적 관점에서의 제품계획, 그리고 그에 따른 기술개발 전략과 기술로드맵(Technology Roadmap)을 연계하여 R&D과제 계획을 수립하고, 관리하게 한다.또한 각 연구개발 단계(Stage)마다 기술정보의 분석과 심의를 담당하는 도메인 전문가 혹은 기술 및 시장 전문가(Gate Keeper)를 두어 기술이나 사업 자체의 심의와 관련 기능부서 혹은 이해관계자와의 의사소통을 추진하기도 한다.물론 이러한 정례화된 체계 이외에도 환경의 변화 방향과 새로운 기술의 출현, 돌파(Breakthrough) 기술 등에 의하여 개발 목표의 변화 상황에 대한 대응을 위하여 리스크 관리(Risk Management) 등을 포함하여 전사적 관점의 시스템의 하나로 운영하고 있는 것이다.

오늘날의 기술은 매우 다양한 영역에서 서로 다른 형태로 발전하고 있다. 이러한 기술경영 환경하에서는, 전체 사업에 대하여 그 세부 컨셉(Concept)을 명확하게 정의할 수 있고 그에 따른 면밀한 기술 요구 수준을 정의하여, 기업, 연구소 그리고 대학 등 다양한 산업영역에서 각자의 방향과 속도로 개발하고 있는 요소기술들을 탐색하여, 그 사업에 적합한 기술들을 도출하고 통합(Integration)할 수 있는 사업개발 역량을 갖추는 것이 매우 중요하다 할 것이다.

5. 나선형(Spiral) 연구개발 체계

기술은 매일 새로운 탄생과 발전을 거듭하고 있다.그러나 이들 기술들이 모두 산업에서 새로운 플랫폼(Platform) 창출이나 신제품 개발에 그대로 적용되지는 못한다.이렇듯 수많은 기술들이 그 개념에 걸맞게 적절한 가치를 제공받지 못하는 것은, 아이디어(Idea) 단계에서부터 특정 애플리케이션(Application)에 기술적으로 잘 부합될 수 있도록 연구개발이 진행되지 않았기 때문에 그러한 경우가 많다.그래서 이런 문제를 사전에 해결하여 자신의 독창적이고 고유한 기술이 신속하게 제품에 적용될 수 있도록 하기 위해서는 기획단계에서부터 관련된 기업이나, 부서, 그리고 연구개발자들과 함께 그 아이디어를 다듬어 나가는 활동이 필요하다.

이러한 기능간 혹은 가치사슬의 각 단계의 주체간 상호 협력과 조정, 도전, 비판하는 과정은 아무리 와일드(Wild)한 기술이나 제품 컨셉(Concept)이라 할지라도 더욱 정교하게 다듬어 나갈 수 있도록 한다.우리가 알고 있는제품개발에서의 성공원칙은 고객과 시장 정보의 철저한 분석을 통하여 제품의 개발 목표를 구체화 하고, 이를 중심으로 전략적 의사결정과 개발 역량의 확보, 그리고동시에 각 과정의 원활한 의사소통과 철저한 과제 관리로 관련된 조직 기능들의 일사분란한 활동이 유도될 때, 성공 가능성이 높아 진다는 것이 일반적인 생각이다.그리고 여기서의 핵심은 시장, 고객과 내부의 기능간, 그리고 공급자 등과의 원활하고 상시적인 협력에 의한 연구개발 체계이다.우리는 이러한 체계를 소위 '나선형 개발(Spiral R&D Model)'이라고 한다.

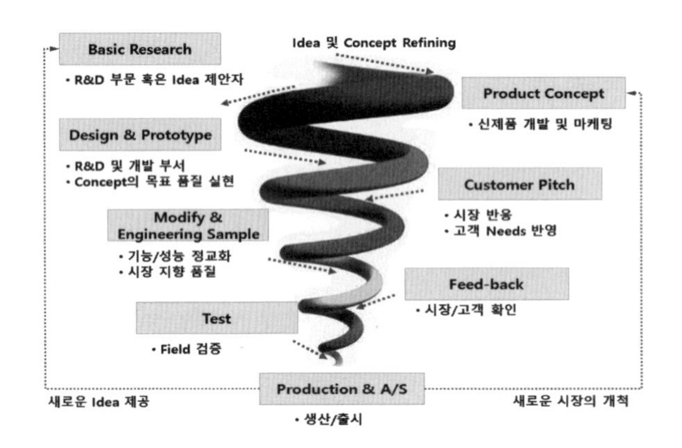

그림 45. 나선형 연구개발 모형의 개념

이와 같이 나선형 개발 체계는 시장환경의 변화에 따른 고객 요구의 신속한 대응을 위하여 불필요한 부가 작업을 제거하고 일련의 반복적인 개발 단계, 즉 시장분석 → 제품기능/컨셉 발굴 → 개발 → 테스트 → Prototyping → Feed-back → 상품생산 등의 과정 속에서 각 기능 조직, 고객 및 협력사와의 원활한 의견 공유와 의사소통을 신속하게 진행하여 제품을 완성해 나가는 것을 말한다.

그리고 이는, 기업이나 연구소의 상황이나 위치에 따라서 그 형태를 다양하게 설계하여 운영할 수 있으나, 내부의 각 기능이나 조직간의 공조와 외부기업과의 협력활동도 포함하는 것을 의미한다.

과거의 연구개발 형태는 보통 전략적으로 단기간(1~2년)의 가까운 미래시장 대응이 대부분이었다. 이처럼 타임프레임(Time-Frame)이 짧은 제품개발활동은 비교적 시장 변화에 대한 불확실성(Uncertainty)이 낮고, 시장 자체 또한 비교적 명확하게 정의되어 있는 반면, 오늘날의 연구개발환경은 중장기적 관점(3~5년)에서의 기업간 경쟁을 유발시키고 있다는 점에서 이제까지의 개발과 경영체계로는 대응이 어려운 것이 현실이다.이러한 전환적 현상의 원인으로 가장 먼저 꼽을 수

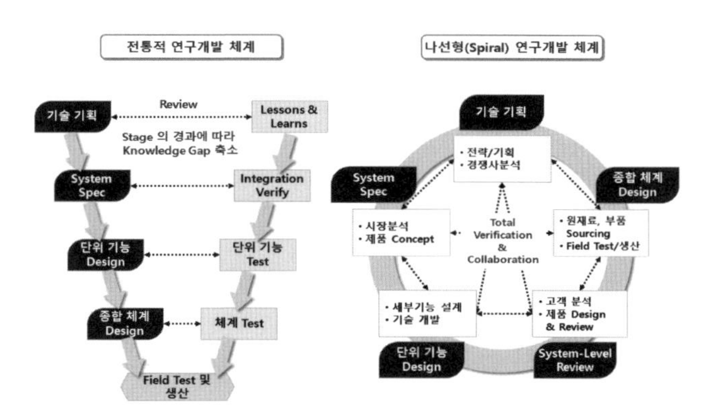

그림 46. 전통적 vs. 나선형 연구개발체계 비교

있는 것이, 중장기적 관점이라는 '기간'에 내포된 시장이나 기술 자체의 개발가능성이나 형성 시점 등 다양한 불확실성들이 사업의 리스크(Risk)를 키우고 있다는 점이다.또한 이것은 기존의 신제품 개발활동이 정형화 되어 있어 시장과 고객의 대응 방법이나 방향을 사전에 충분히 인식할 수 있는 것과는 매우 다른 접근(Approach)법을 요구 하고 있는 것이다.즉, 사업이나 기술에 대한 사전 예측이나 대응이 기획 부서나, R&D 부문, 혹은 마케팅 등의 독자적 조사나 분석으로는 한계가 있다는 점이다. 그래서 아이디어에서부터 개발의 각 단계마다 그 기술이나 제품의 특성에 부합되는 각 기능조직, 그리고 협력 기관들과의 긴밀한 사전 조율 활동이 전제되어야 하는 것이다. 이러한 경영 패러다임(Paradigm)의 변화들은 연구개발의 전반적 활동이나 체계에서도 많은 복합적이고 예방적(Pro-active) 대응들을 또한 요구하고 있다.즉, 중장기 전략, 사업실적 관리, 과제관리체계(Project Management System) 그리고 성과의 포상 체계 등이 하나의 전사적 관리체계내로 융합 및 통합되어 가고 있는 것이 좋은 보기들이라 하겠다.

이러한 나선형 개발 체계는 그 활용과 의미에서 매우 다양하게 적용되고 있다. 아래 표에서와 같이 국내 기업 사례에서의 성공 포인트를 키워드로 정리해 보면, '지속적으로 고객과 관련 기능부서가 원활하게 필요 정보를 교환하여 사업목표를 조기에 달성할 수 있는 체계를 구축'한 것으로 요약할 수 있다.

첫번째 사례는 생활용품을 생산, 판매하고 있는 A사의 경우인데, 여기서는 신제품의 개발에 대한 아이디어와 니즈(Needs)가 내부에서 발의가 되면, 먼저, R&D 부문과 시장을 조사·분석 하는 마케팅 부서와 함께 그 제품의 컨셉을 실현하기 위한 목표 품질과 디자인의 검증에 착수하게 되고, 다시 예상 출시시점에 대하여 생산 부서 등과 사전 기획활동을 추진하여 개발 여부를 최종 결정하게 된다. 그리고 개발이 시작되면, 다시 연구개발 계획단계에서부터 연구개발의 각 단계마다 마케팅, 생산부서 등이 함께 계획과 생산, 출시 시점 결정, 그리고 그 시기에 대한 시장의 변화와 추가적 보완 사항에 대하여 수시로 검증하여 최종 제품을 사업화 하는 체계를 갖추도록 하였고,그리고 내부의 전체 운영 인프라를 개선하고 운영을 체질화할 수 있는 관련 핵심역량을 강화하고자 하였다.

구분	Review Point	주요 내용	활용 및 적용 계획
생활용품 (A)	신제품의 성공 요인 분석	· 전체 제품의 성과 분석 – 수량, 지역별 매출, 수익성 · 高성과 제품의 원인 분석	· 향후 신제품의 기획 및 개발 · 종합 개발체계의 개선 · 핵심역량의 강화 방향과 활동계획 수립
전자부품 (B)	내부 기술의 확보와 기술전략 체계 전반의 구축	· 초기 기술의 확보 – 필요기술의 Ideation – 내부개발 및 도입 · 내부의 개발 활동 – 모방/Reverse Engineering · 기술 혁신 – 토착화, 내재화 방안 · 상시적, 지속적 발전 방향	· 글로벌 기술경쟁역량의 확보 – Leading Technology Catch-up · 기술개발 체계의 정비 – 내부의 고유한 개발 체계 · 제품별 기술전략의 명확화

표 4. 나선형 개발체계 구축 활동 사례

두번째, B기업은 기술전략의 관점에서 기술의 자립도 향상과 경쟁력 수준의 향상을 위하여 기존의 개발 활동과 체계를 분석하였다.IT를 포함하여 전기전자 분야에서는 과거 선진기업이 국내 의 기업에 대하여 기술을 이전하거나 특히 첨단기술에 대하여 노출을 매우 꺼려 하였다.그래서 B사는 이에 대응하여 자체적으로 기술력을 확보할 수 있도록 하기 위하여, 우선 현재의 가능한 기술에 대한 과감한 도입을 통하여 소위 리버스 엔지니어링(Reverse Engineering), 즉 모방 개발을 통하여 기초 기술력을 내재화 · 토착화 하기로 하였다.즉, '필요기술 도출 → 주요 필요기술의 도입 → Reverse Engineering → 내재화 → 혁신기술의 창출' 이라는 반복적인 연구개발 활동을 추진하여 내부의 기술력을 강화하여 현재는 글로벌 기술경쟁력을 확보할 수 있는 체계를 갖추었다.

오늘날 기업들이 추진하는 다양한 기술이나 신제품들에는 그것이 사업적으로 성공하는데 수많은난제들이 있지만, 대부분의 경우 내부 혹은 협력기업들과의 상시적 상호 공조활동을 통하여 성과를 창출하고 있다.

이러한 내・외부의 상시적 공조와 협력을 전제로 진행되는 사업의 대표적 유형으로는 선박과 대형 건축물 등을 들 수 있다.이와 같은 사업들은 그 제품이나 건물이 만들어져 가는 기간이 장시간 소요되기도 하지만 과정에서도 수시로 신기술이나 신기능에 대한 니즈들의 반영을 지속적으로 요구해 오고 있기 때문에 더욱 그렇다.

6. R&D 스피드와 혁신 관리

우리는 기술개발이나 혹은 경영활동 과정에서 종종 '혁신적 아이디어나 돌파구(Breakthrough Idea)들이 단 하룻밤 사이에 혹은 어느 한 순간에 창조(Creation) 되었다'는 것에 대해 들어 본 적이 있을 것이다.

이는 단지 오늘날의 혁신활동들에서 뿐 아니라, 근현대를 막론한 인류 문명의 발전사에서도 '절박함과 결핍'이 새로운 발명으로 이어진 기술이나 제품들은 많다.그 중에 하나라 할 수 있는, 일상에서 흔히 사용되고 있는 옷핀(안전핀)에 얽힌 이야기는 이렇다.

호머의 오딧세이(Homer's Odyssey)에 언급된 오디세우스(Odysseus)의 아내 페넬로페(Penelope)에게 구혼한 사람 중 한사람인 안티노스(Antinous)는 그녀의 환심을 사기 위해서 옷핀을 선물하였다. 그런데 고대 아테네 여성들이 양쪽의 옷깃을 여미거나 고정시키기 위해 사용한 옷핀이 가끔 살해 도구로도 사용된 사건들로 인해 사용이 금지되기도 하였다. 그것이 오늘날의 형태로 바뀌어 온 과정은 아주 짧은 시간에 이루어 진 것이다.

이미 일상에서 너무나 평범한 물건이 되어 버린 옷핀(safety Pin)의 발명은 1840년대 미국의 헌트(Walter Hunt)라는 젊은 청년에 의해 발명되었다. 헌트에게는 사랑하는 여인 헤스타(Hesta)가 있었는데, 그는 총명한 두뇌를 가졌고, 무슨 일을 하든 자신감이 넘쳤지만 정작 직장이 없는 실업자 신세였다. 그런 그가 헤스타와 결혼을 위해 그녀의 아버지에게 결혼 승낙을 받으러 갔지만, 거절을 당했는데, 실업상태인그와는 결혼을 승낙할 수가 없다는 게 이유였다. 결혼을 해봐야 딸을 고생시킬 것을 알고 있었기 때문일 것이다. 헌트는 그녀의 아버지에게 자신의 처지와 그리고 미래에 대한 이야기를 주고 받으며 결혼을 보채고 사정을 했다. 그러고 몇 시간 후 그녀의 아버지는 그에게 한가지 조건을 말하였는데, 그것은 열흘 안에 1천달러를 가지고 오면 딸과의 결혼을 승낙한다는 제안 이었다. 그 청년는 조금의 망설임도 없이 그 제의를 받아들였다.그 후 헌트는 집으로 돌아와 머리를 짜내기 시작했는데, 얼마의 기간이 지나고 남은 기간은 단 이틀, 헌트는 아무것도 안하고 집안에 들어가 나올 생각도 안하고 철사를 구부리고 잘라서 무언가를 만들고 있었는데 그것이바로 안전핀이었다. 당시 미국인들은 부활절 등 큰 행사가 있을 때마다 바늘 핀으로 리본을 가슴에 꽂았다고 한다. 그러나 이 바늘 핀은 견고하지 못해 리본이 잘 떨어질 뿐만 아니라 포옹이라도 하려면 상대의 기슴을 찌르게 하는 등 여긴 위험하지 않았다. 그리한 광경을 창밖으로 유심히 바라보던 헌트는 안전핀을 고안하게 된 것이다.

그는 날이 밝자마자 특허출원을 내고 리본가게로 달려갔다. 그러나 영세한 리본가게들은 물건에 대해 탐을 내면서도 한결같이 선뜻 1천달러의 큰돈을 내놓지 못하고 망설였던 것이다.

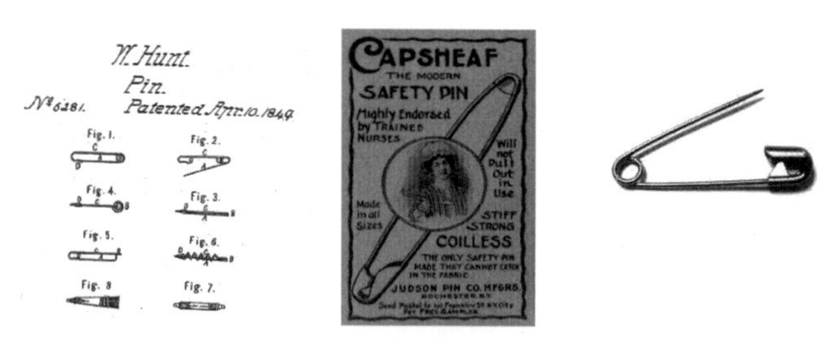

그림 47. 월트 헌트(Walter Hunt)의 안전핀(Safety Pin)

몇 개의 가게에서 협상에 실패한 그는 크게 실망해 어깨가 축 늘어진 채 집으로 돌아 가고 있었는데, 바로 그때 1천달러를 손에 쥔 한 리본가게 주인이 숨을 헐떡이며 뛰어왔다. 안전핀에 대한 전망을 알아보고 급히 돈을 마련해 온 것이었다. 헌트는 1천달러와 안전핀의 특허를 바꾸고 그녀의 집으로 달려갔다. 그리고 둘은 결혼에 성공하게 되었다는 이야기 이다. (참고자료 참고 : 과학의 향기, KISTI, 2011. 11. 28, A Visual History of the Safety Pin, Wikipedia, the free encyclopedia, 재가공)

이렇듯 '절박함이나 결핍'의 상황하에서 창조나, 기술의 발명에 대한 사례들은 전쟁이나 일반 기업의 혁신 활동에서도 심심치 않게 발견되곤 한다.

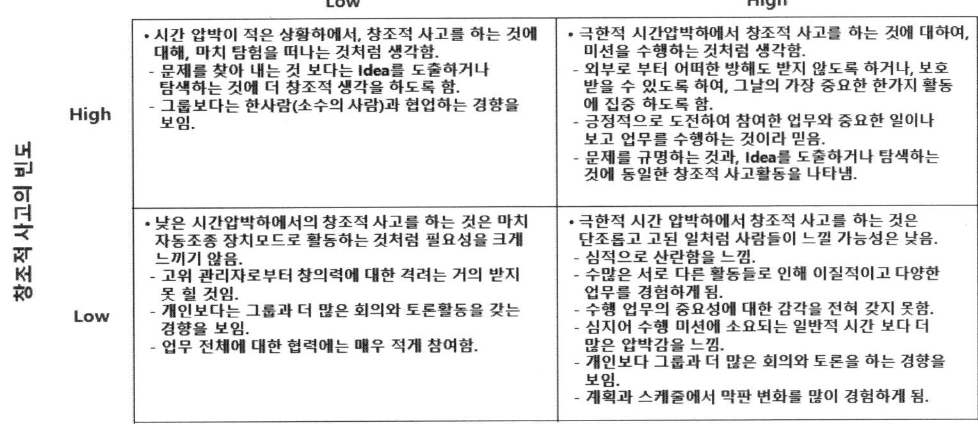

창조적 사고의 빈도 \ 시간압박(Time Pressure)	Low	High
High	• 시간 압박이 적은 상황하에서, 창조적 사고를 하는 것에 대해, 마치 탐험을 떠나는 것처럼 생각함. - 문제를 찾아 내는 것 보다는 Idea를 도출하거나 탐색하는 것에 더 창조적 생각을 하도록 함. - 그룹보다는 한사람(소수의 사람)과 협업하는 경향을 보임.	• 극한적 시간압박하에서 창조적 사고를 하는 것에 대하여, 미션을 수행하는 것처럼 생각함. - 외부로 부터 어떠한 방해도 받지 않도록 하거나, 보호받을 수 있도록 하여, 그날의 가장 중요한 한가지 활동에 집중 하도록 함. - 긍정적으로 도전하여 참여한 업무와 중요한 일이나 보고 업무를 수행하는 것이라 믿음. - 문제를 규명하는 것과, Idea를 도출하거나 탐색하는 것에 동일한 창조적 사고활동을 나타냄.
Low	• 낮은 시간압박하에서의 창조적 사고를 하는 것은 마치 자동조종 장치모드로 활동하는 것처럼 필요성을 크게 느끼기 않음. - 고위 관리자로부터 창의력에 대한 격려는 거의 받지 못 힐 것임. - 개인보다는 그룹과 더 많은 회의와 토론활동을 갖는 경향을 보임. - 업무 전체에 대한 협력에는 매우 적게 참여함.	• 극한적 시간 압박하에서 창조적 사고를 하는 것은 단조롭고 고된 일처럼 사람들이 느낄 가능성은 낮음. - 심적으로 산란함을 느낌. - 수많은 서로 다른 활동들로 인해 이질적이고 다양한 업무를 경험하게 됨. - 수행 업무의 중요성에 대한 감각을 전혀 갖지 못함. - 심지어 수행 미션에 소요되는 일반적 시간 보다 더 많은 압박감을 느낌. - 개인보다 그룹과 더 많은 회의와 토론을 하는 경향을 보임. - 계획과 스케줄에서 막판 변화를 많이 경험하게 됨.

표 5. 시간압박과 창조적 사고 매트릭스
참고자료 : Creativity Under the Gun, Harvard Business Review, 2002. 8. 재가공

2014년 개봉된 영화 이미테이션 게임(Imitation Game)에서도 우리는 창조와 시간 압박에 대한 혁신적 활동을 엿볼 수 있다.

제2차 세계대전 당시 독일군의 암호 기계 '에니그마'를 소재로 한 영화다. 당시 연합군은 에니그마의 암호를 해독하지 못해 속수무책으로 공격을 당하게 되는데, 결국 연합군은 천재 수학자 앨런 튜링(AlanTuring, 1912-1954)을 중심으로 각 분야의 수재들을 모아 암호 해독팀을 꾸리고, 짧은 기간내에 암호 해독을 요구받게 된다. 물론 1943년 12월에 세계 최초의 연산 컴퓨터인 '콜로서스(Colossus)'를 만들어 1944년 봄, 암호 해독에 성공하게 되지만, 전쟁을 2년 단축시켰고 1,400만명이나 되는 생명을 구했다는 내용이다.

일반적으로 창조적 사고 활동은 자신이 가지고 있던 그간의 모든 편향된 생각이나 습관 등에 대한 지식들을 모두 소진하고 난 이후의 공허한 상황에서 불현듯 떠오르는 경우가 흔하다.그래서 이는 사실상 우연하게 발견했다거나 짧은 시간에 발명했다기보다는 다양한 지식과 정보에 대하여 그 동안 가졌던 편협한 사고와 검증되지 않는 과거로부터 획득된 관습적 패턴에서 벗어난 상태에서 혁신적 창조가 이루어 진다고 봐야 한다.

기업의 연구개발 활동에서 창조적 사고를 활성화 하기 위해서는 기업이 추구하고 목적하는 바에 따라서 시간 관리를 활용한 압박의 운용 형태도 차별화 되어야 하는데, 가령, 새로운 기술에 대한 아이디어는 시간에 너무 과도한 압박감을 느끼게 해서는 그 빈도가 떨어질 수 있다는 것이다.오히려 다양한 기술이나 지식을 가진 사람들과 많은 정보 교환을 통할 경우가 훨씬 독창적 아이디어들이 많이 창출될 수 있다는 것이다.또한 특정한 이슈나 주제에 대하여 고도의 집중력을 필요로 할 상황에서는 시간에 대한 철저한 관리를 함으로써 돌파구를 찾거나 창조적 아이디어를 확보할 수 있다. 반면, 일반적으로 기업들이 한정된 자원 상황하에서 짧은 기간을 두고 수많은 유형의 기술개발에 치중하게 하는 연구개발 형태는 신기술이나 신제품의 개발이 사업성과에 까지 성공적으로 진행되기는 어렵다.오히려 일반적 상황하에서의 시간보다 훨씬 길게 소요되기도 하고, 많은 경우에서는 기술개발 자체가 실패하거나, 개발에 참여한 연구자들이 심한 정신적 압박감으로 인하여 회사를 떠나는 부작용을 맞을 수도 있다.

7. 전후방 파트너와의 협력 강화

우리가 거의 매일 이용하는 승용차는 약 20,000~30,000여개의 부품으로 구성되어 있다. 그리고 그 부품들 중 약 70% 이상은 자동차 메이커(Maker)가 아닌 외부의 부품생산자(Supplier)로부터 공급을 받고 있는 것들이다.

얼마전 '일본의 자동차 메이커와 부품공급사들간의 연구개발 협력 강화'에 대하여 조사・분석한 내용을 간략하게 살펴 보기로 하자.먼저 부품공급사는 두가지의 유형으로 분류해 볼 수 있는데, 시스템 공급자(System Supplier)와 일반적인 단품 공급자가 그것이다. 여기서 시스템 공급자는 시스템의 부품을 공급하지만 시스템에 적용되거나 혹은 장착시, 기능과 성능에 대한 실차 테스트(Field Test)까지를 자체적으로 완료하여야 하는 반면, 단품공급자는 자동차 메이커가 제시하는 Spec.에 대한 품질을 만족시키면, 그 실차 테스트(Field Test)는 자동차 메이커에서 추진하는 경우를 말한다.여기서 시스템 공급사들은 특히 자동차에 대한 전반적인 지식이 풍부해야 하고, 이를 위한 체계적인 관리가 매우 중요하다고 하겠다.

이 조사에 참여한 부품공급사는 1차 벤더(Vendor) 340개에 대하여 응답을 한 150개 기업을 대상으로 하였고, 이들의 주요 고객사(자동차 메이커)는 도요타(Toyota), 닛산(Nissan), 혼다(Honda), 미쓰비시(Mitsubishi) 등 9개사를 대상으로 한 결과이다.

자동차 메이커는 앞서 언급한 70% 이상의 소요 부품들의 소싱(Sourcing)을 위하여 개발 계획이나 목표에 대하여 부품공급자들로부터 자체개발, 공동 연구, 단순 공급 등의 다양한 제안을 받게 되는데, 이들 수많은 제안들을 선정한 주요 형태는 크게 다음의 3가지로 분류하여 분석하고 있다.즉 '개발내용에 대한 경쟁역량(67%)', '가격 입찰에 의한 선정(11%)', 그리고 '독점적인 수의계약 형태(21%)' 등이었다. 여기서 '개발 내용에 대한 경쟁력 우위에 의하여 선정하는 경우'가 전체의 67%로 가장 많은 비중임을 알 수 있는데, 그 선정의 배경으로 가장 중요하게 꼽은 세부내용은 '기존의 기술이나 일부 개선된 기술의 개발과 적용'이 아닌 '신기술이나 새로운 컨셉(Concept)의 기술개발'을 제안하는 경우가 53%로 나타났고, 이외 '생산공정 개선에 의한 비용절감' 22.7%, '디자인 개선에 의한 비용절감' 17.3%, 그리고 '메이커가 제시하는 시방서(Specification)에 대한 가장 부합되는 부품 개발계획'이 2.7%로 나타나, 신기술이나 새로운 컨셉을 제안하는 것이 월등히 높은 중요성을 가진다고 하였다.

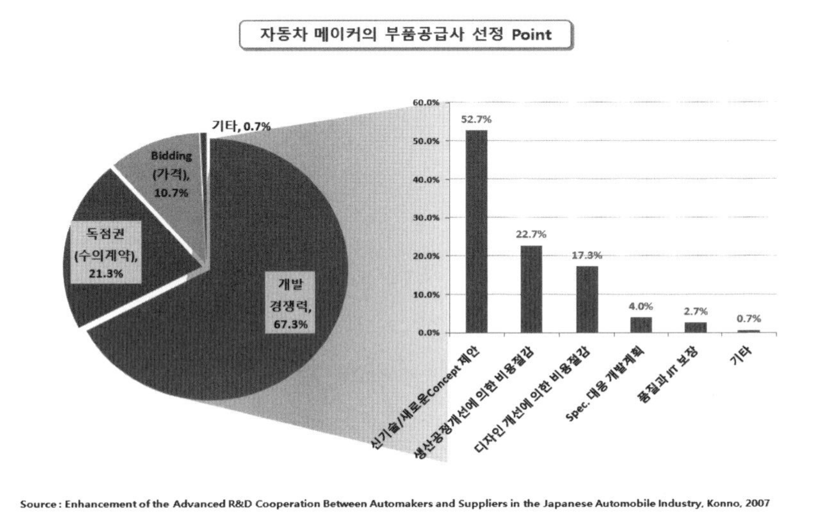

그림 48. 일본자동차 메이커의 부품공급사 선정 현황과 주요 Point (*JIT : Just in Time)

그럼, 이러한 신기술이나 새로운 컨셉의 개발 제안은 통상 시스템공급사에 의하여 추진되는 것이라 할 수 있는데, 이와 같이 시스템공급사들이 자동차 메이커와의 연구개발 활동에서 성공하려면 무엇을 특히 유의해야 할 것인가?

물론, 시스템 업체와 소재・부품 회사 혹은 완성차 메이커와 부품공급사는 실제 개발이 이루어 지기 훨씬 이전부터 사전에 충분히 교감하고 긴밀한 협력관계를 이루고 있어야 할 것이다.이러한 과정이 생략된다면, 연구개발 과정에서 혹은 실차를 테스트 하는 과정에서 시스템이나 자동차의 성능과 품질에 매우 심각한 결함이 나타나거나 아예 개발자체가 진행되지 않을 수도 있다는 점을 우리는 잘 알고 있다.

어떤 시스템이 되었던, 각 단위 부품들은 기능적으로 그리고 구조적으로 전체 시스템내에 상호 의존되어 있거나, 서로 영향을 미치는 관계들로 이루어져 있기 때문이다.그래서 자동차 등 시스템 전반에 대한 지식이 없으면, 부품을 개발하거나 생산하는 것은 거의 불가능하다.또한 이러한 개발과정에서는 서로의 표준화 정책에 충분히 공감하고 합의해야 된다.특히 신기술이나 신개념(Concept)의 시스템 개발과 부품의 개발에서는 무엇보다 개발과정에서 협력과 공조가 필수적이다.

다시 앞서 언급한 일본의 자동차 메이키와 부품공급사의 설문 조사 결과를 살펴보면, 연구개발의 성공을 위한 효과적인 협력 활동의 형태로, 우선 연구개발의 진행단계(Stage)에서 볼 때 가능하면 앞선 단계에서 공동으로 협력 연구를 추진하는 것이 중요하게 생각하고 있다는 점이다.즉, 일반적인 연구개발의 진행단계가 기초탐색(Concept Design, Basic Study) →기능 설계 → 프로토타입(Prototype) → 엔지니어링 샘플(Engineering Sample) →시생산(Pre-production) 혹은 Pilot → 양산(Mass Production) 등 각 단계에서 가령, 시생산단계에서의 부품으로 실차 테스트를 하고 완료 여부를 검증하는 것 보다는 그 이전의 '엔지니어링 샘플'을 개발한 단계 혹은 그 보다 더 이전의 '기능설계' 단계 등에서부터 서로 의사소통(Communication)하는 것이 실패 가능성이 낮고 더욱 효과적이라는 의미이다.

그리고 두번째가 자동차 메이커와 공급사간의 원활한 의사소통, 즉 단순 의사소통과 포괄적 의미에서의 의사소통 등 두가지 항목으로 응답을 하고 있다.이러한 공동개발에서 선결되어야 할 전제 조건의 핵심은 상호신뢰에 의한 정보교환과 기업간의 매우 긴밀한 협력 관계 형성이 선행되어야 한다는 점이다.

주요 활동	중요도 응답 비중
이전보다 훨씬 앞선 연구개발 단계(Stage)에서 자동차 메이커의 연구개발 활동에 참여	63%
자동차 메이커의 게스트(Guest) 엔지니어로 온사이트(On-Site)에서 함께 연구개발 활동을 수행함	43%
개발 기간동안 직접 대면식(Face-to-Face) 의사소통을 활성화 함	62%
수시적이고 전방위적 의사소통을 추진함(직접대면식 의사소통 포함) - e-mail, 전화, 직접 대면식(Face-to-Face) 회의	75%

표 6. 일본자동차 기업의 부품공급사와의 협력관계 강화 활동 현황
Source : Enhancement of the Advanced R&D Cooperation Between Automakers and Suppliers in the Japanese Automobile Industry, Konno, 2007

8. 리스크 관리의 개념과 활용

기업은 비전과 전략 그리고 그에 따른 단계별(혹은 연도별) 목표를 구축하고, 그것을 달성하기 위한 구체적인 실행계획-소위 마스터 플랜(Master Plan)이나 로드맵(Roadmap)-하에서 경영활동을 추진한다. 그러나 이러한 기업의 전략적 혹은 재무적 목표를 달성하는데 외부환경적 요인과 내부의 운영 요인에 영향을 주는 다양한 위험들 때문에 목표를 달성하기 위해서는 한시도 단위 활동에 대하여 소홀히 할 수 없다.자칫 한순간의 타협이나 안이한 생각은 제품과 사업의 성과는 물론 나아가서는 기업의 성장에 치명적인 어려움을 맞을 수 있다는 것을 우리는 많이 봐 왔기 때문이다.하물며, 신생기업인 경우에는 이러한 목표달성이나 안정적 성장을 위한 기반을 확보하기 위해 기획단계에서부터 그들이 직면하게 될 위협이나 위험을 간과하여서는 기업의 존립이나 사업에서 꽃을 피워 보기도 전에 도태되어 버릴 수 있다.

이러한 기업의 전략적 활동이나 각 기능부서의 단위활동 혹은 연구개발 과제, 기타 태스크의 목표를 저해하는 모든 불확실한 미래의 사건들, 그리고 목표달성에 영향을 주는 사건 발생의 불확실성 그 자체를 리스크(Risk)라고 정의하고 있다.

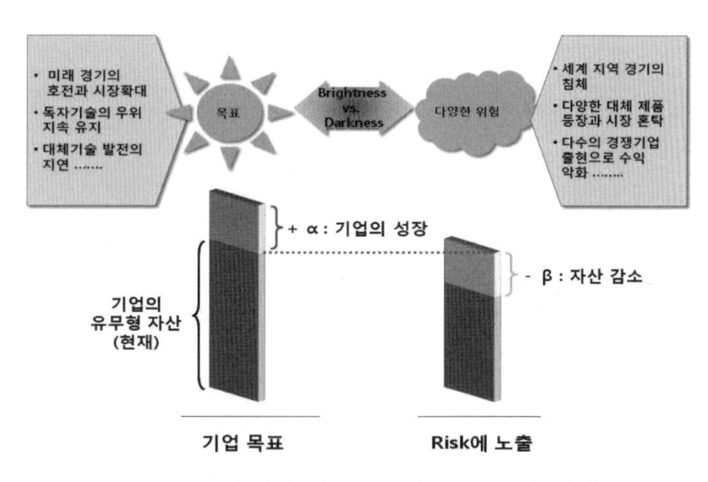

그림 49. 기업의 경영목표와 리스크의 개념

한편, '사업'과 '기술'이 기업에게 주는 의미는 크게 다음의 두 가지로 생각해 볼 수 있다. 그 하나는 기업의 현재 경영활동 목적 자체와 존립 수단으로써의 역할을 이야기 할 수 있고, 다른 하나는 지속적 성장과 발전을 통하여 미래에도 존속할 수 있는 기반이 된다는 점이다.그러나, 이 두 가지는 동일하게, 환경의 변화와 사회의 발전에 연동되어 나타나는 다양한 시장의 요구수준에 대한 제품/서비스의 성능이나 기능에, 선행적 대응과 활동이 전제되어야 비로소 현재 성과의 실현과 미래의 생존이 가능하다. 여기서 선행적 대응과 관리가 필요한 것은, 사업과 기술기획, 그리고 그 개발과정에는 수많은 불확실성, 즉 리스크(Risk)들이 존재할 수 있기 때문에 사전(事前)적 대비가 없다면 성과와 생존을 보장하기 어렵다.

우리는 일반적으로 경영목표 및 추진전략 그리고 그에 따른 실행계획을 수립하는데 있어, 우선. 사업환경에 대하여는 장미빛 혹은 우호적 전망에 근거하는 경우가 많다.그러나, 이미 경험을 통하여 알고 있다시피, 그 이면에는 항상 다양한 환경적 위협과 사전(事前)·사후(事後)·과정에서의 위험, 대응 전략에서의 난관들이 존재하고 있다. 그래서 이를 사진에 식별하고, 그 발생가능성이나 대응 방법에 대하여 분석하여 사업·기술의 성공 가능성을 높이기 위한 활동을 추진하게 되는데, 이를 리스크 관리(Risk Management)라 정의하고 있다.

또한, 성공하는 글로벌 기업 대부분은 이 리스크를 관리하는 것을 항상 경영활동의 시금석(Touchstone)으로 삼고 있기도 하다.

이러한 리스크 관리활동에 있어서도, 오늘날에 와서는 그 패러다임이 변화하기 시작하고 있는데,그것은 과거와는 다르게 현재의 사업·기술환경에 영향을 미치는 환경인자(External drivers & forces)들이 포괄적이고 복합적인 형태로 영향을 미치기 때문이라 생각된다.

그러나, 대부분의 기업에서는 연간 혹은 중장기 사업목표의 달성을 위한 각 기능조직들(연구개발, 생산, 마케팅 등)의 활동과정에서 나타날 수 있는 다양한 위험들에 대하여 여전히 기능내에서 자체적으로 해결하거나 극복해 오고 있다.이러한 대응이 그 동안 가능했던 것은 사업이나 기술에 대한 시장에서 요구가 이전 컨셉의 연장선 상에서 연속적(Continuous)으로 변화·발전하는 형태로 나타났기 때문이었고, 타임 프레임(Time-frame) 또한 2-3년 이하의 단기적 관점에서 수행할 수 있었기 때문이다. 그래서 이에 대하여 각 기능조직들의 독립적(Silo형)으로 대응을 하더라도 충분하였다고 할 수 있다.하지만, 오늘날과 같이 빠른 기술의 발전과 다양해 지는 니즈(Needs), 그리고 이종 기술들간의 융·복합화 트랜드는 과거와 같은 기술경영 패러다임 하에서는 대응이 어려워 지고 있다. 또 한편으로는 기술적 연계성이 비연속적 (Discontinuous, Discrete)인 신제품의 출현 등으로 연구개발에 대한 기술경쟁의 타임프레임이 5년 이상의 중장기로 이동하게 하고 있기도 하다.이러한 장기간에 걸친 기술과 사업의 경쟁구도는 기업내 하나의 기능 조직내에서 감당하기가 이미 어려워 지고 있다는 것이며, 특히 새로운 사업이나 신제품 출시의 역할을 담당하는 R&D 부문만으로는 대응이 어려운 구조로 변화되고 있다는 것을 의미한다.

이러한 관점에서 글로벌 선진기업들과 특히 지속적으로 높은 성과(Outperform)를 창출하고 있는 기업들에서는 이미 중장기 및 단기 사업전략의 원활한 실행과 그에 따른 성과목표의 달성을 위하여 리스크의 관리를 경영 활동의 프레임 내에 통합화되고 있으며, 기획 프로세스(Process)와 일상의 업무에서 자연스럽게 관리와 통제가 이루어 질 수 있도록 하는 구조로 운용하고 있다.특히, 지속적 성장과 성과의 창출을 위하여는 이러한 리스크를 회피하여 목표를 달성하기 보다는, 오히려 '리스크가 더 많고 큰 사업이 성과 역시 크다는 점'에 주목하여 오히려 사업적, 기술적으로 리스크 큰 아이템에 집중하여 성공시키고자 하는 기업들이 많이 목격되고 있기도 하다.과거, IBM, 마이크로소프트(Microsoft)와 인텔(Intel) 등이 그러한 전략을 전개해 왔다면, 오늘날에는 구글(Google)과 같은 혁신기업들이 새로운 것에 대한 도전을 강화하고 있으며, 그에 대한 연구개발과 투자 역시 확대해 나가고 있는 것에서 확인할 수 있다.

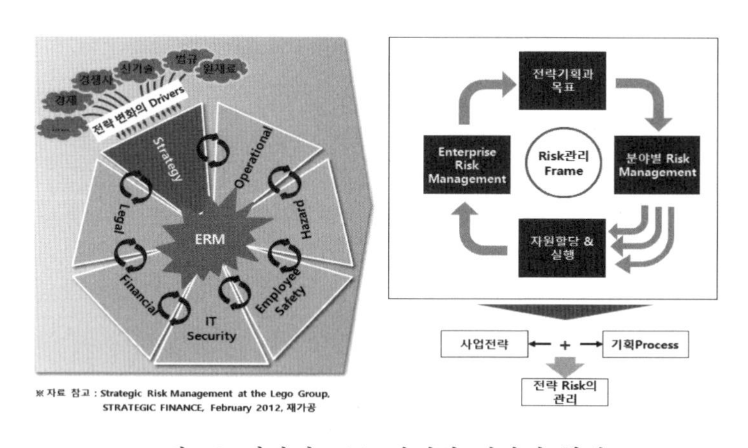

그림 50. 전략적 Risk 관리와 변화의 형태

전략적 리스크 관리를 중심으로 경영혁신활동을 전개하는 변화들은 이미 많은 기업들에서 나타나고 있는데, 최근 한 조사에 따르면(Exploring Strategic Risk: A global survey, Deloitte, 2013. 1), 설문에 참여한(300개 기업) 기업의 81%가 전통적 관리영역인 운영(Operational) 및 재무 리스크, 규정이나 법규에 관련된 리스크 관리에 투입되는 자원 비중보다는 전략 리스크의 관리에 집중되는 비중이 월등히 증가하고 있으며, 특히 최근 성장의 잠재력이 높은 지역인 아시아/태평양 국가들의 기업들에서 그 비중이 96%(평균 94%)로 다른 지역에 비하여 상대적으로 높다고 조사되었다.

이는, 오늘날의 경영활동이 어느 한 부분에 집중되어서는 환경변화에 대응하기가 어려워 졌다는 것이며, 성장과 발전, 그리고 중장기적 관점에서의 경영 목표 달성을 위한 통합된 관리 체계의 필요성이 커지고 있다는 의미라 하겠다.

이러한 변화에 대하여 선제적으로 대응하여 괄목할 만한 성장을 보이고 있는 국내의 기업들도 다수 나타나고 있기도 하다.그러한 기업들은 기존에 각 기능 조직별로 추진되었던 활동들과는 달리, 사전에 각 단계별 의사결정의 포인트를 지정해 두고, 각 기능별 그리고 담당 사업별 수직적-수평적(Cross-bundling)으로 구성된 체제하에서 충분한 시간을 가지고 검증과정을 거친 후 다음 단계의 투자, 혹은 진행여부의 결정이 이루이 지고 있다.즉, 모든 경영활동의 각 프로세스에서 이루어 지고 있는 각 및 개인들의 업무활동은 결국, 기업의 전략적 목표를 달성하기 위한 기초단위들이라 생각하여 이들의 에너지가 한 방향으로 집중될 수 있도록, 내부의 관리 체계들을 통합하여 운영하고 있는 것이다.

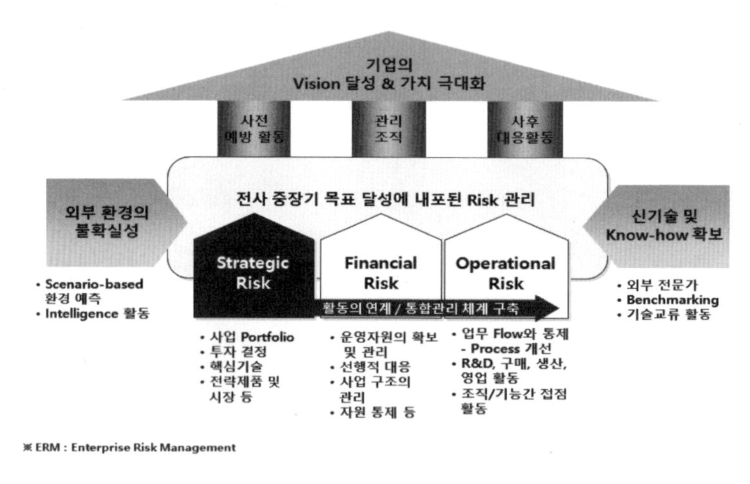

그림 51. 기업에서 ERM내 전략 Risk의 관리 체계(G사례)

사업 추진의 초기 단계에서는 흔히 우리가 가진 기술이나 제품에 대한 노하우(Know-how)가 독창성과 경쟁력에 자신하고 있기 때문에 주변의 상황(특히 경쟁사 혹은 경쟁기술이 진행 과정에 있거나 완성단계에 있을 경우 파악이 어려움)을 고려하지 않고 앞으로만 나아가려는 경향이 짙다.

그래서 제품 생산이나 매출확보를 위한 설비투자를 먼저 생각하게 되고, 또한 생산에 소요되는 자재와 부품 등의 확보에 대한 계획과 더불어 고객이나 협력사와 연계 계획, 마지막으로는 생산 제품을 어떻게 홍보하여야 하고, 판매를 위한 유통망 구축, 그리고 지속적 성장을 위한 장밋빛 목표를 수립하게 되는 것이 보통이다.

그러나, 이러한 기획의 단계에서부터 목표를 달성하기 위한 실질적으로 활동이 이루어 지는 과정에는 수많은 어려움에 봉착하게 되는데, 이러한 난관들에 대하여 미리 고민하고 해결이나 회피할 수 있는 방안을 갖추고 접근하느냐 혹은 그렇지 않느냐에 따라서 그 다음의 목표에 지대한 영향을 받게 된다.

이렇게 리스크를 관리(Risk Management)하는 것은 목표의 수립과 더불어 이에 본격적 투자나 활동을 추진하기 앞서 각 단위활동(Activity 혹은 Event)에 대하여 부정적 효과를 발생시키는 위험의 원인들을 분석하고 사전에 그 원인 차제를 제거하거나, 혹은 그러지 못할 경우 손실을 최소화 할 수 있는 회피 방안이나 대응 전략을 미리 확보해 두고 추진을 해야 한다는 것이다.

이러한 리스크를 기획단계에서 어떻게 찾고(식별, Identify), 그 위험에 대하여 어떻게 교정(Correction)이나 대응 방안을 구체화할 것인가 하는 프로세스는 개략 다음과 같이 정리해 볼 수 있다.

통상 리스크의 유형은 두가지로 분류해 볼 수 있다.즉 내부 운영적(Internal Operation) 측면과 외부 환경적(External Environment) 측면으로 나누어 볼 수 있는데, 여기서는 운영 리스크(운영적 측면)에 대하여서 이야기해 보기로 한다.

먼저, 추진하고자 하는 사업이나 개발하고자 하는 제품의 개발 과정(Process, Flow)와 이에 대한 주요 활동들을 정의하여야 한다.보통은 그 개발과정의 각 단계 혹은 단위활동에서 어두운 면(Dark Side), 즉 리스크(Risk Event)를 식별 · 정의할 수 있기 때문이다. 가령, 우리가 '서울에서 부산으로 출장을 간다고 할 경우' 먼저 '일정 확인' → '이동방법 선정(기차)' → '표 예매' → '비용 결제' → '서울역 이동' → '플랫폼 확인' → '기차 탑승' → 등의 과정을 거치는데, 여기서 각 단계 및 활동들에 대하여 리스크를 식별할 수 있다. 예를 들어, 첫번째 활동인 '일정확인'에 대하여는 '일정확인을 잘 못 할 위험' 이 있을 수 있다는 의미이다.

이렇게 하여 각 단계별 리스크를 식별(Identify)하게 되는데, 여기에는 그 위험을 발생시키는 원인이 있는데, 그것을 파악하는 것이 가장 중요하다.

원인의 분석은 가령, '신제품 판매부진'이라는 리스크의 원인은 고객의 니즈(Needs) 분석이 잘 이루어 지지 않거나, 초기 마케팅 활동 등이 부족해서 발생할 수 있다.그리고 다시고객의 니즈 분석이 소홀한 원인으로 체계적 시장 조사 스킬(Skill)이나 해당 조직, 기능이 없는 경우나, 고객의 요구사항을 내부에서 청취하는 프로세스가 없기 때문에 그러할 수도 있다. 이와 같은 방법으로 원인을 분석해 나갈 수 있을 것이다.

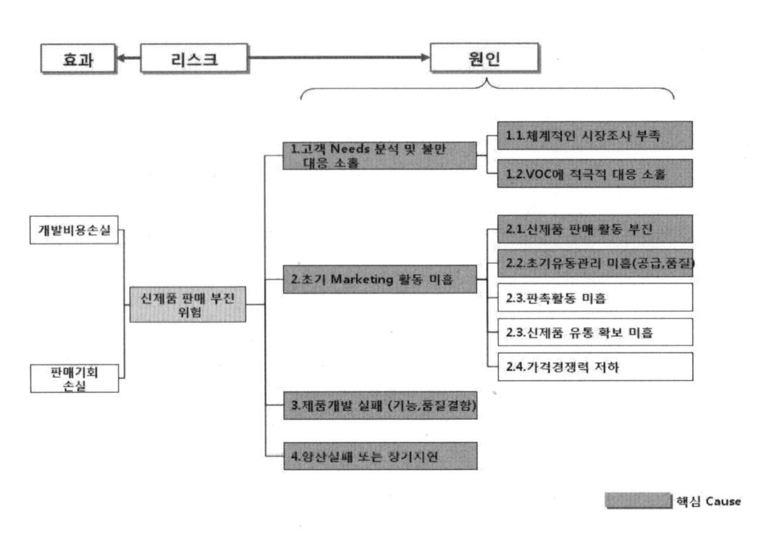

그림 52. 리스크의 분석 구조(G사 사례)

이러한 과정을 거쳐 그 원인을 파악하게 되면, 그 원인의 해결 방법을 분석하게 되는데, 여기에는 사전적 활동과 사후의 손실을 최소화 하는 두가지 활동이 있을 수 있다.통상 사전적 활동은 미리 그 원인을 제거하는 활동으로 결국 해당 리스크의 발생 가능성(Likelihood)을 줄이거나, 발생 그 자체를 없애고, 또는 그 원인으로 말미암은 효과(Impact)를 줄이는 역할을 하게 되어 사업이나활동의 성공 확률을 높이고자 하는 것이다.

No	Cause	현황 및 Issue		교정활동(Corrective Action)
1.1	체계적 시장 조사 부족	현황	· 조사 대상의 선정 – 신제품을 취급할 주요 고객의 누락, 시장 선도력이 있는 중간 유통의 배제 등 조사대상의 선정이 체계적이지 못함. · 조사 수준 및 질(Quality) 저하 – 경험이 부족한 조사 담당자의 선정이나 영업, 개발, 생산 등 다양한 부서의 참여가 이루어지지 못함 – 전문적인 시장조사 방법(Tool) 부족으로 인해 조사의 질적 수준 하락	· 대표성 있는 조사대상 선정기준 마련 필요 – 제품을 취급하는 전 영역 (대리점, 시공업자, 최종고객 등), 시장주도력이 있는 고객을 대상으로 조사대상을 선정하여 조사결과의 대표성 확보 필요 · 조사 내용/결과의 신뢰성 확보 필요(사업부) – 개발, 마케팅, 영업 등 관련 기능별 전문인력으로 TFT 를 구성하여 체계적인 조사 시행 – 사전 자료 조사와 질문 내용의 체크리스트화를 통해 조사의 정확성 및 완전성 제고 – 가격조사 기법 활용으로 신뢰성 확보.

표 7. 리스크의 원인 해결을 위한 교정활동 분석(G사 사례)

이상에서와 같은 리스크 관리활동은 가급적 회사의 전체 부문이나 기능에서 수행하는 것이 좋으나 중소 · 중견기업(SME) 등 내부 인력이나 자원 등의 문제로 수행이 어려운 경우에는 주요 사안에 대해서만이라도 사전 분석을 통하여 선행적 조치 활동을 취하는 것이 필요하다.

이것은 해당 사안(Issue)에 대하여 완벽하게 리스크를 발생시키는 원인을 제거하는 목적도 있지만, 시간적, 자원적 한계 때문에 '완벽한 사전 교정(Correction)'이 불가능하더라도, 어떤 사건(Risk Event)들이 목표의 달성에 난관으로 다가올 것인가에 대하여 미리 생각해 보고, 이를 회피하거나 예방할 수 있는 사전기획 활동을 추구할 수 있다는 점이 중요하기 때문이다.

제 3 부

R&D 기술이전 및 기술마케팅 실무

R&D 기술이전 및 기술마케팅 실무

I. 기술이전 및 기술사업화 비즈니스모델

1. 기술(지식재산) 창출과 활용의 2원화 시대 도래

(1) 창출 · 생산과 활용 · 유통의 2원화 현상의 등장

특허, 기술, 콘텐츠 등의 지식재산은 이제까지는 주로 그것들이 사용되는 특정 제품 또는 서비스를 통하여 당해 지식재산 소유자가 소비자 등에게 유통하는 것이 일반적인 현상으로 받아들여졌다.

그러나 최근에는 이러한 지식재산이 당해 소유자의 제품화나 서비스를 통하지 않고, 직접 그러한 지식재산을 필요로 하는 수요기업 등에게 지식재산이 직접 유통되고, 따라서 이들 기업이 당해 지식재산을 활용한 전문적인 제조 및 서비스 주체로 등장하는 현상이 자주 일어나고 있다.

(2) 가속화 지속의 전망 및 문제점

이러한 창출과 활용, 유통의 2원화 및 전문화는 앞으로도 더욱 증가되고 지속될 것으로 보인다.

그러나 이러한 2원화 및 전문화가 항상 바람직하기만 한 것은 아닐 것으로 보인다. 몇 가지 문제점도 예견되기 때문이다.

첫째, 창출자와 활용(사용)자가 다르기 때문에 제조 등의 사업화·활용 과정에서의 미스매치(Mis Match)가 일어날 수 있다.

둘째, 창출자가 활용자에게 당해 특허기술 등 지식재산을 이전, 유통하기 위해서그 대가의 결정이 필요한데, 그 대가 결정이 쉽지 않다는 것이다.

2. 수익 창출 및 돈벌이 수단으로서의 라이선스(License)

(1) 경영 목적 달성 수단으로서의 지식재산 유통

기업경영이란 기본적으로 수익을 추구하는 것이다. 대학이나 공공기관도 일정 목적의 범위 내에서 또는 특정 목적의 달성을 위하여 법규가 정하는 범위 내에서 수익추구행위를 한다. 특허, 기술, 콘텐츠 등의 지식재산이 수익추구의 과정에서 본래의 소유자 또는 사용 권리자의 손에서 벗어나 타인에게 이전되거나 사용, 활용되는 것을 유통이라고 할 수 있다.

(2) 자기 (직접)실시이외에 제3자 유통이 대세

지식재산은, 일부 콘텐츠 등을 제외하고서는, 그 자체로서는 직접적인 효용을 가져다

주지는 못하는 중간재이기 때문에 제품 또는 서비스의 차별화를 위하여 그것이 필요한 수요자(기업 등)에게 유통되는 것이 필요하다. 종전에는 유통보다는 자신이 창출, 개발하여 자신의 제품 및 서비스에 사용하는 자기실시가 중심이었으나, 현재는 유통이 더욱 중요시되는 추세에 있다.

(3) 지식재산의 유통형태와 대가

지식재산의 유통 형태로는 여러 가지가 있지만, 그 중에서도 라이선스(License)가 자장 보편적인 방식이 아닌가 한다.

도표 [1-1] 지식재산의 유통형태

순번	유통형태	내용의 개요	유통 대가
1	매매(매각, 양도)	당해 지식재산의 소유권 이전	매각대금
2	라이선스 아웃 (License-out)	소유권은 유보한 채로 실시 및 사용의권리만 허락	로얄티(기술료)
3	교차실시허락 (Cross-license)	서로가 필요하여 상호 유통(상호 실시 허락)	무료 또는 차액지급 (Balancing payment)
4	현물출자	지식재산을 출자목적물로 현물출자	지분 및 배당
5	전략적 제휴	합작, 공동연구 등의 수단으로 사용	현금절감 또는 상대방 경영자원활용
6	신탁	당해 지식재산의 활용, 운용 등을 위탁	운용수익(배당금)
7	자금조달원천	담보대출 및 유동화증권발행 등의 원천으로서의 이전 또는 활용	필요 자금(조달)

3. 지식재산의 의미와 특성

(1) 지식재산(Intellectual Property)이란 무엇인가?

라이선스 비즈니스의 대상이 무형의 지식재산이라는 점에 대하여 좀 자세히 설명할 필요가 있다. 지식재산이란 인간이 가진 두뇌창작의 결과물로서 경제적 가치가 있는 무형의 지적(知的) 재산을 의미하는 데, 유사 및 혼란스러운 용어가 많아서 이들을 좀 정리할 필요가 있다.

도표 [1-2] 지식재산과 유사개념들의 비교

구분	용어	용어의 개념 및 주요 내용	비고
㉮	무형자산	사업의 기반(밑천)이 되는 모든 무형의 자산	가장 넓은 개념
㉯	지식자산	㉮에서 전화가입권 등 두뇌창작결과가 아닌 것을 제외한 것(인재, 조직, 전략 등 포함)	Intellectual Assets(IA)
㉰	지식자산	㉯중에서 특허, 기술, 노하우, 콘텐츠 등 경제적 가치가 있는 것(인재, 조직, 전략 등 제외함)	Intellectual Property(IP)

구분	용어	용어의 개념 및 주요 내용	비고
㉣	지식재산권	㉢중에서 법적 권리인 것(노하우, 영업비밀 등은 제외함)	Intellectual Property Right(IPR)
㉤	산업재산권	㉣중에서 저작권 등을 제외한 것	공업소유권* 산업(공업)관련성
㉥	특허(권)	㉤중에서 실용신안, 디자인, 상표를 제외 한 것	
㉦	유효특허	㉥중에서 휴면특허 등을 제외한 가치 있는 특허	

* 참고 : 자산과 재산
자산 : Assets : 사업의 기반(밑천), 자본과 부채로 구성
재산 : Property : 경제적 가치가 있는 무형의 경제재

(2) 지식재산과 라이선스 비즈니스의 특성

라이선스의 대상이 되는 지식재산은 어떠한 특성이 갖고 있는가를 잘 이해하면 라이선스 비즈니스가 한층 더 재미있고 유익할 수 있다.

· 추상적이고 애매하여 실체파악, 평가 및 측정 등이 매우 어렵다.
· 실시 및 사용하여도 소진되어 없어지거나 소멸되지 않고 오히려 그 사용가치가 올라간다.
· 지식재산은 한계효용체증의 법칙이 작용한다. 특허나 기술은 널리 사용될수록 표준에 가까워 그 가치가 올라가는 경향이다.
· 동시다발적으로 사용이 가능하다. 하나의 특허나 기술을 여러 회사에 동시에 실시 허락이 가능하다. (비독점 실시허락의 경우) 따라서 실시허락이 증가할수록 더욱 낮은 기술료로 라이선스가 가능하여 더욱 확산이 가능하다.
· 배타독점성이 있어 시장점유율이 높은 편이다.
지식재산권은 법적 권리임으로 당연히 배타 독점성이 있고, 노하우나 영업비밀도 그 내용이나 실체가 타인이 모르는 베일(Veil)에 깔려있거나 Black Box(BB)화 되어 있으면 독점성이 상대적으로 크다.
· 한계생산비용이 제로(0)에 가깝다.
한계생산비용이란 한 단위 더 생산하여 판매할 경우에 필요한 비용을 말하는데, 특허나 기술 등의 지식재산은 최초의 획득이 어려울 뿐이지 이미

획득된 것을 재차, 삼차로 추가 매출 또는 활용하는 데 소요되는 추가비용은 미미한 경우가 대부분이다.

· 중간재 성격이 강하다.
특허나 기술(저작권 제외)은 기업이 제품이나 서비스를 개발하여 소비자에게 제공하는 데 필요한 중간재(부품, 원료 등)의 성격이 강하여 그 자체로서 직접적인 효용을 제공하는 경우는 드물다. 따라서 라이선스 마케팅에는 중간재(산업재) 마케팅 기법의 도입이 필요하다.

· 거래조건의 설정이 어렵고 동일한 것이 없다.
기술료, 계약기간, 보증책임 범위 등 지식재산의 라이선스에 대한 제반 조건을 조사, 분석하여 설정하고 나아가 협상을 하기가 매우 어렵다.

따라서 라이선스 비즈니스를 제대로 하기 위해서는 이러한 지식재산의 특성을 제대로 이해하고 이를 바탕으로 전략과 계획을 수립하는 것이 필요하다.

4. 라이선스 비즈니스 모델(BM)의 이해

(1) 비즈니스 모델이란?

비즈니스 모델(Business Model)이란 사업(비즈니스)을 통하여 수익을 얻는 방식이다.

사업을 하려면 사업기반인 밑천(자산, assets)이 있어야하고 이를 운용(경영)하여 수익을 올릴 사람(인재)과 기술, 경영전략 등이 필요하다. 이를 통틀어 경영자원이라고 한다.

이러한 제반 경영자원을 동원하여 수익(돈)을 얻는 방식이 비즈니스 모델인데, 동일한 경영자원을 갖고 있더라도 돈을 버는 방식(비즈니스모델)은 매우 다양하다.

(2) 라이선스 비즈니스 모델의 특징과 장점

라이선스 방식의 비즈니스 모델은 비교적 최근의 비즈니스 모델로서, 21세기 지식재산경제시대에 가장 적합한 돈벌이 수익모델의 하나라고 볼 수 있고, 실제로도 애플, 인텔, IBM, MS, ARM 등이 라이선스 비즈니스 모델에 의하여 수익을 올리고 궁극적으로 기업 가치를 제고한 사례가 많다.

① 리스크 관리에서 유리함

② 순이익율이 아주 높음

라이선스 사업은 사업규모나 매출액은 크지 않지만 매출액 순이익율(순이익을 매출액으로 나눈 비율)은 매우 높다. 미국 IBM의 경우는 매출액 순이익율이 90%를 웃돈다고 한다. 매출액은 적지만 재료비, 인건비, 제조경비 등이 거의 없거나 미미하기 때문에 영업 이익율 및 경상 이익율이 매우 높다.

미국 IBM은 라이선스 비즈니스로 연평균 15억 달러 내외의 기술료(로얄티) 수입을 올린다고 하는 데, 매출액 순이익율이 90%이고 (종전의) 제품판매의 이익률이 5%라고 가정한다면(참고 : 이제는 제품생산 및 판매 사업 중단), 기술료 15억 달러는 제품매출 270억 달러에 상당하는 수치이다. (15억 달러 × 90% ÷ 5% = 270억 달러)

③ 장기 계속적인 수익 모델의 창출이 가능

(3) 라이선스는 21세기형 비즈니스 모델

21세기는 보유자산 중에서 무형 지식재산의 비중이 점점 더 커지는 무형 지식재산경제시대라는 데에 대하여 부정하는 사람은 아무도 없다. 이러한 지식재산경제시대가 도래한다면 지식재산을 기초로 한 비즈니스 모델인 라이선스 비즈니스야말로 21세기형 최첨단 최신 비즈니스 모델이 아니겠는가?

5. 지식재산 출구전략으로서의 라이선스 비즈니스

(1) 특허 등 지식재산 출구전략의 중요성

특허 등과 같은 지식재산도 실은 엄청난 돈을 먹은 하마에 비유될 수 있다. 연구개발기획에서 부터, 선행기술조사, 연구개발, 특허출원 및 관리 등의 프로세스(Process)를 거치면서 많은 투자가 이루어진 만큼 어떤 형태로든 사업화 및 활용이 되어서 종전의 투자비용을 회수하고 소득과 고용을 촉진하는 등의 출구를 찾아야 한다.

기업의 입장에서는 성공적인 출구를 찾는다는 것이 기업경영의 본질인 이익의 추구에 가장 효율적으로 기여하는 것이며, 국가 및 공공부문에서의 성공적인 출구전략은 국민소득 및 고용의 증가 등 거시적인 지표의 달성에 관계된다.

어떠한 경우든 성공적인 출구전략의 발굴 및 실행은 조직(유기체, 시스템)의 선순환 확대재생산 구축을 위하여 매우 중요하다.

(2) 지식재산 출구전략의 유형

특허 등 지식재산의 출구전략으로는 다음과 같은 것들이 있다.

그림 [1-1] 지식재산의 출구전략 유형

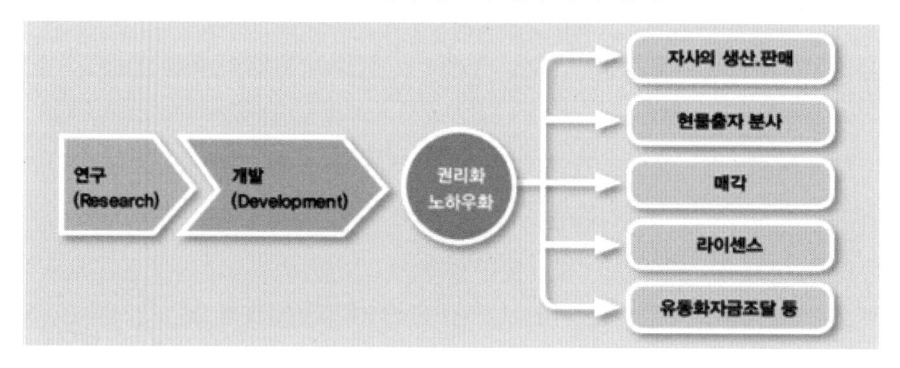

(3) 지식재산 출구전략으로서의 라이선스

① 유효한 출구전략으로서의 라이선스

지식재산분야에서 라이선스 전략은 아주 중요하고 빈번히 사용될 수 있는 유효한 출구전략의 하나에 속한다.

② 라이선스 전략이 유효한 경우

라이선스 비즈니스모델의 특징 및 장점은 이미 설명한 바 있으므로 생략하고, 여기서는 어떠한 경우 및 상황에서 라이선스 비즈니스 모델이 유효하게 사용, 적용될 수 있는 지에 대하여 살펴보고자 한다.

· 지식재산(권)은 있으나 생산 및 판매 등을 할 수 있는 설비 및 유통조직

등이 없는 경우(대학교, 공공연구기관, 설비가 없는 벤처기업, 특허괴물, 개인발명가 등)

· 생산 및 판매 유통조직 등이 있기는 하나, 경쟁력이 없고 비효율적인 경우 (지식재산경쟁력은 강하나 생산 · 유통경쟁력이 약한 경우)
· 소유권자에게는 별 필요가 없는 비핵심(비주력)분야의 지식재산으로서 라이선스로 수익추구가 필요한 경우
· 연구개발 활동의 부산물(By-products)로서 지식재산이 획득되었으나 직접 사업화 할 의사가 없는 경우
· 당해 지식재산의 수명주기가 쇠퇴기 등에 접어들어서 라이선스가 필요한 경우
· 자사의 직접적인 사업에 영향이 없는 특정 지역(시장)을 엄격히 정하여 라이선스를 제한적으로 실시 허락함으로써 지식재산 활용을 극대화하고자 하는 경우

6. 라이선스 비즈니스 기회 판단을 위한 간이진단 모형

(1) 라이선스 비즈니스 기회의 진단

기업경영에 있어서 라이선스 비즈니스도 중요한 경영활동의 하나로서 언제 어떠한 상황 및 조건에서 어떠한 형태의 라이선스를 실시하면 가장 효과가 클 것인가가 아주 중요하다. 라이선스 실시 기회 및 타이밍, 방법 및 전략을 잘 못 선택하면 큰 손해를 입을 수도 있고, 역으로 잘 기획되고 선택 및 실시된 라이선스는 수익추구 및 기업가치의 제고에 기여하게 될 것이다.

(2) 지식재산(IP) 및 상품화 능력을 활용한 진단 툴

대부분의 회사는 자신의 제품이나 서비스를 제공함에 있어서, 다음과 같은 범주(영역, 국면)의 어느 하나에 반드시 속할 것이다.

그림 [1-2] 지식재산(IP) 및 상품화 능력의 강 · 약으로 본 IP 활용전략

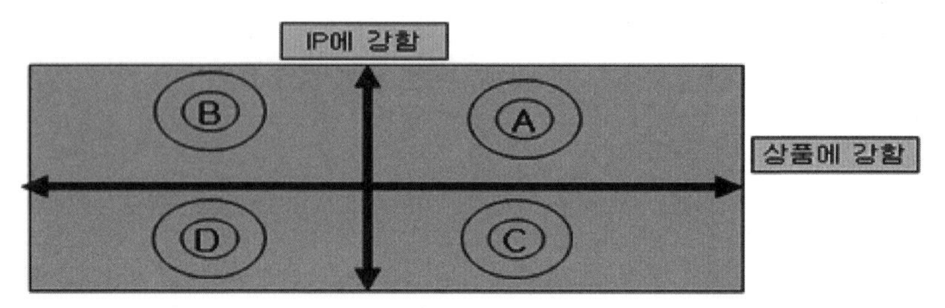

도표 [1-3] 유형별 IP 활용전략의 설명 및 예시

범주	내용설명 및 함축의미	경우의 예시	채택가능 주요 전략
A형	IP에 강하면서 PNS에도 강함	바람직한 우량기업	– 배타독점전략 유지 – 추후 라이선스전략
B형	IP에는 강하나 PNS에는 약함	대학, 기술벤처	– 라이선스 등 제휴 전략
C형	IP에는 약하나 PNS에는 강함	전통적 제조기업	– 라이선스 도입전략 – 공동연구개발 · 제휴
D형	IP에도 약하고 PNS에도 약함	사업철수, 구조조정	– 사업매각 – 기술기부,기술매각

*** IP (Intellectual Property, 지식재산)
PNS (Production and Sales, 생산 및 판매, 유통)

7. 특허 풀 참여에 의한 라이선스 마케팅 전략

(1) 특허 풀의 의미 및 유형

① 특허 풀(Patent Pool)의 의미

특허 풀(Patent Pool)이란 특허를 한 곳에 모아(Pool로 구성하여서) 특허권자 및 특허사용희망자 모두에게 편리를 제공하는 라이선스 비즈니스의 한 형태로서 특허 풀 또는 특허 컨소시엄으로 불린다.

② 특허 풀의 유형

특허 풀은 기본적으로 다음과 같은 두 가지 형태가 있다.

· 둘 또는 그 이상의 특허권자가 자신이 소유하는 하나 또는 그 이상의 특허(주로 특정 기술 분야의 필수적 성격의 특허를 말함)를 특허권자 상호간에 또는 외부의 제3자에게 라이선스할 것을 약속하는 계약의 체결 또는
· 다수의 특허가 풀(Pool)로 형성된 특허 군을 관리하는 것을 목적으로 설치된 중개기관(특허 풀 관리자)을 통하여 특허권자(Licensor)에게서 특허 Licensee에게 라이선스(License)되는 특허의 집합체를 의미하는 것

등 2개의 형태가 있다.

(2) 특허 풀의 사례

후자의 전형적인 예로서 동영상압축 기술의 특허풀인 MPEG LA를 들 수 있다.

MPEG LA는 단일 기술표준이나 플랫폼 정의에 필요한 다수의 특허권을 일일이 개별적으로 라이선스하지 않고, 전 세계에 포진해 있는 다수의 특허권 보유자로부터 한꺼번에 라이선스를 취득할 수 있도록 하는 대안적인 기술 라이선스(alternative technology licenses) 분야의 선두업체라고 볼 수 있다.

MPEG LA가 선구적으로 채택한 라이선스 모델은 고객이 필요에 따라 선택한 복수의 여러 특허기술을 도입할 때 독립적인 단일 계약을 통해서 한꺼번에 취득하는 쪽이 더 편리한 경우에 해결책이 될 수 있다. MPEG LA는 저렴한 가격에 특허를 이용코자 하는 특허 사용자(Licensee)의 이해와 충분한 수익을 얻고자 하는 특허 소유자(Licensor)의 이해 간에서 적절한 균형점을 찾음으로써 신 특허기술 채택의 기회를 창출하고 혁신을 가속화한다.

MPEG LA 최초의 라이선싱 프로그램인 MPEG-2 디지털 비디오 압축 관련 라이선싱 프로그램은 가전업계 역사 상 가장 널리 채택된 표준을 탄생시키는 데 일조했으며, 이후에도 MPEG LA(R) 라이선싱 모델은 다른 기술을 이용하고자 할 때 사용하는 기본 틀(Frame work)로서 자리를 잡았다.

(3) 특허 풀의 장점 및 유용성

이러한 배경 아래에서 생기는 문제를 해결하고 특허권자(Licensor) 및 특허사

용자(Licensee) 모두에게 큰 장점과 편리성을 가져다 줄 수 있는 방법 중의 하나가 바로 특허 풀이라고 볼 수 있다.

도표 [1-4] 특허 풀의 장점 및 유용성

입장별 구분	특허 풀이 가져다 줄 장점 및 유용성
특허권자 (Licensor)	1. 특허 풀에 들어있는 타인의 특허를 무료(대부분)로 사용할 수 있다. 2. 많은 시간과 비용이 필요한 개별 라이선스 계약의 체결 없이 기술료 소득을 얻을 수 있다. 3. 특허 풀의 표준특허 보급기능에 힘입어 자신의 기술, 제품의 시장성을 확대할 수 있다. 4. 유수의 특허 풀 참가자체로서도 기업 가치를 제고할 수 있다.
특허권사용자 (Licensee)	1. 한 번의 라이선스계약체결로 자신이 필요로 하는 다수 표준특허의 실시허락을 받을 수 있다. 2. 시간과 비용, 정열을 획기적으로 줄일 수 있다. 3. 특허 풀은 다수 특허를 효율적으로 라이선스하기 때문에 상대적으로 기술료가 저렴하다. 4. 협상능력이 부족하더라도 특별한 불이익 없이 공평한 기술료로써 계약할 수 있다.

표준특허 또는 표준기술을 소유한 회사가 특허 풀 등을 활용하여 라이선스 비즈니스를 하고자 한다면, 이러한 특허 풀에 참가하면 특허권자가 얻을 수 있는 상기 장점을 누릴 수 있다.

8. 미국 특허 라이선스 회사들의 비즈니스 모델

(1) 라이선스의 두 가지 유형

특허나 기술 등의 라이선스는 그 라이선스 주체나 형태 등에 의하여 여러 가지로 분류할 수 있겠지만, 우선 다음과 같이 두 가지로 구분할 수 있을 것이다.

· 자신의 특허 등을 직접 활용(생산 및 판매 등)하면서 라이선스를 병행하는 경우
· 자신의 직접 활용은 없고 타인을 상대로 라이선스만 하는 경우

(2) 순수 라이선스 전문기업의 비즈니스 모델

여기서는 특허권을 활용한 생산 및 판매를 직접 하지 않고 특허권 등의 라이선스 행사에 의하여 타인으로부터 받는 기술료(로열티)를 주 수입원으로 하는 경우에 한정하여 다루고자 한다.

이러한 회사들은 흔히 특허괴물(Patent Troll)로 분류되어 사회적 비난이나 지탄을 받는 경우도 있지만, 특허 등의 유통시장 확대 및 사업화를 통하여 고용촉진이나 연구개발 투자비용 회수에의 기여라는 순기능 측면도 있다고 옹호하는 경우도 있다(특히 미국의 경우).

① 조직 형태

우선, 조직형태에 대하여 알아보자.

대부분은 독립한 하나의 회사 조직을 갖추고 스스로가 특허를 보유, 관리하면서 라이선스 활동을 영위한다.

그러나 비교적 대형의 라이선스 회사는 산하에 복수의 자 회사를 특허 포트폴리오 별로 두어 기술 분야 별로 전문화하면서, 특허지주회사(IP Holding Company) 형태를 취하기도 한다.

② 수익 구조 모델(Business Model)

다음으로 돈벌이 구조의 수익모델에 대하여 살펴보고자 한다.

대부분의 이들 회사들은 특허권을 행사하여 기술료를 받는 라이선스 활동이 주된 영업이고 당해 특허를 활용한 제품의 생산이나 판매는 하지 않는다.

그러나 그룹 내에 제조 및 판매를 실시하는 자 회사 또는 관계회사를 두는 경우도 더러 있다.

특허기술로 창업하였으나 실적이 부진하여 생산 및 판매를 중단하고서, 대신에 리스크가 적고 안정적인 라이선스 비즈니스로 눈을 돌린 경우도 있다.

③ 특허자산의 획득 전략

- 자신이 직접 연구 개발하여 특허를 획득하는 경우
- 자신이 기획만 하고서 실제의 연구개발은 발명가, 기술자 등을 모아 발명을 획득

하는 경우

· 대학, 발명가 등으로부터 발명의 초보적 아이디어를 헐값에 양도 또는 라이선스 받아 이들을 보다 가치 있는 특허로 승화, 발전시키는 경우
· 타인으로부터 특허를 매입하는 경우(일반적인 매입 및 부도회사로부터 매입 포함)
· 타인으로부터 실시허락의 권리를 받는 경우
· 특허경매 등을 통하여 낙찰을 받는 경우
· 공개 공모를 통하여 특허 포트폴리오를 구축하는 경우

④ 얼마나 돈을 버는가?

특허를 매입하여 가치를 높여서 매각한다면 그 차액만큼을 벌겠지만, 순수 이익은 다음과 같이 추정할 수 있을 것이다.

"순수 이익 = 매각가격 – 매입가격 – 가치제고비용"

매입, 매각이 아닌 라이선스 활동을 지원하거나 협상 및 계약체결을 대행하는 경우라면 기술료의 일정 %를 받는 구조이다. 성공보수로서 받는 비율이 통상적으로 33%에서 50% 정도에 이른다고 하는 데, 구체적인 비율은 당해 특허 라이선스 회사가 얼마나 당해 기술료 수익의 획득에 기여하느냐에 따라 다를 것이다. 당해 특허의 기술적 법적 분석, 시장조사 및 마케팅 대행, 특허소송의 기획 및 관리 등 기여도가 커지면 당연히 성공보수비율도 올라갈 것이다.

⑤ 특허 획득 시 특히 중요시 하는 사항

마지막으로 라이선스 등의 목적으로 특허획득 시 가장 중요시하는 점은 무엇인가?

특허라이선스 회사는 특허권 등의 행사를 통하여 얻을 수 있는 기술료 수입(income)이 중요한 수입모델이기 때문에 라이선스 가능성의 판단이 가장 중요하다.

라이선스 가능성이 큰 경우로서는 타인이 자신이 보유한 특허를 침해한 경우이다.

상대방 입장에서는 침해로 인한 고액의 손해배상금에서 벗어나기 위해서는 라이선스를 허락받는 방법이 안전하기 때문이다.

9. 라이선스 협상전략의 수립과 협상 실행(Licensor 입장에서)

(1) 일반적인 절차의 개요

특수사정을 감안하지 않은 따라서 일반적인 라이선스 협상을 위한 사전조사에서 라이선스 계약체결까지의 중요한 절차를 개략적으로 알아보자면 다음과 같다.

■ 협상전략수립을 위한 사전조사 및 준비

ⓐ 라이선스 비즈니스를 위한 사전 개요 조사
ⓑ 상호 의향 및 개요 파악을 위한 예비 협상
ⓒ NDA 및 Option계약(필요 시) 체결
ⓓ 협상전략수립을 위한 상세조사(Licensee로부터의 정보 포함)

■ 협상전략수립

ⓔ 수집 정보의 분석
ⓕ 협상전략의 수립
ⓖ Term Sheet 작성 및 제시

■ 협상 개시, 타결 및 계약체결

ⓗ 최초 1차 협상
ⓘ 협상전략의 수정 및 보강
ⓙ 2차 및 n차 협상
ⓚ 협상의 타결 및 LOI 작성
ⓛ 라이선스 계약서 초안 작성 및 계약서 문구 조정
ⓜ 라이선스 계약서 서명

■ 라이선스 실행 및 사후관리

(2) 각 절차의 상세한 설명

앞서 개략적으로 알아본 절차의 상세한 내용을 구체적으로 설명하여 보자면 다음과 같은 데, 상세 정도 여부는 당해 라이선스 프로젝트가 양당사자들에게 얼마나 중요한가에 따라 다를 것이다.

ⓐ 라이선스 비즈니스를 위한 사전 개요 조사

1) License 기회의 발굴
2) Licensee에 대한 개요 조사
   (업종, 규모, 최근 매출동향, 기술개발 및 보유 현황, License 의향, 사업전략 개요 등)
3) 계약기술 및 계약제품 개요
4) Liccnsc 도입의 동기 및 목적
5) Territory내 계약제품 시장규모 및 동향, 경쟁자 조사
6) Licensee의 경쟁력 현황(경쟁자 대비)
7) Licensee로부터 수익 가능 비즈니스 모델(기술료, 부품 등 판매, Buy back 등)

ⓑ 상호 의향 및 개요 파악을 위한 예비 협상(예비 Meeting) * 예비 협상팀에서 방문

1) Licensee의 License 도입 의향(강약, 시기 등)
2) 계약제품의 Licensee사업부내 위치
3) License도입을 위한 예산보유 여부 및 규모 추정
4) 도입 희망하는 계약제품 및 계약기술의 상세 내용
5) 계약지역, 계약기간, 부품 구매여부, 독점계약 희망 여부
6) 기타 협상전략수립에 필요한 정보

ⓒ NDA 및 Option계약(필요 시) 체결

1) 비밀유지의무계약(NDA, Non-Disclosure Agreement) 체결
2) 당해 License의 사업성 예비검토를 위한 상호 정보제공에 관한 Option 계약체결(필요 시)

ⓓ 협상전략수립을 위한 상세조사(Licensee로부터의 정보 포함)

1) 상기 ⓐ, ⓑ에 관한 상세 내용 추가
2) License 대상 목적물(특허, 기술 등)의 분석
   (Territory내 및 계약제품 수출희망 국가 내에 있는 제3자 소유 지식재산의 침해 가능성, 특허무효 가능성, 상업적 성공 가능성 등)
3) 계약제품의 경쟁력

4) Licensee의 계약제품사업의 경쟁력(생산, 판매, 재무 등)
5) Licensee가 달성 가능한 당해 License 사업(계약제품매출)계획의 추정(낙관, 보통, 보수 등 3가지 유형별로 추정)
6) 3가지 사업계획별 추정손익계산서 작성(Licensor가 추정 작성)
7) Licensee의 계약기술 보유 정도 및 의존 정도(의존율, 도입의사 강도)
8) 협상 및 계약체결에 영향을 주는 Licensee 국가 내 관련 제도, 법규, 관행
9) Licensee 국가 내 당해 계약제품 및 기술 분야의 License 정보(기술료 수준, License 조건 등)

ⓔ 수집 정보의 분석
1) Licensee가 지급 가능한 기술료의 추정(상한, 하한)
2) Licensee의 기타 수익(당해 License이외 간접수익) 기회 추정
3) Licensee가 당해 계약을 체결하고자 하는 의향의 강도 및 대안 보유 여부
4) Licensee의 당해 Licensee사업에 대한 시간적 긴급도
5) 당해 license의 Licensee사업에의 추정 기여도 정도
6) 협상 및 계약체결에서 회피할 Risk 요소(공정거래법 위반, 특허침해 등)
7) Licensee의 협상전략 및 협상문화, 기존 License 계약정보
8) 기타 당해 협상에 영향을 줄 요소

ⓕ 협상전략의 수립
1) 본격적인 협상팀의 구성
2) 협상 일정의 수립(Licensee와 협의하여)
3) 협상방침 및 원칙의 수립
(단일협상, 복수협상, 강경전략, 온건전략, 중간전략, 협상이 쉬운 것부터 먼저 또는 어려운 것부터 먼저, 공격수와 방어수의 역할분담, 일괄타결 또는 조건별 타결 등)
4) 상기 ⓓ, ⓔ의 정보 및 분석을 기초로 주요 License조건(계약제품 및 계약기술 범위, 부품 구매여부 및 규모, 독점적 권리 여부, 기술료, 기술지도비용, 최저 기술료, 기술보증범위, 계약기간 등)별 협상 목표치의 설정(상한, 하한, 1차 목표치, 2차 목표치 등)
5) 주요 License 조건을 절대양보 불가, 교환조건으로 양보검토 가능, 양보 가능, 1차 주장 후 양보 등으로 분류하여 협상 리스트 작성

6) Licensee를 설득시킬 수 있는 영향력 요소(정보)들의 준비

ⓖ Term Sheet 작성 및 제시

1) 1차 목표치(Licensor에게 가장 유리한 것)를 기초로 한 term sheet 작성 및 제시

2) 작성 시에는 협상과정에서의 양보, 타협할 가능성을 염두에 두고 작성함

ⓗ 최초 1차 협상

1) 최초의 본격적인 1차 협상 실시

2) 상호 쟁점, 입장, 관련정보 등의 기록

3) 회의록 작성 및 서명

ⓘ 협상전략의 수정 및 보강

1) 1차 협상결과를 보면서 2차 협상준비(필요 시 협상전략의 일부 수정 가능)

2) 상대방에 대한 설득 논리 및 주장 증빙의 보강

ⓙ 2차 및 n차 협상

1) 주요 쟁점에 대한 합의가 모두 이루어질 때까지 협상을 계속함

2) 도저히 타협의 기미가 없을 시는 협상결렬을 선언하고 중단함

ⓚ 협상의 타결 및 LOI(Letter of Intent) 작성

1) 주요 조건의 타협이 이루어지면 LOI 작성

2) LOI 서명

ⓛ 라이선스 계약서 초안 작성 및 계약서 문구 조정

1) 상기 LOI 및 타협결과를 기초로 full draft 작성

2) 문구 조정 및 확정을 위한 최종협상

ⓜ 라이선스 계약서 서명

10. 대학기술의 패키징에 의한 라이선스 전략

(1) 대학기술의 산업계 이전의 어려움

그런데 대학의 연구개발 결과나 기술은 다음과 같은 이유로 산업계에 이전되어 소기의 목적을 달성하는 데 어려움이 많다.

· 대학의 기술은 특정 제품이나 서비스를 전제로 이에 필요한 기술요소들을 분석하여 필요한 기술요소들을 패키지(Package)로 개발한 것이 아니라, 1개의 독립적인 단발(單發) 기술이다.

· 개발당시부터 시장성을 충분히 감안하였다기보다는 기술 자체에 포커스를 둔 측면이 강하다.

· 이론적 연구 성향이 강하여 기술적인 미완성이 많고, 연구개발의 계속성이 어려워 기술을 완성하는 데에도 한계가 있다.

이러한 대학 기술의 특성 때문에, 특정제품 등에 필요한 전체 패키지 기술이 아닌, 단발적인 기술이 개별적으로 각기 홀로 필요기업에 이전되는 현상이 강하다.

(2) 특정 제품(서비스) 및 사업에 필요한 전체 기술의 패키징 필요

그러나 이와 같은 방식의 기술이전 대신에, 아래의 도표에서 보는 것처럼 기업이 신제품 또는 신규 사업으로서 추진하고자 하는 특정 제품이나 서비스에 필요한 기술요소를 모두 (또는 거의 대부분) 패키징(Packaging, bundling)하여 일거에 이전할 수 있다면 시간과 비용, 노력을 크게 절감할 수 있고 특정 단발기술의 이전거부로 인한 기술이전 실패를 방지할 수 있을 것이다.

도표 [1-5] 기술 패키징 원리

구분	수요 및 공급이 가능한 기술	컨소시엄
기술수요 회사	a + b + c	기술수요회사는 각 대학을 개별적으로 접근하기 보다는 대학 컨소시엄으로부터 필요 기술의 패키지를 일괄 이전 받을 수 있음
대학 A(a 기술)	a	
대학 B(b 기술)	b	
대학 C(c 기술)	c	
대학 컨소시엄(A + B + C)	a + b + c	

* 기술수요 회사는 a, b, c 기술이 모두 있어야 사업화가 가능하다고 가정함

기업들은 3개 대학과 3번이나 각각의 다른 계약을 체결하는 대신에 기술(특허)군을 관리하는 D(A, B, C 대학의 컨소시엄 등)와 단 한 번의 계약으로 필요기술군(군집, packaging, bundling)을 이전받을 수 있다.

(3) 대학 기술의 패키징 기술이전 및 사업화 사례

최근 세계유수의 일본 노무라 증권은 동경이과대 등 몇몇 대학들과 컨소시엄을 구축하여 복합영역 지식재산군(특허군)의 창조적 활용 네트워크 프로젝트를 본격 가동하고 있다.

대세는 융합, 복합이기 때문에 특허 등의 지식재산도 서로 다른 분야끼리(이업종, 복합영역) 서로 다른 특허들을 군집(덩어리, Portfolio, packaging, bundling, Clustering)으로 묶어야 사업화 및 활용이 용이하다는 것이다.

가령, 기술요소 1, 2, 3, 4에 각 평균 8개의 기술과제가 있다면 총 해결하여야 할 기술과제(특허)가 32개가 되는데, 이들 32개가 각기 다른 기술 분야에 속하는 것이 요즘의 제품 및 서비스의 융합추세이다. 문제는 32개의 각기 다른 분야의 특허를 어느 한 회사, 대학 또는 연구소가 모두 다 갖추기는 거의 불가능함으로 여럿이 각자가 가진 특허를 특정 제품이나 서비스에 필요한 것을 중심으로 모으면(군집을 만들면), 기술수요자는 여러 소유자를 만나 복잡한 협상이나 계약을 하지 않고도 군집을 관리하는 한(1) 조직과 계약하여 바로 사업화할 수 있다는 것이다.
특히 단발기술로 이루어진 대학의 기술은 이러한 패키징의 필요성이 더욱 크다.

11. 제안형 라이선스 비즈니스 모델

(1) 제안형 마케팅이란?

제안형 영업, 제안형 마케팅이라는 말을 종종 듣는다. 단어가 갖는 의미 그대로, 유형이든 무형이든 경제적 가치가 있는 특정 거래를 판매자(제공자, Seller, Marketer 등) 입장에서 사전에 기획, 정리하여 제안서 형태로서 당해 거래를 상대방(구매자, Buyer 등)에게 권유하는 방식이다.

그러나 판매자 입장에 있는 당사자가 그 기술적 내용이나 용도, 사업성, 시장성, 사업전개방법, 가치제고 전략 및 이들에 관계되는 정보나 경험이 더 많은 경우는, 오히려 판매자가 적극적으로 사업성검토, 사업전개방법, 추정손익계산서 등을 작성하여 상대방에게 제시하면서 당해 거래를 적극적으로 제안하는 것도 아주 유효한 방법에 속한다.

(2) 제안형 마케팅의 예시

예를 들자면, 고도의 첨단자동화 라인을 신규로 도입할 가능성이 있는 회사에 영업을 한다고 할 경우에, 당해 첨단자동화 라인의 기술적 사항, 생산성, 투자비용 회수기간, 기존 설비대비 장단점 등에 대하여 잘 아는 제조자(Maker, Seller)가 관련 자료를 설득력 있게 작성하여 제안하는 것이 성사 가능성을 더욱 높일 수 있을 것이다.

(3) 지식재산의 제안형 마케팅

① 제안형 마케팅의 대상

제안형 영업이나 마케팅에 적합한 목적물로서는 특허, 기술, 컨텐츠 등과 같은 무형의 지식재산도 유망하다.

② 일본 M사의 사례

일본의 M사는 특정 기술을 활용하여 다년간 특정 아이템의 사업을 영위하여 왔는데, 당해 아이템의 사업을 글로벌하게 전개하기 위하여 다양한 전략을 고민하던 중 설비투자의 리스크가 수반되지 않는 라이선스 방식에 의한 해외진출을 결정하였다.

자사가 보유한 특허기술 등을 활용하여 당해 아이템의 사업을 수년간 수행하여 왔기에 기술, 경쟁분석, 수익성, 마케팅방안, 사업타당성분석 등에 대하여 누구보다도 잘 알 수 있었다. 설득력 있는 사업전개 제안서를 작성하여 북미지역을 중심으로 자본력이 있으면서도 신규 사업이 필요하거나 또는 사업다각화가 예상되는 후보자들에게 제안서를 보내고 문의 및 상담에 성실히 대응하여 좋은 성과를 낼 수 있었다.

당해 제안된 사업이 채택되어 사업전대로 이어질 경우에 M사는 자사가 보유,

관리하고 있는 특허기술을 라이선스(License-out) 할 수 있는 기회를 잡게 되는 것이다.

③ 한국 K사의 사례

한국의 K사도 자사가 라이선스 아웃 하고자 하는 기술을 제안형 영업 전개로 성공한바 있다.

자사가 보유한 특허, 기술, 상표, 생산관리 노하우, 핵심 원자재 소싱(sourcing) 능력 등을 기초로 다년간 특정 제품의 생산, 판매 등을 성공한 경험을 살려서 해외에서 당해 특정 제품의 사업화에 관심이 있는 후보자를 상대로 설득력 있는 사업계획서를 만들어 제안형 영업을 개시하여 많은 성공을 거두었다.

희망하는 사업규모별 사업타당성을 조사, 분석 및 검토하여 주고서, 당해 사업이 성공적으로 채택되면 자사의 특허, 기술, 상표, 노하우 등의 라이선스를 실시하고 핵심 원자재의 수출 오퍼권(Offer Right)도 가졌으며, 품질 및 생산관리도 지원하여 기술료를 받았다.

(4) 지식재산이야말로 제안형 마케팅전략이 주효

개발자, 연구자 및 보유자가 당해 특정기술의 기술성, 용도 및 응용도, 시장성, 확장성, 경쟁기술, 기술발전 로드맵, 향후 전망 등을 가장 잘 알 수 있는 기술이라면, 이러한 제안형 라이선스 마케팅이 아주 유효하리고 생각된다.

기술은 단품이나 부품, 단순 소모품이나 범용품처럼 단순히 거래만 알선한다고 라이선스가 되지는 않을 것이다. 좀 더 합리적이고 설득력 있는 마케팅 기법의 연구와 고민이 필요하다.

II. 기술라이선스 마케팅

1. 라이선스 마케팅이 필요한 시대의 도래

(1) 가치사슬(Value Chain)의 처음과 끝이 중요하여지는 시대

종전의 산업생산시대에는 누가 더 효율적으로 생산하고, 누가 더 원가절감을 잘 하느냐에 따라 이익률이나 부가가치율이 달랐다. 그러한 시대에서는 조달, 구매 및 생산부분이 기업의 이익과 가치창출을 주도하였고, 승진이나 대우도 그러한 부문에 종사하는 자가 중심을 이루었다. 이제는 상황이 달라졌다. 가치사슬의 가운데가 내려가고 양끝이 올라가는 것이 마치 웃는 얼굴의 모습과 같다고 하여 스마일 커브(smile curve)로 불리어진다.

(2) 가치사슬의 처음(연구개발 및 특허확보)이 중요하여지는 시대

① 종전의 연구개발

종전에는 연구개발부문이 연구개발 한답시고 비용이나 깍 먹는 부서로 인식된 시대가 있었다. 연구개발의 대부분도 자사의 신제품 개발이나 이미 판매한 제품의 사후봉사를 하는 데 필요한 것이 중심을 이루었다. 따라서 별도의 손익도 관리하지 않아 도대체 얼마나 수익을 창출하는 지(벌어오는 지)도 관심의 밖이었다.

② 연구개발이 이익 창출센터로

그러나 세상의 패러다임(Paradigm)이 바뀌면서 연구개발부문이나 이러한 결과를 권리나 비밀자산으로 보호·관리하는 지식재산부문이 핵심 이익창출센터로 떠오르고 있다. 특히 미국, 일본 등 깡통을 만드는 제조업이 더 이상 경쟁력을 확보할 수 없는 선진공업국 국가일수록 더욱 그러하다. 우리나라도 이러한 국가의 예에 속한다고 보아야 할 것이다.

③ 애플의 사례로 보는 연구개발 및 지식재산의 위력

애플(Apple)의 37%에 근접하는 경이적인 이익률(삼성전자는 11% 내외, 대부분의 제조업은 1~3% 이내)은 창의적인 컨셉(Concept)의 디자인, 연구개발, S/W 및 이들의 총체적인 무형지식자산 덕분이다. 애플은 스마트폰이나 아이패드를 제조,

생산하지 않는다. 그러나 스마트폰이나 아이패드 판매 이익의 대부분을 먹는다. 자기가 만들지도 않은 물건을 팔면서 음악이나 콘텐츠를 이들 기기를 통해야만 받을 수 있게 하여 눈에 보이는 물건과 눈에 보이지 않는 무형재산을 동시에 이중으로 팔아먹는 비즈니스 모델을 창출하였다. 이런 모든 것들이 연구개발의 결과요 지식재산이라는 현대적 무기를 잘 활용한 덕분이다.

(3) 가치사슬의 마지막 단계인 마케팅도 이익창출의 보고(寶庫)

① Seller's Market에서 Buyer's Market으로 이동

기업경영활동의 환경이자 주요 활동 무대인 시장은, 과거 산업생산사회의 Seller's Market에서 현재의 지식재산정보화사회에서는 Buyer's Market으로 이행되었다. 과거에는 만들기만 하면 어찌하였던 간에 팔리는 시대였으나, 현재는 사뭇 과거와는 다르다.

② 마케팅이 곧 이익창출의 센터

만들되 팔리지 못한다면 비용만 까먹고 이익을 창출하기는 불가능하다. 인터넷 및 스마트폰 등의 보급으로 소비자(Buyer 등)는 제품이나 기술에 많은 정보를 얻을 수 있기 때문에 Seller's Market시대처럼 적당히 하여도 팔리던 시대와는 상황이 전혀 다르다. 따라서 팔릴 수 있는 제품을 기획, 개발하여 설계, 조달, 생산, 검사 및 판매하는 마케팅전략과 활동이 매우 중요하여지고, 마케팅이 곧 이익창출의 센터(Profit center)가 되고 있다.

(4) 라이선스도 마케팅의 시대로

① 판매와 마케팅은 다르다.

우리가 일반적으로 알고 있는 것과는 달리, 판매와 마케팅은 다르다.

마케팅이란 팔릴 수 있는 제품이나 서비스를 조사, 기획하여 개발하고 조달, 생산하여 실제로 판매하고 또한 그 판매 결과에 대하여 만족도 및 개선 포인트 등을 Feed back하여 차기 사이클(Cycle)에 반영시키는 일연의 총체적인 경영활동을 말하는데 비하여, 판매는 마케팅의 일부 단계에 불과하다. 즉, 판매는 생산하여 검사 후 인도하고 대금을 받는 짧은 과정이다.

그림 [1-3] 판매와 마케팅

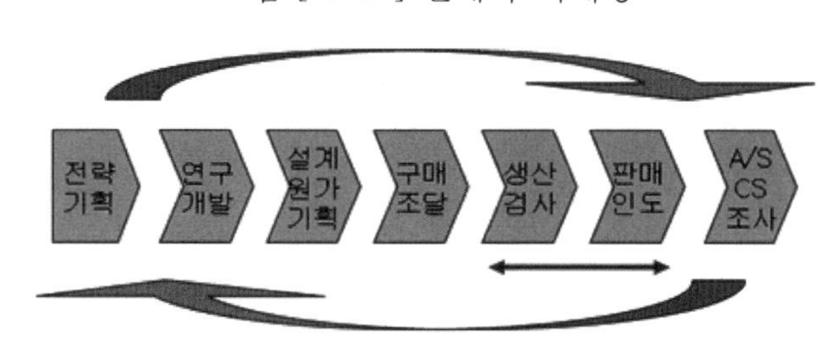

② 마케팅 중시시대의 도래

과거 Seller's Market 시대에는 판매만으로도 가능했지만, Buyer's Market 시대로 이행되면서 판매의 시대는 가고 마케팅의 시대가 도래 하였다고 볼 수 있다.

③ 산업재는 마케팅의 전략과 요령

이러한 마케팅적인 시각은 특허기술 등 지식재산의 라이선스 비즈니스에서도 당연히 필요하다. 특히 특허 등의 지식재산은 소비재가 아니라, 기업의 특정 제품이나 서비스의 생산, 판매 등에 사용되는 산업재(중간재)로서의 성격을 가짐으로 산업재 마케팅의 전략과 요령에 따라야 할 것이다.

2. 라이선스 마케팅의 기본 개념과 사례 예시

(1) 라이선스도 마케팅 개념에서 출발해야

이러한 라이선스도 마케팅 개념과 원리에서 출발한다면 성공 가능성이 높아진다고 볼 수 있다.

■ 라이선스 성사 가능성 제고를 위하여

기술로드맵(TRM, Technology Road Map), 시장조사, 선행기술(특허) 조사・분석 등의 기법을 동원하여 시장에서 요구하는(수요가 있는) 기술을 개발하여 가치 있는 특허나 기술군집으로 구축하여 경쟁력 있는 가격으로 라이선스한다면, 그 성사 가능성은 한층 더 높아질 것이다. 많은 특허기술이 이전되거나 사업화되지 못하고 사장(死藏)되는 가장 큰 이유가 바로 시장에서 수요가 없는 이른바 쓰레기 특허들이 많기 때문이라는 데 별로 의견이 없다. 물론 옛날에 비하면 많이 개선되고 있지만..

■ Licensable한 특허에서부터 출발해야

라이선스 마케팅은 팔릴 수 있는(sellerable, licensable) 특허 등의 창출에서 출발하여야 할 것이다. 그러기 위해서는 마케팅 기본 개념에서부터 출발할 필요가 있다.

(2) 라이선스 마케팅 사례연구

① 연구원도 전체시간의 20% 이상을 기술 시장조사에 투입하는 IBM

세계에서 가장 라이선스 실적이 좋은 미국의 IBM은 라이선스 가능성이 큰 기술을 획득하기 위하여, 모든 연구・개발자들은 자기에게 주어진 전체 시간의 20% 이상을 반드시 고객이 필요로 하는 기술 Needs를 조사, 파악하는 데 사용해야 한다고 한다.

연구실에만 틀어박혀있는 것이 아니라 시장, 유통 루트, 사용자, 소비자, AS(사후봉사, After-service)조직 등을 누비며 필요하거나 개선하여야 할 기술 Need가 무엇인지를 항상 조사하고 찾아서, 자신의 연구테마 설정 및 연구개발에 반영한다는 것이다.

이렇게 조사, 추출, 개발된 기술은 그렇지 못한 기술에 비하여 시장을 찾기가 아무래도 쉽지 않겠는가?

② 에디슨도 수요가 있어야 발명에 착수

그 유명한 발명왕 에디슨도 이미 100수십 년 전에 "나는 내 발명을 살 사람이 나타나기 전에는 결코 발명을 하지 않는다."고 했다는 것이다.

③ 시장 수요 기반의 라이선스 마케팅

상기 두 가지 사례는 시장성 및 수요기반 연구개발 및 발명의 중요성과 기술이전(라이선스) 성공요인을 웅비로 설명하는 적정한 예가 될 것이다.

시장도 수요도 없이 막연히 개발한 것을 이전하는 것은 물건의 판매와 다름없다.

(3) 특허기술의 라이선스 마케팅의 절차 및 흐름도

특허기술 등의 라이선스 마케팅은 마케팅믹스 4P 중 Product에 해당하는 개발·제품전략을 다음과 같은 컨셉(Concept)과 절차에 의하여, 시장에서 수요가 있는 기술을 개발하고 특허로 등록하여 라이선스하는 일련의 전략과 요령을 지칭한다고 볼 수 있다.

도표 [1-6] 특허기술 라이선스 마케팅의 절차 및 흐름도

절차 및 단계	핵심 내용의 제목	구체적 내용 및 유의 사항
1단계	유망 아이템 조사, 선정	– 장래에 유망한 아이템을 기술로드맵, 선행기술조사 · 분석 및 시장조사기법 등을 총동원하여찾아냄(발굴함) – 유망 아이템을 발굴함에 있어서는 환경분석, SWOT분석, 경쟁분석, 시장분석 등이 필요함
2단계	기술요소와 기술과제 분석	– 선정된 아이템이 본래의 용도, 기능 등을 하는 데 필요한 기술요소를 찾아냄 – 각 기술요소를 해결하는 데 필요한 기술과제를찾아냄 – X축(기술요소) 및 Y축(기술과제)의 표시로 매트릭스를 구성함
3단계	연구개발 필요기술 도출	– 2단계 매트릭스의 칸(cell)에 자사 및 경쟁사들의 보유(확보) 특허기술을 조사, 기입함 – 빈칸(공란, 공백)으로 남는 기술요소 및 기술과제를 추출함
4단계	연구개발 기획 및 특허기술매입 등	– 3단계에서 빈칸에 남는 기술을 연구개발과제로선정함 – 자체개발 또는 공동개발, 위탁개발 등의 선정 – 경쟁자가 이미 확고히 특허기술을 확보한 경우는 매입, 라이선스도입, M&A 등을 검토함
5단계	연구 및 개발(발명)	– 자체 또는 공동, 위탁 등으로 선정된 과제를기획하여 연구개발하고 결과로서 발명을 완성함 – 해당 공백기술에 대하여 있을 수 있는 모든 기술해결책에 대하여 연구를 확장함
6단계	특허출원	– 완성된 발명에 대하여 특허를 출원함 – 강한 특허포트폴리오를 구축하기 위해서는예상 가능한 모든 기술요소, 기술과제에 대하여권리를 확보하는 자세가 필요함
7단계	특허기술 패키징	– 시장의 수요(Licensee의 Needs)에 따라,독립 기능으로 완성되지 않는 기술요소들을독립기능이 될 수 있게 패키징함 – 필요시 타인의 기술과도 패키징 가능함
8단계	라이선스 마케팅(협의)	– 독립 기능의 기술(요소, 과제)군 및 패키징 된기술군에 대하여 마케팅 계획 수립 – 잠재적 Licensee의 발굴 – 라이선스 조건의 개발 및 초기협상의 개시

* 기술수요 회사는 a, b, c 기술이 모두 있어야 사업화가 가능하다고 가정함

③ 라이선스 가능성의 제고

이상의 1~8단계를 거치면, 기존의 연구개발방식과는 달리, 시장성이 있는 아이템을 먼저 발굴하여 이 아이템에 필요한 기술요소 및 기술과제를 조사, 분석하여 수요가 있는 기술을 개발함으로 발명이 완성되고 특허로 등록되면 팔릴 수 있는 가능성이 훨씬 커진다.

물론 그러한 기술이 개발 및 등록 과정에서 당해 기술을 필요로 하는 해당 아이템이 시장 수요에서 사라져버림으로써 그러한 기술도 무용지물(無用之物)이 될 가능성이 전혀 없는 것은 아니다.

그러나, 이와 같이 기술이 사용될(필요한) 아이템조차 상정하지도 않고 따라서 필요기술이 조사, 분석되지도 않은 기존의 연구개발방식에 비하여는, 이러한 컨셉 및 절차에 의하여 획득된 기술은 라이선스 기회로 연결된 가능성은 상대적으로 크다고 봐야할 것이다.

(4) 기술라이선스 마케팅 4P

이와 같이, 미리 제품(아이템)을 상정하여 이에 필요한 기술을 체계적으로 분석, 기획하여 8단계 절차에 따라 확보된 기술은, 마케팅 기본 전략 및 마케팅 목표에 맞추어 다음과 같은 마케팅믹스가 실천되면 팔릴(라이선스 될) 가능성은 더욱 커진다.

■ Product : 라이선스가 될 수 있는 기술을 준비한다.

- 이미 개발된 기술군 중에서 팔릴 수 있는 기술을 찾아낸다.
- 보유기술 및 외부기술을 조사, 조합하여 팔릴 수 있게 패키징 한다.
- 팔릴 수 있게(가치가 커지게) 당해기술을 표준화, 객관화, 현지화, 상용화 한다.

* 객관화 : 문서화 및 자료화를 의미함

■ Price : 라이선스 될 수 있는 적정기술료를 설정한다.

- 연구개발 투자비용을 회수할 수 있으면서도 Licensee가 감당할 수 있는 수준의기술료를 책정한다.
- 시장에서 형성되는 통상적 기술료 수준과 비교하여 형평성을 잃지 않게 한다.
- 합리적인 기준과 방법에 따라 협상용 기술료를 설정한다.(수긍할 수 있을 정

도의 기술료 몫이면서도 시장에서 거래되는 적정수치도 동시에 만족시킬 수 있는 합리적이고 공평한 수치의 조사, 분석 및 설정이 중요함)

■ Place : 기술의 특성에 맞는 라이선스 유통 루트를 발굴한다.

- 기술은 그 특성상 눈에 보이는 제품에 비하여 유통(Place, Physical distribution) 루트는 비교적 간단하나, 적절한 루트를 찾기가 매우 어려우므로 연구와 고민이 필요하다.- 유통 루트를 둘 것인가 아니면 직접 유통할 것인가의 선택- 누구에게 라이선스 할 것인가? (잠재적 Licensee의 효율적 발굴이 매우 중요함)- 가장 효과적인 licensee의 발굴 요령의 채택과 수행이 중요하다.

■ Promotion : 효율적인 마케팅의 홍보를 계획, 실시한다.

- 특허기술은 원자재, 부품 등과 같이 생산, 제조 등의 과정에 필요한 중간재 임으로 중간재(산업재) 마케팅(Industrial Marketing)의 영역에 속하고 따라서 일반적인 소비재 마케팅의 promotion과는 다른 접근방식이 필요하다.- 라이선스 DB등록, 기술설명회 및 기술전시회 참가 및 홍보, 신기술관련 발표회 및 세미나 등에 참석하여 라이선스 기회를 찾는다.
- 가장 효율적이고 효과가 큰 홍보수단을 동원한다.
- Promotion은 라이선스 마케팅믹스 4P중에서 상대적으로 가장 접근이 쉽고 투자대비 효과가 상대적으로 가시화될 수 있는 유리한 분야이므로 보다 적극적인 마케팅 노력이 필요하다.

3. 기술마케팅에 대한 특성의 이해 및 활용

(1) 기술의 수요자는 누구인가?

① 가계 및 정부는 기술이 필요 없다.

기술은 누가 필요로 하는가?

일반적으로 국민경제의 주체를 가계, 기업 및 정부라고 할 때 가계(및 그에 속하는 일반국민인 소비자) 및 정부는 기술이 필요 없고, 그러한 기술로 만들어진 제품이나 서비스를 사용 또는 향유할 뿐이다. 특히 정부도 공공서비스의 제공 등 특정 용도에 한하여 제한된 제품이나 서비스를 필요로 할 뿐이다.

② 중간재(생산재)로서의 기술

■ 제품이나 서비스의 창출 및 제공과정에서 필요한 중간재

기술은 특정 제품이나 서비스를 창출 및 제공하는 과정에서 기업이 필요로 하는 중간재 또는 생산재로 볼 수 있다.

■ 기술은 중간재(산업재)로 분류 · 활용

이익추구의 수단 및 방법으로서 재화 및 용역(서비스)의 생산 및 공급을 주로 하는 기업은 그 경영활동의 과정에서 특히나 기술 등의 무형 지식재산을 중간재로서 필요로 한다. 기술은 부품이나 원료 등과 같이 최종적인 완제품이나 완성된 서비스를 제공하는 과정에서 필요로 하는 중간재, 산업재로 분류되고 활용된다.

③ 중간재로서의 기술특성의 개요

기술마케팅을 하고자 하는 자는 기술이라는 중간재, 산업재가 갖는 다음의 몇 가지 특성을 이해함으로써, 더욱 효율적인 마케팅이 가능할 것이다. 왜냐하면 자신이 마케팅 하고자 하는 대상(객체)을 잘 이해하고 이를 잘 활용할수록 그 성과나 효과는 올라가는 것이 일반적인 현상이기 때문이다.-무형자산으로서의 기술이 갖는 특성-기술시장의 특성-기술수요의 특성-기술관련 마케팅믹스의 특성

(2) 무형자산으로서 기술이 갖는 특성

① 사용할수록 가치가 올라가는 수확체증의 법칙이 적용된다.

기술은 아무리 사용하여도 낡아서 없어지거나(마모되거나) 소멸하지 않는다. 오히려 기술은 널리 사용되면 될수록 그 가치가 올라간다. 기술을 널리 사용하게 하여 그 가치를 올리기 위하여 기술을 저가 또는 공짜로 사용하게 하기도 한다. 흔히 말하는 오픈소스 전략이다. 기술은 사용할수록 그 가치가 급상승하는 수확체증의 법칙이 작용한다.

② 한계비용체감의 법칙이 적용된다.

또한 기술은 일정의 연구개발비용이 투입된 이후에 추가 1단위를 더 생산하여 제공(공급)하려고 할 때 추가 생산비용이 별로 들지 않는다. 연구개발이 완료되고 상용화 검증이 끝난 기술을 추가로 활용(라이선스 등)하려고 할 때 약간의 기술

이전 준비비용(예컨대, 복사비 등 기술이전자료 준비비용)만 필요할 뿐 최초 개발과 같이 많은 비용이 소요되는 것이 아니다. 1 단위 추가 마케팅에 필요한 비용이 확 줄어든다는 것이다. 기술이 갖는 이러한 특성을 한계비용체감의 법칙이라고 불러도 될 것이다.

③ 기술의 특성을 감안한 기술마케팅전략이 필요

따라서 기술 등과 같은 무형자산의 이러한 특성을 잘 이해하고 활용하면 기술마케팅이 훨씬 수월할 수도 있을 것이다.

(3) 기술이 거래되는 기술시장의 특성

① 기술 시장의 특성

■ 기술시장은 소비재시장과는 다리 접근해야

기술 등 산업재(중간재) 마케팅 시장은 일반 소비재 시장과는 많이 다르기 때문에 마케팅에 있어서 달리 접근할 필요가 있다.

■ 기술 수요자의 특성

우선, 일반적인 소비재 등에 비하여 기술 수요자의 특성은 다음과 같다.

- 기업이 고객(수요자)임으로 그 숫자가 적다.
- 공단 등 특정지역에 집중적으로 모여 있다.
- 대기업 등 거대고객은 규모가 크다. (구매규모, 자금 등에 있어서)
- 1회 주문량이 상대적으로 크다.
- 한번 구매하여 만족하면 반복하여 구매하는 특성이 있다.

■ 기술 구매행위의 특성

다음으로, 구매행위에 있어서 갖는 다음과 같은 특성도 마케팅에 활용할 필요가 있다.

- 관계되는 여러 부서 및 관계자의 의견을 반영하여 기술 등의 구매가 일어난다.
- 가격 등 구매조건은 시장 메커니즘이 아닌 협상에 의하여 결정된다.
  (* 시장 메커니즘 : 수요와 공급이 만나는 곳에서 가격과 수량이 결정되는 원리)
- 기업이 구매주체라 일반적으로 합리적인 의사결정과정을 거쳐서 구매가 일어난다.

- 여러 부서의 참여 및 합리적인 결정과정 등으로 구매에 시간이 필요하다.
- 윈윈(Win-Win)의 호혜적인 상호이익이 지속적인 거래에 필요하다.

② 기술수요의 특성

■ 파생수요

기술은 그 기술이 필요한 제품이나 서비스가 있으면 파생적으로 생겨나는 수요이다. 특정 기술이 먼저 나오고 제품이 나오기 보다는 제품에 대한 수요가 있을 것으로 예상되면 그러한 제품에 소요될 것으로 예상되는 기술들이 비로소 개발되는 것이 일반적이다. 이를 파생수요라고 한다.

■ 결합수요

기술은 그 단독으로는 아무런 가능도 못하고 부품이나 원자재, 소재 등과 결합하여야만 비로소 제 가능을 할 수 있다. 이를 결합수요라고 한다.

■ 가변성

시장수요가 있어야만 산업계가 사업계획을 세우는 선행성이 특징이다. 일반소비재와는 달리, 특정 투자사업의 계획 등 당해 부품이나 기술 등의 수요가 선행하는 것이 특징적이다. 이러한 현상을 가변성이라고 부른다.

■ 집중성

특정 기술은 모든 기업에 똑 같이 필요한 것은 아니다. 당해 기술이 필요한 특정업종 및 기업에 집중되는 경향이 강하다. 이른바 집중성이다.

(4) 기술이 갖는 마케팅믹스(4P) 관련 특성

① 기술이라는 제품(Product)이 갖는 특성

고도의 기술적 사상으로서 추상적이며 복잡성이 특성이다. 고객의 수익에 직접적인 영향을 주는 경향이 강하며 기술의 단가는 상대적으로 높은 편이다. 또 일반적인 제품과는 달리 판매 또는 이전한 이후에도 지속적인 지원 및 서비스가 필요하다.

② 기술 가격(Price)의 특성

기술가격은 당해 기술이 사용되는 제품 등의 가격경쟁력 수단으로서 투자수익률을 기초로 산정되며 협상에 의하여 가격(기술료)이 결정된다. 기술료는 기술매매에 대한 대금의 성격도 있지만, 기술의 실시 및 사용에 대한 사용료(Royalty)성격의 것도 있다. 기술료는 해당 징수금액대비 이익률이 아주 높아서 기업의 경영에 대한 기여도가 높은 편이다. 연구개발 전문기업이나 연구개발부분을 Profit Center라고 칭하는 이유도 여기에 있다.

③ 경로(Place, Physical Distribution)의 특성

기술의 매매나 거래(라이선스 등)에서는 유통경로가 매우 짧다. 눈에 보이는 물건의 유통처럼 총판, 도매상, 소매상 등의 중간단계가 거의 없다. 간혹 Licensing Agent와 같은 컨설팅 또는 소개기관을 두지만, 기술을 자기 명의로 구매하여 마진(Margin)붙여 팔기보다는 거래의 촉진기능에 거친다. 기술은 소유자(Licensor)와 사용자(Licensee)의 긴밀한 상호협력이 중요하기 때문에 유통조직이 할 역할이 상대적으로 약하기 때문이다. 또한 기술유통은 상당한 수준의 기술적 지식이 필요하나 유통조직이 그러한 기술을 익히는 데는 한계가 있기 때문이기도 하다.

④ 촉진(Promotion) 수단의 특성

기술은 일반적인 물건이나 소비재 등과는 달리 대중매체에 대한 광고로는 효과가 없고, 당해 기술을 필요로 하는 기업의 기능조직(신규사업팀, 기술소싱팀 등)의 담당자를 통하여 접근하는 인적 판매(personal sales)의 성격이 강하다. 따라서 기술전문잡지, 기술설명회, 기술전시회 등을 통하여 당해 기술의 용도, 활용도, 우수성, 경제성, 원가절감효과 등을 제대로 설명하여 구매동기를 자극하여야 한다.

(5) 기술의 특성을 이해하고 기술 라이선스마케팅전략을 세워야

이상에서 살펴 본 바와 같이 기술은 눈에 보이는 물건과는 매우 다른 특성을 갖고 있으므로, 이러한 특성을 제대로 이해하고 이에 적합한 마케팅전략을 기획하고 실천할 때 그 거래의 성공 가능성은 커진다고 생각된다.

4. 기술 라이선스마케팅의 2대 조류와 활용방안

(1) 기술라이선스 마케팅의 2대 조류

① 서로 다른 것과의 비교가 이해에 쉬워

세상에는 상호 내용이나 성격이 정반대인 사안들이 설명이나 비교의 대상으로 자주 거론된다. 라이선스 마케팅에서도 이러한 현상이 있어 왔고 앞으로도 계속될 것이다.

② 기술 라이선스마케팅의 2대 조류

연구개발이 완성된 좋은 기술이 적용될 수 있는 적합한 용도를 잘 찾아 설득력 있게 설명하여 납득시키면 기술이전이 잘 된다는 Technology Push전략(방식)과 시장에서 필요로 하는 기술이 성공적으로 개발이 완료되면 시장에 이미 필요한 수요(Demand)가 있기 때문에 쉽게 기술이전이 된다는 Market Pull전략(방식)이 그것이다.

(2) Technology Push 방식

① 기존 기술개발의 관행

지금까지 많은 기술들은 연구개발 개시 이전에 치밀한 용도나 시장수요의 분석 없이

- 막연히 필요할 것이라든가
- 기술의 진화 및 발전의 단계로 보아 곧 이런 기술이 나타날 것이라든가
- 관련 기술들을 미리 조사하여 보니 아직 개발되지 않아서 개발하면 특허로 될 가능성이 많아 유망할 것이라든가
- 특정의 기술을 연구 개발하는 과정에서 우연히 획득한 신기술이라든가
- 기술계통도(Technology Tree)에 계획대로 개발한 기술이라든가등에 속하는 경우가 많았다.

② 기술 분석을 통한 설득력 있는 기술 자료의 작성 및 마케팅활동

■ 기술이전이 잘 되려면

이렇게 개발, 완성된 기술(발명, 특허 등 포함하는 광의의 기술)은 어떤 제품,

어떤 용도에 사용되어 질 수 있을 것인가를 치밀하게 분석하여, 그러한 제품이나 용도에 적합하다는 설명 자료를 잘 만들어 적절히 알리면 기술이전이 이루어진다는 것이다.

■ 효과적인 자료를 통한 마케팅 활동

따라서 이 방식은 이러한 기술을 필요로 할 만한 예상 고객을 사전에 찾고 적극적으로 접촉하여서 당해 기술의 특성, 장점, 용도, 당해 기술을 사용할 제품(서비스 포함)의 사업성 전망, 사업전개전략, 기술의 활용 및 응용방법 등을 효과적으로 설득할 전문적이고 효과적인 자료를 만들어 적극적으로 마케팅활동을 하라는 것이다.

③ 설득력 있는 커뮤니케이션이 핵심

이 방식은 기술이전마케터(Marketer)들의 기술수요자를 잘 설득시키는 커뮤니케이션(Communication) 능력이 아주 중요한 성공의 포인트라는 점이다. 여기서 요하는 커뮤니케이션 능력은 단순히 말을 조리 있게 잘하는 것뿐만 아니라, 넓은 인적 네트워크, 원만한 대인관계, 논리적이면서 합리적인 설득능력, 정곡을 찌르는 제안능력, 풍부한 감정표현능력, 합리적인 의사결정 정보의 제공능력, 인내와 끈기, 활력에 넘치는 건강과 자신감, 깔끔한 매너와 유머감각 등 모두 말한다고 볼 수 있다. 우리나라의 경우라면, 여기에다 동양식의 접대능력을 포함시켜도 될 것 같다.

④ 미국 라이선스업계 대부 Niel Reimers가 개발, 확산

이 Technology Push 방식은 미국에서 라이선스 마케팅의 대부(大父)로 불리는 라이선스계의 거장 Niel Reimers (노르웨이 계 미국인)가 개발하여 스탠포드 등 미국의 여러 대학 및 기관에 널리 확산, 보급한 것이다.

(3) Market Pull 방식

① 기본적 사고방식 및 출발점

제품과 마찬가지로 기술도 시장에서 필요로 하는 (수요가 있는) 것을 개발하여 상용화 실증이 완료된 형태의 기술 또는 특허로 보유한다면 그 이전(라이선스)는 성공확률은 높아진다는 사고방식에서 출발하는 방식이다.

② 기술의 외부 수혈부서 파악이 중요

여기서 시장이라 함은, 일반적인 소비재 제품과는 달리 기술은 산업재, 중간재이기 때문에, 기술을 필요로 하는 기업체(산업계)를 말한다. 이러한 기업체 중에서도 기술을 필요로 하는 기능부분은 신규사업, 신제품개발, 상품기획, 연구개발기획, 설계, 생산관리, 전략기획, 신기술투자, 기술구매, 사업다각화 등의 업무를 맡은 부서에서 Open Innovation의 차원에서 기술을 외부에서 조달할 것이다.

이러한 기능과 역할을 맡은 부서에서 외부 수혈(輸血)이 효율적이라고 판단되는 수요가 있는 기술을 미리 개발하여 준비한다면 그 기술의 이전이 아주 쉬울 것이다.

5. 기술이전 라이선스마케팅의 절차

(1) 제품과는 다른 접근이 필요한 무형지식재산의 이전 마케팅

① 중간재의 특징을 감안한 절차 및 준비 필요

기술은 눈에 보이는 일반 제품과는 다른 중간재 또는 산업재로서의 특징 때문에 이를 이전 또는 라이선스 아웃(License-out)하는 절차나 준비사항도 이에 대응하여 상당히 다르다고 보아야 할 것이다.

② 기술 라이선스 마케팅의 두 가지 방법

기술 등의 무형 지식재산을 라이선스하고자 할 경우에는 크게 보아 다음의 두 경우로 나누어 볼 수 있을 것인데, 여기서는 기술 등의 소유자(보유자)가 직접 마케팅 하는 경우를 중심으로 설명하고자 한다. 또 다른 형태인 전문 라이선스 마케팅조직에 의한 경우도 업무(역할)분장에 의한 역할만 다를 뿐 라이선스 전체의 흐름은 대소동이하다고 보아야 할 것이다.

- 기술 등의 소유자가 직접 마케팅을 실시하는 경우
- 기술라이선스 등의 전문 컨설팅기관(회사)을 이용하는 경우

(2) 직접 라이선스 마케팅의 주요 절차

① 제조 공장이 있는 경우와 없는 경우

또한 기술 등의 소유자가 직접 마케팅을 실시하는 경우도 그 소유자(마케

팅 실시자)가 일반 기업인지 아니면 대학, 연구소 등의 공장이 없는 NPEs(Non Practicing Enterprises)인가에 따라 다소 상이할 수 있다.

② 공장이 있는 기업의 직접 라이선스 마케팅 절차 및 내용(준비사항)

이하에서는 라이선스의 가장 보편적인 형태인 기업의 라이선스 아웃을 기준으로 설명하고자 한다.

도표 [1-7] 기술이전 라이선스마케팅(협의)의 주요 절차

단계(순서)	주요 절차의 흐름(재목)	내용 및 준비사항
1단계	라이선스할 기술의 발굴 및 선정	– 기술경쟁력우위성 및 사업성의 두 가지축에 의한 매트릭스 분석 후 라이선스 가능영역에 있는 기술을 중심으로라이선스 대상 기술을 선정함 – 라이선스를 허락하여도 자신의 경쟁력 및기업가치 제고 및 유지에 악영향이 없는 것을 중심으로 기술을 선정, 발굴함(성숙기, 쇠퇴기 기술을 중심하는 경향)
2단계	기술의 패키징 및 묶음	– 자신이 소유한 기술들의 패키징(라이선스할 기술들의 묶음) – 자사 기술과 협력회사 기술의 패키징 – 기술과 부품(핵심 원료) 등의 묶음(기술이전을 하면서 설비, 부품 등을 동시에 판매하고자 하는 경우)
3단계	기술 마케팅 자료의 작성, 준비	– 잠재적인 Licensee를 찾아 마케팅하는 데 필요한 마케팅자료의 작성, 준비 – 해당기술의 라이선스 허락을 받아내는데필요 충분할 정도의 설득력 있는 자료일 것
4단계	Licensee의 발굴	– 자신이 라이선스하고자 하는 기술의 실시허락을 받아 갈 잠재적 Licensee의 발굴 – 라이선스 절차 중 가장 어렵고 중요한 단계임 – 일반기업의 경우는 Licensee가 어렵지 않게 우연히 또는 자연스럽게 발굴되는 경우도 흔히 있음(기존의 제품 거래선이 원가절감 등의 이유로 라이선스 형태로 전환되는 경우, 합작선이 기술도 요구하는 경우 등)
5단계	기술의 객관화(자료화)	– 라이선스 대상이 특허와 같은 법적 권리인 경우를 제외하고는 객관화된 자료가 필요함(특허와 노하우일 경우도 필요함) – 순수 노하우일 경우는 반드시 필요함 – 기술 등의 객관적인 자료화는 절차와상관없이 평소에 준비하여 두는 것이 필요함

단계(순서)	주요 절차의 흐름(재목)	내용 및 준비사항
6단계	라이선스 조건의 설정	– 잠재적인 Licensee와의 협상을 위해서는미리 시장조사 등을 통하여 요구할 기술료 등 각종 라이선스 조건에 대하여 미리조사, 분석을 하여 입장을 정이하여 둠 – 라이선스 조건은 어느 쪽이 준비하여도 상관이 없으나, 일반적으로 licensor 쪽이 준비함 – 설정한 조건들을 term sheet에 기재하여상대방에 제안함으로써 라이선스 협상이 개시됨
7단계	협상 및 계약체결	– 라이선스 조건들의 협상 – 협상의 결과로 주요 조건들이 합의를 이루면 라이선스 계약서 작성에 들어감

③ 경우별로 필요한 특수 절차

이상의 절차이외에도 좀 특수한 절차들(예컨대, 라이선스대상 잠재 기술들의 예비평가, 실시허락 대상국가에 대한 특허무효 가능성 및 제3자 소유 특허침해 가능성 조사, 라이선스 전담조직의 설치, 라이선스 마케팅대행회사의 지정 등)이 있을 수 있다.

특히 Licensor가 대학이거나 공공연구소일 경우는 좀 더 상이한 절차(예컨대, 라이선스 대상기술여부에 대한 조회, 기술의 추가적인 상용화 개발 및 보강, 기술 패키징(Packaging or Bundling) 등)가 필요할 수도 있다.

(3) 해외 라이선스 마케팅에의 응용(변용)

만약, 당해 라이선스 프로젝트가 해외시장을 상대로 한 해외라이선스 마케팅이라면 다음과 같이 변용하면 될 것이다.

도표 [1-8] 해외 라이선스 아웃의 절차 및 내용 개요

절차(순서)	수행이 필요한 기능	기능의 상세 설명
1.	해외 라이선스의 필요성, 가능성 판단	– 보유 지식재산의 사업화 활용 – 라이선스에 필요 및 충분한 기술의 보유여부 체크(권리상충관계 포함)

절차 (순서)	수행이 필요한 기능	기능의 상세 설명
2.	라이선스의 구체적 형태 선정	– 순수 라이선스 방식 및 자회사(J/V포함)방식의 검토, 선택
3.	라이선스 마케팅 자료 작성	– 잠재적 Licensee들에게 appeal 할 수 있는 마케팅 자료 작성 – 비밀유출이 없도록 정보포함범위 등에 특히 유의함 – 선택의 폭이 넓은 패키지 구성
4.	라이선스 마케팅 실시 및 Licensee 발굴 (복수)	– 유망지역(국가)에 대한 마케팅실시 (원료 입지형, 수요 입지형 등) – 자체 또는 전문컨설팅회사 이용 – 협상력 제고를 위하여 복수로 발굴
5.	LOI 등의 의향서 작성 및 교환	– 문서에 의한 업무의 추진이 필요함 – 내인가 목적, 협상촉진 목적 등 – LOI 등의 작성, 서명 및 교환
6.	Licensee 소재 국가 및 계약제품 수출예정국가에 대한 특허 정밀조사	– 문제없는 라이선스계약을 위해 필요 – 자체 및 전문특허법인 활용 – 특허보증의 범위 결정 및 협상 활용 – 보증책임 내용여하에 따라 기술료 크기 조정
7.	계약기술의 내용, 보유여부 및 객관화 현황 등 체크 및 보강 등	– 라이선스 가능한 기술의 내용 및 보유여부 상세 체크 – 대상기술이 객관적인 자료형태로 되어 있는가? – 기술지도, 기술교육 등에 의한 이전의 가능성 여부도 체크 – 기술내용이 영어 등으로 작성여부 – 기술이전에 필요한 기술진 보유여부
8.	기술료 등 라이선스 조건의 조사, 분석 및 조건의 설정	– 기술료 등 제반 라이선스 조건 *기술료 설정, 산정방식은 이미 설명 – 자체 또는 전문기관 활용
9.	Term Sheet 작성 및 제시	– 협상을 위한 조건제시표 작성
10.	DD 및 라이선스 조건의 협상* DD : 현장 방문 실사	– 수개월, 수년이 걸릴 수도 있음 – 법무 등 관련부서로 협상팀 구성
11.	계약서 초안 작성 및 협상, 체결	– 현지법규, 제도 등에 위반이 없도록
12.	라이선스 계약서 현지국 정부허가	– 현지국 정부 제출용 자료작성 협조
13.	기술이전, 교육, 원자재 판매 등	– 계약내용 이행 *원료수출계약서 작성
14.	선불금 등 기술료 징수, 사후관리	– 기술료 징수, 절세전략 수행 등

6. 라이선스 아웃(License out)할 대상기술의 발굴 및 선정

(1) 기술 Seeds의 보유 주체

① 기술 Seeds를 보유한 경제주체

기술(특허 포함)을 Seeds로서 가지고 있는 경제주체는 이외로 많다. 기술 Seeds를 소유한 주체들은 크게 두 가지 형태로 나눌 수 있을 것이다.

② 보유 기술로 생산 및 판매를 하지 않는 NPEs

우선 하나는, 대학, 공공연구소, 정부산하단체, 은행(기술담보대출시), 벤처기업 및 개인발명가 등이 이 그룹에 속한다. 최근에는 흔히 말하는 특허괴물 (Patent Troll)이 이 그룹에 가세하여 맹위를 떨치고 있다. 이들은 자신의 기술을 생산, 판매할 수 있는 공장을 가지고 있지 않은 것이 공통점이다. 따라서 이들을 NPEs(Non-Practicing Enterprises)라고도 말한다. 이들은 타인에게 기술을 팔거나 라이선스 하는 것이 가장 중요한 비즈니스모델이 된다.

③ 보유기술로 생산 및 판매에도 종사하는 기업군

■ 기업군의 사정

다른 하나는 기업군이다. 기업은 영리를 목적으로 하다 보니 항상 시장이 원하고 경쟁자를 이길 수 있는 신제품 및 이를 실현할 신기술을 개발하지 않으면 아니 된다.

이를 위하여 많은 비용을 들여서 연구개발을 하고 특허를 출원하여 등록을 하지만 이들 기술이나 특허가 항상 기업경영에 쓰이는 것은 아니다.

■ 라이선스 아웃의 필요성 및 대상 기술의 확대 경향

기업은 자신이 소유한 특허기술가운데 일정 기준에 따라 선별된 기술에 대하여는 연구개발비용의 회수 및 수익확보 등의 차원에서 라이선스를 실시하려고 한다. 예전에는 쇠퇴기에 들어선 용도 폐기된 기술을 이전하였으나 요즈음은 사업성 있는 기술까지로 확대되고 있다.

(2) 라이선스 아웃 대상기술의 선정 절차와 요령

① 평소의 일상적인 기술관리가 중요

문제는 라이선스 대상 기술을 선정하기에 앞서서 라이선스 대상 기술을 어떻게 찾아 내고 조합할 것인가이다. 평소부터 특허기술의 분류 및 관리, 특허기술 자산관리 등이잘 되어 있다면 라이선스 대상 기술의 발굴이 상대적으로 쉬울 것이다.

② 대상기술의 선정 절차와 요령

■ 보유 기술을 리스트 업(List up) 하라

우선, 회사가 보유한 특허기술을 모두 리스트 업(List up) 한다. 순수 특허라면 등록 특허리스트가 될 것이다. 노하우와 특허가 혼합된 것도 있을 것이다. 이 경우는 좀 복잡하여진다.

■ 기술을 패키징(Packaging)하라

다음으로 하나의 독립적인 기능 및 용도가 될 수 있도록 필요 특허기술들을 묶는(Packaging, Bundling하는) 과정이 필요하다. 한 두(1~2) 개의 특허기술이 하나의 독립적인 기능을 갖는 제품이나 서비스를 구성하는 경우도 있지만, 대부분의 경우는 다수의 특허기술이 묶여야만 하나의 독립적인 제품이나 서비스가 실현된다.

대부분의 회사들은 이미 자신이 생산, 판매를 경험한 제품(서비스)을 중심으로 생산기술관리 등의 부서에서 특정 제품을 중심으로 한 특허기술을 분류, 조합하고 있다. 이 경우는 그러한 기술묶음이 곧 라이선스 대상 기술(발굴)이 된다.

■ 개별 요소기술을 찾아내라

마지막으로 그 자체로는 독립적인 제품이나 서비스를 형성할 수 없는 개별 요소기술 을 찾아내야 한다. 이들 개별 요소기술들은 이미 앞서의 두 가지 경우에 들어갔을 수도 있고 아무 곳에도 분류되지 않은 상태로 있을 수도 있다. 어떤 개별 요소기술은 어려 제품 등에 공통으로 사용되는 기초공통기술도 있을 수 있다.

기술도 부품과 같이 여러 제품에 공통으로 사용되는 공용, 범용의 기술도 있지만, 특수 용도의 제한적인 사용처도 있다.

③ 선정된 기술을 3가지 유형으로 분류 및 처리

이렇게 선정된 대상 기술을 앞서의 "[그림] 라이선스 대상 기술의 선정 요령"에 따라 보유(Hold)할 기술, 라이선스 대상기술 및 폐기(포기, 기부)대상기술 등으로 분류하여 처리하면 될 것이다.

7. 라이선스 대상 기술의 패키징 및 묶음

(1) 기술의 패키징(Packaging)의 필요성과 패키징의 예외

① 패키징의 필요성 및 전망

■ 필요성

라이선스 대상 기술(군)이 선정되면 또 경우에 따라서는 대상기술을 선정하면서 관련 기술의 패키징 및 묶음화가 진행되어야 한다.

하나의 기술요소가 특정 계약제품이나 계약서비스를 구성할 수 있는 경우(주로 화학이나 바이오 분야 등)도 있지만, 대부분의 경우는 복수의 기술이 묶어져야만 독립 기능의 제품이나 서비스가 실현될 수 있는 경우가 많기 때문이다.

■ 기술 융합 · 복합화에 따른 추세, 전망

특히 기술이 융합, 복합화 되면서 그러한 추세는 두드러질 것이다.

② 기술패키징의 예외

■ 기술요소(요소기술)가 그대로 라이선스 되는 경우

경우에 따라서는 묶음이 필요 없이 단위 기술요소나 기술해결방안이 그대로 라이선스 될 수 있는 경우도 있다.

■ 패키징이 필요 없는 경우의 예시

예를 들자면, 특정 계약제품이나 계약서비스의 실시, 사용에 필요한 대부분의 기술요소들을 Licensee가 모두 갖고 있으나, 유독 특정 기술요소나 기술해결방안이 필요한 경우라면 당해 특정의 것만 라이선스 받으면 실시에 지장이 없는 경우도 더러 있다.

- 유독 당해 기술요소만이 없는(또는 부족한) 경우
- 당해 기술요소를 보유하고는 있으나 Licensor와 특허분쟁을 일으킬 소지가 큰 기술요소
- 기타 정책적 이유(품질, 원가절감, 표준채택 등)에 의하여 당해 기술요소의 라이선스 도입이 필요한 경우

■ 기술료와의 관계

기술묶음이나 패키징이 필요 없이 특정 기술요소만이 라이선스 되는 경우라면 기술료도 상대적으로 낮을 것이다.

(2) 기술패키징의 유형

① 대상 기술을 중심으로 한 유형

기술 패키징이나 묶음은 크게 다음과 같은 유형으로 나눌 수 있을 것이다.

■ 특정 독립기능의 제품이나 서비스를 구성하는 모든 기술요소로 묶는 방법

- Licensor 소유의 자체 기술만으로 묶는 경우
- 외부 제3자(협력업체 등)의 기술요소까지도 포함하여 묶는 경우

■ Licensee가 요청하는 기술요소만으로 묶는 방법

- Licensor 소유의 자체 기술만으로 묶는 경우
- 외부 제3자(협력업체 등)의 기술요소까지도 포함하여 묶는 경우

Licensee가 당해 계약제품이나 계약서비스에 대한 사업 경험이 전혀 없거나 축적된 기술이 전무하여 모든 기술을 패키지(Package) 상태로 라이선스 받아야 할 경우는 전자에 해당하고, 반면에 어느 정도의 보유 기술이 있으나 부족한 기술이 여전히 많아 묶음으로 필요 기술요소들을 라이선스 받아야 할 경우는 후자에 해당한다.

또한 Licensee에게 라이선스 될(License-out) 기술요소들을 모두 Licensor 내부에 소유한 경우도 있지만, 외부의 제3자에게서 조달 또는 주선하여 묶음을 구성하여야 할 경우도 있다.

■ 기술료와도 연계

만약 이러한 외부 제3자의 기술을 묶음으로 하지 않고 Licensee가 직접 접촉하여 독자적으로 라이선스 받게 한다면 그 해당 부분만큼의 기술료를 인하하여야 할 경우도 있다.

② Licensor의 경험 유무를 기초로 한 유형

필요한 모든 기술요소들의 묶음을 구성할 때에도 다음 두 가지의 경우를 구분할 수 있다.

■ Licensor가 이미 제조, 판매한 경험이 있고 필요한 모든 기술요소를 소유한 경우(일반적으로 제조업체의 경우)

■ Licensor가 직접 제조, 판매한 경험이 없어 필요한 기술요소들을 찾아서 구성하여 주어야 할 경우(제조업체가 아닌 대학, 공공연구소 등 NPEs의 경우)

전자의 경우는 보유한 기술요소들(계약기술대상에서 특별히 제외하기로 한 것은 제외하고)을 묶으면 될 것이고,

후자의 경우는 별도로 기술요소들을 추정하여 묶음으로 완성하고 필요에 따라 검증하는 절차가 필요할 수도 있다.

(3) 대학 기술 등의 패키징 요령

① 요소기술의 이전이 보편적인 대학 및 공공연구소의 기술

대학, 공공연구소 등 후자의 경우, 기술요소들을 묶어서 이전하는 경우는 매우 드물고 대부분은 Licensee가 원하는 기술요소만을 추출하여 제공(이전, 라이선스 아웃)하는 경우가 많다.

② (중소)기업이 원하는 일괄 패키지(Package)형 기술요소 구성방법

여기서는 대학 등이 Licensee가 원할 경우 또는 보다 적극적인 라이선스를 위하여 중소기업들이 요구하는 일괄 패키지(Package)형 기술요소 구성방법에 대하여 알아보기로 한다.

■ 일괄 패키징의 절차 및 요령

- 특정 계약제품(계약서비스 포함)의 제조, 판매 등에 필요한 모든 기술요소 및 요소별 기술해결과제를 모두 추출한다.
- 추출된 모든 기술요소, 과제들로 구성되는 기술묶음 목록을 만든다.
- 목록에 해당하는 모든 기술적 사항을 준비한다.
- 외부의 타 기관(학교, 연구소, 기업, 개인발명가 등)에서 가져와야 할 기술적 사항도 묶음에 포함시킨다.

■ 패키징과 기술이전의 용이성

이와 같이 특정 계약제품 구성에 필요한 모든 기술요소가 패키지로 구성된다면 중소기업들이 대학, 공공연구소 등의 기술을 라이선스 받는데 훨씬 편리할 것이다.

8. 기술 라이선스 마케팅 자료의 작성 및 준비

(1) 라이선스 마케팅 자료 작성 실무

라이선스 마케팅 자료로서 일반적으로 자주 작성, 제작하는 유형으로는 다음과 같은 것들이 있는 데, 구체적으로 어떤 것을 작성할 것인가는 당해 개별 기술의 종류 및 특성에 따라 다를 것이다. 이러한 마케팅 자료는 기술설명회, 기술전시회 등에 참가하여 보면 자주 볼 수 있다.

- 카탈로그(브로셔 형태)
- 소책자
- 비디오, DVD, CD-ROM 등 영상물 형태
- 샘플 또는 시제품 형태- 파워포인트 등 Presentation 자료
- 3D Flash 등에 의한 입체설명자료
- 동영상 등 홈페이지 형태 등

(2) 라이선스 마케팅 자료 작성 요령

라이선스 마케팅 자료를 만들고자 할 때에 유의하여야 할 핵심 사항 및 요령을 다음과 같이 정리하려 볼 수 있을 것이다.

(미국 AUTM의 기술이전매뉴얼 중 라이선스 마케팅부분을 기초로 필자가 재구성함)

도표 [1-9] 라이선스 마케팅 자료에 포함될 주요 내용 및 작성 요령

주요 내용	작성 요령	이유
특징보다는 장점을 위주로 설명한다.	당해 기술이 갖는 장점과 혜택, 차별성을 사실에 기초하여 알기 쉽게 설명함으로써 라이선스 도입을 자극한다.	사업화에 기여하는 기술을 도입하는 것이 목적임
원리보다는 용도를 위주로 설명한다.	라이선스 도입자로 하여금 어디에 어떤 용도로 사용하여 사업화를 할 수 있는가를 제시하는 것이 중요하다. 용도의 추가적인 확장 가능성도 기술하라.	사업화에 필요한 용도 및 그 확장에 관심이 많음
대안과 우위를 비교하면서 설명한다.	당해 기술에 대신할 수 있는 유사, 대체기술과 비교하여 어떤 장점, 어떤 비교우위가 있는지를 규명한다. (기술적 우위, 경제적 우위 등)	더 유리한 기술적 솔루션의 선택이 당연함
장점을 강조한다.	유사, 대체 기술에 비교하여 갖는 장점이나 메리트(Merit)를 시장성, 사업성 및 수익성과 연관시켜 설명한다.	라이선스 도입자의 최고 관심은 사업성 및 수익성임
당해 기술이 사용될 제품이나 서비스의 잠재시장규모를 제시하라.	당해 기술이 적용될 제품 등의 현재 시장규모, 성장전망, 대체시장 유무, 경쟁우위성을 감안한 점유율 전망 등을 기술한다.	잠재시장규모가 클수록 라이선스 될 가능성이 커짐
생산, 사용(실시) 방법과 추정원가를 제시하라.	실시, 사용 등의 방법을 기본적으로 제시하고 생산(사업)규모별로 몇 단계를 예시하여 대략적인 추정원가를 제시한다.	기술투자자 및 라이선스 도입자의 관심은 사업성 , 수익성에 있다.
상업화 환경 요소를 설명한다.	당해 기술의 사업화에 관계되는 정부정책, 제도, 법규 및 기타 사업환경에 대하여 분석적으로 설명한다.	사업성, 수익성에 영향을 줌
상업화 투자 규모를 기술한다.	투자자나 라이선스 도입자가 자신의 예산과 비교할 수 있게 몇 가지 유형별 추정 투자규모를 제시한다.	상업화투자규모는 라이선스 도입의사결정에 필요함
수요자 요구에 적합한 설명을 기술한다.	투자자 및 라이선스 의사결정자는 기술적으로 전문가는 아닌 경우가 많으므로 이들의 눈높이 맞는 설명이 중요하다.	투자자 및 의사결정권자가 이해할 수 있는 설명필요
주의를 끌 수 있는 기술제목을 고민하라.	일단 주의를 끌어야 진지하게 설명을 보거나 들을 것이므로 관심을 끌 수 있는 제목을 붙여라.	관심을 끌어야 설명과 이해가 될 것임

(4) 라이선스 마케팅 자료 작성 시 유의사항

최근 기술유출이 큰 관심사이다. 라이선스 마케팅 자료를 작성함에 있어서 기술유출을 가장 조심하여야 한다. 기술을 이전하거나 파는 것도 중요하지만 귀중한 기술자산을 도용당하는 것보다 더 큰 문제는 없을 것이다. 기술 라이선스 마케팅용 자료를 작성하면서 기술유출 등의 리스크 관리를 위하여 몇 가지 유의하여야 할 사항이 있다.

9. 잠재적 Licensee의 발굴 전략 및 방법

(1) 잠재적 Licensee 발굴의 요령과 절차

① 다양한 루트와 절차

잠재적 Licensee를 조사, 발굴하는 구체적인 요령 및 절차 등은 기술의 종류, 마케팅 대상 표적시장 및 마케팅 자원의 정도 등에 따라 매우 다양할 것이다.

② 기술의 종류별로 볼 때

우선, 기술의 종류에 따라 당해 기술을 필요로 할 가능성이 큰 잠재적 수요자를 찾는 요령의 예시인데, 이외에도 다양한 요령을 개발한 필요가 있다.

도표 [1-10] 기술종류별 잠재적 Licensee 발굴 요령 예시

기술의 종류, 유형	잠재적 Licensee를 찾는 요령	비고
부품에 관한 기술	완제품업체의 Directory에서 잠재적인 라이선스 도입업체를 찾아본다.	
자동차 부품관련 신기술	AAA등 관련 세미나에 참석하여 네트워크를 활용한다.	American Automobile Association
특정 신기술 및 신제품	해당 관련단체 등의 기술세미나 또는 기술 전시회 등에 참가하여 찾아본다.	
인용을 당한 기술(발명)	인용을 한(citing) 업체들을 검색하여 침해경고 등을 하여 잠재적 Licensee를 찾아본다.	ZEROX 사례
제어장치 등 소프트웨어	당해 소프트웨어 등을 장착하였을 가능성이 큰 전시회 출품업체 등을 조사한다.	Lemelson 제어장치특허의 경우

기술의 종류, 유형	잠재적 Licensee를 찾는 요령	비고
기초기술 및 기반기술	당해 기초기술 등을 응용, 상용화하는 기업을 수소문한다.	
표준기술(특허)	당해 표준기술 등을 채택할 가능성이 클 수 밖에 없는 필수특허 채용, 사용자를 물색한다.	

10. 기술 자료의 객관화 및 자료화

(1) 라이선스의 필수 요건인 객관화 및 자료화

특허나 기술 등이 실시 및 사용이 가능하기 위해서는 두 가지 형태 중 어느 하나 또는 두 가지를 동시에 충족하여야 한다.

■ 법적인 권리의 획득

특허, 실용신안, 디자인(의장), 저작권 등의 법적인 권리를 획득한다.

■ 자료화 및 객관화

기술이나 콘텐츠 등 해당 지식재산을 자료(도면, 설명서, 매뉴얼 등)로 만들어 그 기술 등의 개발자(소유자)가 인적인 접촉(personal touch or meeting)을 하지 않고도 실시, 사용이 가능하도록 자료화 및 객관화하여야 한다.

(2) 지식재산의 자료화 및 객관화

① 라이선스 대상물

특허 등의 법적 권리는 이전부터 유료 또는 무료로 실시 및 사용 등을 허락하고 받기에 가장 적합한 라이선스 대상물이었으므로, 여기서는 기술, 노하우 등 법적 권리가 아닌 지식재산의 자료화 및 객관화에 대하여 설명하고자 한다.

② 기술(노하우)의 두 가지 이전 및 전달 방식

기술이나 노하우 등은 다음 2가지 방식에 의하여 그것을 원하는 당사자에게

이전, 전달되어 활용될 수 있을 것이다.

■ 인적인 접촉 방식

■ 인적인 접촉 없이 객관적인 자료에 의한 방식

③ 객관적인 자료에 의한 이전이 보다 유리함

이 두 가지 방법 중 시간, 비용, 절차, 반복사용가능성, 복수인에 의한 사용 등을 감안하여 볼 때, 후자인 둘째 방식이 보다 유리할 수 있어서 자료의 객관화에 의한 기술 등의 이전 및 라이선스가 실용화되어 있다.

(3) 기술의 자료화 및 객관화 절차 및 요령

라이선스 할 기술정보는 다음과 같은 절차 및 요령에 따라 정리할 수 있을 것이다.

도표 [1-11] 기술정보 등의 자료화(객관화) 절차 및 요령

순서	핵심 내용	상세 내용 및 자료화 과정의 유의사항
1단계	전체 기술정보의 조감도 작성	– 계약제품(계약서비스)의 사업화(생산, 판매 등)에 필요한 기술요소, 기술적 해결과제 및 기술과제별 해결방법 등을 하나로 조감할 수 있도록 Matrix를 그린다. (Tree 구조 형태로 정리하여도 가능함) – 당해 기술의 사업화에 필요한 모든 기술요소, 과제및 해결방법을 망라하여 누락, 중복이 없도록 함
2단계	라이선스 대상에서 제외할 기술정보의 표시 및 배제	– 특허 등에 의하여 이미 공개되어 있어서 정보제공이 필요 없거나 – 또는 특정 전략적 이유로 라이선스 대상에서 명확히 제외, 배제하고자 하는 기술정보는 자료화하지 않거나 하더라도 공개하지 않음.
3단계	라이선스 대상인 전체 기술정보의 목록 작성	– 라이선스 대상인 전체 기술정보의 목록을 작성하여자료화 작성, 체크 및 공개 등 관리의 목적으로 사용함
4단계	기술요소별 상세 정보 정리 및 보유여부 체크	– 각 기술요소별로 해결과제 및 그 해결방법 등에대하여 필요한 자세한 기술정보를 정리하고 보유여부를 체크하여 보완, 보강의 기초로 활용함

순서	핵심 내용	상세 내용 및 자료화 과정의 유의사항
5단계	未보유 또는 부족한기술정보의 보강	– 미처 보유하지 못한 기술정보 또는 부족한 기술정보에 대하여는 보완 및 보강함 – 필요 시 추가개발 또는 구매, 실시허락권리 확보 등으로 해당 기술정보를 보강, 완성함
6단계	기술요소 및 기술과제별 기술정보 취합, 정리 및 자료화 작업	– 보유한 기술정보는 실시, 사용이 가능할 정도로자세히 기술(Description)함 – 외부구매 등의 기술정보도 같은 요령으로 정리, 기술함
7단계	누락 기술정보 및 중복 기술정보의 체크 및 보완	– 누락, 중복 등의 체크
8단계	영문번역(필요시) 및기술정보의 패키지화 작업(종이 또는 디지털 문서화 등)	– 작성, 완성된 기술정보패키지를 종이 또는 전자문서 등으로 통합 세트(set)화 – 국외이전(License-out)등에 대비하여 영어 등 필요 외국어로 자료화
9단계	취급 시 유의사항 및 비밀등급 등의 표시, 경고	– 특정 계약제품에 관한 비밀노하우자료를 모두 패키지로 묶은 자료는 대외비로 표시 및 관리되어야 함 – 비밀 및 등급표시를 정확히 하여 기술자산으로서철저히 관리되어야 할 것임
10단계	기술정보자료의 보관 및 관리	– 회사의 비밀유지보관에 관한 사규에 따라 관리함

11. 라이선스 조건의 개발, 설정 및 제시

1) 라이선스 조건의 내용

라이선스 조건은 크게 특허 등의 라이선스에만 특유한 실질조건(실질조항)과 어떠한 계약에서도 볼 수 있는 일반적인 조건(일반조항)으로 나눌 수 있다.

- 실질조건 : 계약기술, 계약제품, 기술지원, 부품 등의 구매, 기술료, 기술보증 등
- 일반조건 : 발효일, 계약기간, 계약종료사유, 분쟁해결, 비밀유지의무 등

2) 라이선스 조건의 설정과 검토

■ 라이선스 조건은 특정 당사자에게 특별히 유리하게 하기 보다는 업계에서 일

반적으로 사용되는 공평한 조건을 참고로 작성하여 제시하는 방법(일종의 시장 접근법)과 설정(작성)자 자신에게 특별히 유리하게 작성, 제시하는 방법이 있다.

■ 전자는 비교적 쉽게 작성할 수 있는 장점이 있는 반면에 자신의 이해관계를 철저히 반영할 수 없는 단점이 있다.

■ 후자는 먼저 작성하는 당사자에게 특별히 유리하도록 관련되는 정보를 사전에 철저히 조사, 분석하여 협상과정에서의 양보를 감안하여 자신에게 유리한 조건을 제시하는 방식이다. 협상을 유리하게 끌고 갈 수 있는 장점은 있으나 조사, 분석 및 준비에 시간과 비용이 많이 소요되는 단점이 있다.

③ 라이선스 조건들의 상호영향관계

라이선스 조건들은 상호 영향을 주는 관계에 있으므로 여타 조건들도 감안하면서 협상하고 결정하여야 한다는 것이다.

④ 라이선스조건의 win-win협상

■ win-win 협상이 가능한 원리

협상은 솔직한 의견교환, 이해 및 명확한 태도를 통하여 서로 win-win의 타협점을 찾아내는 과정이다. 협상의 당사자들이 협상하고자 하는 모든 조항(항목, 사안)은 각자가 생각하고 평가하는 가치가 있다. 그런데 그 가치는 서로에게 다르다. 가령 특정 당사자(갑이라고 함)의 A라는 조항에 대한 가치평가가 100이고 B라는 조항에 대한 가치평가 30이라고 할 때, 상대방(을이라고 함)에게 B를 양보하고 A를 고수하는 협상전략이 유효하다. 왜냐하면 상대방(을)도 B를 양보 받고 A는 양보하는 것이 자기에게 훨씬 유리함으로 기꺼이 이에 응할 것이기 때문이다.

도표 [1-12] 각 당사자들의 조항별 가치평가(예시)

협상대상 조항	갑이 평가하는 점수(100점 만점)	을이 평가하는 점수(100점 만점)
A 조항	100	30
B 조항	20	90
C 조항	50	50
D 조항	40	50

12. 라이선스 조건의 협상 및 라이선스계약 체결

1) 협상의 개시를 위한 Term Sheet의 제시

Term Sheet는 특정한 양식은 없으며 임의로 작성하여 사용하는 임의양식이다. 따라서 아래와 같은 내용들이 간단하면서도 명시적으로 작성되어 제시되면 좋다.

도표 [1-13] Term Sheet에 기재할 주요 내용

기재할 사항	주요 내용 및 작성요령	유의사항
머리말 (Letter Head)	해당 거래(프로젝트 등)의 제목 및 경위 등을 언급하면서 제안의 목적을 간략히 기술함	
주요 조건	다음과 같은 주요 조건들에 대하여 자신(제안자)의 제안 조건을 기술함 – 계약기술 및 계약제품 – 계약지역 및 계약기간 – 실시, 사용의 내용 – 기술료(선불금, 경상기술료 등) – 부품, 원자재, 설비 등의 구매 여부 – 기술의 보증 여부 – 준거법 및 분쟁의 해결방법 등	협상 및 계약 체결에 이르는 시간 및 비용의 절감을 위하여 중요한 조건에 대하여 먼저 협상하도록 작성하는 것이 필요함. 어느 조건이 중요한지는 상황에 따라 다를 수 있음
유효기간	제안된 내용의 유효기한을 명시함(시장상황에 따라 제안된 조건이 달라질 수 있으므로)	시장상황에 따라 제시한 조건을 철회, 수정해야 할 경우도 있음
구속성 여부	Term Sheet의 법적 구속성 여부를 명시함. 일반적으로는 법적 구속성을 없게 작성함	법적 구속성여부에 대한 명시적 규정이 없으면 오해, 분쟁의 가능성 있음.
서명란	제안하는 당사자의 권한 있는 임원의 서명	

2) Term Sheet에 의한 이해관계차이의 발견

① 상대방의 입장 정리

Term Sheet를 제시받은 상대방은 자신의 조사 및 분석, 판단에 따라 제안 조건을 평가하여 자신의 입장을 정리할 것이다.

② 두 가지의 경우로 분류

크게 분류하자면, 수용할 수 있는 조건과 수용할 수 없어 협상을 통하여 자신의 요구를 반영시키고자 하는 조건의 둘로 나눌 수 있을 것이다.

③ 협상개시의 단서 발견

대부분의 조건들은 그대로 수용하기 어려운 경우가 많아 어려운 협상의 길을 걷지 않으면 안 된다.

Term Sheet에 의하여 제안한 주요 조건들에 대한 평가가 각기 다르기 때문에

- Licensor가 생각하는 조건(A)
- Licensee가 생각하는 조건(B)

양자 사이에는 이해관계(이익, 손해, 리스크 등)의 차이(Gap)가 생길 수밖에 없다. 이러한 이해관계의 차이가 협상에 의하여 합일점을 찾아야 라이선스 계약이 체결될 수 있다.

3) 협상의 성공을 위한 비결

① 협상은 이해관계 차이의 합일점을 찾는 것

이해관계의 차이를 협상에 의하여 얼마나 자신의 조건에 가깝게 합일점을 찾아갈 것인지가 최대의 관심사이다.

② 허브 코헨의 TPI (Time, Power, Information)

협상의 전문가로 세계적으로 이름을 떨치고 있는 허브 코헨(Herb Cohen)은 이해관계의 차이를 자신에게 조금이라도 유리하게 협상하기 위해서는 다음 3가지를 제시한다.

· **시간적으로 여유를 가지고 협상에 임하라.**
  만약에 시간에 쫓긴다면 차라리 금회 협상을 포기하고 다음 기회를 노리라고 조언 한다.
· **상대방을 설득, 제압할 수 있는 필요 정보를 최대한 수집, 분석하여 협상에 활용하라.** 필요 정보에는 상대방에 대한 정보, 자신에 대한 정보 및 상대방과 자신을 둘러싼 환경(제도, 법규, 정책, 시장, 경쟁자 등)에 대한 정보도 포함된다.
· **영향력의 행사에 능숙 하라.**
  영향력(Power)이란 상대방의 마음을 움직여 자신의 조건에 보다 가깝게 다가오게 하는 힘이다. 영향력 행사가 능숙할수록 협상은 자신에게 보다 유리하게 이끌어 갈 수 있다.

4) 협상 결과의 계약서 초안 작성

① 계약서 (초안) 작성의 시기

라이선스 조건의 협상이 마무리되면 계약서를 작성하여야 한다. 라이선스 협상은 빨리 끝나도 3~4개월이 걸리고 길게는 2~3년이 걸리기도 한다. 미국 IBM은 최장 36개월이 걸리는 경우도 있다고 한다.

② 라이선스 계약서의 작성 및 체결 요령

■ 계약서 작성, 확인 및 서명

이러한 협상이 성공적으로 합일점을 찾으면 그러한 합의사항 및 조건에 대하여 계약서라는 문서로 작성하고 확인, 서명하여 두는 것이 안전하다.

■ 라이선스 계약서 체결요령 및 유의사항

도표 [1-14] 라이선스 계약체결의 요령 및 유의사항

항목	주요 내용 및 유의사항	비고(예시 등)
라이선스 계약환경의 조사 및 반영	– 라이선스 조건 및 내용에 영향을 주는 정부정책, 제도 및 법규, 시장 환경 등을 미리 조사하여 라이선스 조건의 협상 및 계약체결에 임할 필요성이 매우 큼 – 해외 라이선스일 경우는 현지국의 환경도 조사 필요함(예 : 중국의 기술수출입조례 등)	– 공정거래법 상 불공정 심사기준 등
라이선스 계약서 초안의 검토 요령	– 단어 및 용어의 의미를 정확히 이해한다. – 문장 표현의 의미를 정확히 이해한다. – 불필요한 사족이 있는지 살펴본다. – 애매모호한 규정은 없는지 살펴본다. – 필요하나 누락된 사항은 없는지 살펴본다. – 강행법규 위반여부 내용을 살펴본다. – 장래의 있을 수 있는 경우의 수를 충분히 감안하고 있는지 살펴본다. – 실행이 가능한 내용인가를 살펴본다. – 사후관리에 어려움은 없는지를 검토한다. – 지원 및 혜택에 대한 규정은 적절한지를 알아본다. – 일반조항은 (당사자 구분 없이) 공평한지 살펴본다. – 상대방의 입장에서 검토한다.	상대방이 먼저 초안을 작성하여 온 경우 및 자신이 먼저 초안을 작성한 경우도 상대방에게 제시하기 이전에 초안 검토가 필요함

항목	주요 내용 및 유의사항	비고(예시 등)
라이선스 계약서 작성요령	– 자신의 입장(Licensor 또는 Licensee)의 잘 반영하는 표준계약서를 적극적으로 활용한다. – 표준계약서의 내용 및 조건 중에서 자사의 특수사정을 반영한 초안을 작성하고, 상기 계약서 작성요령에 따라 리뷰, 수정한다.	평소에 참조할만한 표준 계약서를 다수 준비함
라이선스 체결 및 사후관리	– 계약서의 내용과 조건에 따른 성실한 이행 – 분쟁의 예방 및 적절한 관리가 매우 중요하다.	

13. 라이선스에서의 기술보증문제 해결 방안

1) 기술 보증(Warranty)이란 무엇인가?

보증내용이 특허나 기술에 관한 내용이라면 기술보증이 된다.

예를 들어서 라이선스 제공(허락)하는 당해 특허기술이 무효가 되지 않다고 보증을 하였는데, 이것이 약속과는 달리 무효가 되면 라이선스를 허락받은 Licensee는 예기치 못한 손해를 입게 된다. 이 경우 Licensor는 보증 책임을 져야 한다.

2) 보증에 대한 당사자의 입장과 대응전략

이러한 보증문제는 성격상 제로섬(Zero sum)게임의 성격이 강하기 때문에 협상이 매우 어려운데, 양 당사자들의 기본적인 입장은 다음과 같다.

① Licensor 입장의 기본전략

- 3가지 보증(상기 ㉮, ㉯ 및 ㉰)의 불가방침을 고수하되, 기술료 등 다른 항목에서의 자신의 요구와 연계시켜 부담을 줄여간다.
- 보증을 하는 방향으로 하되, 항목 축소, 범위 축소, 책임범위(금액, 시간, 장소 등)를 좁힌다.
- 기술료의 일정 범위 내에서 책임진다.
- "진술 등"의 표현에 의하여 입증 책임을 상대방(Licensee)에게 전가한다.
- 기술적 책임(Licensor)과 재무적 책임(Licensee)을 분리한다.

② Licensee 입장의 기본전략

- 4가지 모두에 대하여 명시적 보증을 받아내는 방향으로 하되, 기술료 인하 협상 등과 연계시켜 부담을 줄여간다.
- 당해 특허의 세밀한 분석을 통하여 협상력을 높인다.
- 기대이익 상실, 방어비용 발생 등에 대하여 공동부담으로 조정한다.

③ 협상에 의한 보증 문제의 해결

■ 협상에 의한 결말과 결렬

이러한 보증문제 및 기본적 입장은 결국은 당해 라이선스 계약의 전반적인 조건에 대한 협상으로 귀결된다.

어느 쪽이 협상력이 강한지 또 어느 쪽이 당해 라이선스 협상을 잘 하는지에 따라 이러한 보증문제는 결말이 난다. 보증문제의 합일점 결말을 보지 못하여 당해 라이선스 계약이 체결되지 못하고 협상이 결렬되는 경우도 더러 있다.

14. 라이선스 마케팅의 4대 성공 요소

1) 4개의 핵심 요소

① Right Information

라이선스 마케팅에 성공하기 위해서는 잠재적 Licensee에게 효율적으로 접근하고 이를 발굴할 수 있는 마케팅자료(Marketing Materials)의 작성이 매우 중요하다. 전투에서 이기려면 훌륭한 무기가 있어야 하듯이 마케팅 활동에 있어서는 효율적인 마케팅 키트(Kit)가 필요하다.

② Right Hands

■ 꼭 필요한 사람에게 전달해야

아무리 잘 작성된 마케팅 자료일지라도 그것이 필요한 조직 및 사람에게 정확히 전달되어야 소기의 효과를 볼 수 있다. 아무 회사나 아무 부서에 무차별적으로 뿌려봐야 효과가 없을 것이다. 마치 스팸 메일과 같이 취급될 것이기 때문이다.

■ 누구에게 전달할 것인가?

라이선스 마케팅의 목적으로 접촉하거나 마케팅 자료를 보내야 할 대상 조직은 다음과 같은 사항을 염두에 두고서 엄격히 조사, 선별하는 것이 라이선스 마케팅의 성공확률을 올릴 수 있을 것이다.

- 마케팅 대상이 Top Down 조직인 경우 : CEO, President, VP, GM, Director 등
- 마케팅 대상이 Bottom Up 조직인 경우 : 연구원, 기술자, 실무자 등
- 상기 양자의 중간인 경우 : 전문부서(licensing, patent, intellectual property, tech transfer 등)
- 마케팅 대상이 기능별 조직인 경우 : 연구개발부, 기술부, 마케팅부, 사업개발부, 신규 사업부 등
- 기타 개인적 인맥 : 동창, 전직동료, 비공식 모임 회원 등

③ Right Company

라이선스 도입의 필요성이 크고 라이선스 도입 문화에 익숙한(적어도 저항감이 없는) 회사를 발굴하고 접근하는 것이 중요하다. NIH(not invented here)에 강한 성향을 보이는 회사는 라이선스를 성공시키기 어렵다. 따라서 접근이나 마케팅 자료를 보낼 회사는 다음 기준이 매우 유익할 것이다.

- 당해 기술 수요가 예상되는 업체, 연구소, 발명가 등 수요자
- 기술마케팅정보 예상 배부처 예시: 온라인 DB, Directory업체, 무역회보, 업종별 협회 및 단체, 기술관련 공공기관 및 비영리 법인 등

④ Right Time

특정기업의 라이선스 도입 기회나 필요성이 항상 있는 것은 아니다. 기업경영을 하다보면 신규 사업의 검토 밑 개시, 신제품의 개발 등 일정 기회가 생기는 시점이 있게 마련이다. Licensor는 이런 타이밍을 놓쳐서는 안 된다. 타이밍이 맞아야 기회를 포착하여 당해 라이선스의 성공 가능성이 높아진다. 다음과 같은 경우에 구체적인 라이선스 수요가 발생할 가능성이 크다.

- 사업전략의 수정, 변경 시점
- 신규사업(투자) 검토 및 계획시점

- 조직변경 및 인사이동(책임자 및 실무자 교체)
- 정부정책 및 시책의 변경(제약, 식품 등 정부인허가 품목)
- 기술적 한계극복(기술혁신)(Technical Breakthrough)
- 당해 기술을 필요로 하는 경영환경의 변화

15. 특허침해 경고장 발송에 의한 라이선스 기회의 발굴

1) 침해 경고장 발송에 의한 라이선스 기회 발굴

라이선스 비즈니스에서 Licensee를 발굴하는 라이선스 마케팅 방법 중에 자사의 특허를 침해하는 것으로 의심되는 상대방(Potential Licensee)에게 특허침해 경고장을 발송하여 라이선스를 유도하거나 화해를 위한 라이선스 계약을 체결하도록 하는 방안이 유력한 마케팅의 한 방법이 되기도 한다.

2) 경고장 발송 마케팅을 위한 조사와 분석

① 철저한 조사와 분석이 필요

특허침해 경고장 발송에 의하여 라이선스 마케팅을 실시하고자 할 경우는 다음과 같은 절차와 요령에 의하여 사전에 철저한 조사와 분석이 필요하다.

② 조사와 분석의 절차 및 요령

■ 자사 특허의 유효성 확인이 필요하다.

특허가 법적인 권리인 이상은 유효하지 못한 엉터리 특허로 타인을 특허침해로 몰아 세울 수는 없기 때문이다. 당해 특허가 속하는 기술 분야에서 기술력이 강한 기업들이 속한 국가(국내 포함)를 중심으로 선행기술문헌을 조사하거나 심사단계에서의 권리범위제한이 있는지 또는 정보개시위무 위반이나 권리해태(懈怠, laches) 등으로 권리에 결함이 있는지를 먼저 조사하여 보아야 할 것이다.

■ 상대방의 카타로그 등 기술사양 자료 입수

상대방이 특허침해혐의가 있는 제품을 출시하기에 앞서 일반적으로 행하는 전시회 참가, 기술설명회 참가 및 보도자료 발표, 또는 홈페이지에 공지하는 기술자료 등을 수집하는 것이 필요하다.

■ 침해혐의가 있는 제품의 실제 조사 및 분석

유통 과정에 있는 상대방의 제품을 구매 또는 입수하여 Reverse Engineering, 상대방 특허출원정보의 분석, 관련 논문의 분석 등을 통하여 자신의 특허를 사용(침해)하고 있는지를 실제로 조사, 분석할 필요가 있다.

■ 침해품목의 리스트 작성 및 손해금액의 추정

만약 상대방이 자신의 특허를 침해하고 있다면 침해하고 있는 품목의 리스트를 작성하고 품목별 상대방의 추정 매출액 및 이에 따른 손해금액을 추산할 필요가 있다.

■ 소송실익의 판단 및 우선 협상대상자의 선정

순순히 라이선스에 응하는 경우는 매우 드물기 때문에 어차피 소송까지 생각하여야 할 것이므로 침해소송을 제기할 정도의 실익이 있는 배상금액인지를 먼저 따져 보아야 할 것이다. 또 침해혐의자가 복수일 경우는 방어력이 약한 상대방을 먼저 공격하여 승소의 전적(戰績)을 쌓은 다음에 나머지 상대방을 공격하는 것도 유효한 전략이 된다.

■ 자사 특허의 보강

일반적으로 공격을 위해서는 방어보다 더 많은 전투력이 필요하듯이, 특허침해소송이나 라이선스의 유도에도 우선 자사의 특허가 상대방보다 우위에 있어야 유리하다. 넓이나 강도에서 우위에 있어야 하고, 특히 침해의 입증이 쉬운 실용신안, 디자인, 상표 등으로 보강되면 좋을 것이고, 또한 관련 출원이 있어서 분할출원이 가능하다면 보정 등에 의하여 상대방 침해물품을 확실히 자신의 권리범위 안에 포함되도록 하는 조치가 필요할 것이다.

■ 싸울 것인가 아니면 화해에 의한 라이선스로 갈 것인가?

자사가 특정의 1개 특허에서 강하다고 상대방과 소송하여 반드시 이긴다는 보장은 없다. 상대방이 자사를 이길 수 있는 대응 특허를 가지고 있다면 문제가 달라 질 수도 있기 때문이다. 전쟁(소송)에는 많은 비용과 시간, 정열이 필요하다.

따라서 이러한 것들을 감안하여 소송의 실익을 따져 보아야 한다. 때로는 소송이 자사의 기술력을 외부에 과시하여 기업 가치(주가)를 제고할 수 있는 찬스가 되기도 한다.

그러나 소송 대신에 상대방과 크로스 라이선스를 한다거나 당해 특허를 매각 또는 라이선스할 수도 있고, 당해 특허를 기초로 기술협력 또는 공동연구도 가능할 수 있다.

어느 것이 자사에 가장 유리할 수 있을 것인지를 세심하게 비교 형량하여 보는 것이 필요하다.

3) 경고장 발송의 요령

앞서의 절차와 분석이 끝나고, 결론적으로 라이선스를 유도하기로 하였다면 다음과 같은 요령에 따라 라이선스를 목적으로 한 경고장을 발송하여 보는 것이 필요하다.

· 침해당했다고 주장하는 특허번호, 침해물품의 분류, 품명, 모델명칭, 씨리즈 번호(일연 번호), 특징 등을 경고장에 기재한다.
· 상대방의 제품(또는 서비스)이 자사의 특허를 침해하였다고 설명 또는 증명할 수 있는 자료를 첨부한다. (이 경우 너무 자세하게 정보를 주면 때로는 반격을 당할 가능성도 있으므로 적절한 범위내로 한정함이 좋음)
· 침해를 즉시 중단하고 과거 사용분 및 미래의 사용분에 대하여 합의되는 조건으로 라이선스 등을 할 수도 있다는 뜻을 명확히 전달한다. 동시에 라이선스 등에 의한 화해에 응하지 않을 경우는 소송 등의 법적 조치가 수반될 것임을 넌지시 밝힌다.
· 희망하는 화해금액 및 라이선스 대가를 밝히되, 협상 및 계약에 빨리 응할수록 시간의 이익(낮은 기술료 등)을 볼 수 있음도 알린다.
· 상대방의 특허침해혐의 물품(서비스)의 매출액 등을 조사한다.
· 상대방의 반응을 보아가며 라이선스 조건을 구체화시켜 나간다.

Ⅲ. 기술료의 산출과 결정

1. 기술료의 종류 및 특성

기술대가 또는 기술료는 그 종류나 유형이 아주 다양하다. 크게 보면 실시 및 사용의 정도와 비례관계에 있는 기술료와 비례관계가 없는 고정 또는 실비의 기술료로 나누어 볼 수 있다.

도표 [1-15] 기술료의 종류 및 특성

구분	해당하는 기술료의 유형(예시)	특성
실시 및 사용과 정비례 관계에 있는 기술료	대부분의 경상기술료(Running Royalty)가 여기에 해당됨 – 매출액에 비례관계 – 순매출액에 비례관계 – 무게, 부피 등과 비례관계 (Per Quantity Royalty) – 미국IBM은 수백 가지의 경상 기술료방식을 구사할 정도로 다양함	생산 및 판매 등과일정 비례관계에 있음. 비례관계만 있다면 어떠한 것이나 사용가능. 최근에는 간편함과 객관성 때문에 Per Quantity Royalty방식이 자주 사용되는 경향
비례관계에 있지 않는 기술료	선불금, License fee, 기술 지도비, 기술자료 대금 등은 사용정도와 상관없이 요구되는 기술료. 최저기술료 및 최대기술료도 여기에 해당됨	사용 등과 무(無)관계. Licensee에게 부담이 가는 방식임. 과거 사회주의국가에서 선호하는 방식임.

2. 기술료 산출방식 및 사례

1) 기술료의 산출

(1) 선불금

기술이전 등 라이선스에서는 초기단계의 실비 보상형 고정비용이란 것이 있다. 당해 특허기술의 연구개발비용 중 미상각잔액, 라이선스를 위한 준비성격의 비용(시장조사비, 출장비, 기술자료 준비비용, 계약서 작성비용 등)은 당해 라이선스 사업의 실제 개시(계약제품이 생산 및 판매 등)와는 상관없이 발생하는 것인데, 통상 이러한 비용은 Licensor가 계약초기에 고정금액으로 받기를 원한다.

Licensor는 이러한 성격의 비용을 모두 집계하여 Licensee에게 제시하고 협상하여 선불금을 확정하여 그 지급방법 등을 계약서에 명기하면 된다.

(2) 경상기술료

경상기술료는 당해 특허기술 등 지식재산의 사용, 실시 정도에 비례하여 산출, 지급하는 기술료이다.

사용 및 실시정도와 비례관계에 있으면 생산량, 매출액, 사용회수, 절감금액, 순이익금액 등 무엇이든지 그 기준이 될 수 있으므로 경상기술료 산출방식(공식)은 그야말로 매우 다양하다.

경상기술료를 추정하여 협상 및 계약에 활용하는 기본적인 접근법은 다음의 3가지에 기초하고 있다.

도표 [1-16] 경상기술료 추정(산출)의 3가지 방법

3가지 방법	주요 내용 및 설명
시장접근법	시장에서 이미 기존 동일, 유사 거래데이터가 있을 경우 이것을 참고로 하여 기술료를 추정하고 산출, 결정함
비용접근법	당해 지식재산의 창출 등에 소요된 모든 비용을 뽑아 이를 기초로 당해 거래에 적용할 크기를 추정함
이익접근법	계약기간 동안 현금흐름으로 돌아올 이익을 추정하여 기술기여도에 따라 배분하고 이를 경상기술료로 표시함

2) 기술료의 산출 및 결정

기술가치 평가 등 일정의 정보를 기초로 협상에 의하여 그 거래가격이 결정되는 기술료는 다음과 같은 측면에서 그 결정이 매우 어렵다고 알려져 있다. 특히, 기술격변의 결과로서 기술과 시장의 변화가 급격히 진행되고 예측하기 어려워지며, 또 경쟁의 격화 및 기술사업화의 위험을 반영하여 미완성 기술의 이전이 증가하여 감에 따라, 기술료 결정의 어려움은 점점 증가한다고 볼 수 있다.

일반적으로 기술대가 결정의 어려움은 다음과 같은 사유에 기인한다.

· 무체(無體), 무형(無型) 재산이라는 말이 암시하듯이 기술이란 물건과는 달

리 구체적이지 못하기 때문에 그 가치를 파악하는 것이 어렵다.

· 기술은 그것을 필요로 하는 제품을 통하여 비로소 그 가치를 간접적으로 추정할 따름이다.

· 기술은 변화와 유동성(流動性)이 매우 커서 그 실체를 제대로 파악하기 어렵다.

· 동일한 기술이란 사실상 존재하지 않음으로 다른 거래가격을 그대로 적용하기 어렵다.

· 거래실적이 많지 않고 베일에 쌓여있어서 기존의 다른 거래가격을 적용하기 어렵다.

· 일반적인 상품시장에 비하여 불완전경쟁시장에 속하므로 수요, 공급의 시장가격 결정 메커니즘mechanism이 배제된다.

그림 [1-4] 이익접근방식의 기술료 산출 및 결정원리

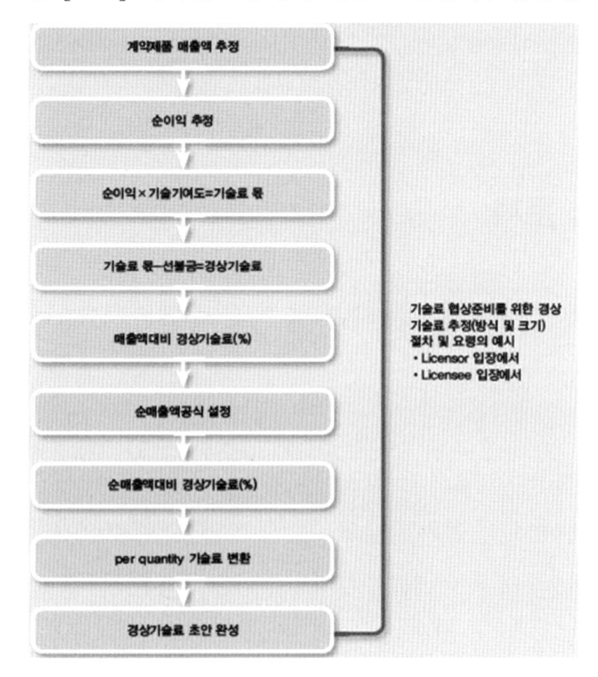

3. 기술료 협상

기술료는 정밀한 방법일수록 현실과는 좀 맞지 않다는 견해가 많다. 기술대가의 결정원리를 극히 간단히 말하자면, Licensor와 Licensee가 예비적으로 상정하고 있는 최고범위와 최저 범위 사이에서 양 당사자들의 협상에 의하여 결정된다

는 것이다. 협상가능영역의 범위는 추정, 설정 및 변경될 수 있는 것이다. 높은 이익을 가져다줄 것으로 기대, 예측되는 기술은 Licensor가 당연히 높은 가격을 제시할 것이고 또 Licensee도 높은 이익에 비례하여 상응한 기술 대가를 지불할 의사를 가질 것이다. 반면에 당해 기술이 별다른 이익을 창출하지 못할 것으로 예상된다면 양당사자 모두 가격제시 영역 또는 협상 가능영역을 하향 조정할 것이다.

그림 [1-5] 기술료 협상 모형

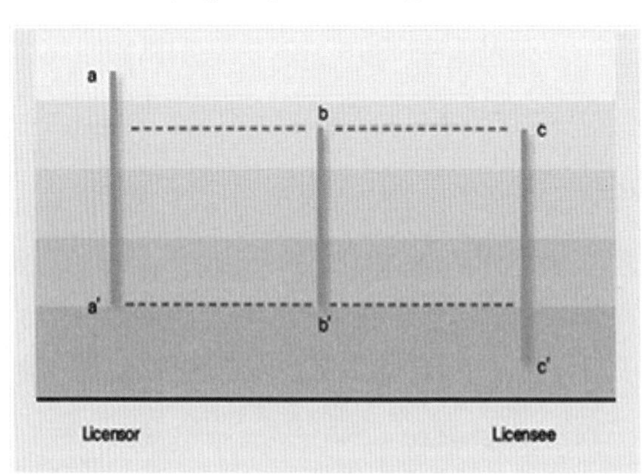

4. 기술료와 세금 문제

기술료는 그 자체가 소득income이기 때문에 당연히 이에 따른 세금부담의 문제가 생긴다.

국내사업자(사업자등록증을 가지고 세금계산서를 발행하는 사업자)간의 기술료 소득은 종합과세이므로 원천징수의 문제가 없기 때문에 별 문제가 없으나, 기술료 소득자가 개인인 경우는 원천징수의 문제가 따르기 때문에 이에 따르는 세금을 누가 부담토록 할 것인지가 이슈가 된다. 특히, 원천징수세액에 대한 정산이 없는 완납적 원천징수일 경우는 세금부담 주체여부에 따라 실질수령 금액이 달라질 것이기 때문에 관련 세금을 누가 부담할 것인지는 매우 중요하다.

예를 들어, 기술료 800에 대하여 이에 따르는 원천징수 세금을 licensee가 부담(지급자가 부담)하고 licensor는 이 금액 자체를 순전히 net로 받도록 약속한다면 licensor의 순소득은 800 그대로가 되지만, 관련 세금을 licensor가 부담(수령자, 소득자가 부담)하도록 정한다면 기술료 지급자 licensee의 현지국가의 조세체계 및 양국가 간의 조세조약에 따라 일정의 세액을 원천 징수한 다음에 Licensor가 나머지를 수령하게 될 것이므로 순수 수령의 기술료 금액은 800보다 분명히 적게 된다. 따라서 관련 세금을 누가 부담하도록 당해 기술이전 계약서에서 합의하여 둘것인가는 매우 중요하다.

· Licensee 부담의 경우 : Licensor는 800 수령
· Licensor 부담의 경우 : Licensor는 800 이하 금액(800 - 원천징수세액) 수령

한편 Licensee의 기술료 총액부담의 측면에서 살펴보면,
· Licensee 부담의 경우 : Licensee의 실제 지출(비용부담)은 800 + 알파(세금부담액)
· Licensor 부담의 경우 : Licensee의 실제 지출(비용부담)은 800

이와 같이 기술료에 따르는 세금을 누가 부담할 것인지 및 기술료에서 원천징수등을 한 경우에 이중조세 회피를 위하여 어떻게 협력하도록 할 것인지 등에 대하여 명시적 문장에 의하여 규정하는 경우가 일반적인데, 이러한 조항을 기술료에 대한 세금조항 또는 원천 징수세 조항withholding taxes이라고 한다.

한편, 기술료 등에 따르는 원천징수세금을 반드시 누가 부담하여야 한다는 것에 대한 확립된 원칙은 없다. 당사자 간의 협상결과에 따라 누구든지 부담하면 된다.
그러나 서로 그 부담을 하지 않으려고 할 것이 분명하기 때문에 이의 조정이 필요하다.
과거 일부 개도국 및 후진국에서는 기술도입 등에 대한 정부의 심사 및 허가 과정에서 Licensee가 기술료에 대한 세금을 대신 부담하도록 강요하는 것에 대하여 이를 배척하였으나 지금은 당사자들의 합의를 존중하는 편이어서, 이는 계약자유의 영역에 속한다고 볼 수 있다.

미래 유망기술 도출과

신사업 추진전략

초판1쇄 인쇄 | 2018년 4월 10일
초판1쇄 발행 | 2018년 4월 15일

지은이 | 차원용 · 이동기 · 허재관 · 김들풀
펴낸이 | 김진성
펴낸곳 | 호이테북스
기　획 | 김진성
편　집 | 허강
디자인 | 장재명
관　리 | 정보해

출판등록 | 2005년 2월21일 제2016-000006호
주　소 | 경기도 수원시 장안구 팔달로237번길 37, 303호(영화동)
전　화 | 02-323-4421
팩　스 | 02-323-7753
Homepage | www.heute.co.kr
E-mail | kjs9653@hotmail.com

값 39,000원
ISBN 978-89-93132-57-1